동학과
동학농민혁명

동학과 동학농민혁명

초판 1쇄 발행   2019년 12월 31일

지은이 ㅣ 성주현
펴낸이 ㅣ 윤관백
펴낸곳 ㅣ 도서출판 선인

등 록 ㅣ 제5-77호(1998.11.4)
주 소 ㅣ 서울시 마포구 마포대로4다길 4(마포동 324-1) 곳마루빌딩 1층
전 화 ㅣ 02)718-6252 / 6257
팩 스 ㅣ 02)718-6253
E-mail ㅣ sunin72@chol.com
Homepage ㅣ www.suninbook.com

값   33,000원
ISBN   979-11-6068-329-5   93910

동학과
동학농민혁명

성주현

책머리에

    동학과 동학농민혁명은 한국근대사의 한 획을 긋는 역사적 의미를 가지고 있다. 그렇지만 많은 연구자나 관심 있는 사람에 따라, 또 관점에 따라 다양하게 인식되고 접근하고 하고 있다. 최근 '동학농민혁명과 3·1운동'의 연관성에 대한 학술발표회가 있었다. 동학−동학농민혁명−3·1운동으로 이어져 오는 역사성에 대해 긍정하는 측면도 있었고, 이를 단절해 보고자 하는 측면 또한 없지 않았다. 동학농민혁명의 전개과정에서 이른바 남접과 북접에 대한 논란을 많이 하고 있다. 어느 면에서는 동학농민혁명을 남접의 전유물로 인식하고 북접은 부수적인 것으로 보고자 하는 것이다. 때문에 남접은 단절되었고, 이로 인해 동학농민혁명의 정신은 마치 없어졌으며 북접에 의해 유지되었던 천도교는 동학농민혁명의 역사성을 이어가지 못하였다고 보는 것이다. 과연 그럴까 하는 생각이 든다.

    하나의 사례를 보자. 전봉준과 함께 사발통문에 이름을 올렸던 서명자는 이른바 남접이라고 할 수 있다. 이들은 전봉준과 함께 당시의 봉건적 사회의 모순과 서세동점의 국난 위기에 목숨을 같이 하기로 한 동지였다. 사발통문 서명자 20명 중 전봉준 등 10여 명은 동학농민혁명 과정에서 삶을 마쳤다. 생존자 10여 명은 동학농민혁명 10년 후 동학교단에서 전개한 근대화운동인 갑진개화운동 즉 흑의단발의 진보회운동에 참여하였다. 이 역시 목숨을 담보로 한 사회운동이었다. 그리고 그동안 불리던 동학을 천도교라는 근대적 종교로 전환한 후 각 지방에 교구를 설립할 때 이들 역시 천도교 고부교구를 설립하는 데 중추적 역할을 담당하였다. 더욱이 동학농민혁명의 역사성을 밝힌 사발통문을 작성한 역사적 현장인 도소는 1914년경 천도교 고부교구가 되었다. 뿐만 아니라 이들 생존자는 대부분 고부교구에서 최고책임자 등 교구를 이끌어 가는 핵심 역할을 담당하였다. 그렇다면 이들은 남접의 노선을 전향을 하였다고 해야 하는가, 아니면 이른바 남접의 노선을 그대로 이어갔다고 해야 하는가. 이 역시 관점에 따라 다르게 평가할 것이다. 아니면 남접과 북접으로 구분하고자 하는 것은 편의상 연구자의 관점에서 보려고 하는 측면이 있지 않았을까 한다. 물론 동학농민혁명 이후 동학 세력은 다양하게 분화를 하였지만, 대부분 천도교로 통합되었다. 이를 노선이 변화로 보는 것이 타당한가 많은 의구점이 든다. 그리고 천도교와 함께 3·1운동의 대열에 적극 참여하였다. 이들은 3·1운동에 참여하면서 동학농민혁명 때 이루지 못한 희망을 가지지 않았었을까 하는 생각이 든다. 필자는 그간 동학농민군이 가장 많이 희생되었던 우금치를 이어주는 공주대간을 수차례 걸으면서 왜 이 고개를 넘으려고 목숨을 담보하였던가 많은 생각을 해보았다. 그리고 왜 또다시 3·1운동에 적극 참여하였을까 하는 생각도 같이 해 보곤 한다.

올해는 동학농민혁명 125주년이기도 하지만, 무엇보다도 동학농민혁명 국가기념일이 제정되고 첫 기념식을 가진 의미 있는 해이다. 기념식이 열린 광화문 광장은 동학이 국가로부터 공인받고자 운동을 전개하였던 현장이었다. 당시 동학공인운동에 참여하였던 동학교인들은 동학농민혁명의 주역으로 활하였다. 동학공인운동 125년 후 그 현장에서 공식적으로 국가에서 주관하는 동학농민혁명 기념식을 거행되었다. 역사의 아이러니가 아닌가 한다. 125년 전 목숨을 걸었던 그 현장에서 새로운 역사의 현장으로 승화되었다.

동학농민혁명 125주년이며 첫 공식 기념일 행사가 있은 올해 이 책을 간행하게 된 것을 뜻깊게 생각한다. 이 책은 동학농민혁명 1백주년을 전후하여 그동안 발표하였던 논문을 모아 간행한 것이다. 6년 전 동학과 동학농민혁명에 관연 연구논문을 묶어 『동학과 동학혁명의 재인식』을 간행한 바 있다. 때문에 책명에 대한 고민이 없지 않았지만, 『동학과 동학농민혁명』으로 정하였다. '동학혁명'을 '동학농민혁명'으로 전환한 것도 그동안 연구의 성과이기도 하다.

　제1부는 '초기 동학의 조직화' 과정으로 지역적으로 동학이 확산되어가는 양상을 주로 다루었으며, 제2부는 '동학농민혁명의 재인식'으로 동학농민혁명의 논쟁거리를 주로 살펴보았다. 제3부는 '동학농민혁명과 지도자들'로 서장옥, 김낙철, 백범 김구 그리고 아산 출신이며 수원지역의 동학지도자인 안교선 등을 추적해보았다. 제4부는 '동학농민혁명 이후의 동향과 인식'으로 동학농민혁명 이후 동학세력의 분화와 흐름 등을 살펴보았다.

　이 책에 수록된 논문은 그때그때 개별적으로 발표되었던 것을 주제별로 구성하였기 때문에 내용상 중복적인 부분이 없지 않다. 일부에 대해서는 보완하였지만 발표하는 시기에 따라 표현이 매우 어색한 부분도 없지 않다. 용어 또한 그때그때 필요에 따라 사용하였기 때문에 전체적으로 통일되지 않은 부분도 적지 않다. 이 점에 대해서는 독자의 양해를 구하고자 한다.

　그동안 동학농민혁명에 대한 연구는 지난한 듯한 느낌이 없지 않다. 그러다 보니 때로는 전쟁을 하는 듯한 착각에 빠지기도 한다. 동학농민혁명 당시 그들이 희망하였던 세상은 무엇이었을까. 무엇 때문에 목숨을 걸고 투쟁하였을까. 조금이나마 본질에 접근해보고자 작은 정성을 들이고자 한다.

　요즘 한국사회는 그 어느 때보다 혼돈의 도가니에 있다. 본질과 비본질이 뒤바뀌고, 정의와 공정이 헤매는 시기이다. 본질을 누구에게나 개관적인 기준으로 보기보다는 진영논리로 풀어가려고 하는 모습이 안타깝기만 하다. 125년 전의 모습과 무엇이 다를까 비교되기도 한다. 당시의 동학농민군이었다면 어떻게 처신하였을까 고민해본다. 진정한 보국안민, 광제창생 그리고 정의와 공정, 본질이 제대로 평가받을 수 있는 사회가 되기를 기대해 본다.

이 책이 나오기까지 많은 도움이 있었다. 연구자의 길을 가는 데 묵묵히 곁에서 힘을 북돋아주는 가족, 그리고 동료 연구자들에게 감사를 드린다. 무엇보다도 보잘 것 없는 책을 출판하는 데 큰 도움을 도서출판 선인의 대표와 편집해주신 분들에게도 감사의 마음을 표한다.

동학농민혁명 125주년 2019년 12월
아산 수정재에서 성주현 심고

차 례

제1부

초기 동학의 조직화

1장 동학의 발상지 구미용담과 수운 최제우의 경주 인식

1. 머리말

경주는 무엇보다도 '천년의 고도'라는 이미지가 강하다. 신라 천년의 수도로서 자리매김은 역사성에 있어서 그 어느 도시보다도 강점을 가지고 있다. 더욱이 신라는 '불교국가'로서 불교문화의 상징으로 우리 곁에 늘 자리하고 있다. 이와 같은 인식 내지 상징은 경주라는 도시를 다양한 관점에서 들여다볼 수 있는 기회를 차단시키기도 한다. 즉 '경주하면 불국사' 내지 '경주하면 석굴암'이 먼저 연상된다는 것이다. 그렇다면 경주는 불교, 그리고 신라 외에는 어떤 이미지를 가지고 있을까, 어떠한 모습으로 그려질까. 이것이 앞으로 경주가 해결해야 할 과제이다. 경주를 고대[1]의 도시로만 남겨질 것인가.

---

1) 여기서 '고대'라는 의미는 한국사 시대구분의 '고대'이다. 한국사의 시대구분에서 고대는 고조선부터 남북국시대까지를 의미한다. 즉 신라가 멸망하는 시기가 한국사의 고대이다.

경주는 고대뿐만 아니라 근대의 역사성도 함유하고 있다. 한국의 근대는 다양한 관점에서 논할 수 있지만 대체적으로 1860년대를 기점으로 한다.[2] 1860년대는 근대사회를 지향하는 반봉건운동과 반침략운동의 결합이 주체적 형태로 보이기 시작하였다. 근대의 개념에는 다양한 시각이 있지만 역사의 주체가 민중이라는 측면에서 볼 대 그 핵심적인 사상은 동학에서 비롯되었다고 할 수 있다.[3] 동학은 1860년 4월 5일 경주군 현곡면 가정리(현 경주시 현곡면 가정리)에서 수운 최제우에 의해서 창명되었다. 이후 동학은 한국 근대사의 획을 긋는 동학농민혁명, 그리고 일제강점기에는 3·1운동으로 발현되었다. 그럼 점에서 본다면 경주는 근대사상의 형성지라고 할 수 있다.

수운 최제우는 그의 사상을 담고 있는 『용담유사』에서 경주를 매우 중요하게 인식하였다. 그는 「용담가」에서 "국호는 조선이요 읍호는 경주로다. 성호는 월성이요 수명은 문수로다. 기자 때 왕도로서 일천년 아닐런가. 동도는 고국이요 한양은 신부로다. 아동방 생긴 후에 이런 왕도 또 있는가. 수세도 좋거니와 산기도 좋을시고. 금오는 남산이요 구미는 서산이라. 봉황대 높은 봉은 봉거대공 하여 있고 첨성대 높은 탑은 월성을 지켜있고 청옥적 황옥적은 자웅으로 지켜있고 일천년 신라국은 소리를 지켜내네. 어화세상 사람들아 이런 승지 구경하소"[4]라고 하였다. 수운은 경주는 기자 때부터 왕도였으며, '승지'라고 하였다. 이밖에도 『용담유사』와 『동경대전』 곳곳에서 경주의 이미지를 부각시키고 있다.

뿐만 아니라 수운은 경주를 '구미용담', '구미', '용담' 등으로 표현하여

---

2) 한국역사연구회, 『한국역사입문』 ①-원시·고대편, 풀빛, 1997, 62~65쪽 참조.
3) 실학과 동학은 한국근대사의 논점에서 많은 비교를 하고 있다. 일부에서는 실학을 근대의 기점으로 보고 있지만, 실학은 엄밀하게 본다면 성리학의 범주에서 벗어나지 못하였다. '동학과 실학에 근대성'에 대해서는 추후에 논의하고자 한다.
4) 『용담유사』 「용담가」.

한국의 정신적 중심지 내지 고향으로서 자리매김하였다. 그럼에도 불구하고 경주에서 동학의 이미지는 크게 드러나지 않고 있다. 그렇지만 최근 경주에서 동학에 대한 관심을 갖고 '동학문화제'를 지원하는 것은 매우 고무적인 현상이다. 고대 근대가 함께 아우러지는 진정한 경주의 모습이 드러나기 때문이다. 그런 점에서 본고는 근대의 기점이며 동학이 창명된 구미용담과 동학 경전에 나타난 경주의 이미지를 살펴보고자 한다. 이에 따라 구미용담은 수운 최제우의 가계를 통해 용담정이 건립되는 과정과 최옥의 용담 26영, 그리고 수운의 저작물인『동경대전』과『용담유사』를 통해 경주가 가지고 있는 이미지를 분석해보고자 한다.

2. 용담정 건립과 용담 26영

1860년 4월 5일(음) 동학을 창명한 수운 최제우는 경주에서 출생하여 대구에서 죽음을 맞았지만 경주는 마음의 고향이며 사상(道)의 정수이다. 뿐만 아니라 경주는 수운의 가문과도 매우 밀접하며, 결국 수운으로 하여금 동학을 창명하게 된 사상적 뿌리이다. 수운의 가계를 통해 경주 구미산과 용담정의 건립과정을 살펴보자. 수운의 가계에 경주는 경주라는 지명 외에도 '구미' 또는 '용담'이라는 말로 대칭되고 있다. 구미는 경주의 주산인 구미산을, 용담은 수운이 태어나 살았던 가정리 일대와 동학이 창명된 용담정을 아울러 일컫는다. 넓은 의미에서 본다면 구미와 용담은 수운에 있어서 경주를 상징하고 있다.

본관이 경주[5]인 수운 가문은 오래전부터 경주에 터를 잡았다. 경주최

---

5)『근암집』에는 본관을 '월성'이라고 밝히고 있다. 일반적으로 월성최씨와 경주최씨는 동본으로 본다.

씨 문중이 경주에 정착한 것은 신라시대부터라고 본다. 이후 경주 토박이로 자리 잡은 경주최씨 문중은 조선후기 들어 수운 최제우와 최기영으로 대표된다. 두 집안은 최진립을 중시조로 하여 각각 7대손이다.[6] 수운 집안은 근대사상의 여명을 여는 '동학' 창명으로, 최기영 집안은 한국의 '노블레스 오블리제'로 널리 알려진 경주 최부자 집으로 널리 알려졌다. 두 집안은 근대라는 시기의 경주를 대표하는 '아이콘'이다. 그런데 경주에서 '최부자 집'하면 많은 사람들에게 회자되고 있지만 동학은 여전히 생소하게 인식되고 있다.

수운 집안이 용담에 언제쯤 정착하였을까. 아마 수운의 3대조인 최경우 시기가 아닌가 한다.[7] 최경우는 종가인 경주 내남면 이조리에서 수운이 태어난 가정리 마을에 우선 이거하였다. 이후 최종하 대에 이르러 용담정 일대를 매입하였다.[8] 매입과정을 살펴보면 다음과 같다.

저 1778(戊戌) 쯤에 절 스님 복령(福齡)이 와룡담 북쪽 언덕에 암자를 짓고 원적암(圓寂庵)이라 이름 붙였다. 얼마 뒤에 바로 스님들이

---

6) 수운 최제우의 가계는 최진립(1)-동길(2)-국전(3)-수기(4)-경우(5)-종하(6)-옥(7)-제우(8)이고 최기영의 가계는 최진립(1)-동량(2)-국선(3)-의기(4)-승렬(5)-종률(6)-언경(7)-기영(8)이다. 동길은 최진립의 넷째이고, 동량은 셋째이므로, 최부자 집안이 수운 최제우의 큰집인 셈이다. 한편『근암집』「행장」에는 다음과 같이 수운의 가계를 밝히고 있다. "삼병은 신보를 낳았는데 그는 사후에 병조참판의 벼슬을 받았다. 그는 진흥을 낳았고 진흥의 벼슬은 군자감에 봉사되었다. 그는 정무공 최진립의 넷째 아들 동길을 아들로 맞았다. 동길은 통덕랑의 벼슬을 지냈으며 학문과 덕행으로 알려졌다. 고조부 이름은 국전이며, 중도부는 수기요, 조부는 경우이다. 부친의 이름은 종하인데 그는 효도로 부모를 섬겼고 집안을 다스리는데 법도가 있었다.(최옥 지음, 최동희 옮김, 『근암집』, 창커뮤니케이션, 2005(이하 『근암집』), 743~744쪽)

7) 최부자의 경우 종가인 경주 내남면 이조리에서 8대손인 최기영 대 와서 현재의 경주시 교동으로 이거하였다. 그런 점에서 본다면 수운의 집안은 이보다 앞선 시기인 4대손인 최경우 대 용담으로 이거한 것으로 보인다. 수운 최제우의 3대조인 최종하가 가정리에 태어난 것으로 보아 늦어도 4대조인 최경우 때 가정리로 이주하였다. 물론 그 이전일 가능성도 있다.(『근암집』, 19쪽)

8) 『근암집』, 745쪽.

흩어지고 암자는 버려졌다. 우리 아버지(최종하－필자주)가 건물 및 산 속 밭 몇 묘(畝, 100보의 면적)를 샀다.[9]

와룡암의 원래 이름은 원적암(圓寂庵)이었다. 원적암은 일반적으로 불교에서 스님들이 열반 또는 입적하는 장소이다.[10] 원적암은 1776년에 복령 스님이 지었다. 초가집이었으나 절간으로 지었기 때문에 일반집보다 컸다. 부처를 모시는 마루방과 사람들이 머무를 수 있는 큰 방, 그리고 스님들이 거처하는 방이 있었으며 부엌과 곳간도 있었다. 규모가 제법 있던 원적암이었지만 불공을 드리러 오는 사람이 없자 생활이 어려운 스님들은 2년 후쯤 떠나버렸고 절간은 폐사되었다.[11] 결국 원적암에서 생활하던 스님들이 떠났고 원적암은 황량하게 버려졌다. 그 터를 수운의 조부 최종하가 1778년 원적암 암자와 그 일대 근처의 산 속 밭 일부를 매입하였다.

그렇다면 수운의 조부가 왜 용담정 일대를 사들였을까. 수운의 조부는 아들 최옥과 젊은 사람들이 책을 읽고 재주를 익히는 곳으로 삼기 위해서였다고 밝히고 있다.[12] 즉 수운의 아버지인 최옥으로 하여금 학문을 닦을 수 있는 터전을 마련해 준 것이다. 최종하는 원적암 절터에 새롭게

---

9) 『근암집』, 182쪽.

10) 원적은 입적(入寂) 또는 열반(涅槃)을 의미한다. 모든 덕(諸德)이 원만(圓滿)하고, 모든 악(諸惡)이 적멸(寂滅) 한다는 뜻에서 원적으로 표기한다. 원래는 모든 무지(無知)와 사견(私見)을 버리고 깨달았다는 뜻이었지만, 그 뒤 스님의 죽음을 뜻하는 말로 변했다. 경전에는 '나는 원적(圓寂)을 구하여 욕염(欲染)을 제(除)하다'〈보적경〉고 하였고, '위가 없는 법왕은 오래도록 원적(圓寂)에 들었다'〈종륜론술기〉는 내용이 있다. 원적, 입적, 열반 이외에 죽음을 의미하는 불교용어로는 멸(滅), 적멸(寂滅), 멸도(滅度), 적(寂), 택멸(擇滅), 이계(離繫), 해탈(解脫) 등이 있다. 다양한 단어가 있지만, 대부분의 뜻은 타오르는 번뇌의 불을 꺼 버리고 깨달음의 지혜인 보리를 완성한 경지를 의미한다. 불교에서 죽음과 관련된 단어들을 보면, 대부분 깨달음을 완성했다는 의미로 쓰고 있다.

11) 표영삼, 「와룡암과 용담서사 이야기」, 『신인간』 639, 1973.11, 22쪽.

12) 『근암집』, 182쪽.

정자를 짓고 이름을 '와룡암'이라고 하였다.

> 우리 스승인 기와(이상원 - 필자) 어른이 '와룡암'이라 이름 짓고 고
> 을 부사 김상집에게 그동안의 사실을 밝히는 글을 부탁하였다. 김상
> 집은 와룡암 석자는 천년 뒤에까지 사람들의 눈을 깨게 하리라 라고
> 썼다.[13]

조부 최종하가 암자를 새로 건립하고 붙인 이름은 와룡암이었는데, 이
는 당시 영남일대 유학자로 이름 높던 기와(畸窩) 이상원(李象遠)[14]이 붙
인 이름이었다. 정자 이름을 '와룡'이라 한 것은 은거했던 제갈량(諸葛亮)
을 본받고자 한 것이었다. 와룡암이 건립될 당시 최옥은 19세였고 오천
정씨와 결혼하여 가정을 이루었다. 또한 과거시험에 여념이 없었다. 즉
가정리에 정착한 이후 수운의 조부인 최종하는 아들 최옥에게 과거를 위
해 글공부를 하게 하였다. 당시 영남에는 퇴계 유학의 맥을 이어가고 있
는 기와 이상원이 영남지역에서 학문을 가르치고 있었다. 최종하는 아들
최옥을 학문적으로 선배인 기와 이상원의 문하에서 공부할 것을 지시하
였다.[15]
    이상원 문하에서 학문을 닦은 최옥은 영남 일대에서 정통유학자로 이
름을 떨치기 시작하였다. 한번은 과장에 나아가 상위를 차지하였는데,
최옥이 지은 문장이 명문으로 남아 당시 과거를 준비하는 사람들이 다투
어 외웠을 정도였다.[16] 이로써 최옥의 학문은 영남 제일로 평가받았다.

---

13) 『근암집』, 182쪽.
14) 이상원(李象遠, 1722~1802)의 본관은 재령(載寧), 자는 희도(希道), 호는 기와(畸窩)
　　이다. 이상정(李象靖)의 문인(門人)으로 이종수(李宗洙) 김종덕(金宗德) 등과 독서
　　(讀書) 강론하였고 가학(家學)인 퇴계학을 계승하였다.(墓碣銘/辛橉 撰)
15) 『근암집』, 744쪽.
16) 최옥에 대해 치암 남공은 다음과 같이 평하였다. "우리들은 이 사람(최옥 - 필자주)이
　　우리보다 한 단계 뛰어남을 마땅히 인정해야 한다." 또한 임제원은 최옥의 문장을

그럼에도 불구하고 최옥은 과거에 뜻을 둔 후 향시에 8번, 굉사시에 1번 합격하였으나 복시에는 뜻을 이루지 못하였다.[17] 이처럼 과거시험에 매진하던 최옥은 24세 되던 해 흉년이 들자 와룡암에서 내려왔다. 이후 와룡암은 돌보지 않아 퇴색하다가 풍해까지 겹쳐 대들보가 부러져 농막으로 사용되었다.[18]

과거로 입신양명하고자 하였던 최옥은 부친의 죽음, 그리고 넉넉지 않은 집안사정으로 제사도 제대로 치루지 못하는 상황에서도 과거 준비를 철저히 하였다. 그러나 1808년 모친상까지 당해 집안이 점차 기울기 시작하였다. 그럼에도 불구하고 당시의 의례대로 삼년상을 무사히 마쳤다. 이후 최옥은 아버지의 유훈을 받들어 과거에 두 차례 더 응시하였다. 하지만 최옥은 과거에 합격하지 못할 것을 이미 예견하였다. 최옥의 학문적 계보인 남인 출신들이 이현일의 갑술옥사[19]와 장시경 역모사건[20]에 연루되어 과거에 합격한다는 것은 불가능하였다. 뿐만 아니라 당시 과거제도는 부정이 만연하여 매관매직이 성행하였다.[21] 때문에 최옥이 과거

한번 보고 단연히 영남 제일에 속한다고 감탄하여 마지않았다.

17) 『근암집』, 744~745쪽.

18) 표영삼, 「와룡암과 용담서사 이야기」, 『신인간』 639, 1973.11, 23쪽.

19) 강석근, 「그남 최옥의 용담이십육영(龍潭二十六 詠) 고찰」, 2011경주동학학술세미나 발표문, 67쪽. 李玄逸은 1674년 갑술옥사로 남인이 추방되자 趙嗣基를 伸救하다가 함경도 홍원으로 유배되었다가 다시 서인의 탄핵을 받아 종성에 위리안치되었고, 1697년 광양으로 유배를 당하였다. 이 사건으로 영남 남인들은 이후 2백년 간 정치적으로 금고당하였다. 최옥의 스승 이상원이었고, 이상원은 이현일의 증손이었다.

20) 김준혁, 「역사의 계승자 수운」, 2011경주동학학술세미나 발표문, 30쪽. 장시경은 정조가 독살에 의해 죽었다고 보고 그 원수를 갚기 위해 역변을 일으켰다. 이후 영남 남인은 순조 대에 정계에서 배제되었다.

21) 매천 황현은 한말 당시 과거제의 문란을 다음과 같이 지적하였다. "갑오년 초시를 돈으로 매매했을 때 처음에는 2백 냥에서 3백 냥을 주는 등 금액이 고르지 않았는데, 5백 냥을 말하면 사람들이 혀를 찼다. 갑오년 전의 액수는 천여 냥을 요구해도 보편적으로 생각했으며 회시는 많게는 만 냥을 썼는데 요구액이 점점 많아지면서 시험 자체가 천하게 되었다."(황현, 정동호 편역, 『매천야록』, 꿈을 꾸는 집, 2005, 57쪽)

에 급제한다는 것은 사실상 불가능하였다. 이에 최옥은 아버지 최종하가 자신을 위해 건립하였던 와룡암을 복원하고 여생을 글공부로 마무리하고자 하였다.

> 을해(1815)년이 되자 바로 그 땅에 조촐한 집을 짓고 책이나 읽으며 숨어서 수양할 계획을 세웠다. 이때부터 마침내 좋은 벼슬에 대한 뜻을 끊었다.[22]

집안의 몰락하고 과거시험에서 뜻을 이루지 못하자 최옥은 1815년 모든 것을 접고 와룡암 터에 조촐한 집을 지어 책을 읽으면서 수양할 계획을 세웠다. 이는 그동안 추구하였던 자신의 삶을 정리하는 바로 그 시각이었다. 최옥은 와룡암 터에 다시 암자를 복원하였다.

최옥이 와룡암을 복원하고자 하는 데는 세상에 대한 원망도 없지 않았던 것으로 보인다. 지난 30여 년 간 과거시험에 매달렸지만 사회에 만연된 부정과 비리에 오히려 괴리감만 생겼던 것이다. 이로부터 벗어나기 위해 용담으로 돌아가고자 하는 마음이 갈수록 커갔다. 여기에는 아버지의 유훈을 잇지 못한 자책감도 없지 않았다. 그래서 최옥은 용담으로 돌아가고 싶어 했다. 이를 귀거래사를 통해 다음과 같이 표현하였다.

> 돌아가련다. 돌아가련다. 산은 높고도 험하고 흰 구름은 돌아드는구나. 조용히 나와 함께 이 세상을 잊자꾸나. 얻고 잃음이 어찌 기뻐하고 슬퍼하랴. (중략) 돌아가련다. 돌아가련다. 다시는 멀리 떠나서 노는 것에 마음을 기울이지 않으련다. 오른쪽에도 그리고 왼쪽에도 책이 가득하구나. 굳이 찾아간 스승 말고도 스승이 있으니 돌아가 그 스승을 찾으련다. 앞길 창창한 인재를 가르치고 이끌어 주는 즐거움

---

22) 『근암집』, 745쪽.

에 빠져서 대그릇 밥과 표주박으로 시름을 잊으련다.23)

최옥은 앞서 언급하였던 자신의 삶을 반추하고 새로운 삶으로 책을
스승으로 하고 젊은 인재를 양성하기 위해 용담으로 돌아가고자 하였다.
용담으로 돌아온 최옥은 허물어진 와룡암을 복원하였다. 그 과정을 살펴
보면 다음과 같다.

> 나는 그동안 늘 용담에 한 조그마한 집을 읽어서 지음으로써 아버
> 지와 스승님이 남긴 뜻을 이루어 보려고 생각해 왔다. 잊지 않고 염
> 려하는 변함없는 생각이 마음속을 떠나지 않은 채 그럭저럭 30년이
> 흘러갔다. 과거를 보는 자리에 드나드는 동안 짐을 내려 어깨를 쉴
> 대가 없었다. 그리고 또 비용 갖출만한 힘도 없었던 것이다. 몇 해 전
> 에 두 아우와 충분히 잘 논의하였다. 그리고 나를 따르던 사람들 가
> 운데 한 두 동지와 함께 논의하고 헤아려 계획을 세웠다. 이리하여
> 비로소 용담 위쪽에 건물을 읽어서 정자를 지었는데 모두 다섯 칸이
> 다. 그리고 북쪽에 스님의 소유로 버려져 있는 것들을 모아서 서사
> (書社) 네 칸을 지었다. 이것은 나이 많은 주인이 사는 곳이다. 어찌
> 꼭 크고 아름다움이 마땅하다 할 것인가. 이렇게 지은 집 이름도 옛
> 이름의 취지를 따르면서 다소 보완한다. 저 천룡산 밑에 지은 암자는
> 역시 와룡암이라 이름을 지었다.24)

최옥은 자신이 과거시험을 준비했던 30여 년 동안 가운은 기울어졌다.
와룡암을 복원하고자 하였지만 비용을 마련할 길이 없었다. 두 동생과
자신과 뜻을 함께 하였던 친구의 도움을 받아 54세 되던 1815년에 와룡
암을 복원하였다. 복원된 와룡암은 다섯 칸의 정자였다. 그리고 와룡암

---

23) 『근암집』, 66~67쪽.
24) 『근암집』, 182~183쪽.

뒤쪽 골짜기 안에 네 칸의 기와집을 추가로 지었다. 그렇지만 와룡암은 화려하거나 규모가 크지 않았다. 최옥이 말한 것처럼 "매우 좁게 지었으나 무릎이 움직이기에 족하였다"라고 하였다.

그런데 최옥은 와룡암만 복원한 것이 아니라 와룡암 북쪽 원적암의 스님들이 사용하다 버려졌던 곳에 '서사(書社)'를 추가로 건립하였다. 따라서 용담 계곡에는 두 채의 집이 건립된 것이다. 이중 하나는 와룡암을 복원한 것이고, 다른 하나는 와룡암의 북쪽에 새로 지은 '서사'였다. 복원된 와룡암은 최옥이 생활하였던 것으로 추정된다. 왜냐하면 서사는 글공부하는 곳으로 건립하였기 때문에 생활하기에는 적합한 구조가 아니었을 것이기 때문이다.

최옥은 와룡암을 복원하면서 새로 건립한 '서사'를 와룡암이라 하지 않고 '용담서사(龍潭書社)'라고 명명하였다. 이 이유는 천룡산 아래 지은 암자를 와룡암이라 하였기 때문에 서로 겹치지 않기 위한 것이다.[25] 이에 따라 서사의 이름을 용담서사라 하고 편액을 걸었다.[26] 최옥은 이곳에서 25여 년을 생활하다가 세상을 뜨자 용담서사는 돌보는 사람이 없어 얼마 가지 않아 허물어졌다.[27]

최옥은 용담서사에서 생활하면서 구미용담 일대의 아름다움을 시로 표현하였다. 이를 '용담 26영'이라 한다. 최옥은 구미용담 일대를 둘러싸고 있는 구미산의 아름다움을 다음과 같이 언급하였다.

구미산을 감탄하면서 바라보니 큰 바위가 우뚝 서 있다. 모양이 마치 거북이와 용이 서로 얽혀있는 듯하다. 그 가운데 우사단(雨師壇)이 있다고 동경지(東京誌)이 기록되어 있다. 그 거북이 왼쪽 어깨가

---

25) 『근암집』, 599쪽.
26) 『근암집』, 183쪽.
27) 표영삼, 「와룡암과 용담서사 이야기」, 『신인간』 639, 1973.11, 24쪽.

기사령(騎獅嶺)이라 부른다. 거북이 왼쪽 발이라 할 수 있는 곳을 비홍현(飛虹峴)이라 부른다. 기사령 옆이고 비홍현의 북쪽 일대에는 순록에 떼를 짓고 범, 표범이 숲에서 울부짖을 만하다. 그렇게 눈에 보이기 때문에 녹시표림(鹿柴豹林)이라 이름지었다. 그 아래 일대는 향기로운 난초가 싹트고 자랄만하므로 난곡(蘭谷)이라 이름지었다. (중략) 난곡을 흐르는 물은 녹시표림의 두 봉우리 사이에 그 근원을 두고 있다. 이 물이 선유대(仙遊臺) 밑에서 다소 맑아지는데 이것이 활원담(活源潭)이다. 여기서 조금 내려가면 너럭바위들이 층층으로 있고 물결소리 떠들썩하다. 이것이 연단암(鍊丹巖)과 운영담(雲影潭)이다. 여기서 얼마 안 되는 곳으로 내려오면 병풍 같은 바위들이 시내 양쪽 기슭을 죽 줄지어 둘러싸고 있다. 이 바위들을 불로암(不老巖)이라 부르고 거기에 있는 폭포를 비류폭포(沸流瀑布)라고 부른다. 바위를 의지해 내려다보면 눈앞이 핑 돌고 어지러워 오래 있을 수 없다. 오른쪽으로 돌아 내려가면 창고암(蒼古巖)이 있고 나무들이 빼빽히 들어섰고 맑은 시냇물이 조용히 흐르고 주먹만 한 돌들이 많이 널려 있다. 바로 여기가 백설뢰(白石瀨)이다. 여기서 무지개 같은 산줄기 하나가 북쪽으로 꺽이어 올라가 낭음봉(朗吟峰)이 되었다. 그 봉우리 아래 좀 낮은 곳에 작은 언덕이 우뚝 서 있다. 이것을 창연대(蒼然臺)라고 이른다. (중략) 바위의 깍아지는 절벽이 혹은 쑥 나온 것, 혹은 뽀족한 것, 혹은 우묵히 들어간 것, 움푹 패인 것이 있다. 혹은 서로 얽힌채 우둑 서있는 것, 병풍처럼 즉 늘어서 서로 차례로 껴안고 있는 것, 혹은 험상궂고 괴이하면서 뛰어나고 신기한 것 이루 다 헤아릴 수가 없다. 이래서 자연스럽게 이 지대를 석뢰(石瀨)라 이른다. 이 석뢰가 구불구불 이어져 내려와 극단에 도달했는데 이것이 바로 바위들이 겹겹이 쌓이는 언덕이다. (중략) 그 물소리가 아미 우레 같이 울리고 마치 죄를 다그치는 듯 했다. 그래서 북쪽 언독을 뇌암(雷巖)이라 부르고 남쪽 언덕을 고루(鼓樓)라 불렀다.[28]

---

28) 『근암집』, 178~179쪽.

이처럼 구미산의 풍광을 기사령, 비홍현, 녹시표림, 난곡, 활원담, 연단암과 운영담, 비류폭포, 창고암, 백석뢰, 낭음봉, 창연대, 석뢰, 뇌암, 고루 등으로 명명하고 감상하였다.

이밖에도 구미산 아래 용담계곡 일대에도 와룡담(臥龍潭), 부벽단(頹碧壇), 연구대(蓮龜臺), 농파등(弄波磴), 독조대(獨釣臺), 한설담(寒雪潭), 음풍대(吟風臺), 농월탄(弄月灘), 징심연(澄心淵), 화류천(花柳川), 노봉회(蘆峰匯), 심진교(尋眞橋), 오휴석(五休石), 백화담(白花潭), 여호(驪湖) 등 곳곳에 자연에 어울리는 이름을 붙여 구미산하를 칭송하였다.[29]

이와 같은 구미산을 최옥은 "덕 높은 사람이 세속을 떠나 산수를 즐기는 곳"이라고 하였다. 그렇지만 신라와 고려를 거쳐 천년을 더 지났는데도 주목받지 못하였다. 그래서 최옥 자신이 구미산과 용담 일대를 얻게 되었다고 술회하였다.[30]

앞에서 언급하였듯이 최옥은 구미산과 용담 일대의 26詠을 7언 절구의 시로 표현하였다. 그 내용은 다음과 같다.[31]

龜岑喜雨(구잠희우) : 龜伏龍蟠石上壇 能噓雲氣雨人間
　　　　　　　　　　須臾普洽吾東國 蔀屋生靈喜動顔
獅嶺晴嵐(사령청남) : 靑山雲暗雨冥冥 雨霽雲鎖本面呈
　　　　　　　　　　一洗塵埃心更好 支頤默對轉分明
虹峴朝暾(홍현조돈) : 此心東走又西奔 秉燭何人劈破昏
　　　　　　　　　　欲驗箇中開豁處 試看山頂迓朝暾
鹿柴返照(녹시반조) : 扶節緩步夕陽天 麋鹿同羣飮啄全
　　　　　　　　　　莫向齊山空灑淚 琴書罇酒送餘年
豹林宿霧(표림숙무) : 七日南山豹隱時 幽人粗得一斑窺

29) 『근암집』, 179~181쪽 및 이재순, 「구미산과 용담정」, 『신인간』 318, 8~17쪽.
30) 『근암집』, 181쪽.
31) 『근암집』, 184~193쪽.

	霧中秖爲藏身計	敢望威名在死皮
蘭谷幽香(난곡유향) ：	空谷幽蘭得雨新	花宜飮露葉宜紉
	秋花春葉皆時耳	無實容長類主人
桃園紅霞(도원홍하) ：	錦帳胡爲處士家	白雲深處起紅霞
	春來恐有漁舟子	分付山童掃落花
仙臺活水(선대활수) ：	盈科後進逝如斯	聖訓洋洋不我欺
	水到船浮君莫訝	中流自在是餘師
丹巖白雲(단암백운) ：	巖丹雲白影相涵	上有龜壇下有庵
	世變狗衣何足道	閒來無事玩飛潛
老巖沸流(노암비류) ：	石立龍門鬼斧開	銀河飛落洗風埃
	却嫌俗客來囂聒	古倚巖頭聽隱雷
古巖蒼苔(고암창태) ：	千仞岡頭百尺臺	其形蒼古老封苔
	斯非一蹴躋攀處	肯許東坡二客來
石瀨淸淺(석뢰청천) ：	鵑花罵木節序推	石出端宜水落時
	揭厲須從深淺視	休將此樂說人知
龍潭水石(용담수석) ：	靑山斷處忽高巖	巖石叢中有小潭
	巖可躋攀潭可泳	一區風景盡包含
釣臺寒雪(조대한설) ：	倒峽淸溪凍不鳴	梨花滿地掃難平
	歲寒心事無人間	兩岸松濤獨也靑
吟峯月石(음봉월석) ：	峯前忽倒玉浮圖	皎影偏多齋後梧
	靜看萬殊從一本	時時點易擁薰爐
蒼臺花朝(창대화조) ：	昨夜韶光返古査	南山經雨更添花
	枝枝生出天工筆	安得芳香散萬家
風臺爽籟(풍대상뢰) ：	山室無風戶自開	披襟更上一層臺
	舞雩和氣須看取	茂叔淸懷可得來
月灘波聲(월탄파성) ：	急峽新波忽有聲	天心明月却留情
	魚驚鳥散開吟弄	頓覺胸中夜氣淸
眞橋渡頭(진교도두) ：	虹橋消息問川流	漁客尋來不用舟
	林下莫嫌前路斷	渡頭直向畵淸樓
心淵靜波(심연정파) ：	動者爲川靜者淵	看來動靜自然天

世間萬念都休歇　還得方塘寶鑑懸

西原農談(서원농담) :　前宵魚夢間農人　報得桑麻雨露均

種黍山田秋有實　翁家活計不全貧

前川花柳(전천화류) :　芒鞋踏盡杖靑藜　柳綠花紅摠品題

收拾春光歸肺腑　異他桃李自成蹊

蘆峯牧笛(노봉목적) :　行過黃桑白石阿　一聲蘆笛夕陽多

溪翁不得淸狂客　莫道前村有酒家

休臺濁陰(휴대청음) :　樵歌漁笛日得尋　指點三山與五休

高枕石頭眠不去　遊人偏愛午陰深

花潭紅流(화담홍류) :　陣陣經風憾古叢　漁人爭唱滿江紅

層稜亂石橫如網　不放飛花世外通

驪湖漁歌(여호어가) :　暮年蹤跡混漁樵　互答芝歌欸乃謠

魚鳥同盟滋味足　溪風山雨助時料

이 용담 26영은 최옥이 구미산과 용담 일대의 자연과 풍광을 표현하는 시였다. 여기에는 자신을 반추하는 내용도 적지 않았다. 이러한 모습은 도연명의 귀거래사를 그대로 모방하였다.[32] "돌아가자. 돌아가자. 산은 높고도 험하고 흰 구름은 돌아드는구나. 조용히 나와 함께 이 세상을 잊자꾸나"라고 읊은 귀거래사에서 그 마음을 짐작할 수 있다. 이 귀거래사를 통해 나타난 용담 26영은 우사단(1영), 기사령(2영), 비홍연(3영), 녹시표림(4영과 5영), 난곡(6영), 선유대(8영), 연단암(9영), 불노암(10영), 창고암(11영), 석뇌(12영), 와룡담(13영), 독조대(14영), 낭음봉(15영), 창연대(16영), 음풍대(17영), 농월탄(18영), 심진교(19영), 징심대(20영), 화류천(22영), 노봉회(23영), 오휴대(24영), 백화담(25영), 여호(26영) 등의 시적 표현이었다. 이외에 도원(7영)과 서원(21영)이 포함되었다. 또한 최옥은 용담정에서 학문과 수양을 하면서 주자의 백록동서원처럼 되기를

---

32) 『근암집』, 66~68쪽.

기대하였다.[33] 그래서 마을 수재들에게 시 짓는 형식을 가르치고, 집안 아이들에게는 교훈을 주고자 하였다.

최옥이 와룡암을 복원하고 용담서사를 건립한 것은 자신의 삶을 정리하고 학문에 대한 열정, 그리고 후학을 양성하고자 함이 목적이었다. 그리고 용담 26영은 구미산과 용담 일대의 풍광과 운치를 시로 표현하였지만 자신의 삶을 반추하는 내용을 담고 있다.

3. 수운의 경주 인식

수운 역시 구미산과 용담(이하 구미용담), 그리고 경주를 매우 중요하게 인식하였다. 그래서 경전 곳곳에 경주와 구미용담을 그려내고 있다. 가장 대표적인 글이 「용담가」이다. 「용담가」는 수운이 동학을 창명한 후 가장 먼저 저술한 경전의 하나이다. 『도원기서』에 따르면 "거의 한 해 동안 수련을 하고 연마를 하니, 스스로 그렇게 되지 않는 것이 없게 되었다. 이어서 용담가를 짓고"라고 하여, 동학을 창명한 지 1년 뒤인 1861년에 저술하였다.[34]

「용담가」의 내용은 크게 다섯 부분으로 정리할 수 있다. 첫째는 경주는 신라의 오랜 전통문화를 간직한 곳이기 때문에 동학이 창명될 수밖에 없다는 점을 강조하였고, 둘째는 수운이 위국충신의 가문에서 태어났으며, 셋째는 불우한 때를 만나 40에 이르는 과정을, 넷째는 구미용담으로 다시 돌아오는 심정을, 다섯째는 동학을 창명하는 종교적 체험과 과정을 담고 있다. 그런 점에서 「용담가」는 수운이 경주의 역사성과 정체성을

---

33) 『근암집』, 69~71쪽.
34) 윤석산 역주, 『초기 동학의 역사 도원기사』, 신서원, 2000, 39쪽.

중요시하게 인식하였음을 알 수 있다. 그렇기 때문에 「용담가」 첫 머리에서부터 경주, 그리고 구미용담에 대해 서술하였다. 「용담가」 중 경주와 구미용담에 대한 내용을 살펴보면 다음과 같다.

> 국호는 조선이오 읍호는 경주로다.
> 성호는 월성이오 수명은 문수로다.
> 기자 때 왕도로서 일천년 아닐런가.
> 동도는 고국이오 한양은 신부로다.
> 아동방 생긴 후에 이런 왕도 또 있는가.
> 수세도 좋거니와 산기도 좋을시고
> 금오는 남산이오 구미는 서산이라.
> 봉황대 높은 봉은 봉거대공 하여 있고
> 첨성대 높은 탑은 월성을 지켜있고
> 청옥적 황옥적은 자웅으로 지켜있고
> 일천년 신라국은 소리를 지켜내네.
> 어화세상 사람들아 이런 승지 구경하소.
> 동읍삼산 볼작시면 신선 없기 괴이하다.
> 서읍주산 있었으니 추로지풍 없을소냐.
> 어화세상 사람들아 고도강산 구경하소.
> 인걸은 지령이라 명현달사 아니 날까.
> 하물며 구미산은 동도지주산일세.
> 곤륜산 일지맥은 중화로 버려있고
> 아동방 구미산은 소중화 생겼구나.
> 어화세상 사람들아 나도 또한 출세 후에
> 고도강산 지켜내어 세세유전 아닐런가.[35]

수운은 「용담가」에서 무엇보다도 먼저 경주의 '역사성과 정통성'을 밝

---

35) 「용담가」, 『용담유사』.

히고 있다. 경주는 조선시대에는 한 지방 도시에 불과하였지만 수운에게
있어서는 '기자 때부터 왕도'였으며, '고국'이었다. 수운이 경주를 기자 때
부터 왕도라고 한 것은 이미 고조선 시대부터 왕도로서 역할을 하였다고
본 것이다. 또한 수운은 신라의 상징 이미지인 '봉황대', '첨성대', '월성',
'청옥적과 황옥적'을 통해 1천 년의 찬란한 문화를 간직하고 있는 경주의
역사성을 강조하였다.

이러한 인식은 당시는 비록 성리학의 조선사회, 그리고 한양이라는 문
화의 중심지가 있었지만 한국의 정신적, 사상적 근원은 '경주'였다는 것
을 암시하고 있다. 이는 경주가 단순한 지명이 아닌 한양과 경주를 비교
함으로써 경주가 지니고 있는 정통성을 찾고자 하였다.[36] 따라서 수운의
역사적 모델은 조선이 아닌 신라였던 것이다. '일천년 신라국의 소리'는
수운 자신에게 있어서도 한국의 정통성과 역사성을 의미하였다.

그리고 그 정통성과 역사성의 중심을 신라의 중심지였던 경주 시내에
서 벗어난 구미산과 용담 일대로 상정하였다. 이는 신라의 정통성과 역
사성을 계승하는 동시에 새로운 사회 즉 후천개벽의 역사를 구미용담에
서 새롭게 시작하였음을 선언한다는 의미를 내포하였다. 넓은 의미에서
볼 때 경주는 선천개벽뿐만 아니라 후천개벽의 역사성을 지닌다고 할 수
있다. 그런 점에서 본다면 경주는 '개벽의 역사성'을 가지고 있다고 할
수 있는 것이다.

뿐만 아니라 수운은 경주를 '승지'라고 하여 풍수지리적으로도 해석하
였다. 일반적으로 승지는 '십승지'를 의미한다. 조선후기 들어 사회적 봉
건적 사회의 해체기가 시작되면서 '승지'에 대한 풍수지리적 인식이 널리

---

36) 이러한 인식에서 수운은 성리학을 부정하였을 것으로 추정된다. 즉 수운의 역사성과
정통성은 사상적으로 볼 때 단군사상-화랑도-낭가사상-동학으로 이어지는 단재 신채
호의 역사성과 같은 맥락을 가지고 있지 않을까 한다. 이에 대해서는 추후 논의해보
고자 한다.

유포되었다. 전란이나 사회적 혼란기에 피난 또는 보신을 위해 안전한 지대를 찾기 시작하였다. 그 과정에서 전국적으로 '십승지'가 알려지기 시작하였다.[37] 그러나 수운은 최고의 승지를 경주 구미용담으로 보았다. 즉 구미용담을 '일천지하 명승지'라고 하였다. 수운은 동학을 창명한 한 후 구미용담을 다음과 같이 표현하였다.

구미산수 좋은 승지 무극대로 닦아내니
오만년지 운수로다. 만제일지 장부로서
좋을시고 좋을시고 이내 신명 좋을시고
구미산수 좋은 풍경 물형으로 생겼다가

---

37) 십승지(十勝地)에 대한 기록은 〈정감록 鄭鑑錄〉·〈징비록 懲毖錄〉·〈유산록 遊山錄〉·〈운기귀책 運奇龜責〉·〈삼한산림비기 三韓山林秘記〉·〈남사고비결 南師古秘訣〉·〈도선비결 道詵秘訣〉·〈토정가장결 土亭家藏訣〉 등에서 찾아볼 수 있다. 대체적으로 공통되는 장소는 다음과 같다.
영월의 정동(正東) 쪽 상류, 풍기의 금계촌, 합천 가야산의 만수동 동북쪽, 부안 호암(壺巖) 아래, 보은 속리산 아래의 증항(甑項) 근처, 남원 운봉(雲峯) 지리산 아래의 동점촌(銅店村), 안동의 화곡(華谷), 단양(丹陽)의 영춘(永春), 무주(茂朱)의 무풍(茂風) 북동쪽 등이다. 이중에서 위치를 현재의 지명으로 확실하게 파악할 수 없는 곳은 운봉의 동점촌, 무풍의 북동쪽, 부안의 호암, 가야산의 만수동이다. 한편 영월 정동 쪽 상류는 오늘날의 영월군 상동읍 연하리 일대, 풍기의 금계촌은 영주군 풍기읍의 금계동·욕금동·삼가동 일대, 공주의 유구천과 마곡천 사이는 말 그대로 공주군 유구면과 마곡면을 각각 흐르고 있는 유구천과 마곡천 사이의 지역, 예천 금당동 동북쪽은 예천군 용문면 죽림동의 금당실(金塘室) 지역, 보은의 증항 근처는 충청북도와 경상북도의 경계인 시루봉 아래 안부(鞍部) 지역, 안동의 화곡은 봉화군 내성면 지역, 단양의 영춘은 단양군 영춘면 남천리 부근 등으로 파악되고 있다. 이들 지역은 모두 남한에 편중되어 있고 교통이 매우 불편하여 접근하기 힘든 오지이다. 이런 곳이 선호된 것은 전통사회에서 전쟁이나 난리가 났을 때 백성들이 취할 수 있는 방도란 난리가 미치지 않을 만한 곳으로 피난하여 보신하는 것뿐이었기 때문이다. 십승지에 대한 열망은 조선 후기와 일제강점기에 매우 두드러지게 나타났으며, 한국전쟁 때에도 광범위한 영향력을 미쳤다. 그러나 십승지사상에서 찾아볼 수 있는 피란·보신의 소극성은 단지 그것으로 그치지 않고 항상 새로운 이상세계를 대망하는 적극성과 연결되어 있다.

이내 운수 맞혔도다. 지지엽엽 좋은 풍경
군자낙지 아닐런가. 일천지하 명승지로
만학천봉 기암괴석 산마다 이러하며[38]

그런데 이 십승지는 앞서 언급하였듯이 '피난' 또는 '보신'의 장소였다. 그렇지만 수운이 말하고 있는 경주는 피난 또는 보신의 장소가 아니라 '후천개벽'의 승지였다. 즉 새로운 사회를 위한 개벽의 승지였다. 이런 점에서 수운이 말하고 있는 승지는 '민중과 함께 하는 희망의 삶'을 의미한다고 할 수 있다. 이러한 희망의 삶을 내포하고 있는 경주는 한때 수운에게는 절망의 땅이기도 하였다. 그렇지만 '동학'의 창명을 통해 후천개벽의 땅으로 바뀌었다.

수운은 "나도 또한 출세 후에 득죄부모 아닐런가. 불효불효 못 면하니 적세원울 아닐런가. 불우시지 남아로서 허송세월 하였더라. 인간만사 행하다가 거연 사십 되었더라. 사십 평생 이뿐인가 무가내라 할 길 없다"라고 하여 자신의 신세를 한탄하였다. 그동안 수운은 가업을 잇기 위해 과거를 준비하였지만 뜻대로 되지 않았다. 더욱이 서자라는 사회적 신분은 조선사회에서 철저한 차별을 받았다. 이에 수운은 새로운 사회질서를 구현하기 위해 주유천하와 사색, 기도 등 떠돌이 생활을 하였지만 정작 자신이 원하였던 깨달음을 얻지는 못하였다. 이 절망적 상황에서 수운은 고향 즉 경주를 마지막 정착지로 삼았다.

고향은 어려서 자라고 부모와 조상의 얼이 깃든 곳이며, 또한 일가친척들이 있는 곳이었다. 평소에는 고향의 절실함을 느끼지 못하지만 타지 생활과 극한적인 어려운 상황에 이르면 무엇보다 고향이 절실하게 찾게 된다. 수운도 구도생활을 위해 여러 타지에서 생활하였지만 궁극적인 깨

---

38) 「용담가」, 『용담유사』.

달음을 구하지 못한 상황에서 고향 즉 경주, 그리고 구미용담으로 돌아온 것이다. 수운이 고향인 경주 가정리에 돌아온 심정을 다음과 같이 표현하였다.

구미용담 찾아오니 흐르나니 물소리요
높으나니 산이로세. 좌우산천 들러보니
산수는 의구하고 초목은 함정하니
불효한 이 내 마음 그 아니 슬플소냐.
오작은 날아들어 조롱을 하는 듯고
송백은 울울하여 청절을 지켜내니
불효한 이 내 마음 비감회심 절로 난다.[39)]

수운이 가정리로 돌아온 당시의 마음을 한 마디로 풀이하면 '비감회심'이었다. 그렇지만 수운은 이 비감회심의 한 가운데서 머물러 자포자기하지 않고 구도의 끈을 놓지 않았다. 경주 즉 구미용담은 수운에게 새로운 희망의 땅이었다. 수운은 구미산하에 일정각인 용담정[40)]을 세우고 평생

---

39) 「용담가」, 『용담유사』. 이러한 마음은 「교훈가」에도 잘 나타나 있다.
"슬프다. 이내 신명 이리될 줄 알았으면 윤산은 고사하고 부모님께 받은 세업 근력기중 하였으면 악의악식 면치마는 경륜이나 있는 듯이 효박한 이 세상에 혼자 앉아 탄식하고 그럭저럭 하다가서 탕패산업 되었으니 원망도 쓸 데 없고 한탄도 쓸 데 없네."
40) 용담정은 수운의 조부 최종하가 세운 와룡암, 그리고 아버지 최옥이 건립한 용담서사를 다시 복원한 것이다. 이에 대해 표염삼은 용담정을 '용담서사'라고 해야 한다고 하였다. 그런데 필자의 생각으로는 수운이 건립한 것은 용담정이 맞다고 본다. 처음 와룡암(조부)이었던 것을 용담서사(부), 그리고 용담정(수운)으로 각각 이름을 붙인 것이다. 이를 뒷받침하는 것이 『도원기서』이다. 『도원기서』에 따르면, 수운이 대구 장대에서 순도한 후 시신을 거두어 구미용담으로 돌아와 안장한 후 해월 최시형은 다음과 같이 기록하였다. "아아, 용담정이여, 과연 평지가 되었구나. 오오 선생의 부인이여, 자식이여. 이제 누구를 의지하리요. 아아, 구미의 기봉괴석이여, 하늘이 상심의 빛을 띠었구나. 아아, 용추의 맑은 못과 보계는 눈물 흐르는 것같이 소리 내어 흐르는구나(嗚呼 龍潭亭兮. 果爲平地 嗚呼 先生之室兮子兮. 去何囑依. 嗚呼 龜尾之奇峰怪石空帶傷心之色 嗚呼 龍湫之淸潭寶溪如流涕淚之聲)"
『도원기서』는 수운에 이어 동학을 이끌어간 해월 최시형 대 즉 1870년대 지은 동학

의 세월을 마치기로 작정하였다.[41]

구미용담에 돌아온 수운은 중대한 결심을 하였다. 절박한 심정에서 자신의 자호를 고치고 중한 맹세를 하였다. 이러한 심정을 수운은「용담가」와 입춘시에 잘 나타나 있다.

구미용담 찾아들어 중한 맹세 다시하고
부처간 마주 앉아 탄식하고 하는 말이
대장부 사십평생 하염없이 지내나니
이제야 할 길 없네. 자호 이름 다시 지어
불출산외 맹세하니 기의심장 아닐런가.[42]

道氣長存邪不入 世間衆人不同歸[43]
(도기장존사불입 세간중인부동귀)

수운은 자신의 이름 제선(濟宣)을 '제우(濟愚)'로 고치고 큰 도를 깨닫지 못하면 다시 살아서 세상을 보지 않겠다는 맹세를 하였다.[44] 마침내 수운은 1860년 4월 5일 동학을 창명하였다.「용담가」에는 다음과 같이 표현하였다.

천은이 망극하여 경신 사월 초오일에
글로 어찌 기록하며 말로 어찌 성언할까.

의 최초의 교회사이다. 또한 수운 자신도 용담정이라고 하였다. 그런 점에서 볼 때 수운의 생존 시에 용담정이라 불렸다면 수운은 용담서사를 복원하고 용담정이라 이름을 붙였던 것이라 할 수 있다.

41) 이돈화,『천도교창건사』, 제1편 11쪽.
42)「용담가」,『용담유사』.
43)「입춘시」,『동경대전』.
44) 이돈화,『천도교창건사』, 제1편 11쪽.

만고 없는 무극대도 여몽여각 득도로다.

기장하다 기장하다. 이내 운수 기장하다.

한울님 하신 말씀 개벽 후 오만년에

네가 또한 첨이도다. 나도 또한 개벽 이후

노이무공 하다가서 너를 만나 성공하니[45]

수운은 결정적인 종교체험을 통해 무극대도 즉 동학을 창명하였다. 수운의 종교체험은 네 가지 성격을 가지고 있다. 첫째는 은혜적 성격이다. '천은이 망극'이라고 하여 하늘로부터 은혜를 받았음을 밝히고 있다. 이를 동학적으로 본다면 '한울님'으로부터의 은혜이다. 둘째 신비적 성격이다. 수운은 득도의 상황을 글로도 기록할 수 없고 말로도 표현할 수 없는 신비적 체험이었다. 이와 관련하여 수운은 "마음이 선뜻해지고 몸이 떨려서 무슨 병인지 집증할 수 없고 말로 형상하기 어렵다"[46]라고 하였다. 셋째는 시원적 성격이다. 수운이 득도한 동학은 '개벽 이후 처음'으로 있는 현상이었다. 넷째는 몽환적 성격이다. 수운은 득도의 순간을 '여몽여각'이라고 하였으며, 다른 표현으로는 "꿈이런가 잠일런가 무극대도 받아내어"[47]라고 하여, 비몽사몽의 몽환적 상황에서 득도하였다. 즉 동학은 수운의 신비적 종교체험을 통해 창명되었다.

뿐만 아니라 수운은 "구미산수 좋은 승지 무극대도 닦아내어 오만 년지 운수로다"라고 하여, 구미 산하의 용담, 나아가 경주가 오만 년의 개벽운수의 역사적 공간임을 밝히고 있다. 수운은 「용담가」 외에도 『동경대전』과 『용담유사』에 경주 및 구미용담의 이미지를 그려 넣었다.

---

45) 「용담가」, 『용담유사』.
46) 「포덕문」, 『동경대전』.
47) 「교훈가」, 『용담유사』.

(1) 용담의 옛집은 가친이 가르쳤던 곳이요, 동도신부는 오직 내 고향이라.(龍潭古舍 家嚴之丈席 東都新府 惟我之故鄕)[48]

(2) 용담의 물이 흘러 네 바다의 근원이요 구미산에 봄이 오니 온 세상의 꽃이로다.(龍潭水流四海源 龜岳春回一世花)[49]

(3) 구미용담 좋은 풍경 안빈낙도 하다가서[50]

(1)은 용담정은 아버지 최옥이 건립하였다는 가문의 역사성을 밝히고 있으며, 또한 동도 즉 경주가 자신의 고향임을 밝히고 있다. 수운이 경주가 고향임을 강조하고 있는 것은 첫째는 애향심의 발로이며, 둘째는 기자 때부터 왕도로서의 정체성, 셋째는 후천개벽의 역사성을 밝히기 위한 목적이었다고 할 수 있다. 그렇기 때문에 수운은 『동경대전』과 『용담유사』에서 경주를 강조하였다.

(2)는 용담의 물과 용담정을 품고 있는 구미산이 후천개벽의 근원임을 밝히고 있다. 일반적으로 '물'의 이미지는 근원이자 원천으로서의 모든 가능성과 영원성을 상징한다.[51] 노자의 겨우 물은 '최상의 선'이라고 하여 최고선으로 인식하였고,[52] 공자도 "모두 흘러가는 것이 이와 같지 않는가. 밤낮없이 결코 그 흐름을 중단하지 않는구나"라고 하여 물을 통하여 사색하고 그 속에서 지혜를 깨달았다고 하였다.[53] 동학을 창명한 용담의 물은 후천문명의 근원임을 밝힌 것이라 할 수 있다. 또한 만물이 생동하는 봄을 통해 구미산이 후천세계의 이미지를 그리고 있다. 일반적

---

48) 「수덕문」, 『동경대전』.
49) 「절구」, 『동경대전』.
50) 「도수사」, 『용담유사』.
51) 신상구, 「「동경대전」 소재 수운의 〈절구〉 시 연구」, 『동학연구』 27, 한국동학학회, 2009, 29쪽.
52) 『老子』 제8장.
53) 신상구, 「「동경대전」 소재 수운의 〈절구〉 시 연구」, 『동학연구』 27, 한국동학학회, 2009, 29~31쪽.

으로 산은 신이 강림하는 곳으로 인식되었다. 단군도 태백산에 내려와 홍익인간의 가르침을 전했듯이 수운도 구미산을 통해 동학의 후천개벽의 이미지를 전달하고 있다. 더욱이 구미산은 수운이 태어날 때 3일을 울었던 영험 있고 신성스러운 장소였다. 이처럼 수운이 구미산을 강조한 것은 '민족 발생의 근거가 되는 산'을 염두에 두고 동학이 세계문명의 중심이 된다는 것임을 밝힌 것이었다.

또한 '봄'과 '꽃' 역시 은유적 의미를 내포하고 있다. 봄은 구원의 도, 삶의 진리를 상징하는데, '풍우상설이 지난 후 꽃이 피는 세상'[54]을 만들어가는 유토피아적 의식을 내포하고 있다. 그리고 꽃은 시적으로 '도의 왕성함'에서 오는 '깨달음'을 상징한다.[55] 수운에 있어서는 깨달음의 세상은 이상향의 세계 즉 '지상천국'을 의미한다. 나아가 구미용담은 '일세화'라는 은유적 표현을 통해 '이상향'임을 밝힌 것이기도 하다. 결국 (2)는 동학의 지상천국사상이 내포되어 있다고 할 수 있다.

(3) 역시 구미용담이라는 승지에서 안빈낙도를 통해 이상향 즉 지상천국을 은유적으로 표현하고 있다.

이상에서 살펴볼 때 동학 경전에 나타난 경주, 그리고 구미용담의 이미지는 크게 다섯 가지로 정리할 수 있지 않을까 한다. 첫째는 '역사성과 정통성의 인식'이었다. 수운에 있어서 경주는 기자 때부터 왕도로서, 그리고 신라의 천년을 간직한 곳이었다. 조선사회의 정치문화의 중심지는 한양이지만 경주는 한국 문명의 근원지라는 정통성 역시 강조하였다. 둘째는 경주가 '후천개벽의 근원'이라는 인식이다. 셋째는 구미용담을 아우르는 경주가 동학이 지향하는 '지상천국의 이상향'임을 그리고 있다. 넷째는 경주는 절망을 극복한 삶의 땅이었다. 다섯째는 '고향'이었다.

---

54) 「우음」, 『동경대전』.

55) 신상구, 「「동경대전」 소재 수운의 〈절구〉 시 연구」, 『동학연구』 27, 한국동학학회, 2009, 32쪽.

4. 맺음말

이상으로 동학을 창명한 용담정의 건립과정과 동학경전에 나타난 경주의 이미지에 대하여 살펴보았다. 이를 간략하게 정리하면서 맺음말을 대신하고자 한다.

첫째, 용담정의 건립은 수운의 조부 최종하 대에서부터였다. 최종하는 불교의 암자였던 원적암을 매입하여 와룡암이라 하였고, 수운의 아버지 최옥은 와룡암을 복원한 후 용담서사로 명명하였다. 그러나 수운이 경주를 떠나 후 주유천하와 타향에서 구도생활을 하는 동안 용담서사는 훼손되었다. 고향에 돌아온 수운은 용담서사를 복원하고 용담정이라고 정호를 붙였다.

둘째, 용담26영은 구미용담의 아름다움과 최옥 자신을 삶을 반추하고 있는 곳임을 그리고 있다.

둘째, 동학경전에서 경주와 구미용담의 이미지는 선천개벽과 후천개벽의 역사성을 동시에 지니고 있었다. 기자 때부터 왕도인 경주는 선천개벽을, 동학의 창명 이후의 경주는 후천개벽의 근원임을 밝히고 있다. 이는 곧 경주와 구미용담이 한민족의 원류임을 뜻하고 있다.

셋째, 경주와 구미용담은 동학이 지향하는 지상천국의 이상향임을 밝히고 있다. 시적 은유적 표현이지만 경주는 봄과 꽃으로 '일세화'되는 이상향 즉 지상천국사상을 내포하고 있다.

그럼에도 불구하고 수운은 「용담가」 마지막 구절을 "구미산수 좋은 풍경 아무리 좋다 해도 내 아니면 이러하며 내 아니면 이런 산수 아동방 있을소냐. 나도 또한 비상천 한다 해도 이내 선경 구미용담 다시 보기 어렵도다. 천만년 지내온들 아니 잊자 맹세해도 무심한 구미용담 평지되기 애달하다"라고 하였다. 이는 후천개벽의 사회를 여는 구미용담이 경주뿐만 아니라 만인에게 평지처럼 무관심하지 않을까 염려한 것이었다. 수운이 창명한 동학은 한국사상의 진수를 밝히고 있지만 정작 경주에서는 '고대'에 묻혀 평지가 되었다. 경주는 신라의 수도이지만 한국 고유의 사상을 유지하고자 하였다. 그러한 점이 경주와 구미용담에서 한국의 고유사상을 근대에서 동학으로 다시 부활될 수 있는 터전을 마련하였던 것이다. 앞으로 고대 한국의 고유사상과 근대 동학이 공존하는 경주의 역사성이 살아나기를 기대한다.

2장 초기 동학 교단과 영해지역의 동학

1. 머리말

영해는 고대 우시군국(于尸郡國)의 근거지로 조선시대 후기까지 영해부가 설치되어 있던 곳으로 그 역사가 오래된 고장이다. 우시군국은 신라 경덕왕 16년(757)에 유린(有隣)으로 바뀌었다가 고려시대에 들어 태조 23년(940)에 예주(禮州)로 고쳤다. 현종 9년(1018)에 방어사를 두었으며, 고종 46년(1259) 덕원소도호부(德原小都護府)로 승격하였으며, 충선왕 2년(1310)에는 영해부사영(寧海府使營)을 두었다. 성종 때부터 영해는 단양(丹陽)이라 불렸으며, 오늘날도 단양이라는 이름을 쓰기도 한다. 조선시대에 들어와서는 태조 6년(1397)에 첨절제사를 두었고, 태종 13년(1413)에 다시 도호부사를 두었으며, 이후 고종 32년(1895)에 이르러 영해부는 영해군으로 되었다. 일제강점기인 1914년 3월 1일 부군폐합에 의하여 영해군이 영덕군에 합병되면서 오늘날 영해면이 새로이 신설되었다. 영해면은 본래 영해부 시절의 읍내면(邑內面)과 영해군 때의 묘곡면, 그리고 북초면(北初面)의 일부가 합쳐져서 1914년의 행정구역 개편 때 오늘의 모습을 갖추게 되었다.

이와 같은 영해는 일찍부터 동학과 인연이 깊었다. 1860년 4월 5일 (음) 수운 최제우에 의해 동학이 창명된 후 그 이듬해 6월 첫 포교[1] 이후 경주를 비롯하여 경상도 일대에 동학이 포교되었는데, 영해지역에도 동학이 전래되었다. 1862년 말경 수운 최제우는 각지의 동학 교인을 효과적으로 관리하기 위해 접을 조직하였다. 이처럼 동학교단의 첫 조직인 접이 조직될 당시 영해지역에 접주가 임명될 정도로 적지 않은 동학 교세가 형성되었다. 이후 해월 최시형의 적극적인 포교로 영해는 당시 동학교단의 중요한 위치를 차지하였다. 이를 계기로 동학교단의 첫 사회운동이라고 할 수 있는 1871년 신원운동[2]이 전개되었다.[3]

1871년의 신원운동은 다양한 평가를 받고 있지만, 적어도 당시 동학교인 5백여 명이 동원되었다는 사실은 동학의 최초 변혁운동이었다고 할 수 있다. 이로 볼 때 영해는 초기 동학교단사에서 중요한 의미를 지니고 있음을 보여주고 있다.

---

1) 동학에서는 이를 '신유포덕(辛酉布德)'이라고 한다.
2) 1871년 3월 10일 전개된 동학교단의 첫 사회운동에 대한 평가는 다양하다. 동학교단은 초기에는 '이필제의 난'이라고 불렸지만 최초의 교조신원운동으로 평가되고 있다.(이에 대한 반대 의견도 있지만) 또한 동학농민혁명의 시발점으로 평가하는 새로운 시도가 없지 않다. 『도원기서』에 의하면 187년 영해사건을 주도한 이필제에 대해 '蚊將軍'이라고 하였지만, 당시 동학교인 5백여 명이 동원되었고 동학의 최고 책임자인 해월 최시형이 교인들을 동원하는데 중요한 역할을 하였다는 점에서 교조신원운동으로 볼 수 있다고 판단된다.
3) 1871년 영해에서 전개되었던 신원운동과 주도 인물이었던 이필제에 대한 연구 성과는 다음과 같다.
   윤대원, 「이필제난의 연구」, 『한국사론』 16, 서울대 국사학과, 1987; 장영민, 「1871년 영해 동학란」, 『한국학보』 47, 일지사, 1987; 연갑수, 「이필제 연구」, 『동학학보』 6, 동학학회, 2003; 표영삼, 「동학의 신미 영해 교조신원운동에 관한 소고」, 『한국사상』 21, 한국사상연구회, 1989; 박맹수, 「해월 최시형 연구-초기(1861~1871) 행적을 중심으로-」, 한국정신문화연구원 석사학위논문, 1986; 표영삼, 「영해 교조신원운동」, 『한국사상』 24, 한국사상연구회, 1998; 임상욱, 「이필제와 최시형 : 영해 동학 '혁명'의 선도적 근대성」, 『동학학보』 18-1, 동학학회, 2014; 임형진, 「혁명가 이필제의 생애와 영해」, 『동학학보』 18-1, 동학학회, 2014.

이에 본고에서는 1781년 신원운동을 전개할 수 있었던 영해지역 동학의 포교와 동학 조직의 성장과정을 초기 동학교단사를 통해서 살펴보고자 한다.

2. 영해지역 동학과 박하선

동학이 창명된 경주의 이북에 해당하는 영해에 동학이 언제 포교되었을까. 영해에 동학이 포교된 것은 동학을 창도한 수운 최제우 재세시였다. 즉 수운 최제우가 동학을 창명한 후 1년 뒤인 1861년경으로 추정된다. 동학의 첫 포교는 가족이었다.4) 그러나 본격적인 포교는 1861년 6월 이후였다.

> 신유년 봄에 포덕문을 지었다. 그해 6월에 포덕할 마음이 있었다. 세상의 어진 사람들을 얻고자 하니, 저절로 풍문을 듣고 찾아오는 사람들의 수가 많아 전부 헤아릴 수가 없을 정도였다. 혹은 불러서 입도하게 하고 혹은 명하여 포덕하게 하니5)

수운 최제우는 1860년 4월 5일 동학을 창도하였지만 곧 바로 포교를 하지 않고 거의 1년 후인 1861년 6월에 들어서야 포교를 하였다. 19세기 중엽 성리학의 이데올로기에 따라 신분적 차별을 받던 일반 백성들에게 '누구나가 한울을 모셨다'는 시천주라는 동학의 평등사상은 메시아였다. 이에 따라 동학에 입도하는 사람들이 헤아릴 수 없을 정도였다.

---

4) 『최선생문집 도원기서』(이하 『도원기서』), 경신년조. 첫 포교와 관련된 내용은 다음과 같다. "또한 주문 두 건을 지으니, 한 건의 주문은 선생이 읽는 것이요, 다른 한 건은 아들과 조카에게 전수하는 것이다." 즉 첫 포교는 아들과 조카 맹륜이었다.
5) 『도원기서』, 신유년조.

1861년 6월 이후 동학의 포교는 경주를 중심으로 인근 군현, 좀 더 넓게는 경상도 일대로 확산되었다. 이 시기 흥해 검곡에 머물고 있는 해월 최시형이 동학에 입도하였는데,[6] 흥해와 멀리 떨어지지 않은 영해도 동학이 포교되었던 것으로 추정된다. 왜냐하면 1862년 3월 수운이 남원 은적암으로부터 경주로 돌아와 박대여의 집에 머물 때 해월 최시형과 함께 영해 출신 박하선도 참석한 바 있다.[7] 이로 볼 때 1861년 하반기에 이미 영해지역에 동학이 포교되었음을 알 수 있다.

그러나 영해지역의 본격적인 동학 포교는 1862년 6월 이후였다. 이해 6월 해월 최시형은 영해를 비롯하여 영덕, 흥해 등 동해안 일대에 적극적으로 포교를 한 바 있는데, 이로 인해 해월 최시형은 '검악포덕'이라는 별칭을 얻었다.

> (1862년) 6월 대신사(해월 최시형: 필자주)는 포덕하려는 의지가 있었지만 밑천이 없어서 걱정을 하고 있었다. 본군[8]에 살고 있는 김이서가 벼 120포대를 보내주었다. 그러자 주변 고을인 영해, 영덕, 상주, 흥해, 예천, 청도의 훌륭한 선비들이 옷을 떨치며 다투어 와서 날로 강도와 포덕에 종사했다. 이때부터 검악포덕이라는 말이 비로소 사람들의 입에서 오르내렸다.[9]

이 글에 의하면, 영해는 1862년 6월 해월 최시형에 의해 본격적으로 포교되었음을 알 수 있다. 해월 최시형에 의해 동학의 교세는 경주 이북

---

6) 『해월선생문집』, 신유년조. 이에 비해 관변문서에는 1866년에 입도하였다고 하였다. 그러나 「서헌순장계」에 의하면 적어도 1864년 이전에 동학에 입도하였음을 알 수 있다.
7) 『수운행록』.
8) 본군은 연일군이다. 김이서는 1862년 11월 말경 연일접주로 임명되었다.
9) 『시천교종역사』, 제2편 제1장 임술년조 : 『동학농민혁명국역총서』 11, 동학농민혁명기념재단, 2013, 233쪽.

지역으로 크게 확장될 수 있었다. 이들 지역 동학교인들은 1871년 신원운동에 적극 참여하는 지지기반이 되었다.

　1861년 하반기부터 포교되기 시작한 동학은 1년도 되지 않았으나 경주를 비롯하여 경상도 일대에까지 교세가 크게 확장되었다. 이에 수운 최제우는 1862년 11월 말경 비록 관으로부터 탄압을 받는 상황이었지만 늘어나는 교인들을 보다 효율적으로 관리하기 위해 접을 조직하는 한편 접주를 정하였다.

　　　경주부서 : 백사길, 강원보
　　　경주본부 : 이내겸
　　　영덕 : 오명철
　　　영해 : 박하선
　　　대구와 청도, 경기도 : 김주서
　　　청하 : 이민순
　　　연일 : 김이서
　　　안동 : 이무중
　　　단양 : 민사엽
　　　영양 : 황재민
　　　영천 : 김선달
　　　신령 : 하치욱
　　　고성 : 성한서
　　　울산 : 서군효
　　　장기 : 최중희[10]

　이처럼 수운 최제우는 동학을 포교한 지 1년 반 만에 동학교단의 첫 조직으로 각 지역의 교인들을 관리하기 위해 14개 지역에 접을 조직하였

---

10) 『도원기서』, 임술년조; 윤석산 역주, 『도원기서』, 문덕사, 1991, 42쪽.

다. 그리고 그 책임자로 접주를 각각 선정하였다. 영해지역도 접이 조직되는 한편 접주로 박하선이 선임되었다. 영해지역에 접을 조직하였다는 것은 이 일대에 동학교인이 적지 않았음을 알 수 있다. 이로써 영해는 당시 동학교단의 중요한 포교지의 하나였던 것이다.

이와 같이 영해가 교단의 중요한 위상을 갖게 됨에 따라 수운 최제우는 영해를 특별 관리토록 하였다. 즉 수운 최제우는 수제자인 해월 최시형을 영해로 파견할 정도로 동학교단에서는 영해는 중요한 지역으로 인식되었다.

> 초엿새 일에 경상과 더불어 절하고 헤어질 때 말하기를
> "그대는 영덕과 영해의 경계[11]에 갔다가 돌아오라."[12]

수운 최제우는 접을 조직한 지 불과 얼마 지나지 않은 1863년 1월 6일 수제자인 해월 최시형을 영해로 파견하였다. 그렇다면 왜 해월 최시형을 영해에 파견하였을까 하는 것이다. 이와 관련해서 우선적으로는 영해지역에 포교를 위한 것이었다. 『천도교회사』에 의하면 "포덕케 하시다"라고 하였던 바, 동학의 포교를 위한 것이라 할 수 있다.

영해지역은 오래 전부터 신향과 구향의 갈등이 적지 않았고, 특히 신향들은 동학에 적지 않은 관심을 가지고 있었다.[13] 이와 같은 상황에서 영해지역은 동학을 포교하는 데 최적의 조건을 갖추고 있었던 것이다. 때문에 수운 최제우는 해월 최시형을 영해로 보내 동학의 세력을 보다 확장하고자 하였던 것이다. 이와 같이 영해가 동학 교세 확장의 거점이 된 것은 훗날 1871년 신원운동 즉 '영해교조신원운동'의 기반이 되었다고

---

11) 일부 기록에는 '영덕 등지'로 기록되었다.
12) 『도원기서』, 계해년조; 윤석산, 앞의 책, 43쪽.
13) 이에 대해서는 다음 절에서 자세하게 다루고자 한다.

할 수 있다.

한편 이해 10월 영해접주 박하선이 편지를 가지고 와서 수운 최제우에게 문의한 바 있다. 이에 수운 최제우는 "나는 천주를 믿을 뿐이다. 천주께 고해 명령과 가르침을 받노라"하고 묵념을 한 후 편지의 내용을 해석해 주었다. 그 내용은 다음과 같다.

> 얻기도 어렵고 구하기도 어려우나 실로 어렵지 않다.
> 마음과 기운을 화하게 하고 봄의 화창함을 기다리라.[14]

이는 '일에는 때가 있음'을 암시한 것으로 볼 수 있다. 박하선이 가지고 편지의 내용은 구체적으로 알 수 없지만 당시 동학을 믿는 교인 중에는 예언적인 요소에 관심을 가지는 경우도 적지 않았다.[15] 이와 같은 상황에 대해 많은 염려를 하였던 수운 최제우는 이를 경계하기도 하였다.[16] 그래서 수운 최제우는 참된 동학의 교리에 충실할 것을 권장하였다. 이는 어쩌면 훗날 영해에서 전개되었던 교조신원에 대한 우려였던 것으로 풀이할 수도 있지 않을까 한다.

영해지역 교인들은 수운 최제우가 관에 의해 피검되었을 때 함께 검거되기도 하였다. 『도원기서』에 의하면 수운 최제우가 피검될 때 적지 않은 교인들이 잡혔다. 그러나 이들은 대부분 정배를 가거나 방면되었으

---

14) 『시천교종역사』, 계해년조: 『동학농민혁명국역총서』 11, 221쪽. 이에 대해 『도원기서』에는 다음과 같이 기록하고 있다.
"그 후 영해 사람 박하선이 글을 지어 선생께 보이니, 선생께서 말하기를 "내가 반드시 명을 받고 제목을 받겠다." 하며 붓을 잡고 잠시 멈추어 쉬니, 제(題)를 내렸다. 제서에 말하기를 '얻기도 어렵고 구하기도 어려우나 실제로 이것은 어려운 것이 아니다. 마음이 화하고 기운이 화해서 봄 같이 화해지기를 기다리라' 이러한 글이었다."
15) 특히 유림에서는 동학을 '直一巫史鬼呪者'라고 할 정도였다. 이에 대해서는 최승희, 「서원(유림세력)의 동학배척운동 소고」, 『한우근박사정년기념사학논총』, 1981을 참조할 것.
16) 『동경대전』, 「수덕문」.

나 영해지역 교인들은 옥중에서 죽음을 맞았다. 이름을 알 수 없는 박모 씨와 박명여가 그들이었다.[17] 영해접주로 임명된 박하선도 수운 최제우가 관에 검거될 때 같이 있었던 것으로 보이나 잡혀가지 않았던 것으로 보인다.[18] 이외에도 영해지역 동학교인들은 수운 최제우가 대구감영에서 옥중생활을 하는 동안 영덕의 동학교인들과 함께 6백여 금액을 염출하여 뒷바라지 할 수 있도록 지원하였다.[19]

이상에서 살펴보았듯이 영해지역은 일찍 동학이 포교되었을 뿐만 아니라 초기 동학교단사에서 매우 중요한 위치를 차지하였다고 할 수 있다. 이와 같은 영해지역 동학의 중심인물은 영해접주로 임명된 박하선이었다. 박하선에 대해서는 잘 알려져 있지 않아 구체적으로 확인할 수 없지만 몇 가지 자료를 통해 살펴보면 다음과 같다.

우선 박하선은 함양박씨의 문중으로 신향[20]에 속하였다. 당시 동학의 포교가 친인척을 중심으로 이루어졌는데, 박하선 역시 친인척 관계를 통해 동학을 포교하였다. 중심지역은 신향의 거점지인 창수면 인천리 일대였다. 이곳은 영해읍에서 북서쪽으로 40여 리 정도 떨어진 한적한 산골마을이었다. 인천리 일대는 함양박씨들의 집성촌으로 동학을 포교하는데는 유리한 조건을 가지고 있었다.[21] 인천리 뿐만 아니라 인근지역에도

---

17) 『도원기서』, 갑자년조.
18) 『도원기서』, 갑자년조.
19) 『도원기서』, 갑자년조.
20) 영해지역의 향촌세력은 기존의 향촌세력인 구향과 서얼차대업의 해제로 신분을 상승한 서얼 출신의 신향으로 구분되었다. 이러한 현상은 조선후기에 형성되었고 두 세력 간 적지 않은 갈등이 있었다.
21) 이는 신분상승을 꾀하는 신향들에게 동학은 새로운 메시지였다. 더욱이 재가녀의 출신인 수운 최제우가 동학을 창도하였다는 것도 영해의 신향들에게는 적지 않은 영향을 미쳤을 것으로 판단된다. 동학의 평등사상은 그동안 신분적으로 차별을 받아왔던 신향들에게는 동학을 수용하는 데 보다 적극적이었을 것이다. 이에 대해서는 다음 장에서 다루고자 한다.

함양박씨 문중이 많이 살고 있어 동학 교세는 접이 생길 정도 크게 성장하였다.

교단의 기록 중 『대선생문집』[22]에는 박하선과 관련된 내용이 적지 않은데 다음과 같다.

> 이해 3월 신령 사람 하치욱이 박하선에게 묻기를 "혹시 선생이 있는 곳을 아는가"하니 대답하기를 "어제 밤에 꿈을 꾸었는데 박대여와 더불어 선생을 같이 보았다. 지금 가서 배알코자한다"고 했다. 두 사람은 같이 가다가 길에서 우연히 최경상(최시형; 필자주)을 만나 동행하여 뜻밖에 선생을 찾아뵙게 됐다. 선생께서 "그대들은 혹시 소식을 듣고 왔는가" 물었다. 대답하기를 "저희들이 어찌 알았겠습니까. 스스로 오고 싶은 마음이 있어 왔습니다" 했다. 선생은 웃으면서 "군은 참 말로 그래 왔는가, 나는 박하선이 올 줄을 알았다"고 말씀했다.[23]

> 그믐날이 되어 선생께서 친히 각처의 접주를 정하였다. (중략) 영해는 박하선으로 정해주었으며[24]

> 8월 13일 흥비가를 지어놓고 전해 줄 곳이 없었는데, 박하선과 최

---

22) 『대선생문집』은 『수운문집』의 다른 이름이다. 수운 최제우에 대한 최초의 기록으로 추정된다. 필자 역시 확인할 수 없으나 영해접주 박하선으로 추정된다. 표영삼에 따르면 수운 최제우 처형 이후 가정리에 있는 수운 최제우의 조카 최세조의 말을 참고로 집필했다고 보고 있다. 이는 수운 최제우 체포 당시 최제우의 측근 인물들이 거의 같이 체포되어 유배되었기 때문이다. 특히 수운 최제우의 문하에 출입이 잦았던 제자는 5, 6명에 정도 되었는데, 문장력은 박하선이 가장 뛰어났다. 그리고 『수운문집』에 나오는 인물 중 박하선의 이름이 언제나 최경상보다 먼저 나올 뿐만 아니라 여러 번 나오고 있으며, 일부에서는 박하선을 중심으로 서술되어 있기 때문이다.

23) 표영삼, 「용강본 대선생사적」(하), 『신인간』 495, 1991.6, 25쪽. "是歲三月 新寧人河致旭 問於朴夏善曰 或知先生之居處乎 答曰 昨夜夢與朴大汝共見先生 今欲往拜也 二人偕行 路遇崔慶翔 料外訪到 先生曰 君等或聞而來耶 答曰 生等何以知之 自有欲來之志 故來之矣 先生笑曰 君可眞然而來耶"

24) 표영삼, 앞의 글, 29쪽. "當期晦日 先生親定各處接主 (중략) 寧海朴夏善定授"

경상 등 6~7인이 때마침 찾아왔다.[25]

영해 사람 박하선이 선생의 말씀을 듣고 글을 지어 선생님을 찾아
가 뵈었다.[26]

상행이 자인현 서쪽 뒤의 연못이 있는 주점에 이르자 날이 이미 저
물었다. 하룻밤 머물러가자 청하니 주인(최시형; 필자주)은 "어디로부
터 오시는가" 물었다. 박하선이 "대구에서 온다" 하니 주인은 사실을
알아차리고 시신을 방에 들이라 하고 일체 모든 손님을 금했다.[27]

위의 인용문에서 보듯이 박하선은 수운 최제우를 늘 곁에서 모셨을
뿐만 아니라 문장력이 인품도 뛰어나 접주로 임명되었다. 특히 대구 관
덕정에서 수운 최제우가 처형을 당하자 시신을 모시고 경주 용담까지 함
께 하였다. 뿐만 아니라 때에 따라서는 해월 최시형보다 앞서 거론되는
것을 보아 해월 최시형과 함께 적지 않은 영향을 미쳤던 지도자였다고
판단된다. 이러한 박하선의 지도력과 활동은 영해지역에 동학을 포교하
는데 가장 큰 역할을 담당하였다고 할 수 있다.
　그렇다면 영해접주 박하선은 어떠한 위치에 있었을까 하는 점이다. 이
에 대해서는 구체적으로 할 수 없지만 다음의 기록으로 보아 상당히 상
위급 지도자에 속하지 않았을까 추정된다.

8월 13일에 경상이 생각지도 않았는데 찾아왔다. 선생께서 기뻐하
며 물어 말하기를

---

25) 표영삼, 앞의 글, 31쪽. "八月十三日作興比 無所傳之際 夏善與慶翔等六七人"
26) 표영삼, 앞의 글, 34쪽. "寧海人朴夏善 聞而作狀往見先生"
27) 표영삼, 앞의 글, 37쪽. "喪行到慈仁 縣西後淵酒店 日己夕矣 請夜之止宿 主人曰 自何
　　以來 林夏善曰 自大邱來 店主知其事機"

"추석이 멀지 않았는데, 그대는 어찌 이리 급하게 왔는가?"

경상이 대답하기를

"선생님께서 홀로 추석을 보내시게 되어 모시고 같이 지낼 생각으로 이렇듯 오게 되었습니다."

선생께서 더욱 기쁜 얼굴빛이 되었다. 14일 삼경에 좌우를 물러나게 하고, 선생께서 오랫동안 묵념을 하더니, 경상을 불러 말하기를

"그대는 무릎을 걷어 올리고 바르게 앉아라."

했다. 경상이 그 말에 따라 앉으니, 선생께서 일컬어 말하기를

"그대는 손과 다리를 임의로 움직여 보아라."

경상이 마침내 대답하지 못하고 정인 있는 것 같기도 하고 없는 것 같기도 하며, 몸이 움직여지지 않았다. 선생께서 이를 보고 웃으며

"그대는 어찌하여 이와 같이 되었는가?"

하니, 그 말을 듣고서야 다시 움직이게 되었다. 선생께서 말하기를

"그대의 몸과 수족이 전에는 어찌하여 움직이지 않고, 지금은 다시 움직이게 되었으니 무엇 때문에 그런가?"

경상이 대답하여 말하기를

"그 단초를 알지 못하겠습니다."

했다. 선생께서

"이는 바로 조화의 큰 모습이다. 무엇을 근심하겠는가? 후세의 어지러움이여, 삼가고 삼갈 지어다."[28]

이는 7월 23일 북접주인으로 임명[29]된 바 있는 해월 최시형이 수운 최제우로부터 도를 받는 장면이다.

그런데 『도원기서』에는 박하선이 8월 13일에 참여하지 않은 것으로 되어있지만, 『대선생사적』에는 박하선도 그 자리에 함께 있었다.[30] 즉 8

---

28) 『도원기서』, 계해년조.
29) 이돈화, 『천도교창건사』, 제1편, 45쪽.
30) 『수운행록』, 계해년조.

월 13일 박하선은 해월 최시형과 함께 수운 최제우가 있는 용담을 찾았다. 다만 도를 전하는 자리에는 없었지만[31] 박하선이 해월 최시형의 가까운 측근이었음을 알 수 있다. 앞서 언급하였듯이 해월 최시형이 포덕을 하고자 하였으나 경제적으로 어렵자 박하선 등 영해지역 동학교인들이 적지 않은 비용을 염출하여 제공한 바 있다. 이로 볼 때 박하선은 동학의 2인자인 해월 최시형의 가장 지근거리에서 보좌하는 위치에 있었음을 알 수 있다.

그러나 박하선은 신원운동이 일어나기 전에 죽은 것으로 알려지고 있다. 신향과 구향의 갈등은 1871년 신원운동이 일어나기 전까지 지속되었다. 이 과정에서 구향은 신향을 탄압하였는데, 영해접주였던 박하선을 감영에 고발하였다. 감영에서 고문을 받은 박하선은 고문의 여독으로 1869년 말경 세상을 뜬 것으로 추정된다. 이러한 점은 그의 아들 박사헌[32]이 신원운동 당시 상제였다는 사실로 미루어 짐작할 수 있다.[33] 이와 같이 박하선이 접주로 있는 영해는 1871년 신원운동으로 이어지는 동학 조직의 기반이 되었다.

그렇다면 1871년 신원운동의 기반이 되었던 영해지역에 동학이 일찍부터 포교되었고, 조직화되었는지 살펴볼 필요가 있다. 이는 영해지역이 가지고 있는 지역 정서 가 적지 않은 영향을 미쳤기 때문이었다. 즉 신구 유림세력 간의 갈등이 영해지역에 동학이 포교되는 데 적지 않은 영향을 주었다. 이에 대해 좀 더 구체적으로 살펴보자.

---

31) 이에 대해서는 몇 가지 의문점이 든다. 종통을 전하는 자리는 공식적인 자리이고 공개적인 것이어야 하는데 『도원기서』에는 수운 최제우와 해월 최시형만 있다. 이는 『도원기서』가 해월 최시형을 중심으로 기록되었음을 알 수 있다. 이러한 점은 동학교단 내에 해월 최시형의 측근이었던 박하선과 강수와의 역학 관계에서 비롯되었지 않았나 생각된다.
32) 다른 이름은 박영관이다.
33) 표영삼, 『동학』2, 통나무, 2004, 364쪽.

3. 영해지역 향촌 세력의 갈등과 동학

영해지역에서 처음으로 동학에 입도한 인물은 박하선으로 알려졌다. 그는 수운 최제우가 첫 포교를 한 신유년 즉 1861년 후반기로 추정된다. 영해는 동학이 창도한 경주에서 동북쪽으로 경주-연일-흥해-청하-영덕으로 이어지는 곳으로 동학의 포교되는 길목과 매우 밀접한 관계를 가지고 있다.

동학의 첫 포교지는 경주였다. 이후 경주를 주변으로 동학은 크게 확산되었는데, 그 주로 경주의 동북쪽이 여기에 해당된다. 이는 1862년 11월 접주를 임명한 지역을 보더라고 확인되고 있다. 당시 접주가 임명된 지역은 동학의 포교가 가장 활발하였던 곳으로 흥해, 연일, 장기, 청하, 영덕, 영해, 평해, 영양 그리고 울산 등지였다. 이들 지역은 주로 동해안을 끼고 형성되었는데, 이로 볼 때 초기 동학의 포교는 주로 경주 동북지역이었다고 할 수 있다.

해월 최시형의 동학 입도 상황을 보면 당시 동학의 포교과정을 살펴볼 수 있다. 경주에서 태어난 해월 최시형은 17세 때인 1843년에는 흥해 신광면 기일에 있는 제지소에서 일한 바 있으며, 28세 때인 1860년 흥해 마북동에서 화전민으로 생활하였다. 이곳 산골짜기에서 생활하던 해월 최시형에게까지 '경주에서 성인이 났다'는 소문이 전해졌다. 수운이 포교를 한 지 불과 1년도 되지 않은 상황이었다. 해월 최시형은 동학의 소문을 듣고 직접 용담으로 찾아가 1861년 동학에 입도하였다.[34] 흥해는 경주의 동북쪽으로 동해안과 멀지 않은 곳이었으며, 영덕과 영해로 이어지는 길목이었다. 뿐만 아니라 흥해는 1862년 11월 수운 최제우가 머물 정도로 중요한 곳이었고 11월 말에는 접소를 설치하는 한편 접주를 임명할

---

34) 『천도교창건사』, 제2편, 2쪽.

정도로 경주 다음으로 중요한 동학의 중심지였던 것이다. 자연스럽게 흥해를 거쳐 영덕, 영해지역으로 동학이 포교되었다고 할 수 있다.

동학이 포교되는 과정에서 지역적 특성을 가지고 있는 곳이 바로 영해지역이었다. 동학이 창도되고 포교되는 조선 후기는 양란 이후 사회변동이 적지 않았다. 조선 후기 사회변동은 중앙뿐만 아니라 지방에서도 적지 않은 변화를 가져왔는데, 향촌 세력의 분열이었다. 특히 영해는 장기간에 걸쳐 향촌 세력의 갈등이 이어졌고, 동학이 포교되는 데도 적지 않은 영향을 미쳤다.

영해의 대표적인 향반은 5대성이라 불리는 영양남씨, 대흥백씨, 안동권씨, 재령이씨, 무안박씨이다. 이들 향반들은 다른 지역에서 16세기를 전후하여 입향하였지만 조선후기 들어 재지사족으로 기반을 구축하였다. 이들 집안은 1700년을 전후하여 적지 않은 중앙관료들을 배출할 정도로 전성기를 이루었다. 뿐만 아니라 이들은 안동 등지의 유림세력과 혼인 또는 학맥을 연결하면서 '소안동'이라는 자부심을 가지기도 하였다.[35]

그러나 17세기 말부터 이들이 지배하였던 향교, 서원, 향약, 동약 등 향촌지배기구가 기존의 방식으로 운영하는데 적지 않은 한계에 다다르게 되었다. 또한 그동안 중앙으로 배출하였던 관료들도 당쟁에 의해 점차 소외되었을 뿐만 아니라 중앙 진출도 봉쇄되었다. 이처럼 중앙권력과의 단절, 향촌지배기구의 영향력 약화로 인해 기존의 향촌세력은 새로운 향촌 세력의 도전을 받을 수밖에 없었다. 그 결과 1840년 祭任과 鄕任을 둘러싼 '鄕戰'이 일어났다. 기존의 향촌세력은 구향, 새로운 향촌세력을 신향이라 불렀고, 이 향전을 '경자향변', '영해향변', 혹은 '영해향전'이라 한다.[36] 이에 대해 간략히 살펴보자.[37]

---

35) 장영민, 『동학의 정치사상운동』, 경인출판사, 2004, 118~119쪽.

영해향전의 주역들은 서얼들이 중심이 된 신향이었다. 향전의 배경은 조선후기 서얼의 신분상승운동과 밀접한 관련을 가지고 있다. 조선조 후기에 들어오면서 영조 48년인 1772년의 통청윤음(通淸綸音), 정조 1년인 1777년 3월의 정유절목(丁酉節目), 순조 23년인 1823년의 계미절목(癸未節目) 등에 의하여 종래의 서얼들에 대한 신분제약이 어느 정도 완화되어 중앙 요직의 벼슬길이 열리는 등 제한적이나마 서얼계층의 신분상승이 가능하였다.

이와 같은 조치로 중앙에서는 서얼들의 신분상승이 어느 정도 가능하였지만 지방의 뿌리 깊은 사회적 관습의 벽을 넘기에는 한계가 많았다. 시대의 변화에 따라 영해의 신향들은 구향들에게 누차 자신들도 사족으로 인정해 줄 것을 요구하였다. 당시 신향들이 핵심 요구사항은 향교와 향청의 임원직에 대한 참여였다. 이러한 향교와 향청의 임원직에 대한 요구는 단순한 지위상승의 요구에만 그치는 것이 아니라 당시 향내의 수

---

36) 『영덕군지』.

37) 1840년 영해향전에 대해서는 장영민, 「1840년 영해향전과 그 배경에 관한 소고」, 『충남사학』 2, 충남대학교 사학과, 1987을 참조.
한편 영해향변이 일어나기 백여 년 전인 1744년 10월 26일에 영덕현의 신안서원을 둘러싼 사족간의 갈등이 있었는데, 그 대략적인 내막은 다음과 같다. 영덕현에 사는 신세적(申世績) 외에 9인이 야밤에 신안서원(新安書院)의 담장을 넘어 들어가서 주부자(朱夫子)와 문정공 송시열의 진상(眞像)을 훔쳐 불태운 사건이 있었다는 상소에 따라 영조 임금이 영남어사 한광조(韓光肇)를 파견하여 진상을 조사하도록 하는데서부터 사건이 시작되었다. 어사 한광조는 다년간의 조사 후에 1747년 6월 15일에 영조 임금을 친히 배알하면서 이 사건을 보고하는데, 보고에 의하면 이 사건은 영덕현 내에서 대대로 내려오는 고가(故家)와 대족(大族)인 남인 계열과 새로이 신향이라 하는 서인 계열의 신안서원 간의 알력이라고 결론짓고, 그 책임을 신안서원에 있다고 하였다. 신안서원 측에서 서원에 봉안되어 있던 상기(上記) 두 진상(眞像)이 빗물 등에 의하여 훼손되자 이의 문책을 두려워한 신안서원 측이 꾸민 자작극이었다는 것이다. 따라서 이러한 변괴를 일으킨 남용하(南龍河)를 섬으로 귀양 보내고, 나머지 연루자는 각처에 유배를 보내는 것으로 사건을 마무리 지었다고 하였다. 물론 이 과정에서 정소(呈訴) 당한 사람들은 영덕현에서 많은 고초를 당하였다고 하였다. 이 때가 1747년 8월 4일로 이 사건으로 지역 향촌 내의 갈등은 더욱 더 깊어졌다고 하겠다. (『영덕군지』)

조권을 이들 향청의 임원들이 갖고 있었기 때문에 경제적인 면에까지 요구의 수준이 미칠 수 있었다. 이러한 신향의 요구에 구향들이 당연히 반발하였다. 이러한 갈등은 결국 향전으로 나타난 것이다.

신향과 구향과의 갈등은 잠복하여 있다가 본격적으로 드러나기 시작한 것은 1839년 8월 영해부사로 최명현이 부임하면서부터이다. 신임 부사 최명현이 부임하자 신향들은 적극적으로 접근하여 자신에게 유리하도록 상황을 만들어나갔다. 이에 반발한 구향들도 적극적인 공세를 펼치게 되었다. 신구향의 대립이 심화됨에 따라 갈등은 향중 전체로 확산되었다. 당시의 구향은 남인 계열이었으며, 신향은 노론 계열이었다. 부사 최명현은 노론 집권기에 별장이 되어 승지에 오른 인물이었다. 따라서 최병현은 자연스레 신향의 편에 서게 되었다. 이는 당시 집권세력인 노론 역시 서얼허통에 적극적이었기 때문이었다. 이를 계기로 영해에서는 신향이 자신들이 인계서원38)을 중심으로 세력을 확장해나갔다.

이러한 와중에 1840년 8월 영해향교의 추계석전에 최명현은 향교의 교임을 기존의 관례를 물리치고 신향 세력의 거점인 인계서원의 유생 중에서 일부를 선임하도록 했다. 구향이 중심이 된 향교에서는 최명현의 이와 같은 조치가 이전에도 없는 무례한 것으로 전혀 이치에 맞지 않는 일로 간주하여 반발하기 시작하였다. 구향은 구향대로, 최명현은 최명현대로 신향으로 각각 추계석존을 추진함에 따라 갈등은 더욱 더 확대되어 갔다.

마침내 부사 최명현이 신향인 권치기를 수별감에 임명하자 구향인 좌

---

38) 인계서원은 경상북도 영덕군 창수면 인천리에 있었던 서원으로 1573년(선조 6)에 지방유림의 공의로 송시열(宋時烈)의 학문과 덕행을 추모하기 위해 창건하여 위패를 모셨다. 당시의 경내 건물로는 사우(祠宇) · 신문(神門) · 강당 · 동재(東齋) · 전사청(奠祀廳) · 주소(廚所) 등이 있었다. 선현배향과 지방교육의 일익을 담당하여 오던 중 대원군의 서원철폐령으로 1868년(고종 5)에 훼철된 뒤 복원하지 못하였다.(『한국민족문화대백과사전』)

수 주형렬과 별감 정상희가 이러한 것은 온당치 못하다고 하며 크게 반발하였다. 그러나 좌수 주형렬은 결국 체임되고 신향인 박기빈이 좌수로 차임하게 되어 신향은 일시에 위세를 떨치게 되었다. 이렇게 되자 구향들은 안동 호계서원[39]을 비롯하여 의성, 군위, 영양 등지의 서원에 알리는 한편 감영에까지 전말을 보고했다.

이에 분격한 최명현은 구향의 지도자격인 7명을 잡아들여 관문에서 소란을 피운다는 죄목으로 다스렸다. 구향들은 다시 고변장을 감영에 보냈고, 감영에서는 잡힌 사람들을 영덕으로 압송했다. 영덕현령 이장우는 이 사건을 재차 조사하였지만 서얼들의 신분상승의 실현과 경제적인 주도권을 확보하기 위한 측면은 제외하고 단순히 신구향 간의 爭任 사건으로만 규정하여 감영에 보고하는 한편 남효익, 박기빈, 권도익, 권치기를 데려다 조사하였다. 이에 따라 감사는 향전을 '爭任之事'로 규정하고, 신구향 모두를 처벌하도록 지시하였다. 향전에 관련된 인물들은 각지로 유배형을 받았으나, 뒤이어 나온 국가 대사면령으로 모두 풀려나 고향으로 돌아왔다. 그러나 이 향전으로 영해부사 최명현은 영덕현령에 의해 봉고 파직되어 관아에서 쫓겨나게 되었으며, 신향과 구향 간의 감정의 골은 더욱 깊어지게 되었다. 이와 같은 향전으로 영해의 신향과 구향은 '빙탄의 관계'라고 할 정도였다.[40]

그 후에도 신향들은 그들의 지위 확보를 위하여 부단히 노력하였지만

---

39) 호계서원은 경상북도 안동시 임하면 임하리에 있는 서원이다. 1573년(선조 6)에 지방유림의 공의로 이황(李滉)의 학문과 덕행을 추모하기 위하여 월곡면 도곡동에 창건하여 위패를 모셨으며, 이 때에는 여강서원(廬江書院)이라고 하였다. 1620년(광해군 12)에 김성일(金誠一)과 유성룡(柳成龍)을 추가배향하였으며, 1676년(숙종 2)에 '호계(虎溪)'라 사액되었다. 그 뒤 이황은 도산서원, 김성일은 임천서원, 유성룡은 병산서원에서 주향(主享)함에 따라 호계서원은 강당만 남게 되었다. 그 뒤 1973년안동댐건설로 수몰하게 되어 현재의 위치로 이건하였다. 강당은 경상북도 유형문화재 제35호로 지정되어 있다.(『한국민족문화대백과사전』)
40) 『교남공적』.

대원군의 서원철폐령에 따라 인계서원이 훼철되자 그들의 근거지를 상실하게 되어 점차 그들의 세력은 줄어들게 되었다. 이러한 향전을 치룬 신향들은 동학이 영해까지 포교되자, 이들은 종래의 신분적인 제약을 동학의 신분차별 철폐 등 평등사상을 수용함에 따라 동학에 입도하였다. 뿐만 아니라 동학을 창도한 수운 최제우 역시 재가녀의 출생이라는 신분적 한계는 영해지역 서얼들에게 동질성을 가지는 계기가 되었다고 본다. 자신의 출생 신분의 한계를 극복하고 당시로서 파격적인 시천주의 평등사상은 신분상승을 지향하는 서얼들에게는 새로운 희망이었다. 때문에 영해향전에서 피해의식을 가지고 있던 신향들은 동학을 적극적으로 수용할 수 있었던 것이 아닐까 한다. 동학을 신봉하게 된 신향은 종교로서뿐만 아니라 이를 통해 사회변혁까지도 지향하게 되었다.

4. 영해지역 동학 조직과 신원운동

앞서 살펴본 1840년 영해향전은 영해지역에 동학이 포교할 수 있는 중요한 토대가 되었다. 이는 신원운동의 경과와 수습과정에 대한 영해에 살던 양반의 기록인 『신미아변시일기』에서도 잘 나타나고 있다.

> 본향(영해 : 필자)에는 6,7년 전에 동학의 한 무리들이 있어 여러 지역의 동학 무리들과 서로 통하고 살고 있는 궁촌에 왕왕 소굴을 만들어 무리들을 모으고 가르침을 펴기를 마음대로 행하는 것이 거리낌이 없었다. 향중에서 혹 절족한다는 글을 보내기도 하고, 혹 그 죄상을 알리도 하여 우리들 양반 대열에 발을 붙이지도 못하게 하였다. 그러나 그들은 완고하여 그만 둘 줄을 몰랐다. 마침내 관에서 잡아들어 가두게 하니 겨우 그쳤으나 구향을 원수처럼 보았으며 뼈에 사무치게 되었다. 지금 체포된 자는 대개 이 무리가 많다.[41]

이 글은 신원운동을 수습하는 과정에서 남교엄, 권만진, 백중목, 전문원, 박주한 등이 증언한 내용이다. 이에 의하면, 6, 7년 전인 1863, 4년경에 동학이 신향을 중심으로 널리 포교되었음을 알 수 있으며, 신향은 구향과는 '뼈에 사무칠' 정도로 원수지간이었음을 보여주고 있다. 동학에 입도한 신향들은 다른 지역의 동학 조직과도 적극적으로 교류하였다. 또한 동학을 포교하는데도 전혀 거리낌이 없을 정도로 적극적이었다. 이러한 신향의 활동에 대해 구향은 절족 또는 양반대열에 발을 붙이지도 못하도록 하였지만 동학의 확산을 막을 수가 없었다. 마침내 신향들을 감옥에 가둠으로써 동학을 그나마 막을 수 있었다.

이와 같은 사실은 『교남공적』에도 잘 드러나고 있다.

> 동학은 본읍 신향 무리들에 많이 염습되었으며 이번 적변에 많이 참가했다. 신향들은 모두 동학의 여당이다. 본읍의 신향과 구향의 사이는 빙탄의 관계로 내려온 지 오래이다.[42]

즉 신향은 동학의 무리였으며, 구향과는 빙탄 즉 얼음과 숯의 관계처럼 이질적이었음을 알 수 있다.

1862년 11월 영해접주로 임명된 박하선에 대해서는 잘 알려져 있지 않지만 함양박씨의 서얼 출신으로 보인다.[43] 이로 볼 때 영해지역 서얼 출신의 신향은 박하선을 중심으로 동학을 독실하게 믿었다고 할 수 있다.

---

41) 『신미아변시일기』, 3월 17일조.

42) 『교남공적』.

43) 『신미영해부적변문축』, 4월 초2일조. 여기에는 '林河成'이 나오는데, 이는 '박하선'으로 추정된다. 족보상에서 박하선의 기록은 확인할 수 없었다. 그러나 함양박씨 문중이 동학을 적극적으로 수용하였던 것은 구향보다는 신향에 가까웠다. 구향의 경우 동학을 배척하였다는 점에서 박하선이 구향과는 적지 않은 갈등관계를 가지고 있었고, 구향은 동학을 중심인물이었던 박하선을 감영에 고발한 적이 있다. 이로 볼 때 박하선은 신향이었고, 그럼 점에서 서얼 출신이라고 할 수 있다.

신원운동은 수운 최제우로부터 동학에 입도하였다는 이필제가 주도하였다.[44] 이필제는 1870년 진주에서 변란을 시도하다가 실패한 후 영해로 피신하였다. 그가 영해로 피신한 것은 1866년 이미 영해의 동학교인과 교류한 바 있었기 때문이었다. 1866년 영해에 머물던 이필제는 동학교인 이수용과 교제하였다. 뿐만 아니라 울진의 동학교인 남두병과도 알고 지내는 관계였다.[45] 이런 점으로 보아 이필제는 이 시기를 전후하여 동학에 입교한 것으로 추정된다.[46]

영해로 피신해 온 이필제는 우선 동학교인들과 관계를 맺었다. 그리고 동학 조직을 통해 교조신원운동을 전개하고자 하였다. 그러나 여기에는 순수한 교조신원 뿐만 아니라 이필제가 그동안 추진하고자 하였던 병란이 함께 내포되었다. 이필제는 영해지역 동학교인들과 관계를 돈독하게 하는 한편 신원운동을 준비하였다. 그런데 신원운동을 전개하기 위해서는 동학의 최고 책임자인 해월 최시형의 동원령이 무엇보다도 필요하였다. 이에 이필제는 이인언을 비롯하여 박춘서, 박사헌, 권일원 등을 영양 윗대치에 머물고 있는 해월 최시형에게 보내 설득하도록 하였다. 그럼에

44) 이처럼 이필제가 주도하였기 때문에 '병란'으로 보는 경우도 없지 않다. 그런데 이필제가 1870년 말 영해에 와서 이듬해인 1871년 3월 10일 신원운동을 할 수 있었던 것은 그만큼 동학교인들과 신뢰 관계를 형성하였다고 할 수 있다. 이런 점에서 이필제는 동학교인이었음을 알 수 있다. 이는 이미 1866년 영해에 왔을 때 동학교인들과 교류한 것이 크게 작용하였을 것으로 풀이된다.

45) 『나암수록』 및 『신미영해부작변문축』.

46) 그러나 이필제는 해월 최시형을 만났을 때 수운 최제우에게 도를 받았다고 하였다. 이는 이필제가 신원운동을 위한 명분과 해월 최시형보다 우위적인 지위를 내세우기 위한 것으로 보인다. 이필제가 동학에 입교한 시기에 대해서는 여러 가지 설이 있다. 동학을 처음 접한 것은 관에 체포된 수운 최제우가 과천까지 갔다가 다시 대구로 오는 중 문경을 거친 적이 있는데 이때 이필제가 수운 최제우를 처음 보았고, 적지 않은 감명을 받았다고 한 바 있으며(이이화, 「이필제 홍경래와 전봉준을 잇는 탁월한 혁명가」, 『이야기 인물 한국사』 4, 한길사, 1993), 1863년 용담으로 찾아가 수운에 입도하였다(표영삼, 「동학의 신미영해교조신원에 관한 소고」, 『한국사상』 21, 한국사상연구회, 1989)는 설이 있다.

도 불구하고 해월 최시형이 움직이지 않자 결국 이필제는 직접 해월 최시형을 만났다.

이필제는 "선생을 부끄러움을 설원하는 것"과 "뭇 백성의 재앙을 구제하는 것"이라 하고 신원운동의 당위성을 설명하였다. 여전히 의구심을 풀지 못한 해월 최시형은 강수와 박춘서를 찾아가 그 뜻을 확인하고자 하였다. 강수와 박춘서가 찬성함에 따라 해월 최시형은 이필제의 뜻을 따르기로 하고 영해를 비롯하여 평해, 울진, 영덕 등지의 교인들에게 동원령을 내렸다. 마침내 영해 우정동에 모인 동학교인들은 3월 10일 황혼 무렵 형제봉에서 천제를 지내고 영해부를 습격하여 부사 이정을 처단하였다.[47] 해월 최시형은 천제를 지낸 후 영양 윗대치로 돌아갔다.

일단 영해부를 장악한 부사 이정을 처단하고 동학교인들은 주민들의 동향을 살폈다. 이필제는 자신들이 거사한 것은 탐학한 부사를 처단하기 위해 일어났고, 추호도 백성들은 해치지 않을 것이라고 하였지만 크게 반응이 없었다.[48] 이러한 와중에 이필제는 영덕으로 진격하고자 독려하였지만 동학교인들은 이에 따르지 않았다. 더욱이 주민들의 반응이 없고 사태가 불리함을 느끼자, 이필제와 동학교인들은 영해부를 점령한 다음 날인 3월 11일 오후 일제히 관아를 빠져나왔다. 그리고 영해 신향의 본거지인 인천리로 피신하였다. 이곳에서 2일 정도 머물면서 관의 동향을 살폈다.

한편 영해부 향리들의 연락을 받은 인근 고을 군졸들은 영해로 집결하였으며, 영해부 습격에 가담한 자를 색출하기 시작하였다. 인천리에 머물던 이필제 등 일부는 해월 최시형이 있는 영양 윗대치로 피신하였다. 그러나 윗대치도 안전하지 못하였다. 『교남공적』의 최준이 신문조서

---

47) 『도원기서』, 신미년조.
48) 박성수 역주, 『서상일월』 상, 서울신문사, 1993, 132쪽.

에 따르면 "13일에 집으로 돌아왔으며 15일에는 많은 교인들이 윗대치에 모여 있었는데, 관군을 만나 체포되었다"한 바, 관군이 영양 윗대치까지 추격하였다.[49] 이로써 영해교조신원운동은 5일만에 막을 내리고 말았고, 동학 조직은 심대한 타격을 입었다. 해월 최시형과 이필제는 단양까지 함께 동행하였고, 이후 해월 최시형은 영월, 정선 등 강원도 태백산 산중에서 은신하며 재기를 도모하였다. 그러나 이필제는 이해 8월 문경에서 다시 작변을 일으켰다가 체포되어 1872년 1월 효수되었다.[50]

그렇다면 영해교조신원운동에 참여한 동학 조직은 어느 정도였는가? 『교남공적』에 의하면 가담자 105명의 신문내용이 있으며, 『도원기서』에 의하면 동학교인 5백여 명이 참가하여 2백여 명이 죽거나 체포되어 정배되었다고 하였다. 그리고 나머지 3백여 명은 가혹해진 지방 수령의 탄압과 체포의 위협으로 뿔뿔이 흩어졌다.

또한 『도원기서』에 의하면, 신원운동에 참여한 동학 조직을 다음과 같이 기록하고 있다.

장계 문초에 원죄인 전동규의 이름이 있고, 그 나머지 억울하게 죽은 사람들이 나타나는데, 동규의 당내 서너 명, 울진 남기상·김모, 영해의 박사헌 형제·권일원 부자·박양언·박지동·권덕일·김생, 영덕의 임만조·구일선·강문·김기호, 청하의 이국필 형제·안생, 흥해의 백생·박황언, 연일의 천생·박생, 경주 북산중의 이사인·김만춘·정치선·김생의 숙질·김경화의 백형, 영양의 장성진·김용운 형제·최준이 등이었다.

도망하여 살아난 사람은 영해의 박군서·이인언인데, 이들은 배도한 사람들로 이필제의 모사자들이다. 이외에 전윤오 숙질·김경화·전덕원·김계익·김양언·임근조·임덕조·박춘서·유성원·전성

---

49) 『교남공적』.
50) 『고종실록』 9권, 1872년 1월 18일조.

문 · 김용여 · 박영목 · 정치겸 · 김성길 · 서군효, 상주 사람 김경화 · 김
형로 · 김오실 · 김순칙 · 이군강 · 임익서 · 권성옥 · 황재민 · 김대복 ·
김치국 · 김윤백 · 백현원 · 김성진 · 신성화 · 배감천 형제, 영덕 사람
김생 · 구계원, 대구 사람 김성백 · 강기 · 정용서, 흥해 사람 김경철 ·
손흥준, 안동 사람 김영순 등이다.[51]

이에 따르면, 신원운동에 참가한 동학 조직은 영해를 비롯하여 경주,
울진, 흥해, 영덕, 영양, 연일, 상주, 대구, 안동, 청하, 울산 등 12개 지역
의 동학교인들이었다. 이들 지역은 수운 최제우가 접을 조직하고 접주가
임명된 14개 접 중에서 장기와 고성, 단양, 신령, 영천을 제외한 9개 지
역에 해당한다. 이외에도 울진, 흥해, 상주 등 3개 지역의 동학교인이 참
여하였다. 또한 『교남공적』을 통해 동학 조직이 참여한 지역을 살펴보면
이들 지역 외에도 평해, 밀양, 진보, 안동, 영산, 칠원 등 4개 지역의 동
학교인도 참여하였다. 이로 볼 때 1871년 영해에서 전개된 신원운동에는
일부지역을 제외한 대부분의 동학 조직이 참여하였음을 알 수 있다.

또한 신원운동으로 동학교인이 1백여 명 체포되었는데, 이들 중 효수
32명, 물고 12명, 유배 6명, 그리고 경중처리 10명 등 모두 60명이 처벌
되었다. 그리고 나머지는 풀려났다. 처벌받은 사람 중 영해 출신이 34명
으로 절반 이상을 차지할 정도로 신원운동은 영해지역 동학교인들이 중
심이 되었다. 그런 점에서 볼 때 영해는 동학을 창명한 경주 다음으로
중요한 위치에 있다고 할 수 있다.

한편 신원운동에 참여한 동학교인의 인식은 어떠하였을까 하는 점이
다. 『교남공적』에 따르면 대부분의 참여자들은 참여 사실을 부정하거나
회피하는 경우가 적지 않았다. 그럼에도 불구하고 영해 출신 권석중은
신원운동에 참가한 당위성을 당당하게 밝히고 있다.

---

51) 『도원기서』, 신미년조: 윤석산, 앞의 책, 87~88쪽.

내가 이름을 바꾸고 처음 체포되었을 때 우리가 바라는 새로운 세상이 온다는 것은 머금고 있는 자취를 깨뜨리고 나온다는 것이다. (중략) 처음에 진술한 것과 같이 진술하는 것은 후천개벽은 모든 인간이 곧 한울과 같이 존엄과 가치가 똑 같고 행복하게 살 권리가 있는 것이 우주만물의 이치인데, 이것이 동학인들이 바라는 후천개벽이다. 후천개벽이 곧 올 것을 갈망한 것을 도록에 기록하였다.[52]

잠시라도 우리 동학교인이 바라는 후천개벽으로 우주만물의 이치에 따라 인간의 존엄과 차별 없는 평등으로 행복을 누리며 살게 되는 것에 도달하게 될 뿐이다.[53]

권석중은 신문 과정에서 동학이 추구하는 세상 즉 평등한 사회를 구현시키기 위해 신원운동에 참여하였던 것이다. 이는 결국 수운 최제우의 신원이 이루어졌을 때 가능한 것이다. 수운 최제우의 신원은 곧 동학을 자유롭게 신앙할 수 있는 그런 사회를 염원한 것으로 볼 수 있다. 하지만 권석중의 신문 내용만으로 참여자의 인식을 전체를 대변할 수는 없다. 그렇다 하더라고 신원운동에 참여한 일반교인들은 '스승님의 설원'이라는 목적으로 참여하였다고 할 수 있다.

1871년 영해의 신원운동 이후 동학 조직은 거의 와해 지경에 이르렀다. 해월 최시형은 영양 윗대치에서 강원도 영월의 태백산 중으로 피신하였다. 해월 최시형은 이곳에서 "마시지 않고 먹지도 못한 지가 열흘이요, 소금 한 움큼도 다 떨어지고 장 몇 술도 비어 버렸다. 바람은 소슬히 불어 옷깃을 흔들고 아무것도 입지 못해 헐벗은 몸으로 장차 무엇을 할 것인가?"라고 할 정도로 굶주림과 비참한 생활을 하였다. 결국 해월 최시형은 강수와 함께 절벽으로 올라가 "두 사람 중 누가 먼저 하고 누가 두

---

52) 김기현 편저, 『최초의 동학혁명』, 황금알, 2005, 88~89쪽.
53) 위의 책, 90쪽.

레 할고. 끌어안고 떨어져 죽는 것이 좋겠구나"할 정도로 극한 상황이었다.[54]

이와 같이 죽음을 생각할 정도로 한계에 이른 해월 최시형은 이듬해 1872년에는 1월 5일 지난 허물을 참회하는 고천제를 지내기도 하였다.[55] 뿐만 아니라 신원운동으로 대부분의 동학 조직의 지도자급 교인들은 대부분 효수를 당하거나 정배를 당하였다. 또한 신원운동으로 관의 탄압과 지목은 더욱 심해졌고, 이로 인해 동학 조직은 사실상 절멸상태가 되었다. 영해지역 역시 신원운동으로 동학 조직은 와해되었고, 이후에도 크게 주목을 받지 못하는 그런 지역이 되었다. 그렇지만 영해는 초기 동학 교단에서 첫 변혁운동, 첫 신원운동을 전개되었다는 지역적 중요한 의미를 내포하고 있다.

5. 맺음말

이상으로 초기 동학교단사를 통해서 영해지역의 포교과정, 지역적 특성인 향전, 그리고 신원운동 과정을 간략히 살펴보았다. 이를 통해 초기 교단사에 영해가 갖는 의미를 정리하는 것으로 맺음말을 대신하고자 한다.

첫째, 영해에 동학이 포교된 것은 수운 최제우가 동학을 포교하기 시작한 1861년부터였다. 동하그이 첫 포교는 동학이 창도된 경주였다. 그러나 성리학적 이데올로기에 의해 차별받던 일반 민중들은 누구보다 동학을 먼저 수용하였다. 초기 동학은 경주를 중심으로 동북지역과 동남지

---

54) 『도원기서』, 신미년조; 윤석산, 앞의 책, 96쪽.
55) 『도원기서』, 임신년조; 윤석산, 앞의 책, 99쪽

역인 해안가로 확산되었다. 영해는 경주를 기점으로 청하-흥해-영덕-울진-삼척-강릉으로 이어지는 중요한 길목의 중요한 위치에 있었다. 이 길을 따라 자연스럽게 동학이 확산되었는데, 영해에도 동학이 포교되었던 것이다. 이에 이해 11월 박하선이 접주로 임명될 정도로 영해는 교세가 확장되었다. 뿐만 아니라 영해지역 교인들은 수운 최제우와 해월 최시형이 어려움을 겪게 되자 든든한 후원자로서 역할을 다하였다.

둘째, 영해지역에 동학이 포교된 것은 1840년 영해향전이라는 독특한 사회구조가 있었기 때문이었다. 영해향전은 기존의 향촌세력과 서얼차대법 폐지로 인한 신분상승을 주도하였던 신향의 갈등에서 시작되었다. 이를 계기로 신향은 평등사상을 추구하는 동학을 자연스럽게 수용할 수 있었다. 영해향전을 계기로 영해는 동학에서 중요한 거점으로서의 역할을 할 수 있었다.

셋째, 이와 같은 영해지역의 동학 조직은 이필제와 결합됨으로써 새로운 변혁세력으로 성장하였다. 영해지역 동학교인의 중심은 서얼 출신이 많은 신향들이었다. 신향은 구향과 갈등에서 자신들의 지위와 영향력을 강화하려고 하였다. 이러한 분위기는 동학을 수용하면서 잠재적 변혁세력으로 성장하였고, 이필제라는 '혁명가'를 만나 변혁세력의 중심에 서게 되었다. 다만 이필제에 대한 동학교단의 기록은 '문장군'이라고 표현할 정도로 부정적으로 남아있다.[56] 이에 대해서는 앞으로 많은 연구가 필요하기 않을까 한다.

넷째, 영해지역 동학 조직은 신원운동을 전개하는 데 중심적인 역할을

---

56) 이에 대해서는 『도원기서』를 지은 강수의 의중이 많이 반영된 것으로 추정된다. 강수는 이필제를 도와 신원운동에 적극 가담하였다. 이에 따라 자신의 활동에 대한 면피성으로 그러한 것이 아닌가 한다. 왜냐하면 강수가 쓴 『도원기서』와 박하선이 쓴 것으로 추정되는 『수운행록』은 해월 최시형에 대한 입장이 적지 않게 차이를 보이고 있기 때문이다.

하였다. 신원운동에 참여한 동학조직은 동학이 창도된 경주를 비롯하여 영해, 영덕 등 14개 지역에서 참여하였다. 그러나 신원운동에 참여한 핵심세력은 영해지역의 동학교인들이었다.

이와 같은 점에서 볼 때 영해지역의 동학은 초기 동학교단사에서 중요한 위치를 차지한다고 할 수 있다. 그러나 여전히 영해에서 전개된 신원운동은 신원운동, 병란, 민란 등 논란의 과제이다. 최근에는 동학농민혁명의 시점으로 이해하려고 하는 분위기도 없지 않다. 앞으로도 이러한 주제에 대한 연구는 오늘로서 끝날 것이 아니라 꾸준히 진척되어 많은 연구가 나오기를 기대해 본다.

3장 강원도의 동학 조직과 동경대전

1. 머리말

강원도는 동학의 제2 고향이라 할 정도로 밀접한 관계를 가지고 있다. 1860년 4월 5일 경주에서 창도된 동학은 초기 경주를 중심으로 안동·영해·영양·청도·대구 등 경상북도 지역과 경기 일부 지역에 포교되었다. 초기 경상도와 경기도 지역을 중심으로 포교되기 시작한 동학은 동학을 창도한 수운 최제우의 순도와 함께 강원도 지역에도 동학의 연원이 뿌리내리기 시작하였다.

1864년 3월 10일 수운 최제우는 대구장대에서 '평세사란 암지취당(平世思亂 暗地聚黨)'이라는 혐의[1]와 사술(邪術)로 정학(正學)을 어지럽힌다는 '좌도난정(左道亂正)'의 죄목으로 대구장대에서 처형당하였다.[2] 이에 앞서 최제우는 1863년 12월 조정에서 파견된 선전관 정운구(鄭雲龜)에 의해 그의 제자 10여 명과 함께 체포되었다. 당시 수운 최제우와 함께 체포된 제자들은 죄의 경중에 따라 정배에 처해졌는데, 이중 이경화(李

---

1) 『고종실록』 고종 즉위년 12월 21일조.
2) 『고종실록』 고종 1년 3월 2일조.

慶化)가 강원도 영월로 유배되었다. 영월로 귀양 온 이경화는 소밀원(蘇密院)의 장기서(張奇瑞)에게 처음으로 동학과 인연을 맺게 되었다.[3]

그렇지만 강원도 지역에 동학이 본격적으로 포교된 것은 수운 최제우의 순도 이후 동학교단을 이끌던 해월 최시형은 1871년 3월 10일 이필제의 강력한 권유로 영해교조신원운동을 전개하였으나 양자 최준이(崔俊伊) 등 다수의 희생자를 내고 실패하고 말았다. 이후 해월 최시형선생은 강원도 태백산령을 중심으로 은거하면서 비밀리에 포교를 하였다. 이후 1870년대는 강원도를 중심으로 동학을 재건하였으며 이를 기반으로 충청과 호남으로 포교가 이어지는 가교적 역할도 하였다. 그러나 무엇보다도 중요한 것은 동학의 경전인 『동경대전』이 처음으로 강원도 인제에서 간행되었다는 점이다. 이로 볼 때 강원도는 동학과 밀접한 관련을 가지고 있으며 지리적, 공간적 의미에서도 중요한 역할을 하였다. 이에 따라 강원도의 동학 또는 동학농민혁명과 관련된 연구 성과가 적지 않다.[4]

이에 본고에서는 기존의 연구성과를 토대로 강원도 지역의 동학 조직을 살펴보고 『동경대전』이 간행되는 과정과 의미를 살펴보고자 한다.

---

3) 『도원기서』, 경오년조.
4) 박맹수, 「강원도지방의 동학비밀포교조지에 과한 연구」, 『춘천문화』 10, 춘천문화원, 1995; 박준승, 「1894년 강원도 농민군의 활동과 반농민군의 대응」, 『동학농민혁명의 지역적 전개와 사회변동』, 새길, 1995; 김병용, 「강원도 동학농민전쟁에 관한 연구－강릉지방을 중심으로」, 관동대학교 교육대학원 석사학위논문, 1996; 최채숙, 「강원도 동학농민혁명에 대한 일 고찰」, 강원대학교 교육대학원 석사학위논문, 2001; 엄찬호, 「강원도 동학의 전래와 농민혁명」, 『강원문화사연구』, 강원향토문화연구회, 1997; 이기원, 「강원지역 동학농민전쟁 연구」, 강원대학교 교육대학원 석사학위논문, 2000; 원영환, 「강원도 동학과 동학혁명」, 『강원문화사연구』 5, 강원향토문화연구회, 2000; 한승봉, 「강원도 인제 지역 최시형의 행적과 동학 기념물」, 연세대학교 교육대학원 석사학위논문, 2011.

2. 동학의 포교 과정과 조직의 확장

앞서 언급하였듯이 동학이 강원도와 첫 인연을 맺은 것은 최제우의 순도와 함께 시작되었다. 성리학을 통치이념으로 한 조선 정부는 동학을 당연히 이단시 하였고, 1863년 12월 동학을 창도한 수운 최제우를 잡아들였다. 이때 수운 최제우의 제자 10여 명이 함께 체포되었다. 이들은 수운 순도 직후 여러 지방으로 정배를 당하였는데, 이경화는 강원도 영월 깊은 산골인 소밀원으로 정배되었다. 이를 계기로 강원도의 동학이 뿌리를 내리게 되었다. 그렇다고 강원도의 동학이 이경화가 유배를 오면서 바로 뿌리내리기 시작한 것은 아닌 것으로 추정된다. 다만 어느 정도 동학에 대한 탄압이 수그러지거나 이경화에 대한 감시가 소홀한 틈을 계기로 동학이 포교된 것으로 불 수 있다. 때문에 강원도에 언제 포교되었는지는 명확하게 드러나지 않는다. 그렇지만 1860년대 이미 동학이 강원도에 포교된 것은 이경화로부터 시작되었음은 분명한 것으로 추정된다.

이러한 사실은 1869년 양양의 도인 최희경과 김경서 등이 해월 최시형을 머물고 있는 상주 동관음으로 찾아왔다는 점에서도 확인할 수 있다. 이들은 입도한 지 오래되었으나 도 닦은 방법 즉 동학을 제대로 이해하지 못해 찾아왔다고 하였다. 그러나 해월 최시형은 이들과 일면식이 없었고 또한 처음 만남을 가졌기 때문에 그 연원을 확인할 수밖에 없었다. 이에 해월 최시형이 그 연원을 캐어묻자 최희경과 김경서는 '공생'이라는 인물을 통해 동학에 입도하였다고 하였다.[5] 즉 최희경과 김경서는 이미 오래전에 동학에 입도하였음을 알 수 있다.

그렇다면 공생은 어떤 인물인가 하는 것이다. 공생은 『시천교역사』에 의하면 孔根錫[6]으로 이경화가 유배되었던 영월 소밀원 출신으로 추정된

---

5) 『도원기서』, 기사년조.

다. 왜냐하면 공생은 상주 동관음에 있던 수운 최제우의 아들 최세정을 소밀원으로 이주시키는데 결정적인 역할을 하였기 때문이다. 또한 소밀원에는 이경화로부터 동학에 입도한 장기서라는 인물이 있었다.[7] 이로 볼 때 강원도에 동학이 포교된 것은 일차적으로는 이경화가 영월 소밀원으로 유배되어 온 것에서 그 연원을 찾을 수 있다. 이후 영서지역인 영월에서 영동지역의 양양으로까지 포교되었다고 할 수 있다. 그리고 양양에 동학을 포교한 인물은 장기서와 함께 이경화에게 입도한 공생이 아닐까 한다.[8]

1869년 2월 최희경과 김경서의 입도를 계기로 해월 최시형은 이해 3월 박춘서와 함께 양양으로 가서 30여 호를 포교하였다.[9] 뿐만 아니라 해월 최시형은 양양 산중에 은거하여 치성과 송주로 생활하였다.[10] 이후 해월 최시형은 양양지역을 자주 왕래하면서 포교를 시작하였고, 이로써 홍천, 횡성, 원주, 정선 등 강원도 각지에서 동학이 전래되기 시작하였다.[11]

또한 이 시기 최제우의 둘째 아들 세정이 양양에 머물고 있었는데, 동학을 포교하였는지는 확인할 수 없지만 교인들이 사가를 돌보았음으로 볼 때 동학이 포교되는데 적지 않은 영향을 미쳤을 것으로 판단된다. 그러나 최세정은 1870년 10월 공생의 권유로 영월 소밀원으로 이거하였다. 이로 볼 때 당시 강원도의 경우 양양과 영월 소밀원이 동학의 거점으로

---

6) 최류현, 『시천교역사』 하, 34쪽.

7) 『도원기서』, 경오년조.

8) 이는 당시 최제우의 아들 최세정이 양양에 머물고 있었는데, 공생이 와서 양양의 도인들이 영월로 옮기는 것이 좋겠다고 하였고, 최세정이 이를 수용하여 영월 소밀원으로 이거하였다. 이로 볼 때 소밀원에서 이경화로부터 동학에 입도한 공생이 양양을 왕래하면서 동학을 포교한 것으로 본다.

9) 『도원기서』, 기사년조.

10) 이돈화, 『천도교창건사』 제2편, 10~11쪽.

11) 엄찬호, 「강원도 동학의 전래와 농민항쟁」, 『강원문화사연구』 2, 강원향토문화연구회, 1997, 121쪽.

서 역할을 하였다.

1871년 3월 10일 영해교조신원으로 해월 최시형은 사가[12]가 있는 영월 소밀원으로 피신하였지만 사가로부터 문전박대를 당하고 단양에서 잠시 머물다가 이해 5월 다시 영월로 돌아와 정진일, 박용걸의 집에서 기거하였다. 8월 이필제의 문경작변으로 동학의 탄압이 심해지자 해월 최시형은 영월 직동 뒷산으로 은신하였다가 소밀원 사가로 다시 갔지만 역시 문전박대를 당하고 영월 직동으로 돌아와 산중에 머물다가 박용걸의 집으로 되돌아왔다.[13] 그리고 박용걸과 의형제를 맺는 한편 이곳에서 49일 기도를 봉행한 후 교인들을 모아 강도회를 열고 대인접물 등을 설법하였다.[14] 그러나 이러한 해월 최시형의 동향은 영월관아에 감지되어 체포될 위기에 처했지만 首吏 지달준[15]의 도움으로 위기를 피할 수 있었다. 그럼에도 불구하고 해월 최시형은 심산유곡인 영월을 안전한 곳으로 여기고 오랫동안 영월에 은신해 있으면서 동학을 포교하였다.[16]

1872년 1월 5일 박용걸의 집에서 영해교조신원운동을 잘못 지도한 것을 뉘우치는 제례를 지냈다.[17] 이는 많은 교인들을 희생시켰고 나아가 동학의 조직마저도 위기에 빠뜨리게 한 것은 오로지 자신의 잘못된 지도력에 있음을 절실하게 느낀 것이다. 3월 25일에는 인제 출신의 김연국이 동학에 입도하였다.[18] 이후 김연국은 강원도 지역의 중요한 지도자로 성장하였다. 4월 5일 영월 직동에서 창도기념 제례를 가진 후 해월 최시형

---

12) 사가(師家)는 수운 최제우 순도 이후 그 가족을 일컫는다.
13) 『도원기서』, 신미년조. 이를 계기로 해월 최시형과 박용걸은 의형제를 맺었다.
14) 『천도교창건사』 제2편, 14~18쪽.
15) 지달준은 박용걸과 죽마고우이다.
16) 오지영, 『동학사』 제2장, 영창서관, 1938, 53쪽.
17) 『시천교역사』, 임신년조.
18) 『시천교역사』(별책), 임신년조. 이 책은 『시천교역사』라고 표제가 되었지만 김연국의 일대기가 기록되어 있다.

은 강수와 함께 정선 무은담의 유인상의 집으로 으로 이거하였다.[19] 무은담에서 다시 49일 기도를 마칠 무렵 정선 일대의 교인들이 해월 최시형을 찾아오기 시작하였다. 신정언, 신치서, 홍문여, 유계홍, 최영하, 김해성, 방자일, 안순일, 최중섭, 박봉한 등이었는데, 이들은 유학적 소양을 갖추고 있었지만 동학을 재기하는데 적지 않은 도움이 되었다. 이외에도 박용걸, 장기서, 김병래 등이 찾아왔다.[20] 이로써 영해교조신원운동 이후 한동안 와해되었던 동학 조직의 재건이 이루어지기 시작하였다.

그러나 교인들의 출입이 잦아들어 관의 지목이 있을 염려가 있자 정선 갈래사의 말사인 적조암에서 10월 중순경 49일 기도를 시작하였다. 이는 관의 지목을 피하고 조직을 재건하기 위한 다짐이었다. 해월 최시형은 강수, 유인상, 전성문, 김해성 등과 함께 정선 함백산 적조암이라는 조그마한 암자에서 49일 기도를 마치고 雙句詩를 받았다.[21] 적조암 기도 후 해월 최시형은 강원도를 벗어나 충북 단양 일대에 머물렀다. 해월 최시형이 단양으로 이거한 것은 적조암 노스님 철수좌가 권하였기 때문이었다. 한편 해월 최시형뿐만 아니라 사가도 강원도 일대에서 은신생활을 겪어야만 했다.

1863년 3월 10일 수운 최제우의 순도 이후 동학교단은 존립의 위기에 처하게 되었다. 수운 최제우에 이어 해월 최시형이 동학의 정통을 이어받았지만 일부에서는 사가를 여전히 추종하였다. 때문에 관에서는 해월 최시형뿐만 아니라 사가도 탄압의 대상이 되었다.

수운 최제우의 순도 이후 사가는 거처할 곳이 마땅치 않아 방황하였지만 단양 민사엽의 집을 거쳐 정선 문두곡으로 거처를 옮겨 한 해를 보냈다.[22] 당시 박씨 사모의 사가가 정선으로 온 것은 정선 교인들의 지원

---

19) 『도원기서』 임신년조.

20) 『해월선생문집』, 임신년조.

21) 『동학사』, 54~55쪽.

이 있었기 때문으로 풀이된다. 이는 정선지역에 동학 교인이 적지 않았음을 알 수 있다. 그러나 1875년 6월경 사가를 후원하던 민사엽이 죽자 사가는 상주 동관음을 거쳐 해월 최시형이 있는 영양 용화동을 찾아왔다. 해월 최시형은 자신이 거처하던 곳을 내었다.

용화동에 머물던 사가는 양양 교인들의 후원으로 영월 소밀원으로 이거하였다.

> 경오년 10월 공생이라는 사람이 세정을 유혹하여 말하였다. 지금 양양의 도인들이 선생님의 집안을 모시고 영월로 옮기기를 원하고 있습니다. 그곳으로 옮기게 되면 출입하고 서로 만나기가 좋고, 생계 역시 이곳보다 좋아질 것이니, 영월로 옮기심이 어떻습니까? 세정이 공생의 말을 듣고 소홀히 영월 소밀원으로 이거하였다.[23]

즉 1870년 10월 사가는 양양 교인들의 후원으로 영양 용화동에서 강원도 영월 소밀원으로 이거하였다. 여기에는 공생의 역할이 컸다. 앞서 언급하였듯이 소밀원은 이경화가 유배왔다가 처음으로 강원도에 동학을 포교한 곳이다. 뿐만 아니라 소밀원은 태백산 중이어서 인적도 거의 없었고 은신하기에도 적당한 곳이었다. 소밀원에는 공생뿐만 아니라 장기서 등 적지 않은 교인들이 있었다. 이들의 후원으로 사가는 한동안 소밀원에서 생활하였다.

사가가 이곳에 머무는 동안 영해교조신원운동이 전개되었다. 해월 최시형은 관의 추적을 피해 일단 사가로 왔지만 관의 지목이 두려운 세정의 처는 해월 최시형 일행을 받아들이지 않았다. 당시 사가에는 박씨사모를 비롯하여 세청, 세정 형제들이 정선으로 출타 중이었다. 이필제의

---

22) 『도원기서』, 계해년조.
23) 『도원기서』, 경오년조.

문경작변 후 해월 최시형은 다시 소밀원 사가를 찾았다. 이때 박씨사모는 반갑게 맞았지만 세청·세정 형제는 여전히 냉냉하였다. 해월 최시형은 하는 수 없이 태백산 중으로 은신하였다. 사가에서 해월 최시형을 두 차례나 받아들이지 않은 것은 여전히 관의 지목이 두려웠기 때문이었다.

1872년 6월 관의 지목을 피하지 못한 사가의 세정은 인제 기린면 장춘보의 집에 있다가 피체되어 양양관아로 이관되었다.[24] 불안한 사가는 이듬해 1873년 1월 말경 영월 직동 박용걸의 집으로 거처를 옮겼다. 그러나 이해 5월 12일 세정은 양양관아에서 장살당하였다. 그리고 함께 피체되었던 김덕중, 이일여, 최희경 등은 정배를 당하였다. 관의 지목이 여전히 심해지자 강수는 유인상과 의논한 후 정선으로 거처를 정하기로 하였다. 이에 사가는 무은담 유인상의 집에 잠시 머물렀다가 싸내(米川)로 옮겼다.

이곳에서 은신하는 사가의 생활을 곤경 그대로였다. 이때 사가의 생활은 지극히 가난하고 궁색하여 농사짓는 일은 콩대만 남은 남산의 콩과 같고, 아침 저녁의 양식은 솥에 북쪽 마을의 곡식과 같다고 할 정도였다. 이처럼 궁벽하게 지내던 사가의 박씨 사모는 이해 12월 10일 끝내 죽음을 맞았다. 이듬해 1875년 1월 22일 사가의 세청이 처가에 가려다가 병으로 장기서의 집에 머물려 치료를 하였지만 끝내 목숨을 잃었다.

영해교조신원운동 이후 1872년 6월 강원도에 정착하였던 사가는 3년 동안 영월과 정선을 떠돌아다니다가 끝내 막을 내렸다. 이로써 한때 사가를 추종하였던 교인들은 해월 최시형을 중심으로 단일지도체제를 형성하였다. 이를 계기로 동학 교단은 새로운 전기를 마련하게 되었다.

적조암 49일 기도 이후 단양에 머물던 해월 최시형은 충청도와 경상도를 중심으로 순회하면서 포교활동을 하였다. 그러나 교단의 중요한 제

---

24) 『도원기서』, 임신년조.

례는 대부분 강원도에서 가졌다. 이는 강원도가 당시 교호수가 가장 많았으며, 교단 각종 행사의 재정을 도맡았기 때문이었다.[25] 이러한 관계로 1874년 2월 1일 박씨부인 장례식은 정선 싸내에서, 1875년 11월 설법제는 정선 무은담에서, 1876년 3월 설법제는 인제에서, 그리고 이듬해 1877년 10월 구성제는 정선 무은담에서 각각 지냈다. 이와 같은 강원도의 동학 조직과 자금력은 1882년 인제 갑둔리에서 동학의 경전인 동경대전을 간행하는데 중요한 역할을 담당하였다. 이를 구체적으로 살펴보면 다음과 같다.

강원도 교인들은 도내 동학을 조직화뿐만 아니라 교단을 이끌어가는 재정을 사실상 담당하였다. 1875년 8월 보름 단일지도체제를 마련한 해월 최시형은 8월 보름 중견지도자들과 교단의 장래를 논의하였다. 이날 모임의 비용은 정선 교인들이 갹출하였다. 또한 이해 10월에도 천제를 지냈는데, 이 역시 정선 교인들이 성출하였다. 『도원기서』에 의하면 정선 교인들이 2백금을 모았다고 하였다. 그 중 1백금은 두 번의 제례 비용으로 사용하였고, 나머지 1백금은 새로운 접을 조직하고 운영하는 자금으로 활용되었다. 당시 비용을 염출한 인물은 신석현, 최진섭, 홍석범, 홍석도, 전세우, 김원중, 김해성, 유계로, 최기동, 전두원, 김백인, 김문규 등이었다.[26]

또한 11월 13일 정선 유시헌의 집에서 설법제를 할 때도 정선 교인들이 그 비용을 충당하였으며, 이듬해 1876년 3월 10일 수운 최제우의 환원향례를 인제접주 김계원의 집[27]에서 행하였는데, 이 역시 인제 교인들

---

25) 삼암 표영삼에 의하면 당시 교단의 조직은 100여 호였으며, 이중 정선과 인제가 30여 호로 가장 많았고 양양, 영월, 단양이 각 10여 호, 청송이 5호 정도였다.(표영삼, 『동학』 2, 통나무, 2005, 74쪽)

26) 『도원기서』, 을해년조.

27) 『시천교역사』에는 인제 남면 김연호의 집에서 봉행하였다고 기록하였다. 그리고 『해월선생문집』에는 인제 남면 김연국의 집에서 행하였다고 하였다. 이로 볼 때 김연호

이 마련하였다.[28] 11월 13일 설법제를 마친 해월 최시형은 유인상을 도접주에 임명하였다.[29]

이외에도 1877년 10월 3일의 구성제는 인제 교인 장춘보와 김치운이 담당하였다. 이어 16일의 구성제는 정선접주 유인상이 부담하였다.[30] 특히 1879년 3월 인제의 교인들이 치제를 크게 지내기를 원하자 김치운의 집에서 제사를 지냈다. 그리고 7월 15일의 제례와 10월 28일의 수운 최제우의 탄신제, 11월 5일의 인등제 등도 정선 교인들의 정성으로 지낼 수 있었다. 이와 같은 정선 교인의 정성에 해월 최시형은 다음과 같이 언급한 바 있다.

　　장하고 아름답도다. 정선 도인이여. 신미년 이래 오늘에 이르기까
　지 시작과 끝이 있지 아니함이 없으니, 즉 선생의 도를 닦은 자 어찌
　성덕의 운을 받지 않겠는가?

이를 통해 정선 교인들의 신앙심과 성력이 어느 정도인지 가늠할 수 있다. 뿐만 아니라 이들 제례 등 각종 행사에는 강원도 지역의 교인들이 주축을 이루었다. 그리고 그 중심은 정선과 인제였음을 알 수 있다.

이에 앞서 1878년 7월 25일 해월 최시형은 정선 무은담 유인상의 집에서 개접을 하였다. 개접은 교인들이 교의를 토론하는 모임으로, 당시 개접은 수운 최제우의 1863년 7월 파접한 이후 처음이었다. 개접을 하였다는 것은 교단의 조직이 안정화되었음을 의미한다. 그러나 무엇보다도 중요한 것은 개접은 동학의 정통성을 확보하였기 때문에 가능하였던 것이

는 김계원과 동일 인물이고 김연국과 함께 생활하였음을 알 수 있다.

28) 『도원기서』, 병자년조.

29) 표영삼, 『동학』 2, 79쪽.

30) 『도원기사』, 정축년조.

다. 즉 개접으로 해월 최시형은 보다 분명하게 정통성을 확립한 것이다.

이와 같은 강원도 지역의 동학 조직의 안정과 교인들의 후원은 동학의 최초의 경전인『동경대전』을 간행하는 데 적지 않은 도움이 되었다. 뿐만 아니라 초기 동학 시기의 제례를 정착하는데도 크게 기여하였다.

3. 사적과 동경대전의 간행

영해교조신원운동 이후 동학의 활동무대가 경상도에서 강원도로 옮겨진 후 동학교단은 보다 안정되었다. 더욱이 그동안 진행되었던 각종 제례와 구성제, 인등제 등을 통해 교세를 확장하는 하편 결속력도 강화되었다. 이를 기반으로 해월 최시형은 무엇보다도 경전과 동학 사적을 간행하는 것이 급선무라고 판단하였다. 이에 따라 그동안 미루어왔던 해월 최시형은 1879년 11월 10일 사적 간행을 위해 인등제를 지냈던 정선 방시학의 집에 수단소를 설치하였다. 그리고 역할 분담을 다음과 같이 나누었다.[31]

도포덕주 : 최시형
도차주 : 강시원
도접주 : 유시헌
수정유사 : 신시영
교정유사 : 신시일
도소주인 : 방시학
감유사 : 최기동 안교일

---

31)『도원기서』, 기묘년조.

서유사 : 안교상

지유사 : 김원중

접유사 : 윤종현

수유사 : 홍시래 최창식

책자유사 : 신윤한 안교백

윤통유사 : 홍석도 안교강

　이처럼 역할 분담이 정해지자 11월 10일에는 강시원 등을 중심으로 사적 편찬 작업을 시작하였다. 편찬 작업은 2개월만인 이해 12월 말에 탈고하였다. 이 초고는 1880년 1월 정선 동면 전세인에 의해 정서되었고, 『최선생문집도원기서』라는 한 권의 책으로 정리되었다. 이 책은 동학을 창도한 수운 최제우의 가계, 득도와 포교, 탄압과 조직화, 체포와 순도 경위, 그리고 해월 최시형의 입도와 포교활동, 영해교조신원운동, 조직의 재건, 의례 정립, 동경대전 간행 경위 등 동학의 역사를 기록하였다.

　동학의 역사를 정리하게 된 배경과 심정을 차도주 강수는 다음과 같이 밝히고 있다.

　　세월은 흐르는 물과 같이 빨라서 기묘년 가을에 이르러 나와 주인(해월 최시형 : 필자주)이 선생님(수운 최제우 : 필자주)의 도원을 잇고자 하는 뜻이 있어 이에 선생님의 일과 자취를 수단한즉 두미가 착잡하고 전후가 문란하여 쓰되, 능히 붓을 범하지 못하여 혹 잘못할 단초가 있을까 두려웠습니다. 먼 것을 궁구하여 잇고자 하였으나 이치가 기연에 가깝지 않고 근원을 탐색하여 근본됨을 캐고자 하였으나 불연에 같이하지 못하였습니다. 또 그 끝을 살피지 못하였습니다. 도로써 이를 말하고자 하였으나 이치가 묘연하여 측량할 수 없고, 덕으로써 이를 논하고자 하였으나 실로 빛에 밝음이 있었습니다. (중략)

오늘 수찬하여 기록하는 것은 감히 칭찬을 듣고자 하는 것이 아니요, 시원의 박식천견이 또한 능히 본말시종의 근본을 가지런하게 못하였으니 더욱 이것이 그 마음을 불안하게 하는 것입니다. (하략)[32]

이에 의하면 동학의 역사를 정리하는 것에 대해 적지 않은 고민과 애로가 있었음을 알 수 있다. 이러한 고민과 애로로 인해 이를 '공개를 할 것이냐 말 것이냐'의 문제를 놓고 검토까지 하였다. 그 논란의 대상은 영해교조신원운동이었다. 영해교조신원운동은 오늘날에도 여전히 논란이 되고 있는 것처럼 당시에도 적지 않은 논란이 되었다. 이에 결국 『최선생문집도원기서』는 공개하는 것을 유보하였다.[33]

동학의 역사를 정리한 해월 최시형은 경전 간행을 서둘렀다. 이는 교인이 늘어감에 따라 경전을 찾는 경우가 점차 많아졌다. 그러나 해월 최시형이 경전 간행을 미룬 것은 무엇보다도 경비가 많이 들었기 때문이다. 하지만 그동안 강원도를 중심으로 교세가 확장됨에 따라 가장 근본적인 문제인 경비를 조달할 여유가 마련되었던 것이다.

이에 해월 최시형은 1880년 4월 하순 중견지도자들과 협의하여 각 접에서 비용을 염출하기로 하였다. 이어 5월 9일 인제 남면 갑둔리 김현수의 집에 각판소를 설치하였다.[34] 이어 5월 11일부터 개간 즉 간행 작업을 시작하여 거의 한 달만인 6월 14일 마쳤다. 다음날 15일에는 『동경대전』 간행을 알리는 즉 간행 기념식을 가졌다.[35]

---

32) 『도원기서』 후서 1.
33) 『시천교역사』, 기묘년조. 그 내용은 다음과 같다. "이미 탈고가 되어 간출해 기리 전하려 했으나 날인견봉하여 유시헌이 간수하도록 하였다." 또한 『천도교회사초고』에는 "脫稿됨에 급하여 捺封莊印하사 유시헌에게 任置하도록 密囑하사 활 此稿는 人眼에 輕快함이 不可라 하다"라고 하였다.
34) 『해월선생문집』, 경진년조.
35) 『도원기사』, 경진년조.

『동경대전』이 간행된 후 해월 최시형은 『동경대전』을 간행한 공적을 다음과 같이 기록하였다.

아아. 스승님의 문집을 간행하려 한 지도 오랜 세월이 되었다. 지금 경진년에 나와 강시원, 전시황 등 여러 사람들이 경전 간행을 하려고 발론을 하니, 각 접이 다행히 나의 뜻에 찬동하여 각소를 인제 갑둔리에 정하였다. 일을 마치는 것이 뜻과 간아 비로소 편을 이루니 이로써 스승님의 도와 덕을 밝히게 되었다. 이 어찌 기쁘고 기쁜 일이 아니겠는가? 각 접에서 정성스러운 정성과 비용으로 쓰 제물을 낸 사람은 특별히 별록에 그 공을 논하여 차례로 기록한다.

『동경대전』을 간행하는 데는 적지 않은 비용이 들었는데, 인제 교인들이 130금, 정선 교인들이 35금, 상주의 윤하성이 40금, 청송 교인들이 6금을 각각 후원하였다. 그리고 『동경대전』을 간행하는데 맡은 역할은 다음과 같다.

도　청 : 최시형
감　역 : 강시원 전시황
교　정 : 심시정 전시봉 유시헌
직　일 : 장도형 김문수 장병규 이진경
접유사 : 김정호 신시영 황맹기 조시철
수유사 : 한봉진 홍시래 신시일 김진해 이정봉
치　판 : 김관호
침　자 : 심원우 최석하
운　량 : 장흥길 김인상 김효흥 이천길
서유사 : 전세인
공　궤 : 이귀록 강기영

『동경대전』을 간행하는 데 총책임은 해월 최시형이었지만 실무를 관리한 인물은 강시원 즉 강수와 전시황이었다. 『동경대전』을 간행하는 데 참여한 사람은 모두 30명이었으며, 부분 강원도 출신으로 인제와 정선에서 활동하였던 인물들이었다. 그리고 첫 경전인 경진판 『동경대전』은 1백 권을 간행하였다.

『동경대전』의 간행 경위는 해월 최시형의 구송에 의해 이루어졌다는 구송설과, 필사되어 전래되어 오던 원본을 바탕으로 간행되었다는 원본설의 두 가지가 있다. 그리고 구송설과 원본설을 종합하여 산재되어 있는 기록과 원본, 또 구송되어 오던 것을 종합 정리하여 간행되었다는 절충설이 있다.[36]

『동경대전』을 간행한 해월 최시형은 1861년 단양 남면 천동 여규덕의 집에서 가사체 경전인 『용담유사』를 간행하였다. 『용담유사』의 간행 비용도 김연호, 장춘보, 김치운, 이은보, 김현경, 장세원 등 인제지역 교인들이 담당하였다.[37] 이후 동학의 경전인 『동경대전』과 『용담유사』는 꾸준히 중간되었고, 동학 교세를 확장하는데 크게 기여하였다. 그러나 무엇보다도 중요한 것은 그동안 비밀리에 포교하던 시기를 지나 사실상 공연히 드러내놓고 포교할 수 있을 만큼 동학이 조직화되었음을 알려준다.[38]

한편 그동안 최초의 경전으로 불려진 1880년에 간행된 경진판 『동경대전』이 발견되지 않았다. 그러던 중 2010년 경진판으로 추정되는 『동경대전』이 발견되었다.[39] 이 『동경대전』은 문집형식[40]으로 간행되었는데,

---

36) 박맹수, 「『동경대전』에 대한 기초적 연구－연구성과를 중심으로」, 『사료로 보는 동학과 동학농민혁명』, 모시는 사람들, 2009, 52쪽.

37) 『시천교종역사』, 신사년조.

38) 박맹수, 「『동경대전』에 대한 기초적 연구－연구성과를 중심으로」, 『사료로 보는 동학과 동학농민혁명』, 모시는 사람들, 2009, 56쪽.

39) 이에 대해서는 윤석산, 「새로 발견된 목판본 〈동경대전〉에 관하여」, 『동학학보』 20,

이에 대해서는 좀 더 검토가 필요하다고 판단된다.[41]

4. 맺음말

이상으로 강원도 지역의 동학의 포교 과정, 그리고 사적과 동경대전의 간행에 대하여 살펴보았다. 이를 정리하는 것으로 맺음말을 대신하고자 한다.

첫째, 강원도에 동학이 포교된 것은 1860년대였으며, 이경화로부터 전래되었다는 점이다. 동학을 창도한 수운 최제우와 함께 피체되었던 이경화는 영월 소밀원으로 정배되었다. 그러나 이경화가 동학을 언제 포교하였는지는 정확하지는 않다. 동학에 대한 탄압이 수그러들었거나 이경화에 대한 감사가 소홀하자 주변에 있던 공생 즉 공근석과 장기서에게 첫 포교를 한 것으로 추정된다. 이후 해월 최시형이 양양을 넘나들면서 강원도 각지에 동학이 널리 확산되었다.

둘째, 강원도 동학은 초기 동학의 중요한 활동무대였다는 점이다. 동학이 창도된 직후에는 경상도가 중심이었지만 1871년 영해교조신원운동 이후 동학의 활동무대는 강원도로 이동하였다. 영월과 정선을 중심으로 활동한 해월 최시형은 이를 계기로 동학의 조직을 재건할 수 있었다. 뿐만 아니라 이 시기 해월 최시형은 구성제, 인등제 등 각종 의례를 시행함

동학학회, 2010을 참조할 것.

40) 경진판으로 추정되는 『동경대전』은 기존의 『동경대전』의 체제와 달리 卷之一 포덕문 동학론, 卷之二 수덕문 불연기연 탄도유심급, 卷之三 축문 주문 강시, 卷之四 좌잠 팔절 필법, 卷之五 화결 강결 제서, 卷之六 부시부, 卷之七 통문 등으로 되어 있다.

41) 『동경대전』 판본 연구에 대해서는 박맹수, 「『동경대전』에 대한 기초적 연구-연구 성과를 중심으로」, 『사료로 보는 동학과 동학농민혁명』, 모시는 사람들, 2009를 참조할 것.

으로써 동학의 의식을 체계화하였으며, 훗날 동학의 의식을 확립하는데 크게 기여하였다. 이외에도 49일 기도를 통해 교인들로 하여금 신앙심을 고취시켰다.

셋째, 강원도 동학은 동학의 최초 경전인 경진판『동경대전』을 간행하는데 결정적인 역할을 담당하였다는 점이다. 동학의 경전은 수운 최제우가 직접 지은 것이었지만 책으로 간행한 것은 해월 최시형이었다. 해월 최시형은 강원도에 포교되기 시작한 동학을 조직화하는 한편 신앙공동체를 만들어나갔다. 이를 통해 해월 최시형은 동학의 역사인 사적과 경전인『동경대전』을 간행할 수 있었다.

이로 볼 때 1860년대 형성된 강원도의 동학은 영해교조신원운동으로 와해 상황이었던 동학 조직을 재건하는데 중요한 역할을 담당하였음을 알 수 있다. 이를 좀 더 구체적으로 살펴보면 각종 의례의 확립, 사적 및 경전 간행이 대표적이라 할 수 있다. 이후 강원도 동학은 1892 · 1893년 교조신원운동을 비롯하여 보은 장내리의 척왜양창의운동, 그리고 1894년 동학농민혁명에도 적극적으로 참여하게 되었다.

4장 지리산권의 서부지역 동학 포교와 조직화 과정

1. 머리말

예로부터 지리산은 두류산 또는 방장산이라고도 한다. 어리석은 사람이 머물면 지혜롭게 된다고 해서 지리산, 백두대간의 주맥이 한반도를 타고 이곳까지 이어졌다고 해서 두류산, 그리고 도교의 삼신산 가운데 하나라는 생각에 방장산이라 한 것이다. 때문에 고유신앙인 성모신앙과 산신신앙을 포유하고 있다. 이후 삼국시대와 고려시대를 거치면서 불교 신앙과 밀접한 관계를 맺었을 뿐만 아니라 조선시대는 남명학의 산실이 되었다.

지리산은 또한 정감록 신앙에 연유된 십승지의 하나로, 대한제국 말기에는 동학농민혁명에 참여하였던 동학교도들이 피난하여 살았으며, 이들 일부가 신흥종교를 개창하여 오늘날 각종 민족종교의 집산지를 이루고 있다. 특히 하동군 청암면 묵계리의 도인촌은 갱정유도의 신자들로 구성되어 지금도 댕기머리와 상투에 바지저고리를 입으며, 전통문화관습을 유지하고 있다. 1948년에는 여순반란사건으로 패주한 좌익세력의 일부가 이곳에 들어왔으며, 1950년 6·25전쟁 때는 북한군의 패잔병 일부가 노고단과 반야봉 일대를 거점으로 활동하기도 했다.

이러한 신앙적, 역사적인 경험을 간직한 지리산은 나름대로 '지리산권' 또는 '지리산문화권'을 형성하였다. 지리산권은 지역적으로는 서쪽인 섬진강·남원문화권, 동쪽인 남강·진주문화권으로 크게 나눌 수 있다. 두 문화권은 지리산을 두고 동질성과 차별성을 함께 지니고 있다.[1]

조선후기에서 근대를 여는 여명기에 이르는 시기의 지리산권은 변혁의 근거지였다. 1869년 광양농민항쟁을 비롯하여 1894년 동학농민혁명, 그리고 이어지는 의병투쟁은 한국근대사의 중요한 의미를 갖는다. 특히 동학농민혁명기 지리산권은 영남으로 진격하려는 호남의 동학농민군이 북쪽에서는 운봉을 사이에 두고 민보군과 치열한 전투를 벌인 바 있고, 남쪽에서는 광양, 순천의 동학농민군이 하동과 진주로 나아가 영호남 연합전선을 형성하기도 하였다. 이처럼 지리산권은 동학농민혁명의 근거지라 할 수 있다.

지리산권 동학농민혁명에 대한 연구는 강송현, 표영삼, 박찬승, 김양식, 김범수, 김봉곤, 신영우 등[2]에 의해 적지 않은 부분들이 밝혀진 바

---

1) 장석흥 외, 『우리 역사문화의 갈래를 찾아서 지리산문화권』, 역사공간, 2004, 23쪽.
2) 지리산권의 동학농민혁명에 관한 연구성과로는 강송현, 「남원권 동학농민전쟁의 전개」, 한국교원대학교 대학원 석사학위논문, 1992; 표영삼, 「남원의 동학혁명운동 연구」, 『동학연구』5, 한국동학학회, 1999; 성주현, 「동학혁명 참여자의 혁명 이후 활동」, 『문명연지』6-1, 한국문명학회, 2005; 박찬승, 「1894년 농민전쟁기 남원지방 농민군의 동향」, 『1894년 농민전쟁연구』4, 역사비평사, 1994; 김양식, 「영호도회소의 활동과 대일항쟁」, 『근대한국의 사회변동과 동학농민혁명』, 새실, 1994; 김준형, 「서부경남지역의 동학군 봉기와 지배층의 대응」, 『경상사학』7·8, 경상대학교 사학과, 1992; 김범수, 「서부경남 동학운동연구」, 『경남향토사총서』2, 경남향토사연구협의회, 1992; 김봉곤, 「남원지역 동학농민혁명과 士族의 대응」, 『남도문화연구』26, 순천대학교 지리산권문화연구원 남도문화연구소, 2014; 신영우, 「1894년 남원대도소의 9월봉기론과 김개남군의 해산배경」, 『동학학보』33, 동학학회, 2014 등이 있다.

있다. 이들 연구는 대부분 동학농민혁명에 집중하고 있다는 한계가 없지 않다. 지리산권을 중심으로 동학농민혁명이 전개할 수 있었던 것은 지리산권에 동학의 포교와 조직화 과정은 매우 중요하다고 판단된다.[3] 즉 동학의 포교와 조직이 동학농민전쟁의 토대가 되었다고 할 수 있다.

이에 본고는 지리산권에서 동학농민혁명이 전개할 수 있었던 동학 포교와 조직화 과정, 동학농민혁명 이전의 동향에 관하여 살펴보고자 한다. 그럼에도 불구하고 본고에서 이를 추적하는 데는 두 가지 한계를 가지고 있다. 첫째는 지역의 한계이다. 지리산권은 앞서 언급하였듯이 서부와 동부라는 지리적으로 매우 광활하기 때문에 이를 포괄하여 다룬다는 것은 적지 않은 어려움이 따르고 있다. 이에 본고에서는 지리산권 서부지역[4]을 중심으로 살펴보고자 한다. 둘째는 자료의 한계이다. 동학농민혁명 이전 지리산권 서부지역과 관련된 자료가 매우 제한적이다. 가장 대표적인 자료는 『종리원사부동학사』[5] 이외에는 거의 없다는 사실이다. 이외에 『천도교회월보』의 「환원」[6] 기사와 『천도교창건록』 등에 단편적인 기록들이 있다. 때문에 본고에서는 남원을 중심으로 살펴볼 수밖에 없다는 점을 미리 밝혀두고자 한다. 비록 제한적 자료이지만 이들 자료를 중심으로 지리산권 서부지역의 동학 포교와 조직화 과정을 살펴보았음을 지적해두고자 한다.

---

3) 임형진, 「은적암과 초기 남원지역의 동학전파 – 김홍기와 유태홍을 중심으로」, 『동학학보』 33, 동학학회, 2014.
4) 지리산권 서부지역에는 남원시, 구례군, 곡성군, 광양시, 순천시, 순창군 등이 포함된다. 이에 따라 본고에서는 이들 지역을 중심으로 살펴보고자 한다. 다만 필요한 경우 인근지역에 대해서도 언급하였음을 밝혀둔다.
5) 『종리원사부동학사』는 1924년 천도교 남원군종리원에서 유태홍, 최병현 등이 중심이 되어 남원군의 동학과 천도교 역사를 정리한 자료이다. 이 자료에는 『순교약력』이 포함되어 있어 남원지역의 동학과 동학농민혁명을 이해하는 데 매우 중요한 자료로 평가된다.
6) '환원'은 천도교에서 사용하는 용어로 교인이 삶을 마쳤을 때 쓴다.

2. 지리산권의 동학 포교와 조직화

동학은 1860년 4월 5일(음) 경주 용담에서 수운 최제우가 창명했다. 초기에는 경주를 중심으로 교세를 확장해 나갔지만 관의 지목과 탄압으로 수운이 호남으로 피신하면서 동학도 자연스럽게 포교되었다. 수운이 호남지역 중 가장 먼저 이른 곳이 지리산권이다. 이에 대해 『수운문집』은 다음과 같이 밝히고 있다.

> 이해 11월에 갑작스레 길을 떠나게 되어 새로 입도한 분들을 생각하니 아직 제대로 깨우치지 못한지라 스스로 탄식해 마지않았다. 전라도로 발행하셨는데 지나는 길에 성주[7]로 들어가 충무묘에 배알하였다. 처음 도착한 곳은 남원이었으며 서공서(徐公瑞)의 집에서 10여 일을 유숙했다. 이 때 같이 동행한 이는 최중희(崔仲羲)였다. 고을 풍경을 두루 구경하니 산수는 아름답고, 풍속은 순박하니 가희 절승의 고장이라 할 수 있으며, 풍류객과 호협한 사람들로 번화함이 없지 않았다. 여행차림으로 마을들을 찾아보고, 골짜기들을 구경하며 산을 넘고 물을 건너 은적암에 이르니 때는 섣달이요, 이 해도 이미 저물었다. 절에서 때 맞춰 종을 치니 여러 스님들이 모여 불공을 올리며 한 결 같이 법구경(法句經)대로 이루기를 소원했다. 묵은해를 보내고 새해를 맞는 감회는 새벽에 이르도록 금할 길이 없었다. 싸늘한 등잔불 아래 외로운 베개를 베고 엎치락뒤치락 잠 못 이루며 모든 벗들을 마음속에 품는가 하면 번번히 처자가 그리운 생각이 났다. 억지로 도수사를 지었다. 또한 동학론과 권학가를 지었다.

동학은 1860년 4월 5일 창명되었지만, 포교는 1861년 6월 이후부터 시작되었다.[8] 동학에 입도하는 사람들이 들어나자 정부의 탄압이 시작되

---

7) 기록에는 '성주'로 되어 있으나 성주에는 충무공과 관련된 묘가 없다. 아마도 승주가 아닌가 한다.

었다. 동학 포교 6개월 만에 수운 최제우는 관의 탄압을 피하기 위해 1861년 11월 최중희를 대동하고 호남으로 일시적인 피신한 바 있다. 이때 가장 먼저 도착한 것은 남원이었다. 남원 땅을 밟은 수운 최제우는 서공서의 집에서 10여 일을 머물렀다가 교룡산성 은적암[9]으로 거처를 옮겼다. 이 과정에서 동학의 첫 포교가 이루어졌다. 이에 대해『종리원사부동학사』는 다음과 같이 기록하였다.

> 포덕[10] 2년 신유 6월[11]에 대신사[12] 호남으로 向하사 산천풍토 인심 풍속을 觀하시고 본군에 到하사 광한루 下 오작교 邊 서형칠(당시 약방)에 留하시고 주인 생질 공창윤 家에 宿寢하사 留數 10일에 서형칠, 공창윤, 양형숙, 양국삼, 서공서, 이경구, 양득삼 제현으로 포덕하시다.

즉 호남에서는 지리산권 서부지역인 남원에서 서형칠, 공창윤, 양형숙, 양삼국, 서공서, 양득삼, 이경구 등 7명이 처음으로 동학에 입도하였다. 이들 중 서형칠, 양형숙, 공창윤 등은 이듬해 1863년 봄 동학이 창도된 용담정을 찾아가 교리문답을 통해 동학의 가르침을 받았다. 그러나 1864년 3월 10일 수운 최제우가 대구 관덕정에서 처형되자 이들 역시 동학을 더 이상 포교를 하지 않고 은신하였다.[13] 이로 볼 때 지리산권의 동학 포교는 동학이 창도된 지 불과 1년 6개월, 포교된 지 6개월 만에 이

---

8) 동학에서는 이를 '신유포덕'이라고 한다.
9) 은적암의 원래 이름은 적밀암이었다. 수운 최제우가 머물면서 이름을 바꾸었다.
10) 천도교의 용어로 동학을 널리 편다는 뜻으로, '포교'라는 말에 해당된다.
11) 동학의 초기 기록인『수운행록』,『도원기서』등에는 '11월'이라고 하였다.『종리원사부동학사』는 동학이 포교가 시작된 '신유 6월'을 강조한 것으로 보인다. 그러나 수운 최제우가 호남으로 피신한 것은 '신유 11월'이다.
12) 대신사는 천도교에서 창도주인 수운 최제우에 대한 존칭어이다. 기독교의 '예수', 불교의 '부처'에 해당된다.
13)『종리원사부동학사』.

루어졌다는 점이다. 그렇지만 지리산권 동학은 더 이상 동학의 포교를 이어가지 못하고 사실상 맥이 끊어졌다고 할 수 있다.

지리산권에 동학이 다시 포교되기 시작한 것은 1880년대 후반이었다. 처음 동학이 포교된 지 28년만이었다. 당시 첫 입도는 남원군 둔덕면 탑동리에 살던 김홍기[14]였다. 그는 장인 최찬국의 포교로 1888년 10월 27일[15] 동학에 입도했다. 최찬국은 임실군 운암면 지천리 출신으로 1873년 해월 최시형에게 입도한 바 있다.[16]

동학에 입도한 김홍기는 우선 종형인 김낙기를 비롯하여 김영기, 김종우, 이기면, 이기동, 김종학, 유태홍 등을 포교했다.[17] 김낙기는 1889년 10월 3일, 김영기는 1889년 12월 15일, 김종우는 1890년 9월 20일, 김종학은 1890년 9월 20일,[18] 김창길은 1890년 10월 23일[19]에 각각 동학에 입도했다. 유태홍의 입도 일자는 확인되지 않지만 20살을 전후하여 동학에 입도한 것으로 보아 같은 시기인 1889년으로 추정된다.[20] 이외에도 여성교인 신만화는 1890년 7월 25일, 안치화는 1890년[21]에 각각 입도한

---

14) 김홍기는 1856년 10월 9일 남원군 둔덕면 탑동리(현 임실군 오수면 탑동)에서 태어났다. 1888년 장인 최찬국의 포교로 동학에 입도하였으며, 이후 둔덕면을 포함한 남원 일대에 동학을 적극적으로 포교하였으며, 1892년 삼례교조신원운동, 1893년 1월 광화문교조신원운동, 1893년 3월 보은 척왜양창의운동에 참가하였다. 동학농민혁명기에는 남원에서 기포하여 중심적인 역할을 담당하였으며 1894년 11월 남원 방아치에서 박봉양이 이끄는 민보군과 치열하게 싸웠다. 그러나 민보군에 체포되어 1895년 2월 14일 남원장터에서 포살 당하였다.

15) 『순교약력』. 그런데 『종리원사부동학사』에 "포덕 30년 기축에 김홍기가 교의 대원을 갱주 래하여"라고 하여, 1889년에 입도한 것으로 되어 있다. 그런데 그의 사형 김낙기가 1889년 10월 3일 김홍기로부터 동학에 입도하였다고 한 것으로 보아 김홍기는 1888년 10월에 입도한 것이 더 타당성이 있다고 판단된다.

16) 『천도교임실교구사』.

17) 『종리원사부동학사』.

18) 『순교약력』.

19) 『천도교회월보』 284, 1936.3, 34~35쪽.

20) 유태홍은 1867년 9월 2일 출생했으므로 스무 살 되는 해는 1887년이다.

21) 『천도교회월보』 202, 1927.10, 24쪽.

바 있다.[22] 이는 남성뿐만 아니라 적지 않은 여성들도 동학에 입도한 것으로 추정할 수 있다. 또한 1893년 1월 17일에는 주생면 낙동리의 신창우가 동학에 입도한 바 있는데, 그의 전교인은 아버지 신윤휴였다.[23] 이는 신윤휴는 이보다 앞선 1890년을 전후하여 입도한 것으로 추정된다. 동학농민혁명이 일어난 해에도 입도한 사례가 없지 않았는데, 대산면 수정리의 박세충은 1894년 7월 21일 동학에 입도하였다.[24]

이로 볼 때 남원은 1861년 말에 처음으로 포교되었지만 그 명맥은 이어지지 못하였다가 1888년에 다시 재개되었다. 이후 1890년을 기점으로 동학의 교세가 크게 확장되었고 할 수 있다.

곡성군은 1892년 봄 기봉진이 구례지역에 동학을 포교한 바[25]있는데, 이 역시 그 이전에 동학이 포교되었음을 알 수 있다. 곡성군 오곡면 승법리의 강치언도 이때 입도했다.[26] 강치언은 1923년 7월에 환원했는데, 동학에 입도한 지 30여 년이 되었다. 『천도교창건록』에 따르면 김기영과 전홍기가 동학농민혁명이 일어난 1894년에 입도했다.[27]

순창군의 경우 동학이 처음 포교된 불확실하지만 『순창교구 교보』(1948)와 『천도교회월보』의 「환원」 기사에 의하면 1889년 동학이 포교되었을 확인할 수 있다. 쌍치면 금성리의 이병선이 1889년에 동학에 입도했다. 이어 쌍치면 시산리의 계두원과 쌍치면 금성리의 김동화는 1890년에,[28] 동계면 관전리의 김만두는 1891년 3월 13일에[29] 각각 입교했다.

---

22) 『천도교회월보』 162, 1924.3, 38쪽.

23) 『천도교회월보』 265, 1933.4, 42~43쪽.

24) 『천도교회월보』 266, 1933.5, 60쪽.

25) 『구례군교구사』.

26) 『천도교회월보』 155, 1923.8, 72쪽.

27) 『천도교창건록』, 600쪽.

28) 『천도교회월보』 132, 1921.8, 103쪽.

29) 『천도교회월보』 90, 1918.1, 35쪽. 김만두의 전교인 최기환이다.

안의만은 1891년,[30] 금과면 방성리의 설임철은 1892년 5월 4일,[31] 쌍치면 금성리 임병선은 1892년 7월,[32] 목과면 방축리의 우동원은 1983년 11월,[33] 이계면 세룡리의 신석우는 1894년에[34] 각각 입교한 바 있다. 순창군의 동학 포교는 1890년을 전후하여 포교되었다. 포교의 중심인물은 확인하기 어렵지만 최기환이 그 역할을 한 것으로 추정된다.

지리산 아래 구례군도 1890년을 전후하여 동학이 포교되었다. 『천도교회월보』 환원 기사에 따르면, 용방면 용정리의 강철수가 1889년 10월 28일,[35] 광의면 수일리의 김진석은 1890년 1월 18일에 각각 동학에 입교했다.[36] 김진석에 대해서는 "갑오 풍파에도 고생이란 고생은 다 받으되 조금도 저외한 바 없이 고를 낙으로 하시고 수도를 하시며 知友親戚의 毁道에도 그이 성력은 불변하고"한 바, 동학농민혁명 이전에 동학에 입교한 친척과 지우들이 적지 않았음을 보여주고 있다. 이어 1892년 곡성 출신 기봉진이 1892년 허탁, 임양순, 임태순, 조경묵, 우정공 등에게 포교를 한 바 있다.[37] 이외에도 광의면 구만리의 이두인은 동학농민혁명이 일어난 1894년 9월 9일에 입도한 기록도 있다.[38] 뿐만 아니라 구례현감을 역임한 남궁표와 당시 현감 조규하도 동학에 입교하여 포교에 앞장선 사례[39]가 있었던 것으로 보아 동학농민혁명 이전에 동학 교세가 비교적

---

30) 『천도교회월보』 103, 1919.2, 44쪽.
31) 『천도교회월보』 197, 1927.5, 29쪽에는 포덕 34년에 입교한 것으로 되어있다.
32) 『순창교구 교보』, 1948.
33) 『우동암행문집』: 한상호, 「동암 우동원의 갑오년(1894) 행적」, 전북대학교 석사학위 논문, 2005, 8쪽.
34) 『천도교회월보』 123, 102쪽.
35) 『천도교회월보』 170, 1924.11, 31쪽.
36) 『천도교회월보』 275, 1939.4, 30쪽.
37) 『구례교구사』.
38) 『천도교회월보』 275, 1939.4, 30쪽.
39) 『오하기문』 2필; 김종익 역, 『오하기문』, 역사비평사, 1994, 229쪽.

컸음을 알 수 있다.

순천지역은 『천도교창건사』에 따르면, 1891년에 박진양, 1893년에는 김종순, 동학농민혁명이 일어난 1894년에 김학순과 김재일이 각각 입도한 사례가 있다.[40) 광양군에서는 봉강면 조령리의 조두환이 1890년 12월 12일[41) 동학에 입도하였다.

이상으로 지리산권 서부지역 동학의 포교에 대하여 살펴보았다. 이를 지역별로 정리하면 〈표 1〉와 같다.

〈표 1〉 지리산권 서부지역 동학 포교 상황

지역	포교 상황				
	1888	1889	1890	1891	1892
남원	김흥기	김낙기 김영기 유태홍	김종우 김종학 김창길 신윤휴 신민하(여) 안치화(여)		
곡성	기봉진				강치언
구례		강철수			허 탁 임양순 임태순 조경묵 우정공
순창		이병선	계두원 김동화	김만두 양의만	설임철 임병선
순천				박진양	
광양			조두환		

〈표 1〉에 의하면 지리산권 서부지역은 본격적인 동학의 포교는 1890년을 전후였다. 남원과 곡성이 가장 이른 1888년이었고, 이어 구례, 순창, 광양, 순천 등으로 동학 교세가 확산되어 갔다.[42)

---

40) 『천도교창건록』, 600~601쪽.

41) 『천도교회월보』 279, 1935.9, 36~38쪽.

42) 하지만 이러한 것도 현존한 기록에 의한 것이기 때문에 한계가 없지 않다. 이보다 앞선 1880년대 중반에 이미 지리산권 서부지역에 동학이 포교되었을 가능성이 충분히 있다고 판단된다.

그렇다면 이 시기 동학에 입도한 배경은 무엇일까? 이에 대해서는 1893년 11월 동학에 입도한 우동원[43]을 통해 살펴보고자 한다. 우동원은 동학에 입교한 경위를 다음과 같이 밝히고 있다.

> 단기 4226 계사 춘 3월에 순창군수 이성렬에게 수성 당번 불응죄로 인촉되어 태장과 고장으로 난타 악형이 고심하였다. 공은 제압강명을 피할 도리가 없어 강제당번을 하고, 이의 불평 불만한 정치를 항시 염두에 두고 있었다. 때에 따라 탐관학민오리의 악정이 연만함으로 癸巳 秋에 각 방곡에서 민요가 봉기함으로 공은 '시기이다'하고 담양군 남응삼과 상의하고 同年 癸巳 11월 26일 동학당에 가입한 후로 동학의 본지인 포덕천하 광제창생 보국안민의 대지를 달성코자 其 신앙심이 절실하였다.[44]

우동원은 당시 1893년 3월 당시 순창군수 이성렬이 읍성을 수성하라는 명령을 어긴 바 있고, 이로 인해 태장과 곤장 등 체형을 당하였다. 평소 불합리한 사회에 불평불만을 가지고 있던 우동원은 탐관오리를 징치하고 사회개혁을 요구하는 민란들이 일어나자 담양군에서 활동하는 접주 남응삼을 찾아가 상의한 후 이해 11월 26일 동학에 입도했다. 우동원이 동학에 입교한 동기는 다음과 같다.

> 동학은 근대 조선사회가 封壞하고 근대화가 비롯하려는 전환기에 衝現하였다. (중략) 이에 痛心이 入骨하며 貪官 虐民 汚吏의 악정을

---

43) 우동원의 행적은 『우동암행문집』에 정리되어 있다. 『우동암행문집』은 우동원의 둘째 아들 우치홍이 아버지의 유고와 자료를 정리하여 기록한 책으로 1951년 2월에 작성한 것이다. 가로 19cm, 세로 26cm의 크기로 40쪽 분량의 국한문혼용체 기록이다. 우동원의 동학 행적에 대해서는 한상오, 「東菴 寓棟源의 甲午年(1894) 行蹟 : 全羅道 淳昌 東學接主 禹棟源의 '禹東菴行文集'을 中心으로」, 전북대학교 대학원 석사학위논문, 2006을 참조.
44) 『우동암행문집』.

항시 불평불만으로 험세를 지내다가 동년 癸巳 秋로 각 坊谷에서 民擾가 봉기할 기상이 농후함을 아는 우공은 통일이 없고 연락 없이 渙散한 사회에서는 도저히 자신 일인만이 起發할 수 없음을 각오하고 물론 협동단결적 단체를 요구하였다. 우공은 담양군 남응삼과 相接한 바, 今期 동학은 국가의 정책을 시정하고 인민 상하계급을 철폐하며 빈부귀천의 차별을 一齊하고 탐관오리를 掃淸한다는 意를 듣고, 공은 여기에 頃心(결심)하고 동년 계사 11월 26일로 동학회에 입회한 후 동학의 본지인 포덕천하 광제창생 보국안민의 대지를 달성코자 其 실행방도를 신실히 하여오던 차에[45]

우동원이 동학에 입교한 가장 큰 동기는 "국가의 정책을 시정하고 인민 상하 계급의 철폐하며 빈부귀천의 차별을 일제하고 탐관오리를 소청한다"는 동학의 반봉건적 변혁사상에서 비롯되었다. 동학의 사상적 특성은 시천주와 사인여천의 인간존중사상, 후천개벽의 혁세사상, 척양척왜의 민족주체사상, 유무상자의 공동체사상으로 요약할 수 있는데, 우동원은 동학의 인간존중과 혁세사상에 관심을 가졌던 것이다. 우동원은 당시 모순에 가득한 사회를 동학만이 국가의 정책을 시정하고 사회를 변화시키는 구심점으로 인식했던 것이다. 또한 신분제도를 철폐하고 빈부귀천의 차별을 없애며,[46] 탐관오리를 제거할 수 있다고 믿었다. 우동원의 임교 동기는 당시 동학에 입교한 대부분의 민중들의 염원을 말해주고 있다고 여겨진다.

한편 지리산권 동학의 포교 과정을 통해 어떻게 조직화되었는지 살펴

---

45) 『우동암행문집』.
46) 동학은 당시 신분제가 가지고 있는 모순을 가장 크게 비판하였다. 해월 최시형은 "선천의 썩어진 문벌의 고하와 귀천의 등분이 무슨 관계가 있느냐. 그러므로 선천 일찍 두 여비를 해방하여 한 사람으로 양녀를 삼고 한 사람으로 자부를 삼았으니 선사의 문벌이 제군과 같지 못하랴. 제군은 먼저 이 마음을 깨치고 자격을 다라 지휘에 따르라"고 하였다.(이돈화, 『천도교창건사』 제2편, 44쪽)

보자. 다만 지리산권 서부지역 전체를 살펴보기에는 한계가 있기 때문에 『순교약력』을 통해 남원을 중심으로 살펴보고자 한다.

　김홍기로부터 시작된 지리산권 서부지역 동학 포교는 1890년을 전후하여 순창, 구례, 옥과, 곡성 등으로 확장되었다. 『순교약력』에 의하면 동학농민혁명이 일어난 1894년까지 동학에 입도한 인물을 살펴보면 아래 〈표 2〉와 같다.

<표 2〉 『순교약력』에 나타난 동학 포교 상황

이름	입도일자	지역	전교인	비고
김홍기	1888.10.27	남원군 둔덕면	최찬국	장인
최진악	미상	남원 지사면	김재홍	접주, 1894년 12월 12일 오수에서 포형 당함
김낙기	1889.10.3	남원군 둔덕면	김홍기	접주
김영기	1889.12.15	남원군 둔덕면	김홍기	접주
강윤회	1889. 봄	임실군 신평면	김홍기	
임익서	1890.2			1894년 12월 2일 오수에서 포형 당함
이창우	1890.3.2	남원군 둔덕면	김홍기	
김종문	1894.가을	남원군 둔덕면	김홍기	김홍기 장자
이기면	1890.4.24	남원군 둔덕면	김홍기	
김해종	1890.4.5	남원군 덕고면	김홍기	접주, 1894년 12월 2일 오수에서 포형 당함
김연호	1890.12.3	남원군 덕고면	김홍기	접주
심노환	1892.3.15	남원군 장흥면	이규순	접주, 1894년 12월 5일 남원시장서 포형 당함
전태옥	1889.3.13	남원군 지사면	강윤회	접주, 1894년 12월 14일 남원시장서 포형 당함
변홍두	1893.2.2	남원군 덕고면	김낙기	접주, 1894년 12월 12일 오수에서 포형 당함
이규순	1889.봄[47]	남원군 서봉면		수접주, 1895년 2월 남원시장에서 포형
정동훈	1890.3.29	남원군 견소곡면	김홍기	접주, 집강, 1894년 12월 포형

---

47) 봄에 입도한 것은 4월 5일로 추정된다. 이 날은 수운 최제우가 동학을 창도한 날이다. 그래서 이 날을 기념하여 입도하는 사례가 많았다.

김현숙	미상	남원군 반암면		접주, 1894년 겨울 반암시장서 포형
하치구	1890. 봄	남원군 두동면		
박중래	1892	남원군 산동면		접주, 접사, 1895년 1월 운봉시장서 포형
박경래	1893	남원군 산동면		1984년 12월 9일 운봉 반암 원촌시장서 포형 당함
심춘영	1893	남원군 산동면		1894년 12월 9일 원촌시장서 포형 당함
최도준	1893	남원군 산동면		1894년 12월 9일 원촌시장서 포형 당함
최경현	1893	남원군 산동면		1894년 12월 10일 원촌시장서 포형 당함
이익우	1891	남원군 산동면		
김부칠	1893 봄	남원군 산동면		동학농민혁명 참가, 남원서 참형 당함
소화숙	1892	남원군 상원천면		접주, 교장, 1894년 12월 운봉시장서 포형 당함
안재언	1892	남원군 산동면		동학농민혁명에 참여하였다가 남원시장서 포형 당함
이동기	1893	남원군 산동면		동학농민혁명에 참여하였다가 관음치전추에서 포형 당함
양주칠	1894 봄	남원군 산동면		동학농민혁명 참가, 이해 12월 20일 님원지장에서 포형 당함
최성우	1894.4.5	남원군 지사면		동학농민혁명 참가, 12월 20일 오수시장서 포형 당함
황내문	1892	남원군 서면	김종학	대접주, 동학농민혁명 참가, 12월 10일 포형 당함
오한복	1893	남원군 주천면		접사, 동학농민혁명 참가, 12월 10일 포형 당함
권이갑	1893	남원군 둔덕면	이기동	동학농민혁명 참가, 11월 14일 고남산서 포형 당함
이사명	1892.3	진안군 백운면		접주, 동학농민혁명 참가, 12월 9일 오수시장서 포형 당함
정규봉	미상	남원군 오지면		동학농민혁명 참가, 12월 평당리에서 포형 당함
정극중	미상	남원군 소견곡면	김홍기	접주, 동학농민혁명 참가, 12월 남원시장서 포형 당함
장남두	1894 봄	남원군 산동면	김홍기	도성찰, 동학농민혁명 참가, 12월 남원시장서 포형 당함
양주신	1893.7.10	구례군 광의면	임정연	접주, 동학농민혁명 참가, 12월 20일 참형 당함

이치년	1890	구례군 광의면	임정연	동학농민혁명 참가, 12월 13일 참형 당함
표명식	1894.6		유태홍	동학농민혁명 참가, 12월 남원시장서 포형 당함
이응삼	1890	남원군 갈치면		수업주, 동학농민혁명 참가, 12월 남원시장서 포형 당함
김종우	1889.9.20	남원군 둔덕면	김홍기	동학농민혁명 참가
박기영	1894.7.6	남원군 영계면		접주
김종응	1890.10.3	남원군 둔덕면	김홍기	김낙기의 장자, 동학농민혁명 참가
김동환	1894.7	남원군 영계면	김영선	김영선과 사형 관계
최한수	1891.9	남원군 지사면	최진악	최진악과 종숙 관계, 봉훈
김종학	1890.9.20	남원군 둔덕면	김홍기	김홍기와 종숙 관계, 동학농민혁명 참가
황남현	1891.4	남원군 고절면	이기동	봉훈, 동학농민혁명 참가
황한주	1894.7	남원군 고절면	이기동	
안규환	1891	남원군 산동면		접주, 봉훈
오창섭	1894.6	남원군 백파면	유태홍	봉도
김종태	1890.10.3	남원군 둔덕면	김홍기	김홍기와 숙부 관계, 동학농민혁명 참가
김종훈	1891.9.4	남원군 둔덕면	김홍기	김영기의 자
김맹철	1891.10	임실군 하운면		접주
최진팔	1891.8.30	남원군	김재홍	
하영도	1891.5.20	남원군 둔덕면	김종우	접주
김성주	1892.8.20	남원군 둔덕면	김종우	
조동욱	1894.7	남원군 옥과면	이기동	봉훈
김응선	1891.3	남원군 매안면	이기동	봉훈
김종오	1892.3.10	남원군 둔덕면	김종황	김종황과 사형 관계
김종호	1892.10.10	남원군 둔덕면	김종황	김종황과 종형 관계
김성윤	1892.3.10	남원군 둔덕면	김재홍	
한용욱	1891.3.10	남원군 오지면		
이성의	1893.3.15	남원군 둔덕면	김종황	봉훈
하영석	1890.11.3	남원군 둔덕면	김홍기	중정, 대정, 집강, 교수, 교장, 동학농민혁명 참가
김종황	1890.11.24[48]	남원군 둔덕면	김홍기	김홍기와 족숙 관계, 수접주, 봉훈, 동학농민혁명 참가
조경묵	1891.1.23	구례군 산외면		

---

48) 『순교약력』에는 "동 36년경인 11월 24일"에 동학에 입도하였다고 하였다. 그런데 『종리원사부동학사』에는 1890년경에 입교한 것으로 되어 있다. 그리고 『순교약력』에 서도 동학농민혁명에 참가하였다고 한 것으로 보아 1890년에 입도한 것으로 보인다.

장남선	1892.6.23	남원군 대산면		접사, 접주, 수접주, 대접주, 동학농민혁명 참가
우학로	1894.3.10	곡성군 곡성면		교수, 교장, 접사
양해성	1894.2.16	남원군 남원면		봉훈
장형기	1892.3.27	남원군 보절면		교수, 접주, 집강, 봉훈
윤병달	1894.2.5	남원군 죽곡면		동학농민혁명 참가
표영호	1890.10.28	남원군 둔덕면		교훈, 봉훈

위의 〈표 2〉에 의하면, 남원지역 동학의 연도별 포교 상황은 다음과 같다. 1888년 1명, 1889년 6명, 1890년 15명, 1891년 11명, 1892년 12명, 1893년 11명, 1894년 13명이었으며, 입도연대는 알 수 없지만 적어도 동학농민혁명 이전의 4명을 포함하여 동학농민혁명 이전에 입교한 사람은 72명이었다. 연도별로 볼 때 이른 시기인 1888년과 1889년을 제외하곤 해마다 10명 이상씩 입교하여 교세가 꾸준히 증가하고 있음을 알 수 있다. 지역적으로 볼 때는 남원군 둔덕면이 가장 많았다. 둔덕면은 남원지역에서 가장 먼저 동학이 포교된 곳으로 바로 김홍기의 활동무대였다.[49] 김홍기는 1888년 동학에 입도하여 우선 자신의 활동무대를 중심으로 동학을 포교했다. 이는 전교인에서도 확인할 수 있다. 남원 이외에도 임실, 구례, 곡성 등 인근 지역에까지 동학의 세력이 확대되었다.

또한 동학의 포교과정을 보면 우선 친인척을 중심으로 포교하였음을 할 수 있다. 김홍기 역시 장인으로부터 동학을 포교를 받았고, 자신도 종숙이나 아들에게 동학을 포교하였다. 이외에도 김종황은 종형이나 사형, 김영기도 아들에게 동학을 포교했다. 이는 동학교단의 포교가 친인척을 중심으로 하였음을 명확하게 보여준다.

이상으로 섬진강과 남원을 중심으로 한 지리산권의 서부지역을 중심으로 동학의 포교과정을 살펴보았다. 이 지역 동학의 포교는 크게 두 가

---

49) 김홍기의 동학 표교에 대해서는 이병규, 「남원지역 토착 동학농민군의 활동 – 김홍기와 유태홍을 중심으로」, 『동학학보』 33, 동학학회, 2014를 참조.

지로 정리할 수 있다. 첫째는 수운 최제우가 남원 은적암으로 피신하는 과정에서 처음으로 지리산권에 동학을 포교하였다는 점이다. 그러나 이와 같은 초기의 동학 포교는 수운 최제우 순도 이후 더 이상 확산되지 못하였다. 둘째는 1890년을 전후하여 남원을 비롯하여 순창, 구례, 곡성, 순천 등 지리산권 서부지역에 다시 동학이 포교되었다는 점이다. 이후 동학의 포교는 1894년 동학농민혁명이 일어나는 시기까지 꾸준히 확산되었다. 이를 기반으로 지리산권 동학은 1894년 동학농민혁명을 전개하는 중심세력으로 성장하였다.

3. 동학농민혁명 전후 지리산권 동학의 동향

앞서 살펴보았듯이 지리산권 서부지역 동학은 1890년대를 전후하여 본격적으로 포교되었다. 이후 김홍기를 비롯하여 이기동, 김종황, 유태홍, 최기환, 남응삼, 임정연 등의 적극적인 포교로 동학의 교세는 크게 확산되었다. 이들 동학은 동학교단이 전개하였던 교조신원운동에 적극 참여했다.

동학교단은 1871년 3월 10일 영해에서 교조신원운동을 전개한 바 있지만, 오히려 교단은 위기에 빠졌다. 이후 강원도의 태백산 일대와 충청도 소백산 일대에서 교세를 유지하였던 동학교단은 1880년대 이후 전주와 삼례 등 호남지역을 중심으로 교세를 확장해 나갔다. 이처럼 호남지역에서 교세가 급증하게 되자 1892년 7월부터 동학교단 내에서는 교조 최제우의 伸寃에 대한 논의가 시작되었다. 서인주와 서병학은 도주 최시형에게 "우리 道의 急務가 先師의 伸寃一事" 즉, 수운 최제우의 신원이라고 주장하였다. 이는 비록 서인주와 서병학이 교조신원을 주장하였지만, 실제적으로는 이미 교인들 사이에 교조신원에 대한 공감대가 형성되었던 것이다.

그렇지만 최시형은 아직 시기상조라 하여 이를 받아들이지 않았다. 그렇지만 이해 10월에 이르러 보다 많은 다수의 교인들이 교조신원을 요구하자, 최시형을 이를 수용하는 입의문을 발표하였다.[50] 이에 서병학과 서인주는 충청지역 교인을 모아 호서의 중심인 공주에 집결하여 교조신원운동을 전개하였다.[51] 공주교조신원운동에서 교조의 신원 즉 동학의 포교 공인이라는 궁극적인 목표를 달성하지는 못하였지만, 동학교인에 대한 각종 폐단을 일체 중지할 것[52]이라는 적지 않은 성과를 거두었다. 이에 고무한 동학교단은 곧이어 전라감사를 대상으로 삼례에서 신원운동을 전개하였다. 최시형은 각지의 교인에게 경통을 보내 보다 적극적으로 신원운동에 참여할 것을 촉구하였다.

삼례교조신원운동에서는 '수운선사의 신원, 탐관오리 제거, 교당설치 허가'[53]를 요구하였다. 이에 대해 전라감사 이경식은 동학을 이단으로 규정하고 집회를 해산하라고 하였으나 동학교인들은 해산하지 않았다. 그 결국 '동학교인에 대한 토색 금지'라는 결과를 받아냈다.[54] 그러나 포교의 자유 내지 신앙의 자유를 획득하지 못한 동학교단은 지방보다는 중앙을 상대로 신원운동을 전개하기도 함에 따라 1893년 1월 광화문 앞에서 신원운동을 전개하였다. 이어 이해 3월 10일 충북 보은군 장내리와 전북 원평 금구에서는 척양척왜를 내용으로 하는 창의운동을 전개하였다.

이와 같이 동학교단에서 교조신원운동과 척왜양창의운동을 전개하는

---

50) 이돈화, 『천도교창건사』 제2편, 45쪽.
51) 오지영, 『동학사』 제2편, 71쪽.
52) 「甘結」, 『한국민중운동사자료대계(동학서)』, 여강출판사, 1985, 68~70쪽.
53) 최영년, 「동도문변」, 『동학농민혁명국역총서』 5, 동학농민혁명참여자명예회복심의위원회, 299, 156쪽.
54) 오지영, 『동학사』 제2장, 74쪽.

과정에서 지리산권 동학도 적극적으로 참여하였다는 것이다. 특히 보은에서 전개한 척왜양창의운동에 경기도나 충청도, 강원도, 경상도 등 다른 지역보다 지역적으로 먼 곳임에도 불구하고 지리산권 동학은 적극적으로 참여했던 것이다.

먼저 『종리원사부동학사』에 의하면, 남원의 동학교인들은 1892년 가을 삼례에서 전개한 신원운동에 수백 명이 참여하였다. 특히 남원의 유태홍은 전라좌도를 대표하여 전라우도 전봉준과 함께 전라관찰사에게 소장을 제출하였다. 이와 관련하여 다음과 같이 밝히고 있다.

> 仝 三十三年 壬辰 秋에 大神師 伸寃 次로 各道 敎人이 全州 參禮驛에 會集할 時에 本郡 道人 數百이 往參하야 義訟할 새, 官吏의 壓迫 危險으로써 訴狀을 告呈할 人이 업서서 疑訝惶恐 中에 左道에 柳泰洪 右道에 全琫準氏가 自願 出頭하야 觀察府에 訴狀을 提呈則 觀察使가 營將 金始豊을 命하야 出兵散會하엿고[55]

55) 『종리원사부동학사』, 남원군종리원, 1924.9. 이에 비해 『天道敎南原郡東學史』에 의하면 당시의 상황을 좀 더 구체적으로 기록하고 있는데, 그 내용은 다음과 같다. "仝 三十三年 壬辰 冬에 大神師 伸寃의 件과 各郡 官吏 土胡딘 性格을 改善키 위ㅎ여 各道 道人 三萬餘名이 公州觀察府에 訴狀을 提出타가 未果하고 全州 參禮驛에 又 大會하여 徐秉學의 文筆로 訴狀을 陳途하여 議途코자 할 새 官吏壓迫의 威嚴으로 因하여 訴狀을 告呈할 人이 없어서 躊躇彷徨 中에 右道에 全琫準 左道에 柳泰洪氏가 自願出頭하여 觀察府에 訴狀을 提呈한즉 觀察府가 營將 金始豊을 命하여 火鉋軍(一名 羅伍軍) 三百 餘名을 率하고 全州 寒川에 來하여 通知 曰 東學 魁首가 誰인지 來하라 함에 徐仁周(號曰海) 答曰 營將 金始豊이가 此處로 來하라 한즉 始豊이 率兵施威하고 參禮 卽來하여 兵率을 左右에 羅立하고 裂目視之 曰 爾等이 如何 聚黨하여 太平 聖世에 民心을 眩惑하느냐. 徐仁周 答曰 忠君上孝父母의 道로 安心修道하며 各安其業하거늘 爾官吏輩가 修道人을 傷害하여 掠財殺人하기에 抑鬱의 心을 不勝하여 議途을 提呈한 일이 어찌 民心을 眩惑한 일이냐. 金始豊이 拔劍蹴地 曰 이 칼로 斬之하리라. 칼 받아라 한데 徐仁周 完然이 答曰 칼 받기야 어렵지 않다. 치려면 치라 한데 金始豊이가 日時間이나 裂視하다가 正坐하며 謝曰 내가 日前에 들은 바 東學이 亂黨이라 하기에 나의 堂姪兄弟가 東學에 犯하였다 하기로 絕對로 禁하였더니 今日에 와 본즉 前言과 反對로 事實 寬大한 道인즉 上官에 告達하여 依願解結하여 줄 터이니 各歸其家하여 各修其道하고 各安其業하라 하기로 卽時 解散할 새"

1892년 가을 호남지역 동학교인들이 처음으로 전개한 삼례교조신원운동을 전개하자 남원 관내에서 적지 않은 즉 수백 명의 동학교인들이 참여하였다. 이때 전라관찰사 이경직에게 소장을 전달해야 하는데, 적임자가 없자 남원 동학지도자 유태홍은 전라좌도를 대표하고, 전봉준은 전라우도를 대표하여 함께 제출했던 것이다. 이는 남원지역 동학교인뿐만 아니라 전봉준도 삼례교조신원운동에 적극적으로 참여하였음을 밝혀주고 있다. 동학교단은 이어 공주에서도 교조신원운동을 전개한 바 있는데, 이때는 주로 호서지역 동학교인들이 중심이 되었기 때문에 남원을 비롯한 지리산권 서부지역 동학교인들은 참여하지 않은 것으로 보인다.

그러나 이듬해에도 동학교단은 광화문에서 다시 신원운동을 전개하였는데, 이 교조신원운동에도 적극 참가하였다. 그런데 중요한 것은 이보다 앞서 지리산권 서부지역의 중심인 남원의 동학교인들은 전봉준이 작성한 창의문을 남원, 운봉, 구례, 곡성 등지의 관아에 부쳤다는 점이다. 즉 전봉준으로부터 전달받은 창의문을 1893년 1월 10일 새벽 3시에서 5시경, 남원은 김영기, 운봉은 김성기, 구례는 유태홍, 곡성은 김재홍이 각각 관아에 부착하였다.[56] 이와 관련하여 남원 유생 金在洪이 쓴 『영상일기』에는 이와 관련하여 다음과 같이 기록하였다.

> 동학이 倡義를 칭하면서 은밀히 전라도 여러 고을 관아에 榜文을 붙였다. 그 내용은 倭洋과 청나라 사람들이 우리나라에 횡행하지만 전혀 제어할 수가 없어 자신들이 그들을 소멸시키려고 행동하니, 관에서 각기 지혜와 용기가 있는 사람을 추천하여 보내라고 하였다. 아, 이 무리들이 倭洋을 배척하는 것으로 큰 소리를 치는 것은 가상하지

---

56) 『종리원사부동학사』. "소 三十四年 癸巳 正月에 全琫準의 文筆로 昌義文을 著作하야 各郡 衙門에 揭示할 새, 南原에 金榮基 雲峰에 金聖基 求禮에 柳泰洪 谷城에 金在泓 諸氏가 소 十日 寅時에 粘付한 後"

만, 그들 스스로 난리의 화근이 되지 않을 것이 없었다.[57]

이어 남원지역 동학교인들은 광화문에서 전개한 신원운동을 비롯하여
보은 장내리, 원평 금구의 척왜양창의운동에 참여하였다. 이에 대해『종
리원사부동학사』는 다음과 같이 밝힌 바 있다.

> 大神師 伸寃 次로 京 光化門 前에서 伏閤하고 又 報恩 帳內와 金溝
> 院坪 會集時에 本郡 敎人 數千이 往參하엿는대 慰撫使 魚允仲이 奉綸
> 音 散會하엿는대, 兩年 會集에 家産을 一傾하다.[58]

위의 글에 따르면, 남원의 동학교인들이 보은 장내와 금구 원평에 수
천 명이 참가하였다고 하였는데, 이는 적지 않게 과장된 것으로 보인다.
『취어』에 따르면 지리산권에 속하는 남원지역과 순창지역 동학교인들이
함평, 무산[59], 태인, 영광 등지와 함께 2백여 명이었다고 밝힌 바 있다.
이로 볼 때 기록에 따라 차이가 있지만 '수천 명'이 참가하였다는 것은
과장이 적지 않았음을 알 수 있다.[60] 이밖에『취어』에 의하면 순창, 순
천 등지에서 50여 명이 참여한 것으로 보고 있다.

이와 같이 교조신원운동과 척왜양창의운동에 지리산권 서부지역 동학
교인들이 참가한 사실은 광양군 봉강면 조령리 출신 조두환의 활동에서
도 확인할 수 있다. 조두환은 1890년 12월 12일 유수덕의 포교로 동학에
입도하였다. 그는 1893년 2월 광화문에서 전개한 교조신원운동에 참가

---

57) 「영상일기」, 『동학농민혁명국역총서』 5, 동학농민혁명참여자명예회복심의위원회, 2009,
   9~10쪽.
58) 『종리원사부동학사』, 남원군종리원, 1924.9.
59) 무산은 무주의 오기로 보인다.
60) 그 밖의 호남지역인 장수접이 230여 명, 영암접이 40여 명, 나주접이 70여 명, 무안접
   이 80여 명, 순천접이 50여 명 정도였다. 이로 볼 때 남원지역 동학군은 50여 명 내외
   로 추정된다.

하였으며 이어 3월 10일 보은 장내리에서 개최한 척왜양창의운동에도 참가하였다.[61] 이러한 사실은 조두환 개인뿐만 아니라 다른 동학교인들도 마찬가지였을 것으로 판단된다. 이로 볼 때 적지 않은 지리산권 서부지역 동학교인들이 교조신원운동과 척왜양창의운동에 참가하였다고 할 수 있다.

경기도와 충청도 지역에서 참가한 동학교인들은 자신들의 지역을 표시하는 '수의'·'광의' 등 깃발을 내세웠지만 호남 일대에서 참가한 교인들의 지역명 깃발은 보이지 않는다. 이는 경기도와 충청도의 경우 일찍 참여하여 자신들의 출신지역을 밝혔기 때문에 관군 측에서 정보를 수집하기 용이하였던 것으로 풀이된다. 또한 호남지역의 경우 거리상 멀었을 뿐만 아니라 금구 원평에서 별도로 척왜양창의운동을 전개하였기 때문이다.

한편 금구 척왜양창의운동에 대한 기록이 매우 제한적이어서 규모나 과정에 대해서도 구체적으로 살펴보기에는 적지 않은 어려움이 있다. 일단 원평 금구의 척왜양창의운동에 모인 인원은 대체로 1만 명 정도로 추정된다. 『영상일기』에 의하면 '수만 명', 「동도문변」에는 '만여 명',[62] 「면양행견일기」에는 '수만'[63]과 '만여 명'[64]이라고 하였다. 이에 따르면 금구집회에 모인 인원은 적어도 1만 명이 넘었다고 할 수 있다. 1만여 명이 모인 금구 원평의 척왜양창의운동은 호남 일대 동학교인들이 주도하였다는 점에서 남원뿐만 아니라 지리산권 일대 동학교인들도 당연히 참여하였다고 본다.

한편 1890년대를 전후하여 지리산권에 포교되기 시작한 동학은 교조신원운동과 척왜양창의운동을 거치면서 교세가 비약적으로 성장하였을

61) 허남호, 「고 소암 조두환씨를 추모함」, 『천도교회월보』 279, 1935.9, 36~38쪽.
62) 「동도문변」, 『동학농민혁명국역총서』 5, 157쪽.
63) 「면양행견일기」, 『동학농민혁명국역총서』 10, 동학농민혁명기념재단, 2012, 22쪽.
64) 「면양행견일기」, 26쪽.

것으로 추정된다. 왜냐하면 동학이 포교된 지 불과 4, 5년 만인 1894년 동학농민혁명에 적지 않은 지리산권 지역에서 참여하였기 때문이다. 『동학사』와 『천도교창건사』에 의하면 지리산권에서 동학농민혁명에 참여한 주요 접주급 인물을 살펴보면 다음과 같다.

〈동학사〉
남원 : 김홍기, 이기동, 최진학, 김태옥, 김종학, 이기면, 이창수,
　　　김우칙, 김연호, 김시찬, 박선주, 정동훈, 이교춘
순창 : 이용술, 양회일, 오동호, 김치성, 방진교, 최기환, 지동섭,
　　　오두선
곡성 : 조석하, 조재영, 강일수, 김현기
구례 : 임춘봉[65]
순천 : 박낙양[66]

〈천도교창건사〉
남원 : 김홍기, 김낙기, 이기동, 이기면, 최진학, 전태옥, 강종실,
　　　김종학, 김종황, 이규순, 장남선, 조동섭, 변한두
순창 : 양해일, 오동호, 전치성, 방진교, 최기환, 지동섭, 오두선
구례 : 임봉춘
곡성 : 조석하, 조재영, 기봉진, 오정선, 강일수, 김현기
순천 : 문상혁, 유하덕, 정우영, 장익열, 박낙양[67]

　『동학사』와 『천도교창건사』에 서로 중복되거나 잘못 기록된 오기가 없지는 않지만, 동학농민혁명 당시 접주급으로 참여한 인물은 김홍기 등 46명에 달하고 있다. 이외에도 우학규,[68] 이문경,[69] 임창순,[70] 강사원,

---

65) 임춘봉은 임봉춘의 오기이다.
66) 오지영, 『동학사』 제2편, 113~114쪽.
67) 이돈화, 『천도교창건사』 제2편, 62~63쪽.

안귀복,[71] 김형진[72] 등도 기포한 바 있다. 이는 다른 지역에 비해서도 결코 적지 않은 수라 할 수 있다. 뿐만 아니라 "남원부(南原府)에 모인 비도(匪徒)들이 5, 6만 명이나 되는데 각각 병기를 가지고서 밤낮으로 날뛰고 있고"[73]라고 하였듯이, 남원성에 웅거한 동학농민군이 5, 6만에 헤아릴 정도로 적지 않았음을 보여준다.

당시 남원성에 집결한 동학군은 대부분 지리산권의 동학농민군으로 추정된다. 전주화약 이후 남원은 김개남 대접주가 동학농민군을 지도하였지만 10월 중순 남원을 떠나 금산을 거쳐 청주로 향하였다. 이로 인해 남원에는 남원 토박이 접주인 화산당 이문경과 오수접주인 김홍기, 임실접주 최승우, 흥양접주 유복만, 담양접주 남응삼, 장수접주 황내문 등이 서로 협력하여 남원성으로 집결하였다. 이는 김개남 남원 출정 이후 지리산권 서부지역의 동학농민군은 남원성으로 집결하였음을 알 수 있다. 이들 지리산권 동학군은 운봉의 민보군과 치열한 전투를 벌이기도 했다.

이처럼 남원을 중심으로 한 지리산권 서부지역에서 동학농민혁명이 진행되는 동안 5,6만 명 또는 7만여 명의 동학농민군이 참여하였다는 것은 동학 조직이 빠른 시간 내에 성장하였음을 보여준다. 이처럼 동학 조직이 성장한 것은 1892년부터 시작된 교조신원운동, 척왜양창의운동 등 신앙의 자유획득이라는 내적 조직 강화, 그리고 보국안민과 사회변혁을 지향하는 인식이 맞물리면서 진행되었다.

앞서 살펴보았듯이 순창군수 이성렬이 1893년 3월을 전후하여 수성을 하는 등 상황의 불리함으로 인식했던 사건은 동학교인들의 교조신원운

---

68) 『영상일기』.

69) 『오하기문』.

70) 『박봉양경력서』.

71) 『선봉진정보첩』.

72) 『노정약기』.

73) 『갑오실기』 9월 22일조.

동의 움직임에서 비롯되었다. 공주와 삼례에 이어 광화문에서도 동학교인들이 신원운동을 하였을 뿐만 아니라 척양척왜를 주장하는 방문을 내거는 동학교인들의 활동은 당시 조정과 외국인들에게는 두려움이었다. 더욱이 동학의 최고지도자 해월 최시형이 전국의 동학교인에게 통문을 보내 3월 10일 교조의 순도일에 보은 장내리로 모이라고 지시함으로써 그 두려움은 더욱 심하였다. 3월 10일부터 4월 2일 해산까지 도소가 있는 보은 장내리로 모인 동학교인들은 기록마다 차이는 있지만 수만 명에 달할 정도였다. 전국적인 동학교인들의 움직임에 순창군수 이성렬은 관내 수성을 무리하게 요구하였고, 이에 불만을 품은 우동원이 동학에 입도했다. 이는 순창뿐만 아니라 지리산권의 동향이라 할 수 있다.

이처럼 교조신원운동과 척왜양창의운동을 통해 어느 정도 동학이라는 존재가 대외적으로 인식을 받게 되자 그동안 망설였던 많은 일반 민중들은 보다 적극적으로 동학을 수용하였다. 이로 인해 동학의 교세는 급격하게 확장되었다. 남원을 중심으로 순창, 구례, 곡성, 순천 등 지리산권 서부지역도 동학의 교세가 크게 확장되었고 이듬해 동학농민혁명의 기반이 되었던 것이다.

4. 맺음말

이상으로 남원을 중심으로 한 지리산권 동학의 포교과정과 동학농민혁명 이전의 동향에 대하여 살펴보았다. 이를 정리하면서 맺음말을 대신하고자 한다.

지리산에 동학이 처음으로 전래된 것은 동학을 창도한 수운 최제우가 활동하던 1860년대 초였다. 당시 수운 최제우는 관의 탄압을 피해 남원으로 은신하였는데, 이때 서형칠 등이 동학에 입도하였지만 수운 최제우의 죽음 이후 절멸되었다. 이후 1880년대 후반 들어서야 본격적으로 지리산권에 동학이 포교되기 시작했다. 지리산권 동학 포교의 루트는 지리산권의 외곽이라고 할 수 있는 임실에서 시작되었다. 임실 출신의 최찬국은 1888년 자신의 사위 김홍기에게 처음으로 포교했다. 김홍기의 생활무대인 남원 둔덕은 지리산권 동학의 중심지로 자리를 잡았다. 이후 동학의 포교는 지역과 혈연을 중심으로 지리산 일대로 교세를 확장해나갔다. 동학에 입도한 배경은 비록 우동원의 사례이지만 신분해방과 사회개혁이라는 동학이 가지고 있는 이념이라고 해석할 수 있다.

동학농민혁명이 일어나기 전 지리산권 동학의 동향은 동학의 성장과정과 늘 함께 했다. 1890년대 들어 동학 교단은 신앙의 자유를 획득하기 위한 교조신원운동을 전개하였다. 교조신원운동은 공주, 삼례, 광화문으로 이어졌다. 지리산권 동학은 이와 같은 교조신원운동에 적극 참여하였다. 특히 삼례에서 전개한 교조신원운동에서는 남원의 유태홍이 전라좌도를 대표하여 전봉준과 함께 전라감사에게 소장을 제기할 정도로 지리산권 동학은 교조신원운동의 중심에서 그 역할을 다하였다.

교조신원운동에 이어 보은 장내와 금구 원평에서 전개한 척양척왜를 외치는 척왜양창의운동에도 적극 참여했다. 당시 동학의 조직은 보은 장내나 금구 원평의 척왜양창의운동 중 한 곳에 참여했지만 지리산권 동학은 이들 두 지역에 모두 참여할 정도로 척양척왜의 반제국, 반침략, 반외세의 정신에 철저했다고 평가할 수 있다.

1894년 동학농민혁명이 전개되자 지리산권 동학도 적극 참여하였다. 남원을 비롯한 순창, 구례, 곡성, 순천, 광양 등 지리산권에 속하는 지역에서 46명의 접주급 지도자들이 자신의 조직을 이끌고 참여했다. 이들 지역 동학조직은 다른 지역과 달리 호남 및 호서의 연합전선에 참여하지 않고 지리산 일대에서 활약하였다. 다만 동학농민혁명 초기에 적극적으로 참여하지 않은 점은 아쉬움으로 남는다.

제2부

동학농민혁명의 재인식

5장 보은·금구집회의 전개와 동학농민혁명

1. 머리말

　19세기 조선은 격랑의 시기였다. 안으로는 봉건적 질서의 해체, 밖으로는 서세동점의 위기의 극복이라는 두 가지 과제를 해결해야했다. 이 격랑의 중심에 '동학'이 있었다. 동학은 1860년 4월 5일 수운 최제우에 의해 창명되었다. 동학의 사상적 맥락은 시천주의 평등사상, 척왜양의 민족주체사상, 후천개벽의 혁세사상, 유무상자의 대동사상 등으로 요약할 수 있는데, 이러한 사상적 맥락은 당시 억압받고 새 세상을 꿈꾸는 민중들에게 구원의 메시지였다. 1861년부터 포교되기 시작한 동학은 1871년 영해에서 변란을 통해 교조신원운동을 전개할 정도로 교세가 확장되었다. 동학은 '영해교조신원운동'으로 와해 지경에 이르렀으나 점차 교세를 회복하였다. 교세를 회복하자 동학교단은 신앙의 자유를 획득하기 위한 운동을 전개하였다. 이를 교조신원운동이라고 하는데, 1892년 10월 공주에서, 11월 삼례에서, 그리고 이듬해 2월 광화문 앞에서 전개하였다. 이어 3월에는 보은에서 척왜양창의운동을 전개하였다. 초기에는 순수한 종교적 운동이었으나 시간이 지남에 따라 정치적 성격이 강한 사회개혁 운동으로 전환되었다.

이와 같은 교조신원운동과 척왜양창의운동은 동학교단에서도 적지 않은 변화였다. 그동안 동학은 성리학의 통치이데올로기에 이단으로 취급받고 이로 인해 지속적인 탄압을 받아왔다. 동학과 마찬가지로 이단으로 취급받았던 서학이 1886년 조불통상조약을 계기로 정부로부터 공인을 받자, 동학교단도 교조신원을 통한 신앙의 자유를 누릴 수 있는 '공인'에 대해 관심을 갖게 되었다. 이와 같은 상황에서도 동학교단은 현실적으로 동학의 공인을 요구하기는 어려웠다. 하지만 1890년대에 이르러 동학교단은 교세가 삼남지방에까지 확산되자 새로운 모색을 도모하였다. 뿐만 아니라 일반 교인 또한 정부의 탄압에 대한 저항의식이 형성되기 시작하였던 것이다. 이러한 과정에서 공주, 삼례, 광화문에서 교조신원운동을 전개하였고, 보은과 금구집회 즉 척왜양창의운동으로 이어졌다.

이러한 동학교단의 내외적 요인에 따른 교조신원운동에 대해 많은 관심을 가져왔고 적지 않은 연구가 이루어졌다.[1] 또한 척왜양창의운동에 대한 연구 성과 역시 적지 않다.[2] 이들 기존의 연구성과에 의하면 교조

---

1) 박맹수, 「教祖伸冤運動期 參禮集會에 대한 再檢討」, 『한국독립운동사연구』 28, 독립기념관 한국독립운동사연구소, 2007; 이경원, 「교조신원운동기 동학지도부의 유교적 측면에 대한 고찰」, 『역사연구』 19, 역사학연구소, 2010; 박대길, 「東學의 교조신원운동과 斥倭洋」, 『전북사학』 37, 전북사학회, 2010; 表暎三, 「東學의 辛未 寧海 教祖伸冤運動에 關한 小考」, 『韓國思想』 21, 韓國思想研究會, 1989; 배항섭, 「1890년대 초반 민중의 동향과 고부민란」, 『1894년 농민전쟁 연구』 4, 역사비평사, 1995; 삼암, 「교조신원운동」, 『한국사상』 24, 한국사상연구회, 1998 등.

2) 申榮祐, 「1893년 報恩集會와 東學教團의 役割」, 『實學思想研究』 10・11, 毋岳實學會, 1999; 우윤, 「1892~93년 동학농민운동의 전개양상과 그 성격」, 『忠北學』 5, 충청북도 忠北學研究所, 2003; 박찬승, 「1892, 1893년 동학교도들의 '신원'운동과 '척왜양'운동」, 『1894년 농민전쟁연구』 3, 역사비평사, 1993; 이희근, 「동학교문의 보은・금구집회」, 『백산학보』 42, 1992; 표영삼, 「보은 척왜양창의운동」, 『한국사상』 24, 한국사상연구회, 1998; 이기식, 「1892~93년 동학교도의 교조신원운동과 척왜양창의」, 인하대 교육대학원 석사학위논문, 2003 등.

신원운동과 척왜양창의운동은 독립된 것이 아니라 연장선상에서 대부분 이해하고 있다. 나아가 1894년 동학농민혁명으로 이어지는 전단계로 파악하고 있다. 본고에서도 이러한 기존의 연구 성과를 토대로 1893년 보은과 금구에서 개최되었던 두 집회의 전개과정을 살펴보고, 이듬해 전개된 동학농민혁명과 어떠한 관계성이 있는지를 추적해보고자 한다.

2. 보은·금구집회의 배경

동학교단은 1892년 말과 1893년 초에 전개한 교조신원운동에서 적어도 두 가지에 대한 새로운 인식을 하였다. 하나는 교단 자체 역량의 강화였고, 다른 하나는 서세동점의 상황을 직접 목격하였다는 점이다. 여기에 더하여 동학에 대한 정부의 탄압이 보은 및 금구집회의 배경이라 할 수 있다.

먼저 동학교단 역량의 강화에 대하여 살펴보자. 이는 동학교단이 교조신원운동을 전개할 정도로 그 역량을 갖추었음을 의미한다. 동학교단은 1871년 3월 10일 영해에서 최시형, 이필제, 강수, 박사헌 등 5백여 명이 모여 교조신원운동을 전개하였으나 적지 않은 피해를 입었다.[3] 사실상 교단의 와해 상황에까지 이르렀다. 이후 최시형은 관의 지목을 피해 강원도 태백산 중인 영월 직동, 정선 무은담과 적조암, 단양 송두둑 등지에서 은신하면서 동학의 맥을 유지하였다.

이곳에서 교단을 정비한 최시형은 1880년 전주, 삼례를 순회하면서 호

---

3) 『도원기서』, 신미년 3월조. 영해교조신원운동으로 해월 최시형의 양자를 비롯하여 박사헌 등 경상도 일대 주요 지도자들이 교형을 당하였고, 해월 최시형은 그동안 동학교단의 지지기반이었던 경상도를 벗어나 강원도 태백산중인 정선, 영월 등지로 피신, 동학의 맥을 유지하였다.

남지역에 동학을 포교하게 되는 전기를 마련하였다.[4] 이를 계기로 호남지역에서 교세가 급증하게 되자 1892년 7월부터 동학교단 내에는 교조 최제우의 신원운동에 대한 논의가 시작되었다. 서인주와 서병학은 최시형에게 "우리 道의 急務가 先師의 伸冤一事" 즉, 수운 최제우의 신원이라고 주장하였다. 이는 비록 서인주와 서병학이 교조신원을 주장하였지만, 실제적으로는 이미 교인들 사이에 교조신원에 대한 공감대가 형성되었음을 알 수 있다.

그러나 최시형은 아직 시기상조라 하여 허락하지 않았다. 하지만 이해 10월 보다 많은 다수의 교인들이 교조신원을 요구하였다. 최시형을 이를 수용하는 입의문을 발표하면서 교조신원이 동학교인의 의무임을 직시하는 한편 교조신원운동을 모색할 것을 지시하였다.[5] 이에 서병학과 서인주는 충청지역 교인을 모아 호서의 중심인 공주에 집결하여 첫 교조신원운동을 전개하였다.

공주교조신원운동에서 교조의 신원 즉 동학의 포교 공인이라는 궁극적인 목표를 달성하지는 못하였지만, 동학교인에 대한 각종 폐단을 일체 중지할 것[6]이라는 적지 않은 성과를 거두었다. 이러한 결과는 동학교단에 적지 않은 영향을 주었다. 즉 동학교단이 요구한 '신원'은 이루어지지는 않았지만 그 실체를 인정하였다는 것이다.

이에 고무한 동학교단은 곧이어 전라감사를 대상으로 삼례에서 신원운동을 전개하였다. 최시형은 각지의 교인에게 경통을 보내 보다 적극적으로 신원운동에 참여할 것을 촉구하였다. 삼례신원운동에서는 '수운선사의 신원, 탐관오리 제거, 교당설치 허가[7]를 요구하였는데, 이는 앞서

4) 이돈화, 『천도교창건사』 제2편, 39쪽.
5) 오지영, 『동학사』 제2장, 70쪽.
6) 「甘結」, 『한국민중운동사자료대계(동학서)』, 여강출판사, 1985, 68~70쪽.
7) 최영년, 「동도문변」, 『동학농민혁명국역총서』 5, 동학농민혁명참여자명예회복심의

전개한 공주교조신원운동보다 구체적인 내용이었다. 이에 대해 전라감영은 처음에는 동학을 이단으로 규정하고 집회를 해산하라고 하였으나 동학교인들은 해산하지 않았다. 결국 '동학교인에 대한 토색 금지'라는 결과를 얻어내었다.[8] 이는 충청감사의 내용과 크게 차이는 없었지만, 충청과 전라 감영으로부터 동학교인에 대한 토색의 금지는 이전의 일방적인 탄압보다는 점진적인 전향이라고 할 수 있다.

앞에서 살펴보았듯이 동학교단은 공주와 삼례 두 차례 신원운동을 통해 공인을 요구하는 의송을 제출하였으며, 그 답변은 해산명령이었다. 동학교단은 이를 거부하고 보다 강력하게 자신들의 의사를 관철시키고자 하였다. 이 과정에서 동학교단은 자신들의 요구가 완전하게 받아들여지지는 않았지만 일정한 답변을 받아낼 수 있었다. 이는 그동안 동학교단이 관의 탄압에 피신과 은신이라는 소극적 태도에서 벗어나 '저항'이라는 적극적이고 능동적인 행동으로 문제를 해결해나가고자 하였음을 알 수 있다.[9]

그러나 무엇보다도 중요한 것은 공주와 삼례 두 신원운동을 통해 동학교단의 일사불란한 조직력을 갖추었다는 점이다. 즉 최시형에게 '법헌'이라는 호칭을 부여하였는데 교인의 통솔권을 보다 강화하였던 것이다. 즉 "앞으로의 행동은 일체 법헌의 지시에 따르라"[10]고 하였는데, 이로써 동학교단은 최시형을 정점으로 조직이 일원화되었다.

이를 계기로 삼례에서 전개된 신원운동에서 논의된 바 있는 광화문 복합상소 신원운동은 보다 구체적으로 준비되었다. 동학교단은 보은 장

---

8) 오지영, 『동학사』 제2장, 74쪽.

9) 박찬승, 「1892, 1893년 동학교도의 '신원'운동과 '척왜양'운동」, 『1894년 농민전쟁연구』 3, 역사비평사, 1993, 436쪽.

10) 『천도교회사초고』 포덕 34년조.

내리에 도소를 설치하자 각지에서 교인들이 운집함에 따라 새로 육임을 임명하여 조직을 안정화시켰다. 이어 동학교단은 복합상소를 위해 1893년 1월 중순 청원군 송산리 손천민의 집에 봉도도소를 정하고 이를 이끌어 갈 지도부를 선정하였다. 소두에 박광호, 소문 작성에 손천민, 서사에 남홍원, 교인대표에 박석규 임규호 박윤서 김영조 김낙철 권병덕 박원칠 이석도 이문찬, 총지도자에 손병희 김연국 손천민으로 각각 정하였다. 이와 함께 서병학을 먼저 서울로 올려 보내 도소를 정하도록 하였다.[11] 2월 초에 시작된 복합상소 신원운동에서도 앞서 전개한 바 있는 두 차례의 신원운동과 마찬가지로 '공인'이라는 목적을 달성하지는 못하였다.

이와 같은 광화문 복합상소 신원운동은 앞서 두 차례 신원운동을 통해 축적된 교단의 역량이 크게 강화되었기 때문에 가능하였다. 더욱이 조선정부에 동학의 존재를 보다 분명하게 각인시켰으며, 나아가 외국인들에게도 동학의 존재를 알렸다.[12] 이러한 역량은 보은·금구집회로 이어졌다.

보은·금구집회의 두 번째 배경은 침략적 외국세력에 대한 배척이었다. 외국 침략세력의 경계는 이미 공주교조신원운동에서부터 나타나고 있다. 공주 신원운동 당시 제출하였던 의송에 의하면 "각 항구에는 왜국이 통상하여 이득을 독차지 하니 백성들의 생계는 어렵게 되었다"고 지적하면서 그 폐해는 결국 '우리들' 즉 동학교인이라고 하였다. 또한 삼례교조신원운동에서도 척왜양에 대한 인식을 그대로 보여주고 있다. 즉 "서학이 날이 갈수록 혹세무민하고 있다", "지금 서학과 왜놈들의 해독이 다시 들어와 날뛰고 있다"고 하여 그 경계를 늦추지 않고 있다.

이와 같은 인식은 광화문 복합상소를 통해 눈으로 확인하였다. 이에

---

11) 이돈화, 『천도교창건사』 제2편, 50쪽.
12) 표영삼, 「교조신원운동」, 『한국사상』 24, 한국사상연구회, 1998, 203쪽.

동학교단은 외국인 학당과 공관, 그리고 교회 등에 척왜양을 내용으로 하는 괘서를 내걸었다. 우선 복합상소 신원운동이 이루어지고 있던 2월 14일 미국인 기포드 학당에 서학은 경천이 아니라 '패천'일 뿐이라는 괘서가 붙였으며,[13] 이어 18일에는 미국인 존스 교회당에도 본국으로 돌아갈 것을 요구하는 방을 내걸었다.[14] 이외에도 프랑스 공관, 일본 공관 등에도 이와 같은 내용의 괘서를 붙였다.[15] 특히 일본에 대해서는 보다 강경하게 척왜를 주장하였다.[16] 이처럼 동학교단의 '척왜양' 인식은 신원운동의 차원을 넘어서 보은집회를 통해 척왜양운동으로 이어졌다.

뿐만 아니라 3월 26일 보은 장내리에 모인 동학교인들의 대표들이 어윤중에게 제출한 「文狀」에서도 척왜양을 강력하게 뒷받침하고 있다.

전교하신 내용 중에 "너희들이 스스로 물러가 있으면 당연히 편안하게 살도록 하겠다는 처분이 있을 것이다"라고 하셨습니다. 감히 전하의 명령을 어기지 못하고 다만 물러나 돌아가서 우리 임금의 훌륭한 덕이 크다는 것을 다시 볼 수 있어 서로 기뻐하였는데, 들려오는 소문에 따르면 왜와 서양은 저희들이 화친을 배척한다는[斥和] 이유로 임금을 협박하여 동학인들을 소탕하도록 강제로 요청한다고 합니다. 창생이 도탄 속에서 통곡함은 오히려 애석함이 없지만, 신하와 백성의 잘못 때문에 오랑캐의 침략과 능멸을 당하게 되었는데, 임금

---

13) 『구한국외교문서』 10, 고려대 아세아문제연구소, 1967, 718~719쪽.

14) 『일본외교문서』 5(한국편), 416~417쪽.

15) 「면양행견일기」, 『동학농민혁명국역총서』 10, 동학농민혁명기념재단, 2012, 13, 14, 20쪽.

16) "일본 상인들은 보아라. 하늘과 땅이 처음 열리고 그 사이에 인간이 위치하면서 경계가 만들어져 나라가 생기니 이때부터 삼강이 정해지고 오륜이 만들어졌다. 그런데 세상의 한 가운데 살아오면서 인륜을 아는 것을 인간이라 이르고, 인륜을 모르는 것은 오랑캐라 일컫는다. (중략) 하늘은 이미 너희들을 미워하고 우리의 스승이 이미 너희를 경계하였으니 죽느냐 사느냐는 너희에게 있다. 뒤늦게 후회하지 말고 다시 말하노니 급히 너희 나라로 돌아가라."(박찬승, 앞의 글, 352~353쪽)

께서 능욕을 당하면 신하는 죽어야 하는 의리가 있으니, 어찌 감히 살고자 하여 의리를 저버리겠습니까? 이렇듯 대의를 주창하는 이유는 기어코 나쁜 기운을 제거하고자 함인데[17]

동학교인들은 자신이 창의한 것은 순연히 '오랑캐의 침략과 능멸을 나쁜 기운을 제거하는 것'이라고 밝히고 있다. 이로 볼 때 척왜양은 보은집회의 중요한 요인이었다.

보은집회의 세 번째 배경은 여전히 지속되고 있는 동학에 대한 강경한 탄압이었다. 앞서 두 차례의 신원운동과 광화문의 복합상소운동으로 동학을 자유롭게 신앙할 수 있는 '공인'이라는 목적을 달성하지는 못하였지만, 동학교인에 대한 폐단은 줄이겠다는 약속을 받아낸 바 있었다. 그럼에도 불구하고 동학에 대한 탄압은 여전히 이어졌다. 특히 광화문 복합상소와 척왜양 괘서 게시는 정부뿐만 아니라 당시 서울에 머물고 있던 외국인 또는 외국인 공관에도 큰 위협이 되었다. 이에 성균관 학생들과 유생들은 일제히 동학을 탄압할 것을 제기하였다. 이들은 "이단의 폐단은 예부터 있었다. 그러나 오늘날의 동학과 같은 류가 있었는가. (중략) 동학은 비방과 선동을 일삼아 재난의 싹이 될 것이다. (중략) 엎드려 원컨대 신속히 엄명을 내리어 동학의 우두머리를 섬멸하여 그 뿌리와 싹을 없앤다면 국가를 위해 다행"[18]이라고 하여, 국가의 재난이 될 동학을 근본부터 없애야 한다고 주장하였다.

이와 동시에 서울에 있던 외국 공사관도 동학교인들의 행동에 대해 크게 우려하고 그 대책을 강구하였다. 뿐만 아니라 이들은 조선정부에 압력을 넣어 동학을 엄징할 것을 요구하기도 하였다.[19]

---

17) 「취어」, 『동학농민혁명국영총서』 1, 동학농민혁명참여자명예회복심의위원회, 2007, 34~35쪽.
18) 『일성록』 고종 30년 2월 25일자.

이처럼 유생들과 외세의 압력에 고종은 동학교단의 복합상소를 개탄하면서 그 소두를 잡아 즉각 체포하고 나머지는 효유하는 한편 동학을 금단케 하였다. 또한 앞으로 동학의 소란행위를 막지 못하면 해당 관리에게 그 책임을 물어 문책할 것이라고 경고하였다.[20] 이와 같은 조치에 따라 동학에 대한 탄압은 더욱 강화되어 동학교인의 재산과 목숨은 하루도 보전할 수 없는 지경에 이르렀다. 이에 따라 동학교단은 광화문 복합상소 이후 자신들에 대한 정부의 탄압이 강화되자 교단과 교인의 안전을 위한 대책이 필요하였다.

여기에 더하여 동학교단은 교인들의 신앙심을 제고할 필요성이 적지 않았다. 최시형은 교인들의 의중에 따라 복합상소를 하였지만 곧장 포기하거나 중도에 그만 둔 것은 신앙심이 약하였기 때문으로 인식하였다. 이에 최시형은 교인들의 단속과 신앙심 제고를 위해 효유문을 반포하였다.[21]

이와 같은 복합적인 요소 즉, 동학교단의 역량 강화, 척왜양에 대한 인식, 동학에 대한 탄압의 강화, 그리고 교인들의 신앙심 제고 등이 보은·금구집회의 배경이었다.

3. 보은·금구집회의 전개과정

복합상소를 위해 최시형은 보은 장내에 도소를 설치한 바 있었는데, 각지의 교인들이 이곳으로 몰려들었다. 이들은 관의 탄압으로 삶의 근거지를 잃고 사방으로 떠돌던 교인들로 도소가 있는 곳이 보다 안전하다고

---

19) 이희근, 앞의 글, 159쪽.
20) 『일성록』 고종 30년 2월 26일자.
21) 『천도교회월보』 31, 1913. 2, 21~22쪽; 『천도교회사초고』 포덕 34년조.

생각했기 때문이었다. 또한 무리를 지어 다니는 것보다 한 곳에 집결함
으로써 연대의식[22]을 통해 큰 힘을 발휘할 수 있다는 것을 이미 경험한
바 있기 때문이다.

동학교단 최고지도자 최시형은 1893년 3월 10일 수운 최제우 환원 향
례를 마친 후 손병희, 이관영, 이원팔, 임정준 등 교단지도부의 의견을
받아들여 보은집회를 개최하기로 결정하였다. 이들은 스승의 신원을 아
직 펴지 못하였고 상소 후 하등의 칙교가 없을 뿐만 아니라 관의 지목이
오히려 가중됨에 따라 교인의 생명과 재산을 安保하기 어려움을 전달하
였다. 그리고 그 대책을 요청하자 최시형은 "각처에 跋文하여 도인으로
하여금 (보은 장내에) 齊會케 하라"고 지시하였다.[23] 그리고 즉시 전국
각지의 접주들에게 관내 교인을 지도하여 보은 장내로 집결하도록 통유
문을 띄웠다.[24] 통유문의 내용은 다음과 같다.

> (전략) 우리나라가 단군 기자 이래 예의지국인 것을 천하가 다 알
> 고 있으나, 근자에 이르러 안으로는 덕을 닦아 바르게 다스리는 정사
> 가 미거하고 밖으로는 침략 세력이 더욱 떨치고 있다. 관리들은 매우
> 포악하여 제멋대로 권력과 부를 행사하며 강호들은 다투어 토색질을
> 하니 기강이 문란해졌다. (중략) 우리들은 사문지화의 틈바구니에서
> 살아남았으나 스승의 억울함을 아직 풀지 못하여 장차 때가 오기만을
> 기다릴 뿐이다. (중략) 이데 다시 큰 소리로 원통한 일을 진정하고자
> 포유하니 각포 교인들은 기한을 맞추어 일제히 모여라. 하나는 衛道
> 尊師이며 하나는 輔國安民의 계책을 마련하고자 한다.[25]

---

22) 김용환, 「동학교조신원운동과 동학농민혁명의 상관연동」, 『동학학보』 25, 동학학회,
   1912, 25~26쪽.
23) 이돈화, 『천도교창건사』 제2편, 54~55쪽.
24) 『천도교회사초고』 포덕 34년조.
25) 『천도교회사초고』 포덕 34년조.

보은집회는 스승의 억울함을 씻어 줄 신원 즉 '위도존사'와 침략 세력으로부터 나라를 보호하고 백성을 편안하게 할 '보국안민'이 그 목적이었다. 이와 함께 다음날 보은 관아 삼문 앞에 보은집회를 알리는 방문을 게시하였다.

(전략) 지금 왜(倭)와 서양이라는 적이 마음속에 들어와 큰 혼란이 극에 달하였습니다. 진실로 오늘날 나라의 도읍지를 살펴보면 마침내 오랑캐들의 소굴이 되어있습니다. 가만히 생각하건대 임진왜란의 원수와 병인양요의 수치를 어찌 차마 말할 수가 있으며, 어찌 차마 잊을 수가 있겠습니까?

지금 우리 동방 삼천리강토는 모두 짐승의 자취로 가득하고, 5백년 종묘사직은 장차 기장밭 서직(黍稷) 또는 서리지탄(黍離之歎)이 될 것이니, 인(仁)·의(義)·예(禮)·지(智)와 효(孝)·제(悌)·충(忠)·신(信)은 지금 어디에 남아 있습니까? 하물며 왜적은 도리어 원한의 마음을 품고 재앙이 될 빌미를 숨겼다가 그 독기를 뿜어내고 있어, 위급함이 아침저녁으로 다가오고 있습니다. 그런데도 태연하게 생각하여 편안하다고 말하니, 지금의 형세는 어찌 불이 붙은 장작더미 위에 앉아 있는 것과 다르다고 하겠습니까?

저희들은 비록 초야에 있는 어리석은 백성이지만, 그래도 선왕의 법을 따르면서 임금의 땅을 경작하고 부모를 봉양하며 살고 있으니, 신하와 백성을 구분하여 귀하고 천한 것에는 비록 차이가 있더라도 어찌 충성하고 효도하는 것에 다름이 있겠습니까? 원컨대 미약한 충성이나마 나라에 바치고자 하나 위에 알릴 길이 없습니다.(후략)[26]

그런데 보은집회를 알리는 방문은 교조의 신원보다는 척왜양을 분명하게 밝히고 있다. 이는 대내적으로는 신원이 우선이지만, 대외적으로는 보국안민을 위한 척왜양임을 앞서 세 차례의 신원운동을 통해 인식하였

---

26) 「취어」, 19쪽.

기 때문이다. 또한 척왜양이라는 명분을 통해 정부와 유림으로부터 동학을 공인받고자 하는 것이었다.[27]

한편 동학교단으로부터 통유문을 받은 각지의 교인들은 다음날인 3월 11일에 이미 수만 명[28]이 모여들었다.[29] 이는 그만큼 교조의 신원을 통한 '동학 공인'이 절실하였음을 알 수 있다. 그럼에도 불구하고 최시형은 3월 16일 교인들을 소집하는 두 번째 통유문을 띄웠다.

지금 이렇듯 왜와 서양을 배척하는 의리는 충성과 의기가 있는 선비와 백성[士民]이라면 누가 감히 옳지 않다고 하겠는가? 비록 충성과 의리는 같더라도 도인(道人)과 속인(俗人)은 아주 달라 뒤섞여 함께 앉아 있을 수 없으니, 각각 좌석을 나누어서 활발하게 거사할 것을 의논해야 하며, 그밖에 우매하고 지각없이 다만 농사일을 하는 사람은 농업에 힘쓰는 것이 옳다. 오로지 놀면서 그럭저럭 세월만 보내다가 갑자기 큰일을 포기하겠는가? 이와 같이 삼갈 것을 명령한 이후에도 한결같이 따르지 않는 사람은 마땅히 군율로 다스리고, 게시한 글을 명확히 살펴 시행하는 것을 위반하지 않도록 해야 한다.

이 통문을 보내는 것은 무릇 사람의 도(道)가 중(中)에 위치하여 천시(天時)를 받들고 땅의 이치에 순응함으로써 위를 섬기고 아래를 기

---

27) 박찬승, 「1892, 1893년 동학교도들의 '신원'운동과 '척왜양' 운동」, 361쪽.
28) 보은집회에 모여든 동학교인의 수는 기록마다 다양하다. 『율산일기』에는 10만 명, 『오하기문』에는 8만 명, 어윤중 「장계」와 「취어」 그리고 천도교단 기록은 수만 명, 『속음청사』에는 2만 7천 명과 7만여 명, 『일본외교문서』에는 2만 3천 명, 『광서조중일교섭문서』에는 2만 7천 명으로 나와 있다. 그리고 「면양행견일기」에는 "7만여 명'이라고 하였다. 그러나 대체로 보은집회에 모인 동학교인은 3만 명 정도로 추산하고 있다.
29) 관변기록 기록에는 '3월 13일'로 되어 있지만, 이미 보은에 도소가 설치되어 있었고 복합상소 이후 대부분의 동학교인들은 곧이어 보은에서 신원운동을 계속할 것이라고 예상하고 있었다. 이러한 가운데 보은 장내리와 가까운 지역에서는 이미 통유문이 내린 익일인 3월 11일부터 모여들었을 것으로 추정된다. 더욱이 보은에 도소가 설치된 1893년 1월에도 이미 적지 않은 교인들이 모인 바 있으며, 이들은 교조의 신원을 강력하게 요구하였다. 이에 해월 최시형은 광화문 복합상소를 지시하였다.

르라는 것이다. 자식 된 사람은 힘을 다해 어버이를 섬기고, 신하가 된 사람은 절개를 세워 나라를 위해 죽는 것이야말로 인륜(人倫) 중에서도 가장 큰 것이다. (중략)

충과 효를 행할 곳에 뜻을 세워 죽기로 맹세한 것이 변하지 않고, 가정을 정돈하고 나라를 다스리는 마음으로 책무에 임하는 사람이 얼마나 될지 모르겠다. 하물며 왜적은 해와 달을 함께 할 수 없고 하늘과 땅을 함께 할 수 없는 원수인데, 짐승과 같은 무리에게 심한 모욕을 당하고 있으니 또한 차마 무슨 말을 하겠는가? 바야흐로 지금 나라의 형편은 거꾸로 매달린 것과 같은 위급한 상황인데 아직도 그 해법을 모르고 있으니 나라에 사람이 있다고 할 수 있겠는가? (중략)

지금 우리 성상께서는 순수한 덕과 인자한 너그러움으로 모든 사무를 살펴보시는데, 안으로는 현명하고 어질게 보좌하는 신하가 없고, 밖으로는 뛰어나고 용감한 장수가 없어, 밖으로 적들이 틈을 타서 기회를 엿보며 아침저녁으로 위협하고 있다.

삼가 원하건대 여러 도인과 선비들은 한 마음으로 뜻을 같이하여 요망한 기운을 깨끗이 쓸어버리고, 종묘사직을 극복하여 다시 빛나는 해와 달을 볼 수 있게 하는 것이 어찌 선비와 군자들이 충성을 하고 효도를 하는 도리가 아니겠는가? 어질대仁는 것은 낳아서 기르는 봄날과 같고, 의롭대義는 것은 거두어서 저장하는 가을과 같다. 지혜롭고 어진 것[智仁]이 비록 좋은 덕이기는 하지만 용기가 아니면 도달할 수 없으니, 삼가 원하건대 여러 군자들은 본연의 의리와 기개에 힘써 이 나라에 큰 충성과 큰 공적을 세운다면 매우 다행이겠다.[30]

이러한 상황에서 보낸 두 번째 통유문에는 교조신원은 구체적으로 드러나지 않고 오히려 '왜적은 해와 달과 함께 할 수 없고 하늘과 땅이 함께 할 수 없는 원수'라고 하였다. 즉 왜와 서양을 배척하는 의리로써 척왜양을 강조하였다.

---

30) 「취어」, 26~28쪽.

동학교인들은 낮에는 후동 천변에 진을 치고 밤에는 도소가 있는 장내리와 인근 동리의 민가에 유숙하였다. 또한 이들은 산 아래 평지에 성을 쌓았다. 길이는 1백 보, 넓이도 1백 보, 높이는 반 장 남짓하였으며 사방으로 문을 내었다.[31] 성이 완성되자 최시형은 모여든 교인을 보다 원활하게 통솔하기 위해 보은 장내리에 대도소를 설치하였다. 뿐만 아니라 성 안에 머물면서 큰 기를 내세우게 하고 대오를 정비하는 등 점차 조직을 정비하였다. '斥倭洋倡義'라고 쓴 큰 깃발이 세우는 한편 참가 지역을 표시하는 忠義, 善義, 尙功, 淸義, 水義, 廣義, 洪慶, 靑義, 光義, 咸義, 竹義, 振義, 沃義, 茂慶, 龍義, 黃豊, 金義, 忠岩, 江慶 등의 글자를 쓴 오색 깃발이 무수히 휘날렸다.[32] 동학교인들은 낮에는 주문을 외우고 밤에는 장내리 부근에서 숙박을 하였다.

이처럼 각지에서 교인들이 모여들자 최시형은 유력한 지도자들을 대접주로 임명하는 한편 포명을 부여하였다. 당시 대접주와 포명은 다음과 같다.

忠義包 大接主 손병희
忠慶包 大接主 임규호
淸義包 大接主 손천민
文淸包 大接主 임정준
沃義包 대접주 박석규
關東包 대접주 이원팔
湖南包(全州包) 대접주 남계천
尙功包 대접주 이관영
報恩包 대접주 김연국

31) 「취어」, 22쪽.
32) 「취어」, 22쪽. 이들 깃발의 지역명은 水義는 수원, 振義는 진위, 龍義는 용인, 光義는 광주 등으로 구분하고 있다.

西湖包 대접주 서장옥
德義包 대접주 박인호
金溝包 대접주 김덕명
茂長包 대접주 손화중
扶安包 대접주 김낙철
泰仁包 대접주 김기범(김개남)
詩山包 대접주 金洛三
扶豐包 대접주 김윤석
鳳城包 대접주 김방서
沃溝包 대접주 장경화
完山包 대접주 서영도
公州包 대접주 김지택
高山包 대접주 박치경
淸風包 대접주 성두환
內面包 대접주 차기석
洪川包 대접주 심상훈
麟蹄包 대접주 김치운
禮山包 대접주 박희인
旌善包 대접주 유시헌
大興包 대접주 이인환
德山包 대접주 손은석
長興包 대접주 이방언
牙山包 대접주 안교선[33]

　이들 포명을 볼 때 당시 동학 조직이 있었던 경상도를 비롯하여 강원
도, 충청도, 전라도, 경기도 등 북쪽을 제외한 거의 전 지역에서 보은집
회에 참여하였음을 알 수 있다.

---

33) 이들 포명과 대접주는 『천도교서』, 『시천교종역사』, 『천도교회사초고』, 『동학사』,
　　『갑오피난록』, 『천도교창건사』 등을 정리한 것이다.

이처럼 동학교인들이 각지에 몰려들자 보은군수 이중익은 조정에 보고하는 한편 公兄들을 동학대도소로 보내 자신의 관내에서 발생한 폐해를 들어 집회 해산을 요구하였다. 그러나 동학교단은 이를 거부하였다.[34] 결국 보은군수 이종익은 직접 대도소를 찾아와 "동학을 금지하고 단속하라는 일을 조정의 칙령과 감영의 공문으로 여러 차례 엄중하게 보냈는데, 일제히 돌려보내지 않고 무리들을 불러 모아 이러한 도회를 거행한 것은 진실로 조정의 칙서를 완강하게 거부하는 것이고, 큰 변괴와 관련된 것이니, 각각 뉘우치고 깨달아 즉시 해산하여 스스로 죄에 빠지지 않도록 하라"을 명령하였다. 이에 이번에도 동학교단은 "창의한 것은 결코 다른 이유는 없고, 오로지 왜와 서양을 배척하기 위한 의리이니, 비록 순영(巡營)의 칙령과 주관(主官, 보은수령)의 설득이 있어도 중단할 수가 없습니다"하면서 보은군수의 해산 명령도 거부하였다.[35]

이처럼 보은군수가 계속 해산을 종용함에 따라 동학교단은 교인들의 동요를 막기 위해 노력하였다. 그리고 이를 위해 방문을 내걸었다.

> 무릇 왜와 서양이 짐승같이 천하다는 것은 우리나라 삼천리에서는 비록 작은 어린아이라도 그것을 모르지 않아 경계하지 않는 사람이 없는데, 어찌하여 순상(巡相, 감사)과 같이 나이가 많고 성숙하며 명석하게 살피는 분이 도리어 왜(倭)와 서양을 배척하는 우리들을 사악한 무리라고 하는가? 그렇다면 우리들이 짐승같이 천한 자들에게 굴복하는 것이 바른 무리이겠는가? 왜와 서양을 공격하는 선비들을 잡아 가두어 처벌한다면 화의를 주장하고[主和] 나라를 팔아먹는 자들은 높이 상을 주어야 하는가?
> 오호라. 애통하도다! 운명인가? 천명인가? 어찌 우리 순상과 같은 명석함으로도 이같이 명확하게 구별하지 못함이 심한가? 이 통문을

---

34) 「취어」, 20~21쪽.
35) 「취어」, 23쪽.

거리에 게시하는 것은 혹시 미혹된 자들이 왜와 서양에 신하노릇 하
면서 관(官)의 명령에 순종할까 두렵기 때문이다.[36]

즉 동학교단은 '척왜양'을 내세우면서 교인들의 흔들림을 막고자하였
다. 뿐만 아니라 "우리의 도(道)는 바로 궁을(弓乙)의 도(道)인데, 보통 사
람들은 알 수가 없으니, 어찌 긴 말을 하겠는가? 여러 말 할 것 없이 물
리칠 수 있는 방법이 있다"[37]하면서 교인을 단속하였다. 이를 통해 연대
의식을 강화시켰다.

동학교단과 보은관아 사이에 해산과 이에 대한 저항을 하는 동안 보
은군수 이중익과 충청감사 조병식으로부터 보고를 받은 조정은 보은집
회에 대한 대책을 논의하였다. 그 결과 3월 18일 호조참판 어윤중을 양
호도어사로 임명하여[38] 동학교인들을 효유하여 집회를 해산시키도록 하
였다.[39] 양호도어사로 임명받은 어윤중은 3월 26일 보은에 도착하자 동
학대도소에 왕명에 따라 빨리 해산하라는 효유문을 보냈다.[40] 그리고 동
학교단의 대표들을 만나 집회를 해체하고 돌아가 농사지을 것을 권유하
였다. 정부의 해산명령을 받은 동학교단은 "수십만 사람들을 어떻게 관
의 명령으로 돌아가게 할 수 있단 말인가? 우리들은 비록 조그마한 무기
는 없지만 막강한 왜양을 무찌르려고 한다"[41]고 자신의 입장을 밝혔다.
뿐만 아니라 자신들을 탄압하지 않겠다는 왕의 회답을 받으면 해산할 것
이라고 하였다.[42]

---

36) 「취어」, 24쪽.
37) 「취어」, 25쪽.
38) 『일성록』 고종 30년 3월 19일자; 『고종실록』 고종 30년 3월 19일자.
39) 「취어」, 28~29쪽.
40) 「취어」, 28~29쪽.
41) 「면양행견일기」, 21쪽.
42) 「취어」, 29~30쪽.

이에 어윤중은 '너희들의 뜻을 전할 터이니 해산하라"고 종용하였지만 동학교단은 여전히 왕의 회답을 요구하였다. 즉 왕의 회답을 받으면 척화의 뜻을 달성하지 못하더라도 물러가겠다고 하였다.[43] 이러한 동학교단의 조치는 정부의 압력에 맞서 자신들의 목적인 '신원'을 염두에 둔 것이라고 할 수 있다. 동학교단이 보은집회의 전면에는 '척왜양'이라는 명분으로 평화로운 시위를 전개하였지만 궁극적인 목적은 '동학 공인'이었으며, 포교의 자유를 획득하고자 하였던 것이다.

이와 같은 상황에서도 각지의 동학교인들은 계속해서 보은 장내리로 모여들자 어윤중은 동학교단이 요구한 것을 조정에 보고하였다. 첫째는 복합상소 때 왕명을 믿고 해산하였는데 여전히 동학을 탄압하고 있으며, 둘째는 대의는 척왜양이며, 셋째는 서학이 동학을 모함하고 있으며, 넷째는 퇴회할 명분을 달라는 것이었다.[44] 또한 어윤중도 장계로 동학교단의 상황을 보고하였는데, 보은집회의 본뜻이 척양척왜이며 다른 뜻이 없다고 하였다.[45] 이에 고종은 3월 28일 윤음을 내려 보냈다. 그 내용은 다음과 같다.

> (전략) 또한 너희들은 감히 돌을 쌓아 진영을 만들고, 당간에 깃발을 만들어 걸고서, 의(義)를 주창한다고 일컬으면서 글을 써서 방을 붙여 사람들의 마음을 선동한다. 너희들이 비록 어둡고 몽매하다고 하지만, 어찌 나라의 큰 의리와 조정의 약속을 듣지 아니하면서 감히 핑계를 대고 재앙을 떠넘겨 사람들의 재산을 탕진하게 하고, 농민에게 농사를 지을 시기를 놓쳐버리게 하니, 이름은 비록 의를 주창한다고 하지만 이것은 난리를 일으키는 것이다.
> 너희들은 계속 뒤따라 모여든 많은 무리를 믿고 스스로 방자하여

---

43) 「취어」, 32쪽.
44) 「취어」, 32~34쪽.
45) 「취어」, 32쪽.

조정의 명령도 듣지 않으니, 옛날부터 지금까지 어찌 이러한 의리가 또 있었겠는가? 이것은 모두 나 한 사람이 너희들을 이끌어 편안하게 하지 못한 탓이며, 또한 여러 고을의 목민관과 수령들이 너희들을 부추겨 벗겨먹고 곤박하게 괴롭혔기 때문이다. 탐욕스러운 장수와 마음이 시커먼 아전들은 장차 처벌을 할 것이다. 오직 내가 백성의 부모가 되어 그 백성들이 스스로 의롭지 못한 것에 빠지는 것을 보며 슬퍼하고 안타깝고 측은하게 여기거늘 어찌 어둠을 열어 밝은 곳으로 향하게 하는 길을 생각하지 않겠는가?

이에 알려온 사실을 근거로 하여 너희들의 고충을 모두 알았다. 이에 행호군(行護軍) 어윤중(魚允中)을 선무사(宣撫使)로 삼아 나를 대신하여 달려가서 널리 타이르고 설득하게 한 것인데, 이 또한 먼저 가르치고 뒤에 처벌하는 것이 옳다. 너희들은 부모의 말을 듣는 것과 같이 여겨 반드시 감동하고 서로 알려 해산하도록 하라.

너희들은 모두 양민이니 각각 스스로 물러나 돌아가는 사람은 마땅히 토지와 재산을 되돌려줄 것이므로, 이로 하여금 편안히 생업에 힘쓰게 할 것이니 의심하거나 겁을 먹지 않도록 하라. 이와 같이 설득하는 말을 들은 후에도 너희들이 한결같이 고치지 않고 흩어지지 않는다면, 나는 당연히 큰 처분을 내릴 것이다. 어찌 너희들로 하여금 다시 같은 하늘을 덮고 살 수 있도록 용납하겠는가? 너희들은 시원하게 마음을 고쳐먹고 나라의 법을 어기지 않도록 하라.(후략)[46)]

고종의 윤음은 동학교단의 보은집회를 '倡義'가 아니라 '倡亂'으로 규정하였다. 그럼에도 불구하고 동학교인을 탐학하는 수령과 탐욕의 이서배에 대해서는 징계하겠다고 약속하였다. 동학교단은 척왜양을 내세우며 동학 공인을 기대하였지만 그 희망은 무너지고 말았다.

4월 1일 윤음을 전달받은 동학교단은 5일간의 시간을 요구하였지만 어윤중은 이를 거절하고 3일 이내에 해산하라고 강요했다.[47)] 더욱이 4월

---

46) 「취어」, 39~40쪽.

2일에는 청주 영장이 1백 명의 병영군을 이끌고 보은에 도착하였다. 이와 같이 군대까지 동원하여 집회를 해산하려고 하자 동학교단은 이를 수용하여 해산하기로 결정하였다. 해산이 결정되자 4월 2일 오후 3시경부터 4월 3일 오전 9시까지 경기도 수원접을 비롯하여 용인접, 양주접, 여주접, 안산접, 송파접, 이천접, 안성접에 이어 강원도, 충청도, 전라도, 경상도 지역의 각 접에서 돌아갔다. 전라도와 경상도, 그리고 충청도의 일부 접에서는 4월 3일 오전부터 저녁까지 모두 해산하였다.[48] 해산하는 과정에서 최시형 등 동학지도부는 4월 2일 밤에 장내리를 빠져나갔다.[49] 4월 2일 오후부터 해산하기 시작하여 동학교인들은 3일 오후에는 대부분 장내리를 떠났다. 동학교단은 어윤중과 약속한 3일 이내 즉, 4월 1일부터 3일인 4월 3일 모두 해산한 것이다. 동학교인들이 해산한 것을 확인한 어윤중은 이날 오후 4시경 전라도 금구에서 집회를 하고 있는 동학교인을 해산시키기 위해 보은을 출발하였다.[50]

한편 보은 장내리에서 동학교인들이 집회를 하는 동안 전라도 금구에서도 집회를 하였다. 금구집회가 언제부터 시작되었는지는 정확하게 알 수는 없다. 그렇지만 금구집회는 보은집회와 거의 동시에 개최한 것으로 보인다. 금구집회에 대한 최초의 기록은 3월 15일이다. 『영상일기』에 의하면 3월 15일자에 "사이에 전해 들으니, 삼남의 동학 무리들이 각 도에 모였다. 충청도는 보은에서 모이고, 영남은 밀양에서 모이고, 본도에서는 금구에서 모였다"[51]고 하였다. 즉 전해 들어서 기록한 것이 3월 15일

47) 「취어」, 42쪽.
48) 「취어」, 46~47쪽. 어윤중이 4월 3일 금구집회를 해산시키려고 보은을 출발하였다. 이는 어윤중이 이때 보은을 떠난 것은 동학교인들이 대부분 해산한 것을 보고받았기 때문이다.
49) 「취어」, 41쪽.
50) 「취어」, 46쪽.
51) 「영상일기」, 『동학농민혁명국역총서』 5, 동학농민혁명참여자명예회복심의위원회,

이었고, 또한 충청도 보은에서도 동학교인들이 모였다는 것으로 보아, 이는 금구집회는 보은집회와 같은 시기에 개최하였다고 할 수 있다.

또한 어윤중의 「취어」와 『일성록』에도 금구집회와 관련된 기록이 있는데, 다음과 같다.

> "전라도 도회가 이번 22일에 도착한다"라고 합니다.[52]

> (왕이) "… 호남에서는 금구에서 가장 많이 모였다고 하는데, 전주 감영에서 어느 정도의 거리인가? 먼저 그 소굴을 둘러 빼어서 금단하고 일소하도록 해야 할 것이다"고 하였다. 문현이 "금구는 전주에서 30리 가량 됩니다. 금구 원평에 정말 취당하고 있다"고 말하였다.[53]

전자는 3월 20일에 탐지한 것을 21일에 보고한 것이고, 후자는 고종과 김문현의 대화이다. 이들 자료에 의하면 적어도 3월 20일 이전에 금구집회가 열렸음을 알 수 있다. 여기에 탐지하거나, 전주에서 서울로 올라온 김문현이 고종에게 보고하기 위해 올라온 시간을 고려해본다면 늦어도 3월 13일경이라 할 수 있다.[54] 이는 금구집회는 보은집회와 같은 시기에 개최되었다.

뿐만 아니라 금구집회에 대한 기록이 매우 제한적이어서 규모나 과정에 대해서도 구체적으로 살펴보기에는 적지 않은 어려움이 있다. 일단 금구집회에 모인 인원은 대체로 1만 명 정도였다. 『영상일기』에 의하면 '수만 명', 「동도문변」에는 '만여 명',[55] 「면양행견일기」에는 '수만'[56]과

2009, 10쪽.
52) 「취어」, 22쪽.
53) 『일성록』 고종 3월 21일.
54) 김문현이 전주에서 서울까지 이동하는 시간을 볼 때 7일 정도로 추정된다.
55) 「동도문변」, 『동학농민혁명국역총서』 5, 157쪽.

'만여 명'[57)]이라고 하였다. 이에 따르면 금구집회에 모인 인원은 적어도 1만 명이 넘었다고 할 수 있다.

그리고 금구집회에 모인 사람들은 누구일까 하는 것이다. 일부에서는 동학과 별도의 세력으로 구분하려고 하지만[58)] 앞의 기록인 『영상일기』, 「취어」, 「면양행견일기」에 의하면 금구에 모였던 세력이 '보은으로 간다'고 한 것으로 보아 동학교인들이라고 할 수 있다. 또한 어윤중이 보은집회 해산 이후 금산군에 이르렀을 때 금구집회에서 올라온 동학교인들을 만났는데, 이들은 "(금구에) 모인 당은 도주 최시형의 지시로 왜양을 물리치기 위함이다"라고 하였다. 이는 금구집회에 모인 사람들이 동학교인이며 동학교단의 지시로 모였던 것임을 알 수 있다. 이들은 보은집회에 합류하기 위해 진산에 이르렀으나 어윤중으로부터 보은 장내리의 동학교인들이 이미 해산하였다는 말을 듣고 금구로 돌아가 함께 해산하였다.[59)] 이상으로 살펴본 보은·금구집회의 전개과정을 정리하면 〈표 1〉과 같다.

〈표 1〉 보은·금구집회의 전개 추이

경과	내 용
3.10	교조신원 논의, 최시형 1차 통유문으로 동원령 내리다
3.11	동학교단, 보은관아 삼문에 척왜양으로 보은집회 알리는 통고문 게재하다 동학교인 수만 명 보은 장내리에 모여들다
3.13	금구에 동학교인들 모이다
3.15	보은군수 이종익 관속을 보내 보은집회 해산을 종용하다
3.16	동학교단 2차 통유문으로 동원을 촉구하다
3.17	조정에서 어윤중을 양호도어사로 임명하다

---

56) 「면양행견일기」, 『동학농민혁명국역총서』 10, 동학농민혁명기념재단, 2012, 22쪽.

57) 「면양행견일기」, 26쪽.

58) 정창렬, 「동학교문과 전봉준의 관계 - 교조신원운동과 고부민란을 중심으로 -」, 『19세기 전통사회의 변모와 민중의식』, 고려대학교.

59) 「면양행견일기」, 36쪽.

3.18	동학교인들 보은 장내에서 성을 구축하다
3.20	동학교인들 '척왜양창의' 깃발과 포명과 대접주를 임명하다
	각지의 포명을 알리는 오색 깃발 날리다
3.22	보은군수 이종익 동학의 동향 조정에 보고하는 한편 동학 대도소 찾아
	가 해산을 명령하다. 동학교단 이에 거부하다
	금구에 모인 교인들 보은에 도착한다는 소식이 있다
3.23	동학교단에서 교인들의 동요를 막기 위한 방문 내걸다
3.24	전주에서 동학교인 30명 보은 장내리에 도착하다
3.26	양호도어사 어윤중 보은에 이르러 효유문 발표하다
	동학교단 왕의 해답이 있으면 해산하겠다고 하다
	어윤중 재차 동학교단에 해산을 촉구하다
	동학교단 어윤중의 해산 촉구를 거부하다
	어윤중 동학교단의 요구를 조정에 보고하다
	동학교인들 계속 보은 장내리로 모이다
3.27	김문현 금구에 동학교인 1만여 명 모였다고 보고하다
	호남의 영광 등지에서 1백여 명 보은 장내리에 도착하다
3.28	고종 윤음을 내리다
4.1	어윤중 고종 윤음 동학교단에 알리다. 3일 이내 해산할 것을 통첩하다
4.2	청주영장 관군을 이끌고 보은에 도착하다
	동학교단 해산을 결정하다. 교인들 오후 3시부터 해산을 시작하다
	이날 밤 최시형, 서병학 등 장내리를 빠져나가다
4.3	동학교인들 모두 해산하고 돌아가다
	어윤중 보은을 떠나 금구로 향하다
4.5	어윤중 진산에서 보은으로 가는 금구 동학교인들을 만나 해산시키다
4.6	금구에 모인 동학교인들 해산하다
4.10	조정에서 서병학, 김봉집(전봉준), 서장옥을 잡아들이도록 명하다

이로써 보은과 금구에 모였던 동학교인들은 정부의 압력으로 비록 해산을 하였지만 이듬해 1894년 동학농민혁명에 적극적으로 참여함으로써 자신들의 목적을 실현하고자 하였다.

4. 보은 · 금구집회와 동학농민혁명

앞서 보은집회와 금구집회에 대하여 살펴보았다. 그동안 보은집회와 금구집회를 이듬해 전개되는 동학농민혁명과 밀접한 관계가 있는 것으로 파악하였다. 신용하는 "보은집회는 이듬해 1894년 갑오농민전쟁의 바로 전주곡에 해당하는 것"이라고 평가한 바 있다.[60) 이러한 평가의 핵심은 보은·금구집회의 성격이 무엇이며, 또 주도세력이 누구였는가 하는 점이다. 나아가 이를 해명하는 것이 보은·금구집회와 동학농민혁명의 관계성 즉, 보은·금구집회에서 동학농민혁명으로 전환되었음을 보다 분명하게 밝힐 수 있을 것으로 본다.

그렇다면 먼저 보은·금구집회의 성격을 살펴보자. 보은·금구집회의 시작은 교조신원운동의 연장선이었다. 때문에 동학교단에서 교인들을 동원하기 위해 우선 교조의 신원을 강조하였다. 이와 더불어 그동안 동학을 탄압하였던 지방 관리 즉, 탐관오리의 척결을 주장하였다. 이는 보은집회를 모의하는 단계에서도 분명하게 밝혔다. 또한 교인을 동원하는 1차 통유문에도 잘 드러나고 있다. 그리고 또 하나 대외적으로는 그동안 교조신원을 주장하였지만 크게 호응을 받지 못하자 '척왜양'을 전면에 내세웠다. 이는 보은관아에 내건 통문에서 잘 보여주고 있다. 뿐만 아니라 내부적으로도 2차 통유문을 통해 교조신원뿐만 아니라 '척왜양'이 보은집회의 목적임을 밝히고 있다. 이후 보은집회가 전개되는 과정에서 동학교단은 대내적인 교조신원보다는 대외적인 척왜양을 보다 적극적으로 강조하였다. 이는 척왜양이라는 대외적인 슬로건을 통해 목적을 달성함으로써 동학 공인이라는 목표를 이루고자 하였던 것이다.

그러나 중요한 것은 동학교단 지도부가 전면에 내세웠던 척왜양이 일반교인들에게도 일반화되었다는 점이다. 그동안 동학교단이 주도하였던 공주, 삼례, 광화문 복합상소의 신원운동에서는 교조신원을 전면에 내세웠다. 이는 당시까지만 해도 척왜양보다는 교조신원이 교인들을 동원하는데 수월하였기 때문이었다. 그렇다고 척왜양에 대한 인식이 전혀 없었

---

60) 신용하, 『동학과 갑오농민전쟁연구』, 일조각, 1993, 51쪽.

던 것은 아니었다.[61] 다만 척왜양에 대한 인식은 아직 현실적으로 와 닿지 않았다. 그렇기 때문에 보은집회 이전에는 척왜양보다는 '교조신원'이 일반교인들에게는 무엇보다도 급선무였다고 할 수 있다.

그런데 광화문 복합상소 이후 척왜양을 보다 현실적인 과제로 인식하였다. 그렇다고 척왜양이 교단 내부적으로만 해결해야 할 과제는 아니었다. 이에 따라 동학교단은 척왜양을 대외적으로 해결할 수밖에 없었다. 또한 척왜양은 동학교단만으로 해결할 수 있는 과제도 아니었다. 때문에 동학교단은 척왜양을 전면적으로 내세우면서 국왕뿐만 아니라 충의의 선비와 관료도 함께 협력해줄 것을 요청하였다.[62] 또한 동학교인들이 모여든 3월 22일 '동학인방문'에도 척왜양의 기치를 밝혔으며, 3월 26일 어윤중과 대면에서도 "척왜양은 위국가효충"이라고 하여 척왜양의 기치를 내세웠다. 또한 금구집회도 "도주 최시형의 분부에 따라 척왜양을 하게 된 것"이라 하였는데, 금구집회 역시 척왜양을 전면에 내세우고 있었다. 이로 볼 때 보은집회와 금구집회는 척왜양이 핵심이라 할 수 있다.

이와 같은 보은·금구집회의 척왜양은 1894년 1월 10일 고부기포에서 비롯된 동학농민혁명에서도 그대로 드러나고 있다. 특히 고부기포를 전개하는 과정에서 보여주는 「격문」과 「사발통문」에도 척왜양을 내세웠으며, 이후 무장포고문을 제외한 대부분의 격문에서 척왜양을 주장하였다. 이로 볼 때 보은집회의 척왜양은 동학농민혁명의 슬로건으로 그대로 이어졌다고 할 수 있다. 이와 더불어 보은집회에서 척왜양보다는 잘 드러

---

61) 척왜양에 대한 인식은 공주교조신원운동 당시 이미 보여주고 있다.
   "방금 서양 오랑캐의 학이 우리나라에 들어와 뒤섞였으며, 왜놈 우두머리의 독수가 방자하게 외진에서 다시 국법을 어겨가며 험상하고 요란스러움을 임금의 수레바퀴 밑에서 일어나고 있다. 우리들은 이를 절치부심하고 있다."
62) 이러한 내용은 보은 삼문 밖에 붙인 방문에 잘 나타나고 있다.
   "죽기로 서약하고 왜양을 쓸어버리고 나라에 보답하는 의리를 다하고자 하오니 바라건대 각하도 뜻을 같이하여 협력해서 충의의 선비와 관료들을 추려 모아 나라를 바로잡기를 바란다."

나지는 않지만 탐관오리 척결을 여전히 제기하였다. 이 점 역시 동학농민혁명의 슬로건으로 내세우고 있다는 점에서 보은집회는 동학농민혁명으로 이어지는 전단계적 의미를 지닌다고 할 수 있다.

다음으로 보은·금구집회의 주도세력에 대하여 살펴보자. 사실 이에 대해서는 그동안 연구가 적지 않았는데, 대부분이 사회변혁을 주도하는 세력이 동학에 들어왔으며, 특히 금구집회를 주도하였고 나아가 이들이 중심이 되어 동학농민혁명을 주도하였다고 밝힌 바 있다.[63]

관의 탐문에 의하면 보은집회의 주도인물은 다음과 같다.

> (가) 우두머리 최시영(최시형)이고, 다음 순위의 지도자는 서병학 이국빈 손병희 손사문(손천민) 강가 신가이며, 경기도 강원도 충청도 경상도의 접장은 황하일 서일해(서장옥)이며, 전라도 접장과 운량도감은 이름을 알 수 없는 전도사이다.[64]

> (나) 그 우두머리는 문경의 이름을 모르는 최반, 그 다음은 충주 서병학, 청주 손병희, 충주 이국빈, 운량도감 이름을 모르는 충주 전도사라고 한다.[65]

> (다) 괴수 최시형은 나이가 60 남짓으로 상주에 살고, 서병학은 청안에 살며 (중략) 청주에 사는 이국빈은 장군의 지략이 있는데[66]

> (라) 전라도는 모두 금구 원평에 모였으며, 괴수는 보은에 사는 황하일, 무장접주 손해중(손화중)으로[67]

---

63) 이와 같은 연구는 정창렬과 배항섭이 대표적이라 할 수 있다.
64) 「취어」, 22~23쪽.
65) 「면양행견일기」, 22쪽.
66) 「면양행견일기」, 25쪽.
67) 「면양행견일기」, 26쪽.

(마) 호서의 서병학과 호남의 김봉집과 서장옥은 모두 각각 해도 (該道)의 도신으로 하여금 잡아다가 영옥(營獄)에 가두고 엄하게 조사하여 등문(登聞)하게 하며[68]

위의 내용은 어윤중의 「취어」와 「면양행견일기」, 그리고 『고종실록』에 실려 있다. (가), (나), (다)는 보은집회이고, (라)는 금구집회, 그리고 (마)[69]는 좀 애매하지만 보은집회로 이해할 수 있다. 왜냐하면 (가)에서 서병학과 서장옥을 이미 보은집회의 핵심인물로 파악하였다는 점에서, 이 보고 내용인 보은집회와 관련이 있다는 점에서 금구집회보다는 보은집회였다고 보여진다.

이를 종합해볼 때 보은집회의 최고 책임자는 최시형임에는 틀림이 없다. 그리고 금구집회에 모인 교인들도 '도주 최시형의 분부'에 따라 모였다고 한 바 있다. 이로 볼 때 보은·금구집회는 최시형이 주도하였다고 할 수 있다. 이밖에 보은·금구집회의 주도 인물은 서병학, 이국빈, 손병희, 손사문(손천민), 황하일, 서일해(서장옥), 손해중(손화중), 김봉집(전봉준),[70] 그리고 이름을 알 수 없는 운량도감 전도사[71] 등을 들 수 있다.

---

68) 『고종실록』, 고종 30년 4월 10일.

69) 의정부(議政府)에서 아뢰기를, "지금 양호 선무사(兩湖宣撫使) 어윤중(魚允中)의 장계를 보니, '윤음(綸音)을 선포한 후에 보은(報恩)에 모였던 비적(匪賊)들은 이미 다 귀순하거나 해산하였으며 무리를 모은 연유는 이미 서병학(徐丙鶴)의 입에서 드러났습니다. 발표한 통문(通文)과 게시한 방문(榜文)에는 원래 이름이 있지만 정상을 헤아릴 수 없으니 사핵(查覈)해야 할 것입니다.'라고 하였습니다.
호서(湖西)의 서병학과 호남(湖南)의 김봉집(金鳳集)과 서장옥(徐長玉)은 모두 각각 해도(該道)의 도신으로 하여금 잡아다가 영옥(營獄)에 가두고 엄하게 조사하여 등문(登聞)하게 하며, 호서 전 도신 조병식(趙秉式)은 높은 품계의 관리로서 감사(監司)의 직책을 맡은 만큼 그 맡은 책임이 더욱 각별한데 무리를 모은 연유에 대한 보고를 지체한 잘못이 이미 어사(御史)의 규탄에 올랐으므로 그대로 둘 수 없으니 우선 간삭(刊削)의 형전(刑典)을 시행하소서."

70) 김봉집이 전봉준으로 확인할 수 있는 것은 오지영의 『동학사』로 본다. 이는 『승정원일기』 고종 4월 10일자의 '김봉집'을 『동학사』에서 그대로 옮겨 실으면서 '김봉집'을 '전봉준'으로 기록하였다.

그리고 앞서 언급하였던 보은집회에서 임명된 대접주도 여기에 해당한다고 할 수 있다.

그런데 약간의 논란이 되는 것은 (라)에서 금구집회를 주도하였다는 황하일과 손화중은 보은집회에 참여하였다. 즉 (가)에서는 황하일이 접장으로, 오지영의 『동학사』에는 손화중은 정읍대접주로 임명되었다. 그런데 황하일과 손화중이 금구집회를 주도하였다는 것은 재론할 필요가 있다고 본다.

보은·금구집회를 주도한 인물들은 대부분 동학농민혁명에서 대접주 또는 접주로 참여하였을 뿐만 아니라 주도적인 역할을 담당하였다. 고부기포를 주도한 전봉준 역시 교조신원운동과 보은·금구집회에 참여하였으며, 동학농민혁명을 주도한 김개남과 손화중 역시 보은집회에서 대접주로 임명을 받은 바 있다. 뿐만 아니라 보은집회에서 대접주로 임명받는 이들은 각지에서 기포하여 동학농민혁명에 적극적으로 참여하였다. 이중 청풍대접주 성두한은 전봉준, 손화중과 함께 교형을 당하였다.

이상에서 살펴본 바와 같이 보은·금구집회는 성격이나 인적 조직에서 동학농민혁명에 직접적인 영향을 주었으며, 전 단계로써 중요한 매개고리라 할 수 있다.

5. 맺음말

이상으로 보은·금구집회의 배경과 전개과정, 그리고 동학농민혁명과의 관계성에 대하여 살펴보았다. 이를 정리하면서 맺음말을 대신하고자 한다.

---

71) 전도사에 대한 해석도 다양한데, 일설에는 전봉준이라고 한다.

먼저 보은·금구집회의 배경은 네 가지 정도로 요약할 수 있다. 첫째는 공주, 삼례 그리고 광화문 복합상소로 이어지는 과정에서 동학교단의 역량이 강화되었다는 점이다. 이는 나아가 연대의식으로 발전하였으며, 보은집회에서도 연대의식을 잘 보여주고 있다. 둘째는 척왜양이다. 교조신원운동 초기에도 척왜양의 인식을 가지고 있었지만 광화문 복합상소를 통해 이를 현실적 과제로 새롭게 인식하였다. 때문에 보은집회를 소집하는 초기에는 교조신원과 탐관오리의 척결을 내세웠지만 점차 척왜양을 전면에 내세웠다. 셋째는 동학에 대한 탄압이 지속되었다는 점이다. 공주, 삼례, 광화문 복합상소를 거치면서 관찰사나 국왕으로부터 안업에 힘쓸 수 있도록 탐관오리의 척결을 약속받았지만 전혀 이루어지지 않았다. 오히려 동학의 탄압은 강화되었다. 넷째는 교인의 신앙심을 제고하기 위한 방안이었다. 교조신원운동에 적극 참여하는 것이 무엇보다도 중요하였으며, 중도에 포기하지 않고 함께 할 필요가 있었다. 이처럼 조직의 역량강화, 척왜양, 동학의 탄압, 신앙심 제고 등 복합적인 요인에 의해 보은과 금구에서 대규모의 집회가 가능하였다.

다음으로 보은·금구집회의 전개는 3월 10일부터 4월 초순까지 약 한 달간 이어졌다. 동학교인은 두 차례의 통유문을 통해 교인들을 동원하였고, 이에 3월 중순 3만여 명이 보은 장내리로 집결하였다. 동학교단은 이를 통해 대접주를 임명함으로써 조직력을 강화하였다. 이에 조정은 어윤중을 양호도어사로 임명하여 보은집회를 해산시키고자 하였다. 동학교단은 이를 거부하였으나 고종의 윤음을 받고 해산하였다. 이러한 보은집회가 전개되는 동안 전라도 금구에서도 동학교인들이 모여 집회를 개최하였다. 금구집회 역시 최시형의 지시에 따라 전개되었고, 보은집회가 해산됨에 따라 금구집회도 해산하였다. 이로 볼 때 보은집회나 금구집회는 동학교단을 중심으로 진행되었다고 할 수 있다.

끝으로 보은·금구집회는 성격과 인적 조직에서 동학농민혁명에 직접적인 영향을 주었다. 보은·금구집회에서 전면으로 내세웠던 척왜양은 동학농민혁명의 이념으로 계승되었다. 이러한 척왜양은 고부기포와 백산대회에서도 그대로 보여주고 있다. 이후 동학농민혁명 동안 각종 격문에서도 이를 잘 보여주고 있다. 또한 인적 조직에서도 보은집회와 금구집회에 참여하였던 주요인물들이 동학농민혁명에서도 주도세력으로써 활동을 하고 있다. 특히 동학농민혁명을 여는 고부기포의 주도인물인 전봉준을 비롯하여 김개남, 손화중, 그리고 손병희 등은 보은집회에서 대접주로 임명되거나 접장 등으로 참가하였다. 그리고 마지막 순간까지 그 역할을 다하였다. 이러한 점에서 볼 때 보은·금구집회는 동학교단에 의해 주도되었으며 동학농민혁명으로 이어지는 결정적인 역할을 하였다고 할 수 있다.

6장 사발통문의 재검토와 '고부기포'

1. 머리말

최근 정보산업이 발전하면서 대부분의 정보는 인터넷으로 얻고 있다. 이처럼 인터넷은 정보의 보고하고 할 수 있다. 우리나라에서 가장 많은 회원을 가지고 있는 '네이버(naver)'와 다음(daum)'에서 오늘 발표하는 주제인 '고부기포'를 입력하고 검색하면 사전적 의미가 전혀 검색이 되지 않는다. 뿐만 아니라 '고부봉기' 역시 네이버와 다음 포털 사이트에서 전혀 검색이 되지 않는다. 그럼 '고부기포'나 '고부봉기'를 대신하고 있는 용어는 바로 '고부민란'이다. 각각의 포털 사이트를 통해 '고부민란'이라는 검색어를 입력하면 그 결과는 다음과 같다.

(가) 동학농민운동의 시발점이 된 농민봉기[1]
(나) 1894년(고종 31) 1월 고부 군수 조병갑(趙秉甲)의 탐학에 격분한 고부의 동학접주 전봉준(全琫準)이 농민들을 규합하여 일으킨 농

---

[1] 두산백과사전(http://terms.naver.com/entry.nhn?cid=200000000&docId=1061773&mobile&categoryId=200000329

민 봉기[2]

    (다) 1894년(고종 31) 1월에 전봉준이 주도하여 일으킨 농민봉기로,
        이후 동학농민운동의 발단이 됨[3]

    (라) 1894년 2월 전봉준이 이끄는 1,000여 명의 고부 농민들이 일으킨
        농민항쟁[4]

    그런데 검색된 이들 '고부민란'의 정의는 '봉기' 또는 '항쟁'이라는 것이다. 그럼에도 불구하고 '민란'이라는 부정적인 의미를 표제어로 사용하고 있다. 국어사전에 의하면 '봉기'는 '벌 떼처럼 떼 지어 세차게 일어남', '민란'은 '포악한 정치 따위에 반대하여 백성들이 일으킨 폭동이나 소요'으로 각각 설명하고 있다.[5] 이로 볼 때 '민란'은 폭동이나 소요로 설명하고 있는 것처럼 부정적인 요소가 적지 않게 드러나고 있음을 알 수 있다.

    '1894년 1월 10일 고부에서 전개된 사건'에 대해 인터넷 사전에서는 '고부민란'으로 보편화되었을 알 수 있다. 그런데 문제는 '고부민란'이라는 용어는 동학농민혁명에서 고부기포[6]를 단절시키거나 전단계로 인식케 하여 동학농민혁명을 자연스럽게 이해하는데 방해한다는 점이다.[7]

---

2) 한국민족문화대백과사전(http://terms.naver.com/entry.nhn?cid=1593&docId=522957 &mobile&categoryId=1593)

3) 시사상식사전 (http://terms.naver.com/entry.nhn?cid=829&docId=933929&mobile& categoryId=829)

4) 브리태니커사전(http://100.daum.net/encyclopedia/view.do?docid=b01g3922a)

5) 네이버 어학사전.

6) '1894년 1월 10일 고부에서 전개되었던 역사적 사건'에 대해 다양한 용어를 사용하고 있다. 앞서 살펴보았던 '고부봉기', '고부민란' 외에도 '고부기포'라는 용어도 있다. 필자는 전봉준이 공초에서 '기포'라는 용어를 사용하였기 때문에 '고부기포'라 하고자 한다.

7) 이와 관련하여 대표적인 연구성과는 정창렬, 「갑오농민전쟁연구 - 전봉준의 사상과 행동을 중심으로 -」, 연세대학교 박사학위논문, 1991; 신용하, 『동학과 갑오농민전쟁연구』, 일조각, 1993; 배항섭, 「동학농민전쟁 연구」, 고려대학교 박사학위논문, 1996 등이 있다. 특히 배항섭은 무장기포를 제1차 동학농민혁명으로 설정하기 위해 '백산기포' 자체를 실체가 없다고 부정하였다.

즉 고부봉기와 무장기포를 연결선상에서 보는 것이 아니라 단절된 것으로 보고, 그 결과 무장기포를 동학농민혁명의 기점으로 판단하고 있다. 이러한 분위기는 동학농민혁명 이후 두드러지게 나타났으며, 고등학교『한국사』교과서에도 그대로 반영되었다.[8] 이에 본고에서는 사발통문을 재검토한 후 고부기포의 성격에 대하여 살펴보고자 한다.

2. '사발통문'의 재검토

동학농민혁명에서 무엇보다도 중요한 것은 '사발통문'이다. 사발통문이 처음으로 발견된 것은 1968년 12월 4일이었다. 이어 1970년 1월 7일『동아일보』에 공개된 바 있다. 당시 김상기 박사는 "격문 속에 있는 '全州營을 陷落하고 京師로 直向할 事'라는 대목은 동학군이 당초부터 진격할 계획이 있었다는 것을 시사해주는 것으로 새로운 연구 자료가 될 것 같다"라고 하였다.[9]

이후 사발통문에 대한 사료적 비판과 해석으로 연구자의 입장에서 다양하게 분석하였고, 동학농민혁명의 흐름에도 적지 않게 영향을 미쳤다. 사발통문에 대한 진위에 대해 적극적인 해석은 김광래와[10] 김의환[11] 등이 있으며, 그렇지 않은 경우는 김용덕과[12] 신용하[13] 등이 있다. 또한

---

8) 고등학교『한국사』, 『근현대사』의 교과서는 대부분이 동학농민혁명을 크게 3월 봉기(1차), '집강소기', '9월 봉기(2차)' 3단계로 구분하고 있다. 1894년 1월 고부봉기를 1단계로 설정하여 4단계로 구분하고 있지만, 최근 연구동향은 고부봉기와 동학농민혁명을 분리시키는 것이 일반적인 경향이다.

9)『동아일보』1970년 1월 7일자.

10) 김광래, 「전봉준의 구부 백산 기병」, 『나라사랑』 15, 외솔회, 1974.

11) 김의환, 『전봉준실기』, 정음사, 1974.

12) 김용덕, 「격문을 통해 본 전봉준의 혁명사상」, 『나라사랑』 15, 외솔회, 1974.

13) 신용하, 「고부민란의 사발통문」, 『동학과 갑오농민전쟁연구』, 일조각, 1993.

사발통문의 내용의 분석에 대해서도 고부기포를 본격적인 동학농민혁명의 시작으로 볼 것인가에 대해서도 긍정적인 측면이 있는가[14] 하면, 부정적인 측면도 여전히 존재하고 있다.[15] 본절에서는 기존의 공개된 사발통문과 이를 보완할 '제2의 사발통문', 그리고『동학추고』등을 통해 사발통문을 재검토해보고자 한다.

먼저 기존의 사발통문은 앞서 언급한 대로 1968년 12월 4일에 첫 공개가 되었다. 이 사발통문이 발견되기까지의 과정은 다음과 같다.

〈사발통문〉은 1968년 12월 4일에 발견되었다. 필자는 갑오동학농민전쟁 연구의 중요한 자료가 되는 〈사발통문〉을 조사하기 위해 1972년 8월 23일 고부면 신중리(新中里) 대뫼(竹山 - 오늘날 舟山部落) 마을을 찾았다. 이곳에는 〈사발통문〉을 보관해온 송후섭(宋後燮, 63시 사발통문 20명의 동지 중 한 사람인 故 송대화의 아들) 옹이 살고 있었기 때문이었다. 〈사발통문〉 원문의 내력을 묻자 그는 그 내력을 이렇게 말해 주었다.

「내가 9세 되는 해 아버지(宋大和)가 세상을 떠났는데[16], 그때 아버지로부터 물려받은 서류궤짝이 있었다. 그 궤짝을 그냥 보관해오다가 17년 후 내가 26세 때 그 궤짝을 정리하다가 보니 도장이 찍혀 있는 봉투 두 개(하나는 송대화에 대한 접주 임명장)가 나왔다. 중요한 문서라고 생각되어서 그것을 내가 보관해오던『여산송씨가보(礪山宋氏家譜』-1935년 8얼 15일 편집 겸 발행 宋柱文)』뒷표지 속에 넣어서 간직해 왔다. 그것을 1968년 12월 4일 송기태(宋基泰 - 송후섭의 일족)가 가보(家譜)를 보다가 끄집어내어 보고 세상에 발표한 것이다.[17]

---

14) 조광환,『발로 찾아 쓴 동학농민혁명 - 소통하는 우리 역사』, 살림터, 2008.

15) 각주 7) 참조.

16) 송대화는 동학농민혁명 이후 1904년 동학교단의 갑진개화운동, 1906년 천도교 고부교구 설립한 이후 강도원, 교구장 등으로 활동한 후 1919년 4월 환원하였다.(성주현,『동학과 동학혁명의 재인식』, 국학자료원, 2010, 183~186쪽)

한편 1970년 1월 7일 『동아일보』에 공개된 사발통문의 발견 경위는 이와 조금 다르다. 즉 "6일 정읍군 신태인읍 태화동 산 8 송기태 옹(宋基泰, 63) 자택에서 발견되었는데 (중략) 이 동학혁명의 사발통문은 송 옹의 증조부이며 혈맹 동지 중 한 사람이었던 宋斗浩 씨가 비장해온 것을 증손 되는 송 옹이 물려받아 가보로 간직해 오던 것이라 한다"[18]라고 하였다.

앞의 기록에 의하면 송대화의 후손 송후섭이 보관해오던 것을 송두호의 후손 송기태가 공개한 것이고, 뒤의 기록은 송두호의 후손 송기태가 비장해오던 가보였다. 사발통문이 발견되는 과정에서 볼 때 송후섭과 송기태가 관련이 있다는 점이다.

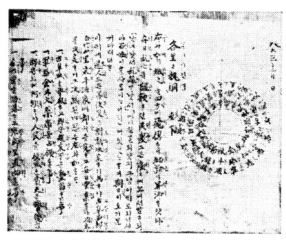

〈사진 7〉 『동아일보』 1월 7일자에 공개된 사발통문
이 사발통문은 송두호의 후손 송기태가 보관해오다가 공개한 것이다.

이와 관련하여 송기태의 아들 송종수는 송후섭의 집 마루 밑 땅속에서 『여산송씨가보』가 나왔는데 그 가운데 사발통문이 들어 있다고 하였

---

17) 김의환, 『전봉준실기』, 정음사, 1983, 53~54쪽.
18) 『동아일보』 1970년 1월 7일자.

다. 또 그는 1968년 정읍 고부 강교리 종암마을 송씨 선산에서 시제를 지내고 주산마을 송후섭 집에 모여서 문중이야기를 하던 중 보첩에서 발견되었다고 증언[19]한 바 있다. 이로 볼 때 사발통문은 송대화의 후손 송후섭이 보관해온 것을 송기태가 공개한 것으로 이해할 수 있다.[20]

이에 비해 '제2의 사발통문'(이하 '송재섭 사발통문'이라고 함)은 송재섭이 쓴 「갑오동학혁명난과 전봉준장군실기」에 들어 있는데, 2000년 김용섭의 『한국근대농업사연구[III]』에서 처음으로 알려졌다. 이 책에 의하면 '제2의 사발통문'이 발견된 경위는 다음과 같다.

> 이 册子는 進菴 宋在燮(1889~1955) 씨가 檀紀 4287년(1954)에 펜으로 쓴 筆寫本인데, 册의 마지막 부분에 著述年紀가 씌어져 있다. 필자는 이를 朴英宰 교수를 통해 朴明道 선생(父 朴來源, 祖父 朴寅浩) 댁에 소장되어 있는 原稿本의 복사본을 기증받아 보고 있다.[21]

「갑오동학혁명난과 전봉준장군실기」을 쓴 송재섭은 사발통문에 서명한 송주성의 아들로 천도교 고부교구에서 금융원[22], 공선원[23], 교구장[24], 종무사[25] 등으로 활동하였다. 송재섭의 아버지 송주성도 고부교구 교구장으로 활동한 바 있다.[26] 즉 송재섭은 아버지와 함께 고부교구에서 활동하였다.

---

19) 김은정·문경민·김원용, 『동학농민혁명100년』, 나남출판, 1995, 107쪽.
20) 그렇다고 송기태가 사발통문을 최초로 발견한 것은 아니다. 송후섭이 사발통문을 먼저 발견하였지만 국한문을 잘 모르기 때문에 그냥 보관해 왔던 것이다.
21) 김용섭, 『한국근대농업사연구[III]』, 지식산업사, 2000, 194쪽 각주 107).
22) 『천도교회월보』 9, 54쪽.
23) 『천도교회월보』 32, 41쪽.
24) 『천도교회월보』 101, 53쪽.
25) 『천도교회월보』 139, 111쪽.
26) 『천도교회월보』 30호, 45쪽.

뿐만 아니라 송재섭은 「고부교구실기」를 써 동학농민혁명 당시의 상황과 고부교구 설립 이후 사발통문을 적성하였던 송두호의 집을 고부교구 교당으로 매득할 때까지의 기록을 남긴 바 있다.[27] 이로 볼 때 송재섭은 천도교 고부교구에서 활동하면서 사발통문의 작성과정과 이후 동학농민혁명의 상황을 아버지와 서명자로 참여하였던 송국섭, 이성하, 임노홍, 송대화, 최흥렬 등으로부터 적지 않게 들었을 것으로 추

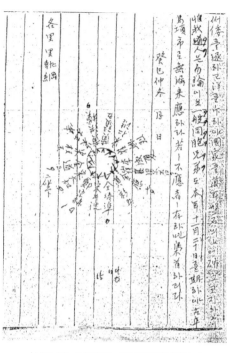

〈사진 8〉 송재섭의 「갑오동학혁명난과 전종준장군실기」에 나오는 사발통문

정된다. 그리고 이를 기록으로 남긴 것이 「갑오동학혁명난과 전봉준장군실기」라 할 수 있다. 이로 볼 때 송재섭의 「갑오동학혁명란과 전봉준장군실기」은 기존의 사발통문을 보완하는 데 적지 않은 도움이 될 것으로 판단된다.

그리고 기존 사발통문을 보완할 수 있는 또 하나의 자료는 「동학추고」이다. 이 「동학추고」는 동학농민혁명 당시 고부에 살았던 유생 柳暘川이 남긴 기록으로 고부기포를 살펴보는데 매우 중요한 자료이다.[28]

---

27) 송재섭, 「고부교구실기」, 『천도교회월보』 83, 언문부 17~18쪽.
28) 박맹수, 「「동학추고」 해제」, 『사료로 보는 동학과 동학농민혁명』, 모시는 사람들, 2012, 237~243쪽. "동학추고"는 『일성록』 1894년 4월 24일조에 실린 고부 안핵사 「이용태계본」의 내용과 유사한 점으로 보아 「이용태계본」 초본의 내용 일부를 고부

3. 사발통문의 내용 분석

이번에는 기존 사발통문을 살펴보면서, 사발통문에서 누락되었거나 보완할 것을 통해 사발통문을 재검토해보고자 한다.[29]

(가) 癸巳 11月 日

(나) 전봉준 송두호 정종혁 송대화 김도삼 송주옥 송주성 황홍오 최흥열 이봉근 황찬오 김응칠 황채오 이문형 송국섭 이성하 손여옥 최경선 임노홍 송인호

(다) 各里 異執綱 座下

(라) 右와 如이 檄文을 四方에 飛傳하니 物論이 昇沸하였다. 每日 亂亡을 謳歌하던 民衆들은 處處에 모여서 말하되 "났네. 났어. 亂離가 났어." "에이 참 잘 되었지. 그냥 이대로 지내서야 百姓이 한 사람이 남아 있겠나." 하며 期日이 오기만 기다리더라.

(마) 이때에 道人들은 先後策을 討議 決定하기 爲하여 古阜 西部面 宋斗浩家에 都所를 定하고 每日 雲集하여 次序를 決定하니 그 決議된 內容은 左와 如하다.

(바) 一. 古阜城을 擊破하고 郡守 趙秉甲을 梟首할 事

一. 軍器倉과 火藥庫를 占領할 事

一. 郡守에게 阿諛하여 人民을 侵魚한 貪吏를 擊懲할 事

一. 全州營을 陷落하고 京師로 直向할 事

현지의 유생들이 필사한 기록으로 추정된다. 그러나 「이용내계본」의 내용과 약간 차이가 있다. 고부농민봉기에 관한 전후사정을 조사하여 보고한 보고서를 이용하여 의정부에 올린 「이용태계본」에 나오는 관련자들의 이름과 신분명이 「동학추고」에 나오는 관련자들의 그것과 차이가 있는 것이 그 예이다. 따라서 「동학추고」는 「이용태계본」을 보완할 수 있는 고부농민봉기의 관련 1차 자료로서 사료가치가 충분하다 할 것이다."

29) 사발통문의 분석은 완전한 사료가 아니기 때문에 기본적으로 주관적일 수밖에 없다. 필자도 기존의 연구 성과를 참고하여 분석하였지만 주관적인 해석과 판단에 의존할 수밖에 없다.

(사) 右와 如히 決議가 되고 따라서 軍略에 能하고 庶事에 敏活한 領導者될 將(이하 내용 없음)

전체적으로 사발통문의 내용은 단순히 고부기포를 준비하는 과정에서 결의된 것으로 보지 않고 고부기포의 전개로 이어지는 일련의 과정으로 보기도 한다. 나아가 고부기포뿐만 아니라 무장기포로 연결시켜 해석하기도 한다.[30]

(가)는 사발통문을 작성한 시기이다. 사발통문이 작성된 시기는 계사년 11월 즉 1893년 11월이다. 이에 비해 제2의 사발통문에는 '癸巳 仲冬月 日'으로 되었다.[31] 仲冬은 한 겨울의 추울 때를 이르는 말로 '음력 11월'을 뜻한다. 이로 볼 때 고부기포는 1894년 1월 10일 전개된 것이 아니라 이미 1893년 겨울부터 준비되었다고 할 수 있다.

그런데 사발통문이라면 통문이 존재해야 하는데, 기존의 사발통문에는 중요한 통문이 없다는 점이다. 이에 비해 송재섭의 사발통문에는 통문이 존재한다. 그 내용은 다음과 같다.

右文爲通諭事는 無他라. 大廈將傾에 此將奈何오. 坐而待之可乎아. 扶而求之可乎아. 奈若何오. 當此時期하야 海內同胞의 總力으로 以하야 撑而擊之코저하와 血淚를 灑하며 滿天下 同胞에게 衷心으로서 訴하노라.
吾儕飮恨忍痛이 已爲歲積에 悲塞哽咽함은 必無贅論이어니와 今不可忍일새. 玆敢烽火를 擧하야 其衷痛切迫之情를 天下에 大告하는 同時에 義旗를 揮하야 蒼生을 濁浪之中에서 救濟하고 鼓를 鳴하야써 滿

---

30) 이에 대해서는 신용하, 「고부민란의 사발통문」, 『동학과 갑오농민혁명연구』를 참조할 것.
31) 송재섭, 「갑오동학혁명난과 전봉준장군실기」. 이하 특별한 경우가 아니면 송재섭의 「갑오동학혁명난과 전봉준장군실기」에서 인용하였음을 밝혀둔다.

朝의 奸臣賊子를 驅除하며 貪官汚吏를 擊懲하고 進하야써 倭를 逐하고 洋을 斥하야 國家를 萬年盤石의 上에 確立코자 하오니 惟我道人은 勿論이요 一般同胞兄弟도 本年 11月 20日를 期하야 古阜 馬項市로 無漏內應하라. 若-不應者-有하면 梟首하리라.

이 통문은 기존의 사발통문의 (가) 부분 앞에 해당하는 것으로 보인다. 통문의 내용을 살펴보면, 첫째는 봉화를 들어 그동안 애통하고 절박한 사정을 천하에 알리고, 둘째는 의로운 깃발을 들어 창생을 구하고, 셋째는 북을 울려 조정의 간신과 탐관오리들을 물리치고, 넷째는 척왜척양으로 국가를 튼튼히 하고, 다섯째는 동학교인뿐만 아니라 일반 민중의 참여를 촉구하였다. 또한 1893년 11월 20일까지 마항시 즉 말목장터에서 기포할 것을 포고하였다. 이 통문에는 그동안 동학교단에서 1893년부터 전개하였던 교조신원운동과 척왜양창의운동에서 주장하였던 것이 집약되었다. 뿐만 아니라 격문과 통문의 내용은 이후 전개되는 무장포고문, 백산 창의문에 그대로 반영되었다. 이는 무장기포와 백산대회가 고부기포의 연장선상에 있다는 것을 밝혀주고 있다.

이처럼 전봉준은 격문과 통문을 돌려 고부기포의 당위성을 밝히자 곳곳에서 민중들이 모여 "낫네 낫서 난리가 낫서. 참말 잘되었지 그냥 이대로 지내서야 백성이 한 사람이나 남아나겟나"하면서 여론도 기포에 대한 호의적이었다. 이 통문의 성격은 반봉건 반외세를 그대로 보여주고 있다.[32]

(나)는 사발통문에 서명자이다. 기존의 사발통문의 서명자는 전봉준을 비롯하여 20명이다. 이에 비해 송재섭의 사발통문은 15명이다. 기존 사발통문의 서명자 중 이봉근, 이문형, 송국섭, 손여옥, 임노홍 등 5명이 누

---

32) 성주현, 「동학농민혁명의 격문 분석」, 『동학농민혁명의 기억과 역사적 의의』, 전북사학회 · 정읍시, 2011, 107~108쪽.

락되었다.[33] 여기서는 사발통문 서명자가 과연 '동학교인이었느냐'하는 점이다. 왜냐하면 전봉준은 공초에서 고부기포 당시 동학교인보다 '怨民'이 더 많았다[34]고 하여, 고부기포는 동학 조직과는 관련이 없는 것으로 해석하였기 때문이다.[35]

사발통문 서명자 20명 중 동학농민혁명 과정에서 희생된 분은 10명이다. 전봉준을 비롯하여 송두호, 김도삼, 송주옥 황홍모, 황찬오, 김응칠, 황채오, 손여옥, 최경선 등 10명이 여기에 해당된다. 생존자는 정종혁, 송대화, 송주성, 이봉근, 이문형, 송국섭, 이성하, 임노홍, 최홍열, 송인호 등 10명으로 동학농민혁명 이후 활동을 추적해보면 다음과 같다.

송주성은 송기호와 함께 황해도 송화군으로 귀양을 갔다가 돌아와 1906년 천도교 고부교구를 설립하고 1913년경 고부교구의 책임자인 교구장으로 활동한 바 있다.[36] 송대화는 1904년 동학교단이 근대문명을 수용하는 갑진개화운동을 전개할 때 적극 참여하여 '흑의단발'을 하였으며, 1906년 교구 설립을 주도하는 한편 강도원,[37] 교구장[38]으로 활동하였다. 이성하는 1910년 고부교구 교당을 마련할 때 특성금을 기부하였으며[39] 공선원,[40] 전교사,[41] 교구장대리[42] 및 교구장[43]으로 활동하였다. 송국

33) 이에 대해서는 어떤 이유에서 그러했는지 좀 더 분석해야 할 것으로 본다.

34) 「전봉준 초초문목」, 1895년 2월 9일. 이에 대해서는 전봉준이 동학 조직을 보호하기 위해 동학교인보다 원민이 더 많았다고 진술할 가능성도 배제할 수 없다. 동학의 지도자로서 동학 조직을 보호하려는 것은 당연한 것이다. 이러한 사례는 3·1운동 당시 손병희의 진술에서 확인할 수 있다.

35) 정창렬, 「고부민란의 연구(하)」, 『한국사연구』 49, 1895, 132쪽. 정창렬은 "고부민란은 주체적으로나 객관적으로나 동학과는 전혀 관계없는 농민 반란(農民叛亂)이었다."고 밝혔다.

36) 『천도교회월보』 30, 45쪽.

37) 『천도교회월보』 9, 50쪽.

38) 『천도교회월보』 48, 44쪽.

39) 「원고부교구」, 『천도교회월보』 5, 언문부 22~23쪽.

40) 『천도교회월보』 55, 35쪽.

섭 역시 고부교구 설립 당시 특성금을 기부하였으며 교구장,[44] 전제원,[45] 공선원,[46] 강도원,[47] 종법사[48]등으로 활동하였으며, 임노홍은 고부교구 공선원[49], 최흥열은 전교사,[50] 그리고 이문형은 고부교구 설립 당시 특성금을 기부하는[51] 한편 전교사[52]로 활동하였다. 기존의 사발통문에서 생존자 10명 중 7명이 동학교단과 천도교에서 활동하였음을 알 수 있다. 그리고 송재섭의 사발통문 서명자 중 생존자 5명 중 4명이 동학교단과 천도교에서 활동하였다. 이로 볼 때 사발통문 서명자는 동학교인이었음을 추정해 볼 수 있다.

(다)는 통문을 받은 대상이다. 통문을 받은 대상은 각리의 집강으로 일반적으로 지방 행정단위로 해석을 하고 있다. 그런데 동학 조직에도 '집강'이라는 직책이 있다. 해월 최시형이 익산 사자암에서 독공 수련을 마치고 육임제를 설정하였는데, 이중 집강이 있다.[53] 여기서 집강이 동학의 조직은 아니라 하더라도 행정조직을 맡고 있는 집강이 적어도 동학교인이라고 추정된다. 왜냐하면 앞서 살펴보았듯이 사발통문 서명자가 대부분 동학교인이었듯이, 고부기포에 참가할 인원을 동원할 상황에서 무엇보다도 동학 조직이 필요하였기 때문이다. 이러한 인식은 전주화약

---

41) 『천도교회월보』 78, 41쪽.
42) 『천도교회월보』 116, 141쪽.
43) 『천도교회월보』 126, 109~110쪽.
44) 『천도교회월보』 창간호, 55쪽.
45) 『천도교회월보』 34, 43쪽.
46) 『천도교회월보』 78, 41쪽.
47) 『천도교회월보』 79, 41쪽.
48) 『천도교회월보』 139, 111쪽.
49) 『천도교회월보』 8, 45쪽.
50) 『천도교회월보』 86, 39쪽. 최흥렬 역시 고부교구 설립 당시 특성금을 기부하였다.
51) 「원고부교구」, 『천도교회월보』 5, 언문부 22~23쪽.
52) 『천도교회월보』 94, 58쪽.
53) 오지영, 『동학사』, 62쪽.

이후 전주 감영과 호남 일대에 설치한 '집강소'라는 명칭에서도 잘 드러나고 있다.

(라)는 사발통문의 진위 논쟁에 적지 않은 논란을 제공하는 부분이다. 왜냐하면 기존의 사발통문에는 비전하였다는 '격문'이 없기 때문이다. 이에 비해 송재섭의 사발통문에는 격문이 있는데, 그 내용은 다음과 같다.

> 今之爲臣은 不思報國하고 도적녹위하며 掩蔽聰明하고 가의도容이라. 충간지목을 謂之妖言하고 正直之人을 위之비도하여 내無포圍지재하고 外多확民之官이라.
>
> 人民之心은 日益유變하여 入無학생之業하고 出無保구之策이라. 학政이 日사에 怨聲이 相續이로다.
>
> 自公卿以下로 以至方伯守令에 不念國家之危殆하고 도절비己윤家之計와 전選之門은 視作生화之路요 응試之場은 擧作交역之市라.
>
> 許多화뢰가 不納王庫하고 反充사장이라. 國有累積之債라도 不念國報요 교사음이가 無所위기라. 八路魚肉에 萬民도탄이라.
>
> 民爲國本이니 削則國殘이라. 吾道은 유초야유민이나 食君之土하고 服君之義하며 不可坐視 國家之危亡이라. 以報公 補國安民으로 爲死生之誓라.
>
> 癸巳 仲冬 下旬 罪人 全琫準 書

이 격문은 전봉준이 1893년 11월 하순에 작성한 것으로, 격문이 돌자 "났네 났어. 난리가 났어"라고 하여 일반 민중의 호응이 적지 않았음을 알 수 있다. 이 격문에는 탐관오리 제거를 구체적으로 거론하고 있듯이, '반봉건'의 성격을 잘 보여주고 있다.

(마)는 고부기포에서 동학교인들의 적극적으로 대응하는 상황을 잘 보여주고 있다. 동학교인들은 선후책을 마련하기 위해 송두호의 집에 도소를 설치하는 한편 매일 모여 대응책을 상의하였다. 이와 관련하여 송재

섭이 쓴 「고부교구실기」에는 다음과 같이 밝히고 있다.

이 집터는 본시 송대화씨 집 자리라. 갑오년에 동학대접주의 지목으로 잡아 죽이려고 하는 고로 성명을 변하여 도주하고 그 부친 두호씨와 그 종형 주옥씨는 또한 동학 혐의로 잡혀 전라남도 나주군 옥중에서 참혹한 죽음을 당하였고, 그 아우 주성과 기호씨는 황해도 송화군으로 귀양살이 가고 그 집은 경군이 다 불살라버리고 빈터만 있더니[54]

송대화는 송두호의 아들로 당시 아버지 송두호와 함께 기거하였다. 즉 송대화의 집이 고부기포 당시 도소였을 뿐만 아니라 천도교 고부교구 교당이기도 하였다. 1906년 고부교구가 설립된 송대화 등은 1917년 교당을 마련하였는데, 바로 동학농민혁명 당시 도소 자리에 있던 건물을 구입하여 교당으로 입주하였다.

몇 해 전에 그 동내 어떤 사람이 4, 5칸 집을 화려하게 건축하였는데 가히 공청 집으로 사무도 볼만한지라. 그러나 그 집을 매득할 획책이 없어서 항상 생각하기를 어떻게 하면 다시 그 집에 천도교 궁을기를 높이 달고 원통하던 마음이 상쾌하게 할꼬 하였더니 천사의 감화하심을 힘입어 과연 그 집에 천도교 교구실 문패를 부치고 궁을기를 높이 달아 시일마다 일반교인이 단회하여 시일예식을 거행하니[55]

동학농민혁명 당시 관군에 의해 불타버렸던 도소는 4, 5칸의 화려한 집으로 건립되었던 것이다. 이를 사발통문 서명자였던 송대화, 이성하, 송주성 등이 중심이 되어 재건축된 건물을 사서 교당으로 사용하였다.

---

54) 「고부교구실기」, 17~18쪽.
55) 「고부교구실기」, 18쪽.

사발통문 서명자들이 이처럼 고부교구 교당으로 옛 도소를 활용하였다는 것은 고부기포의 중심인물이 동학교인이었음을 추정해 볼 수 있다.

(바)는 동학교인들이 선후책을 논의한 결과이다. 즉 고부기포 기획 단계의 결의사항이라고 할 수 있다. 그런데 이 결의 사항 역시 많은 논란을 제공하고 있다. 즉 첫 번째 항목과 네 번째 항목이 결과적으로 실행되지 못하였기 때문에 고부기포를 민란의 수준으로 평가절하하고 있다.[56] 이에 대해서는 좀 더 구체적으로 살펴볼 필요가 있지 않을까 한다.

첫 번째 항목인 "고부성을 격파하고 군수 조병갑을 효수할 사"는 고부기포의 전개과정에서 실제적으로 실행되었다고 할 수 있다. 1894년 1월 10일 고부기포 후 전봉준 등 혁명군은 결의사항에 따라 고부성을 점령하였다. 이어 군수 조병갑을 색출하였으나 조병갑은 이미 성외로 도망을 쳐버렸다. 당시 조병갑이 혁명군에게 검거되었다면 분명히 결의사항에 따라 효수되었다고 할 수 있다.[57] 때문에 첫 번째 항목은 고부성을 격파하고 조병갑을 효수하지 못하였다고 해서 실행에 옮겨지지 못했다고 하기에는 한계가 있다고 판단된다. 네 번째 항목인 "전주영을 점령하고 경사로 직향할 사" 역시 실행에 옮겨지지 않았기 때문에 고부기포는 동학농민혁명의 전단계인 민란으로 인식되기도 하였다. 그런 점에서 본다면 동학농민혁명 자체가 '혁명'이 아니라 '민란'으로 전락할 수밖에 없다고

---

56) 고부기포를 민란의 수준으로 평가한 대표적인 연구성과는 정창렬의 「갑오농민전쟁 연구」, 배항섭의 「갑오농민전쟁 연구」, 신용하의 『동학과 갑오동학농민전쟁연구』, 장영민의 『동학의 정치사회운동』 등이 있다. 특히 배항섭은 "'새벽' 혹은 밤중이라는 시점을 택해 죽창으로 무장하고 곧장 수령의 침소로 쳐들어갔다는 것은 조병갑을 죽이겠다는 의지의 표명으로 밖에 볼 수 없다. 적어도 목적의식적으로 민란 이상의 거사를 기도한 세력 내지 지도부가 존재하지 않고서는 이루어지기 어려운 행동들이다."(배항섭, 「갑오농민전쟁 연구」, 64쪽)

57) 동학교단에서 1871년 영해교조신원운동 당시 주도인물이었던 이필제는 영해부를 점령하고 부사 이정을 처단한 바 있다. 이로 볼 때 전봉준 등 혁명군도 조병갑을 검거하였다면 효수되었을 가능성이 매우 크다.

본다. 왜냐하면 '경사'에까지 이르지 못하였기 때문이다. 고부기포를 '민란'으로 두고자 하는 것은 무장기포를 동학농민혁명의 제1차 봉기로 만들기 위한 논리가 아닌가 한다. 네 번째 항목은 고부기포에서 동학교인들의 선후책 논의 결과 최종적으로 선택한 것이라 할 수 있다. 그런 점에서 본다면 동학농민혁명은 고부기포에서 결정된 사항을 그대로 실행하기 위한 전개과정이라고 할 수 있다.

한편 네 번째 항목은 고부기포의 기획단계에서 결의된 것이 아니라 무장기포 이후의 일이라 분석한 바 있으며, 또한 지역성을 벗어나지 못하였기 때문에 '민란'이라는 인식도 없지 않다.[58]

이와 관련해서는 「동학추고」를 통해서 보완하고자 한다. 「동학추고」에 의하면, 기부기포 이후 2월 19일 감영에서 파견한 관군과 충돌한 이후 "合畿湖而直向京城" 즉 '기호와 합하여 서울로 직향한다는 내용이 있다. 이는 고부기포 과정에서 이미 서울로 향한다는 의식을 가지고 있었다고 볼 수 있다. 이러한 인식은 이미 1893년 동학교단의 광화문에서 전개한 교조신원운동에서 비롯되었다. 광화문 교조신원운동에서 서병학 등은 이미 군사적 움직임을 사실상 드러낸 바 있었다. 뿐만 아니라 고부기포 기획단계에서 결의된 사항이었기 때문에 고부기포에서 자연스럽게 드러날 수 있었다. 이로 볼 때 사발통문의 '경사로 직향할 사'는 고부기포 기획 단계에서 이미 전국적인 차원의 혁명을 염두에 두었다고 할 수 있다.[59] 이와 같은 기존의 사발통문의 4대 결의 항목은 송재섭의 사발통문에도 그대로 보이고 있다.[60]

---

58) 신용하, 「갑오농민전쟁의 제1차농민전쟁」, 『한국학보』 40, 1985 참조: 신용하, 『동학과 갑오농민전쟁연구』, 126쪽.

59) 박맹수, 『사료로 보는 동학과 동학농민혁명』, 242쪽.

60) 송재섭, 『갑오동학혁명난과 전봉준장군실기』(필사본), 1954. 이 4개 조항은 기존의 사발통문에 있는 4개 조항과 거의 동일하다. 一. 古阜城을 擊破하고 郡守 趙秉甲을 梟首할 事, 一. 軍器倉과 火藥庫를 占領할 事, 一. 郡守에게 阿諂하여 人民을 侵魚한

기존의 사발통문은 4가지 실행 사항을 결의한 후 이를 이끌어갈 지도지 즉 영도자를 추대하는 데까지만 확인할 수 있다. 이에 비해 송재섭의 사발통문에는 그 이후의 상황도 남겨져 있다. 이에 대해서는 다음 장인 고부기포의 전개과정을 통해서 살펴보고자 한다.

이상으로 사발통문에 대하여 재검토를 해보았다. 사발통문에 서명한 전봉준 등 20명은 모두 동학교인이었으며, 이들은 1893년 11월부터 고부 관아를 격파하고 군수 조병갑을 효수하고, 군기고와 화약고를 점령하여 무장하여 탐관오리를 징치한 후 전주성을 점령, 서울로 직향한다는 뚜렷한 목표를 보이고 있다. 따라서 고부기포는 우발적인 것이 아니라 교조신원운동 이후 동학교인들의 주체적인 혁명성을 실현해나가는 과정에서 기획된 것이라 할 수 있다. 사발통문의 결의로 전개된 고부기포는 동학농민혁명의 기점이며 서막이었다.

4. 고부기포의 전개

앞서 살펴보았듯이 사발통문은 고부기포의 기획단계라고 할 수 있다. 동학교인들이 고부기포를 기획하면서 선후책을 논의한 결과 4대 항목을 결의하였다. 그리고 이를 실행하기 위해 지도부를 구성하였는데, 다음과 같다.

　一. 1장두에 전봉준
　一. 2장두에 정종혁
　一. 3장두에 김도삼

貪吏를 擊懲할 事, 一. 全州營을 陷落하고 京師로 直向할 事.

一. 참모에 송대화

一. 중군에 황홍모

一. 화포장에 김응칠

이들 지도부는 전봉준, 정종혁, 김도삼, 황홍모, 김응칠 등으로 사발통
문 서명자들이었다. 이는 사발통문 서명자들이 고부기포의 중임인물임
을 알 수 있다. 이어서 지도부는 "擧事를 할 次序와 部署를 정하고 規律에
엄정"하게 하여 고부기포를 차질 없이 준비하였다.

이처럼 고부기포는 동학 조직을 중심으로 동학교인 뿐만 아니라 일반
민중도 동원하고, 격문과 통문을 마련하고 기포 이후 행동 절차, 그리고
지휘본부와 지도부를 조직하였다.

더욱이 고부기포 이전 2,3명의 낯선 방문객이 찾아왔는데, 이들은 고
부 출신이 아니었으며 모두 동학교단의 지도자급이었다.[61] 또한 전봉준
은 송두호, 송대화 등과 함께 고부기포를 결정한 후 고부에서 기포할 하
게 된 배경을 송주성으로 하여금 동학교단에 '稟告'하여 호서지역의 동학
조직도 기포하여 접응하도록 부탁하는 한편 태인의 최경선, 금구의 김덕
명, 남원의 김개남, 무장의 손화중, 부안의 김낙철 등 각 접에 격문을 전
달하였다.[62] 이와 관련하여 『시천교역사』에는 고부기포 전인 1월 5일
"전봉준은 고부에 군민을 모으고, 손화중은 태인 등지를 순회하였다"고
하였다.[63] 이는 고부기포가 단순한 고부라는 지역적 민란의 차원이 아니
라 보다 높은 차원의 목표를 추구하는 전국적인 규모의 혁명을 위한 성
격을 지니고 있었던 것이다.[64]

61) 菊池謙讓, 「동학당의 난」, 『농학농민전쟁연구자료집(Ⅰ)』, 여강출판사, 1991, 191~
172쪽.

62) 송재섭, 『갑오동학혁명난과 전봉준장군실기』(필사본), 1954.

63) 「시천교역사」, 『동학농민전쟁연구자료집』(Ⅰ), 315쪽.

64) 성주현, 「동학농민군 격문 분석」, 동학농민혁명 성격규명과 기념사업 학술대회,

그러나 계획하였던 고부기포는 곧바로 실행되지는 못했다. 기포 후 첫 실행할 과제였던 군수 조병갑이 이해 11월 30일자로 익산군수로 발령되었기 때문이었다. 때문에 초기의 고부기포는 유보되었다. 그런데 11월 30일 고부군수로 임명된 李垠鎔이 12월 24일 다시 황해도 안악군수로 전임 발령되었다.[65] 그리고 이날 申佐默이 고부군수로 임명되었으나 다음 날 신병으로 사직하였고, 그 이튿날 26일 李奎白이 고부군수로 임명되었으나 그도 역시 신병으로 이유로 다음날 27일 사직하였다. 이 날 이후 河肯一, 朴喜聖, 康寅喆 등이 고부군수로 임명되었지만 신병을 이유로 모두 사직하였다.[66] 이처럼 12월 한 달 동안 고부군수에 5명이 차례로 임명되었으나 모두 핑계를 대고 부임하지 않았던 것이다.

이와 같은 상황에서 당시 전라관찰사인 김문현의 강력한 천거에 의해 조병갑은 1894년 1월 9일 다시 고부군수로 임명되었다.[67] 이 과정에서 조병갑은 익산군수로 가지 않고 여전히 고부에 머물고 있었다. 일단 기획했던 기포는 철회되었지만 전봉준 등은 12월 중에 전주감영의 김문현을 찾아가 등소를 하였다. 그러나 김문현은 이를 받아들이지 않고 전봉준 등 등소인을 모두 내쫓았다.[68] 그러던 차에 익산군수로 발령났던 조병갑이 다시 고부군수로 유임되자 사발통문을 작성하는 등 그동안 기획하였던 결의 사항을 마침내 실행에 옮겨졌다.

전봉준 등 지도부는 동학교인과 기포에 참여할 일반민중들을 1월 10일 새벽 말목장터[69]에 집결토록 하였다. 조병갑이 고부군수로 다시 발령

2011, 114쪽.

65) 『승정원일기』, 고종 30년 12월 24일조.

66) 『승정원일기』, 고종 30년 12월 27일, 28일, 29일 및 고종 31년 1월 2일조.

67) 『고종실록』 31권, 갑오 1월 9일조;『승정원일기』, 고종 31년 1월 9일 및 3월 11일조; 황현, 『오하기문』, 수필; 김종익 옮김, 『번역 오하기문』, 역사비평사, 1994, 69~70쪽.

68) 정창렬, 「갑오농민전쟁연구」, 95~96쪽.

69) 『정읍군지』(1936) 「전봉준실기」와 송재섭, 『갑오동학혁명난과 전봉준장군실기』에는

난 것을 확인한 전봉준이 곧 바로 동학교인들을 동원하였다는 것은 사전에 기포를 하기 위해 만전을 기했음을 알 수 있다. 더욱이 김도삼, 최경선 등 고부지역이 아닌 인근 지역의 동학 조직을 동원하였다는 것은 고부기포를 단순한 민란의 차원이 아닌 보다 폭넓은 차원이었다고 볼 수 있다.

1월 10일 첫 닭이 울기를 기다려 동학농민군은 고부관아로 진격하였다. 당시의 상황을 『갑오동학혁명난과 전봉준장군실기』에는 다음과 같이 밝히고 있다.

> 이때에 探報軍이 報告하되 古阜郡守 趙秉甲이 各處로 官軍을 招募하야 對抗할 準備를 한다 하였다.
> 全琫準은 探報軍의 傳達을 듯고 忿心이 衝天하야 軍隊를 二路로 分하야 古阜邑을 向하니 秉甲이 官軍으로 天峙 齋嶺 上에 埋伏하였거늘, 全琫準이 꾸지러 가로대, 너희 等도 貪官의 놈의게 無常한 苦楚를 받았거늘 도로혀 너희 웬수되는 秉甲를 爲하야 우리 東學軍을 對抗코자 하니 當場에 降服을 하면 殘命을 容恕하려니와 萬一 不應하면 創頭孤魂를 免치 못하니라 號令하니 官軍놈들은 驚惶罔措하야 或은 降服하고 或은 四散逃走하였다. 이에 서발막대 거칠 것 없이 古阜城에 突入하야 東軒를 直擣하니 趙秉甲은 魂飛魄散하야 抱頭鼠竄하였다. 곳곳이 搜查하였으나 蹤迹이 杳然함으로 興奮된 群衆은 秉甲의게 阿附하야 民財奪取한 惡質傲吏輩를 一一이 搜查하였으나 亦是 避身하였으므로 家屋만 顚覆하고 刑獄을 毁破하야 罪囚를 釋放하며 倉穀를 發하야 貧民救恤하는 등 軍器倉과 火藥庫를 擊破하야 武器와 火藥을 收拾하야 翌日에 馬項市場으로 退屯하였다. 一方으로 萬石洑를 斷切하고 收稅로 積置한 穀物를 充用하며 白山城의 築造를 始作하였다.[70]

마항장터 부근 '禮洞'에 집결하였다고 하였다.
70) 송재섭, 『갑오동학혁명난과 전봉준장군실기』(필사본), 1954.

이에 의하면, 전봉준이 기포를 하자 조병갑은 동학군을 막기 위해 관군을 동원하였다. 이에 전봉준이 동학농민군을 2대로 나누어 고부로 향하였다. 천치와 재령에 이르자 관군이 매복하여 동학농민군을 대응하고자 하였다. 일단 전봉준은 관군을 효유하였는데, 관군들이 항복하거나 무기를 버리고 흩어져 고부관아를 손쉽게 점령하였다. 조병갑은 동학농민군의 위세에 놀라 도주하여 흔적을 찾을 수 없었다. 전봉준은 형옥을 부수어 죄인을 풀어주는 한편 창곡을 풀어 빈민을 구휼하였다. 또한 군기창과 화약고를 격파하고 무기를 확보하는 한편 마항장터에 다시 집결하였다. 이어 만석보를 파괴하고 군사적 요충지인 백산성을 축조하였다.[71]

이처럼 고부에서 기포한 동학농민군은 일정한 조직력과 군율을 가지고 있었다. 기포 이후 3,4일 만에 즉 "11일, 12일, 13일, 14일 가맹한 촌락이 15개, 전군 1만여 인, 먼저 장정을 뽑고 노소인은 모두 돌려보냈다"로 하여, 전체 군사는 1만여 명에 이를 정도로 호응이 컸다. 그리고 이를 통솔하는 하는 사람으로 각 마을에서 5명씩 선발하였다.[72] 그리고 지휘소를 출입할 때는 왼쪽 손목에 노끈을 매고 이를 확인하기도 하였다.[73]

한편 전주감영으로 피신하였던 조병갑은 전라감사 김문현에게 고부기포를 진압하기 위해 병사 1천 명을 빌려줄 것을 요청하였지만 받아들여지지 않았다.[74] 오히려 김문현은 동학농민군을 해산시키기 위해 정석진을 파견하는 한편 별도로 암살대를 보내기도 하였다. 정석진이 부하 수

---

71) 장봉선, 『전봉준실기』, 1936; 『동학농민전쟁연구자료집』(1), 여강출판사, 1991, 353 쪽. 백산은 군사적 요충지로 삼한시대부터 축성을 하였는데, 그 토성을 쌓은 흔적이 남아 있다.
72) 파계생, 「전라도고부민요일기」. 그러나 다른 기록에는 5백 명, 수천 명 등 다양하게 기록하고 있다.
73) 박문규, 『석남역사』, 갑오년 정월조.
74) 파계생, 「전라도고부민요일기」.

삼 인을 대동하고 전봉준을 면회한 후 해산을 종용하였다. 이와 때를 같이 하여 암살대는 담배장사를 가장하고 말목장터로 들어오다가 동학농민군에게 체포되어 오히려 희생되었다.[75] 더욱이 전주감영에서는 병정 3백 명을 정읍에 매복하고 근방에 있는 7개 군의 병정을 소집하여 정읍으로 집결한다는 소문도 뒤따랐다. 이후 동학농민군은 사방의 출입을 엄하게 하고 동진강의 도강도 금지시켰다.[76] 이로써 고부군은 완전히 동학농민군의 해방구가 되었다.

한편 동학농민군은 전봉준암살사건 이후 말목장터에 설진하였던 전봉준 등 동학농민군 지도부는 관군의 공격을 대비하여 2월 25일 앞서 축조한 백산성으로 이동 유진하였다.[77] 동학농민군은 고부에서 기포하면서 초기에는 지휘소를 말목장터에 두었지만, 20여 일 후에는 지휘소는 백산으로 이동하였다. 지휘소를 말목장터에서 백산으로 이동한 상황을 다음과 같다.

先是에 古阜를 陷落하고 貪官을 攘逐하며 傲吏輩를 懲治하니 各地로부터 和應하는 者-風前에 漸水와 같이 大混雜을 이루더라. 全將軍은 모든 將領과 相議하여 曰, 우리가 民瘼郡弊를 肅淸하고 政治를 革新코자 함이어늘, 한 곳에 오래 머무르면 自然 弊瘼이 民間에 없지

75) 장봉선, 『전봉준실기』; 『동학농민전쟁연구자료집』(1), 여강출판사, 1991, 353쪽. "전주영장 군위 정석인이 부하 수삼 인을 대동하여 봉준과 면회한 후 해산을 권유하였다. 때마침 수상한 상인 10여 명이 烟草包를 負戴하고 시장으로 入來한 것을 見한 전봉준은 그를 다 결박하고 연초포를 披見함에 전율할 무기가 入하였으니, 이는 틀림없이 鄭軍尉의 부하였다. 이 광경을 본 정 씨는 도주하다가 난민의 죽창 아래 참혹이 죽었다."
이에 대해 「전라도고부민요일기」에는 그 내용이 다음과 같다. "감영에서 병정 50인을 변장시켜 진영 속에 침투시켜 틈을 보아 3인을 체포하려고 하였으나 오히려 농민군들에게 간파당하여 50인이 모두 잡혀 버렸다. 이러한 싸움 속에서 병정 1인은 즉사하였고, 그 통솔자도 살육당하였다는 소문이 있었다."
76) 파계생, 「전라도고부민요일기」.
77) 박문규, 『석남역사』, 갑오년 정월조; 파계생, 「전라도고부민요일기」.

못할 것이요. 또한 不久에 官軍이 全州로부터 襲來할 것이니, 만일 이곳에서 戰鬪가 되면 人家가 稠密한 關係로 人民의 死傷者가 많을 테이니, 人家가 稀闊한 白山으로 移陣함이 어떠 하뇨. 모든 將領이 그와 같이 함이 可라 하는지라. 이에 古阜 北距 20리 許 白山에 移陣 하니, 사람의 발자취와 말굽에서 일어나는 티끌이 濛濛히 일어나서 天空을 가리우고 旗幟와 劍戰이 서로 錯雜하여 萬山遍野에 人山人海 를 이루었다.[78]

이 글에 따르면, 고부기포 당시 동학농민군이 백산으로 이동한 것은 첫째 민폐를 방지하기 위한 것, 둘째는 관군의 내습에 대비하기 위한 것, 셋째는 인가의 보호를 위한 조치였다. 이에 동학농민군은 앞서 축성하였 던 백산으로 이동한 것이다. 백산으로 진주한 동학농민군은 장막을 설치 하고 진지를 축조하여 관군의 공격을 대비하였다.

이는 전략적으로도 매우 중요한 선택이었다. 백산은 해발 47미터에 불 과하였지만 동진강이 백산을 3면으로 두르고 있는 배들평야에서 가장 높은 곳이었다. 따라서 백산은 관군의 내습과 동향을 파악할 수 있는 가 장 유리한 곳이기도 하였다.

뿐만 아니라 백산은 조선의 비결에 '古阜白山은 可活萬民'이라 하였으 며, 삼면이 동진강으로 둘러싸여 있고 일면이 겨우 사람이나 말이 통행 할 수 있는 요새지였다. 또한 주변은 옥야천리의 평야를 가진 호남의 곡 창지대였다. 또한 이곳에는 海倉이 있어 세곡 4천여 석을 저장해 놓았 다.[79] 더욱이 백산은 들판에 우뚝 솟아 있어 동학군의 집결과 관군의 감 시가 동시에 용이한 전략상으로도 중요한 거점이기도 하였다. 이에 따라 동학농민군은 백산으로 이동하여 주둔한 것이다. 이후 백산은 동학농민

---

78) 송재섭, 『갑오동학혁명난과 전봉준장군실기』.
79) 김광래, 「전봉준의 고부 백산기병」, 87쪽.

혁명에서 중요한 전략적 요충지가 되었다.

백산에 주둔해 있는 동안 동학농민군은 '전운영을 파괴하고 나아가 폐
정을 釐革하자'는 내용의 격문을 비밀리에 58개 지역 동학지도자에게 띄
웠다.[80] 이와 관련하여 「남유수록」에는 다음과 같은 내용이 있다.

> 守牧之官은 治民의 道를 모르고 生貨의 근원으로 삼는다. 여기에
> 더하여 轉運營이 창설됨으로써 폐단이 煩劇하여 만민들이 도탄에 빠
> 졌고 나라가 위태롭다. 우리는 비록 초야의 유민이지만 나라의 위기
> 를 좌시할 수 없다. 원컨대 각읍의 여러 군자들은 齊聲奔義ᄒ여 나라
> 를 해치는 적을 제거하여 위로는 종사를 보전하고 아래로는 백성을
> 편안케 하자.[81]

이 격문에 의하면 새롭게 창설된 전운소[82]는 원성의 대상이었다. 이
에 우선 전운소를 격파하고자 하였다. 당시 호남지역에는 전운사 조필영
이 관할하는 함열 전운영이 가장 농민들을 수탈하였고, 그에 비례하여
원성이 높아만 갔다.

하지만 동학농민군은 조필영이 관장하던 함열의 전운소를 격파하지
못하였다. 전봉준은 함열 조창에 나아가 전운영을 격파하고 전운사 조필
영을 징치하고자 하였으나 일부에서는 이에 응하지 않았다. 이는 고부를
벗어나 월경하면 반란으로 받아들일 수 있다는 이유 때문이었다.[83] 그럼

---

80) 파계생, 『전라도고부민요실기』.
81) 이복영, 「남유수록」, 갑오년 2월 20일조.
82) 전운소는 종래의 漕運과 상선에 의하여 세곡을 나르다가 전운국을 설치, 총무관 겸
    전운어사를 두고 외국에서 구입한 윤선일 이용하여 세곡을 운반하는 제도로 고종 23
    년 7월에 새로 설치되었다.(『일성록』, 고종 23년 7월 15일자조.
83) 장봉선, 『전봉준실기』, 1936;『동학농민전쟁연구자료집』(1), 353쪽; 송재섭, 『실기』,
    62쪽. 전운소 격파에 대한 찬반은 이미 고부기포에서 강경한 세력(강경파)과 신중한
    세력(신중파)으로 각각 존재하였음을 알 수 있다. 강경한 세력은 주로 동학교인, 신
    중한 세력은 일반 농민이었을 것으로 본다. 이는 첫째는 종교적 신념, 둘째는 일반농

에도 불구하고 3월 1일에는 고부를 벗어나 부안군 줄포로 진출하여 세곡 창고를 습격하기도 하였다.[84]

백산에서 20여 일 유진하였던 동학농민군은 3월 13일에 이르러 일단 해산하였다.[85] 여기에는 이용태의 동학교인과 농민들에 대한 탄압과 이후를 도모하고자 하는 동학농민군 지도부의 결단으로 풀이된다. 그런데 이에 비해 금산의 동학농민군은 3월 12일 짧은 몽둥이를 들고 관리들의 집을 습격하여 불태우기도 하였다.[86]

앞서 살펴본 바와 같이 고부에서 동학교인과 농민들이 기포하여 관아를 습격하자 조정에서는 이중적으로 대응하였다. 하나는 용현현감 박원명을 고부군수로 새로 임명하여 민심을 수습하는 것이었고, 다른 하나는 장흥부사 이용태를 안핵사로 임명하여 동학농민군을 해산시키는 한편 주동자를 엄중 조사하는 것이었다.[87] 2월 15일 고부군수로 임명받은 박원명은 부임 이후 동학농민군이 해산하기만 하면 기포의 책임을 묻지 않기로 하는 등 민심을 수습하였다. 이에 따라 동학농민군과 고부관아 사이에는 비교적 원만한 협력관계가 형성되었다.

그러나 안핵사 이용태는 2월 16일 임명되었으나[88] 병을 핑계하여 시일만 보내다가[89] 3월 2일에 병졸 8백 명을 거느리고 고부에 도착하였다.[90] 이용태가 3월 2일에 고부에 온 것은 박명원과 동학농민군 사이에

민보다 동학교인이 더 수탈되었기 때문이다.

84) 파계생, 「전라도고부민요일기」.

85) 파계생, 「전라도고부민요일기」. 황현의 『오하기문』에는 3월 3일에 해산된 것으로 기록하고 있다.

86) 황현, 『오하기문』, 수필(『번역 오하기문』, 75쪽).

87) 『고종실록』 고종 31년 2월 15일조 및 『일성록』 갑오년 2월 15일조; 『고종시대사』 3, 1969, 탐구당, 410쪽.

88) 『승정원일기』, 고종 31년 2월 16일조.

89) 『승정원일기』, 고종 31년 4월 15일조.

90) 최영년, 『동도문변』, 157쪽.

원만한 협력관계가 형성되었기 때문이었다. 고부에 도착한 이용태는 박명원의 화합 조치를 뒤엎고 고부기포의 주동자와 동학교인들의 집을 불태우거나 부녀자를 능욕하는 등 온갖 만행을 자행하였다.[91]

> 신임 군수 박명원을 협박하여 그로 하여금 민란 참가자와 그 괴수를 색출하였으며, 역졸은 온 고을에 퍼져 마을에 횡행하면서 부녀자를 강간하고 생선꾸러미 같이 포박하니 온 고을의 원한이 골수에 맺혔고[92]

> 기포 인민을 모두 동학이라 일컫고 이름을 열기하여 잡아들이고 그 집을 불태웠다.[93]

이처럼 상황이 급변하자 백산에 유진하고 있던 동학농민군은 3월 13일경 잠정적으로 해산하기로 하는 한편, 전봉준은 자신을 따르는 휘하 수십 명과 함께 무장으로 피신하였다.[94] 이들은 사발통문 서명자를 비롯하여 고부기포 당시 핵심 지도부였을 것으로 풀이된다. 고부기포에 참여하였던 동학교인과 일반농민들은 해산하였지만 핵심 지도부는 해산하지 않고 여전히 후일을 도모하기 위해 여전히 활동을 하였다.

무장에 머물던 전봉준은 손화중과 고부기포의 상황과 관의 동향, 그리고 이후의 대책 등을 논의한 후 손화중의 집에 도소를 설치하였다. 당시 동학교단은 해월 최시형이 머물고 있던 충청도 보은에 대도소를 두었는데, 전봉준과 손화중이 도소를 설치한 것은 대도소과 긴밀한 관계를 유지하면서 유사시 호남지역의 동학조직을 통할하기 위한 것이었다. 당시

---

91) 오지영, 『동학사』, 106~107쪽.
92) 최영년, 『동도문변』, 157쪽.
93) 「전봉준 공초-初招問目」.
94) 신용하, 『동학농민혁명의 사회사』, 지식산업사, 2005, 99쪽.

손화중은 전봉준의 기포에 대해 시기상조라 하여 적극적으로 수용하지 않았다.[95] 이는 동학교단과의 관계 때문이었다.

손화중은 1892년 공주 신평에 머무를 때 김낙철, 김개남, 김덕명 등 호남의 주요 지도자와 함께 해월 최시형을 배알하고 호남 동학교인 간의 '相和'에 대한 강화를 받은 바 있다.[96] 또한 1892년 11월 삼례교조신원운동은 물론 1893년 2월 광화문교조신원운동에도 참가하였다.[97] 뿐만 아니라 이해 3월 10일 보은에서 전개된 척왜양창의운동에 정읍대접주로 참가한 바 있었다.[98] 때문에 손화중과 동학교단과의 관계는 매우 긴밀하였다.

이처럼 동학교단 지도부와 밀접한 관계를 가지고 있었던 손화중은 전봉준의 의견을 일방적으로 수용할 수는 없었던 것이다. 즉 전봉준이 3월 13일 고부에서 동학농민군을 일시적으로 해산하고 3월 20일 무장에서 다시 기포를 할 수 있었던 것은 이 기간에 손화중이 교단과의 관계를 원만하게 형성해주었기 때문에 가능하였다고 풀이된다.[99]

이에 따라 전봉준, 손화중, 김개남, 김덕명 등 호남의 주요 대접주들은 "동학이 하늘을 대신하여 세상을 다스려 나라를 보호하고 백성을 편안케 할 것이다. 우리는 살상과 약탈을 하지 않을 것이나 오직 탐관오리만은 처벌할 것"[100]을 기치로 하여, 손화중, 김개남, 김덕명 포의 동학 조직을

---

95) 조광환, 『소통하는 우리 역사』, 103쪽.

96) 오지영, 『동학사』, 98~99쪽; 이돈화, 『천도교창건사』, 제2편 43쪽.

97) 『해월선생문집』, 계사조.

98) 오지영, 『동학사』, 83~84쪽.

99) 이러한 사례는 1871년 이필제의 영해교조신원운동에서도 확인할 수 있다. 이필제는 영해를 중심으로 동학교인을 동원하고자 하였으나 동학교단의 책임자였던 해월 최시형의 승낙이 없으면 불가능하였다. 이에 이필제는 해월 최시형과 신뢰관계가 형성되었던 박영관 등을 보내 해월 최시형을 설득, 승낙을 받은 후에야 동학교인을 동원할 수 있었다.

100) 황현, 『오하기문』, 수필; 김종익 역, 『번역 오하기문』, 역사비평사, 1994, 72쪽.

집결한 후 3월 20일 무장 동음치에서 고부에 이어 포고문을 선포할 수 있었던 것이다.[101]

5. 맺음말

이상으로 고부기포를 기획한 사발통문에서부터 1894년 1월 10일 고부에서 기포한 이후 동학농민혁명의 전개과정을 무장기포까지의 과정을 살펴보았다.

그동안 동학농민혁명의 전개과정에서 고부기포와 무장기포에 대해 다양한 해석이 없지 않았다. 머리말에서도 언급하였듯이 단절이냐 연속성이냐가 핵심적인 사항이라고 본다. 이에 대해 어떻게 해석하느냐에 따라 동학농민혁명의 기점이 언제부터냐 하는 것도 맞물리게 있다.

그렇다면 우선 동학농민혁명이 전개되었던 당시에는 어떻게 인식하였을까. 동학농민혁명이 전개되던 당시 조정에서는 "호남의 백성들이 소란을 일으킨 것이 처음에는 고부에서 시작되어 점차 이 지경에 이르렀으니"[102]하여, 고부기포에서 동학농민혁명이 비롯되었다고 인식하였다. 또한 1898년 해월 최시형을 교형에 처할 때 역시 "갑오년 봄에 피고 전봉준은 고부지방에서 패거리를 불러 모아서 기회를 틈타서 관리를 살해하고 城과 鎭을 함락시키는 바람에 湖西와 湖南 지방이 결딴이 나고 뒤흔들리는 지경에 이르렀습니다."고 하였는바, 이 역시 동학농민혁명의 진원지는 고부기포로 여전히 인식하였다.

이와 같은 인식 아래 고부기포의 기획단계인 사발통문에 대한 재검토

---

101) 박문규, 『석남역사』, 갑오년 4월조; 황현, 『오하기문』 수필; 『주한일본공사관기록』 1, 57쪽.
102) 『고종실록』 31권, 갑오 4월 18일조.

와 내용, 그리고 고부기포에서 무장을 거쳐 백산에서 혁명군으로 위상을 갖추는 과정을 다음과 같이 정리하면서 맺음말을 대신하고자 한다.

첫째, 사발통문에 대한 재검토이다. 그동안 동학농민혁명에 관한 연구에서 많은 부분에서 사발통문을 분석하였다. 이들 대부분의 연구는 기존의 사발통문이었다. 그런데 이 사발통문은 진위논쟁뿐만 아니라 새로운 사료가 발견되기 전까지라는 전제 아래 그 내용에서도 많은 논란이 재기되었다. 이를 뒷받침하는 사료가 송재섭의 사발통문이라고 할 수 있다. 송재섭의 사발통문은 기존의 사발통문에서 알려지지 않은 통문을 비롯하여 격문을 수록하고 있다. 이는 기존의 사발통문의 한계를 보완해 줄 수 있는 사료하고 할 수 있다.

둘째, 사발통문은 단순하고 우발적인 것이 아니라 고부기포를 위한 '고도의 기획'이라고 할 수 있다. 특히 송재섭의 사발통문의 통문과 격문은 고부기포의 당위성을 밝히자 곳곳에서 민중들이 모여 호응하였고, 고부기포에 직접 참여하였다. 뿐만 아니라 통문과 통문의 성격은 반봉건 반외세를 그대로 보여주고 있으며, 무장포고문과 백산대회 격문에도 그대로 반영되었다. 사발통문의 서명자의 경우 대부분 동학교인이었으며, 생존자는 이후 천도교 고부교구를 설립 하는 등 천도교단과 그 맥을 같이 하였다. 사발통문의 4대 항목은 단순히 고부라는 지역성을 넘어 전국적인 차원에서 준비하였을 뿐만 아니라 동학농민혁명 전 과정의 기획성이었음을 보여준다.

셋째, 고부기포의 성격이다. 고부기포는 그동안 동학농민혁명에서 前段階 즉 民亂으로서의 인식이 강하였다. 그렇기 때문에 고부기포는 3월 13일 '완전 해체'[103] 또는 "결국 3월 13일에 이르러 두 달 동안 환히 타올

---

103) 정창렬, 「갑오동학농민전쟁연구」, 125쪽. 정창렬은 고부기포는 기본적으로 2월 말에 해체되었다고 보았으며, 나아가 이용태에 의해 고부민란이 철저한 해체되었다고 하였다.

랐던 조항의 횃불이 완전히 꺼지고 말았다"[104]라는 확신하였다. 이는 고부기포와 무장기포를 '별개의 사건'으로 인식하고 있음을 보여준다고 할 수 있다. 그러나 고부기포의 지도부가 여전히 존재하는 가운데 무장에서 다시 기포를 준비하였다. 이는 고부기포의 완전 해체 또는 완전히 꺼진 상황이 아니라는 점이다. 그런 점에서 무장기포는 고부기포의 연장선상에서 진행되었다고 할 수 있다.

이와 관련하여 고부기포를 처리하기 위해 파견된 고부군 안핵사 이용태의 신변에 대해 살펴볼 필요가 있다. 정부는 고부기포가 일어나자 장흥부사 이용태를 안핵사로 파견하여 실상을 조사하도록 하였다. 그러나 이용태는 차일피일 미루다가 3월 2일에 고부에 도착하였다. 이후 이용태는 동학교인의 색출과 잔혹한 탄압을 자행하였는데, 이를 피하기 위해 동학농민군은 일시적으로 해산하였지만 지도부는 여전히 존속하였다. 그렇기 때문에 동학농민혁명은 고부기포에 이어 무장기포, 백산대회로 발전할 수 있었던 것이다. 이로 인해 이용태는 직무 태만으로 4월 21일 금산군으로 竄配되었다.[105] 이는 고부기포의 지도부가 완전히 해체되지 않고 무장기포, 백산대회의 지도부를 형성하였기 때문이었다. 만약 고부기포와 무장기포가 별개의 사건이었다면 이용태는 '찬배'라는 형을 받지 않았을 것으로 본다.

이로 볼 때 동학농민혁명은 고부기포가 그 시발점이었으며, 무장기포를 거쳐 백산대회를 통해 동학농민군은 명실상부한 혁명군으로서의 위상을 갖추었다. 이러한 점에서 고부와 백산은 동학농민혁명의 상징이라는 이미지를 가질 수 있는 것이다.

---

104) 장영민, 『동학의 정치사회운동』, 경인문화사, 2004, 253쪽.
105) 『고종실록』 31권, 갑오 4월 21일조.

7장 동학농민혁명의 격문 분석
-고부기포·무장기포·백산대회를 중심으로-

1. 머리말

　동학농민혁명이 일어난 지도 벌써 두 갑주가 지났다. 그동안 역사, 문학, 정치 등 다양한 분야에서 적지 않은 연구 성과를 보이고 있지만 여전히 동학농민혁명에 대한 논란은 이어지고 있고 있다. 명칭에서부터 비롯하여 참여주체, 사상적 배경, 기점 등등 여러 가지 측면에서 연구자의 관점에 따라 상이한 모습으로 나타난다. 금년 들어 동학농민혁명 기념일 제정을 위해 많은 노력을 하였지만 결국 무산되고 말았다. 이 역시 관점에 차이에 따라 합의를 이루지 못하고 파행적으로 끝나고 말았다. 이와 같은 동학농민혁명에 대한 다양한 시각과 논점의 차이는 동학농민혁명 양태가 그만큼 넓고 깊이가 있기 때문이 아닌가 하는 위안을 가져보기도 한다.

　동학농민혁명을 이해하는 데는 다양한 접근 방법이 있다. 그렇기 때문에 인식과 관점의 차이가 존재할 수밖에 없다. 동학농민혁명의 전개과정은 크게 네 시기로 구분하고 있다. 제1기는 고부기포 단계이다. 이 시기는 전봉준을 중심으로 동학군이 고부에서 기포하여 고부관아를 점령하고 백산에 주둔하였다가 이용태의 탄압으로 전봉준이 지도부를 이끌고 무장으로 잠시 피신하였던 과정이다. 제2기는 무장기포와 백산대회 이후 황토현전투와 황룡촌전투를 거쳐 전주성을 점령하였던 과정이다. 이 기간 동안 동학군은 관군의 치열한 전투를 전개하여 혁명군으로서의 위상을 높였던 시기였다. 제3기는 전주성 점령 이후 정부와 화약을 맺고 호남 일대에 집강소를 설치, 동학군의 민정을 실시하였던 과정이다. 제4기는 청일전쟁에서 승리한 일본군이 경복궁을 점령함에 따라 청산과 삼례에서 재기포하였지만 조일연합군에 의해 동학농민혁명이 막을 내리는 과정이다.

이러한 동학농민혁명의 전개과정에서 무수한 격문과 통문이 반포되었다. 이 격문과 통문은 당시 동학농민혁명의 사상과 이념이 담겨져 있을 뿐만 아니라 시대적 인식을 확인할 수 있는 좋은 사료라고 할 수 있다. 이 글에서는 제1기와 제2기의 초에 해당하는 격문을 중심으로 그 내용을 분석해보고자 한다. 이 시기 동학농민혁명의 격문은 고부기포의 사발통문과 격문, 무장기포의 포고문, 백산대회의 격문과 4대명의가 있다. 이들 격문들은 동학농민혁명이 당위성을 가장 잘 반영하고 있다.

이에 본고에서는 이들의 격문을 통해 동학농민혁명의 성격과 기점에 대한 보다 구체적으로 살펴보고자 한다.

2. 고부기포의 사발통문과 격문

동학농민혁명의 첫 기포는 1894년 1월 10일 고부에서 비롯되었다.[1]

---

1) 기존의 연구성과에서는 고부기포와 동학농민혁명을 분리해보고자 하는 경향이 강하

고부기포의 원인은 고부군수 조병갑과 전운사 조필영의 동학교인과 농민에 대한 수탈이었다. 전봉준은 조병갑의 수탈에 대해 다음과 같이 지적하고 있다.

첫째, 고부의 동진강 상류에 만석보를 새로 수축하면서 농민들을 무상으로 동원할 때는 수세를 징수하지 않겠다고 약속해 놓고 정작 추수기에는 수세로 7백여 석을 착복하였다. 둘째, 진황지를 개간하면 일정기간 면세하다고 약속해 놓고 개간 후에는 추수기에 지세를 부과하였다. 셋째는 富民들에게는 불효, 음행 등 죄목을 씌워 2만여 냥을 늑탈하였다. 넷째는 대동미를 징수할 때 1결당 정미 16두를 징수한 다음 이를 정부에 납부할 때는 값싼 하등미로 바꾸어 그 차액을 착복하였다.[2]

이외에도 전봉준은 조병갑의 수탈은 "허다하여 기록할 수 없다고"고 할 정도로 많았다. 또한 전운사 조필영은 세미의 이중징수 및 운송비용, 운송선박 수리비 등 각종 명목으로 부당하게 수탈을 자행하였다.[3]

그러나 무엇보다도 동학교인에 대한 수탈이 극심하였다. 고부의 동학교인들은 "고부군수 조병갑의 포학이 자심하여 도인이 견디지 못하게 하므로"[4]라고 하였는데, 이는 동학교인에 대한 탄압과 수탈이 일반 농민보다 심했음을 알 수 있다. 이에 동학교인과 농민들은 접주 전봉준을 장두로 추대하여 조병갑에게 진정서를 제출하기도 하였지만 전혀 받아들여지지 않았고, 오히려 수탈과 탄압은 가중되었다.

이와 같은 상황에서 全琫準은 宋斗浩, 宋大和와 더불어 趙秉甲을 징치

였다. 그래서 고부에서 일어난 동학농민군의 활동을 '고부민란'으로 인식하였다. 그러나 고부기포와 동학농민혁명의 상관관계에 대해서는 보다 구체적인 연구가 필요하다고 본다. 본고에서 '고부기포'라고 명명한 것은 고부기포의 핵심적인 주체세력이 동학 조직인 포를 통해서 전개되었기 때문이다.

2) 「전봉준공초」(初招問目)(『나라사랑』 15, 외솔회, 1974, 151쪽).

3) 오지영, 『동학사』, 영창서관, 1938, 102~103쪽.

4) 송재섭, 「고부교구실기」, 『천도교회월보』 83호, 언문부 16~17쪽.

하기 위해 기병을 할 것을 도모하였다. 이어서 기병하는 이유를 宋柱晟으로 하여금 해월 최시형이 있는 도소에 알렸다. 이와 동시에 태인의 崔景善, 금구의 金德明, 남원의 金開男, 무장의 孫和仲, 부안의 金洛喆 등 각 지역 동학 접에 「檄文」을 띄웠다. 뿐만 아니라 통문을 작성하여 각면과 각리에 포고하였다. 이로써 동학농민혁명의 도화선이 폭발하였다.[5]

그렇다면 「격문」의 내용을 무엇일까. 「격문」은 간신의 날뛰는 모습, 민심이 이탈된 것, 官紀의 문란, 행정의 부패, 민생의 도탄 중에 살지 못하게 되었다는 것으로 내용인데, 그 내용은 다음과 같다.

今之爲臣은 不思報國하고 도적녹위하며 掩蔽聰明하고 가의도용이라. 총간지목을 謂之妖言하고 正直之人을 위之비도하여 내無포圍지재하고 外多확民之官이라.

人民之心은 日益유變하여 入無학생之業하고 出無保구之策이라. 학政이 日사에 怨聲이 相續이로다.

自公卿以下로 以至方伯守令에 不念國家之危殆하고 도절비기윤家之計와 전選之門은 視作生화之路요 응試之場은 擧作交역之市라.

許多화뢰가 不納王庫하고 反充사장이라. 國有累積之債라도 不念國報요 교사음이가 無所위기라. 八路魚肉에 萬民도탄이라.

民爲國本이니 削則國殘이라. 吾道은 유초야유민이나 食君之土하고 服君之義하며 不可坐視 國家之危亡이라. 以報公 補國安民으로 爲死生之誓라.[6]

5) 송재섭, 『갑오동학혁명난과 전봉준장군실기』(필사본), 1954. 이 자료는 이미 오래 전에 공개되었지만 그동안 학계에서 별로 활용되지는 못하였다. 처음으로 공개된 것은 김용섭, 『한국근대농업사연구』III(2001, 지식산업사)이라는 책이다. 이 책에 의하면, 이 자료에 대해 다음과 같이 설명하고 있다.
"이 책자는 進菴 宋在燮(1889~1955) 씨가 단기 4287년(1954)에 펜으로 쓴 필사본인데, 책의 마지막 부분에 저술연기가 씌여져 있다. 필자는 이를 朴英宰 교수를 통해 朴明道 선생(父 朴來源, 祖父 朴寅浩) 댁에 소장되어 있는 원고본의 복사본을 기증받아 보고 있다. 앞뒤가 많이 훼손되었으나 이 檄文과 通文이 씌여진 부분은 온전하다."

이 「격문」은 1893년 仲冬 하순에 전봉준이 작성한 것이다. 앞서 언급하였듯이 격문의 주요 내용은 간신과 탐관오리의 학정과 도탄에 빠진 民, 그리고 보국안민을 맹세하고 있다. 즉 고부기포의 당위성을 밝히고 있다. 따라서 고부기포의 첫 단계를 알려주는 「격문」의 주요 내용은 '반봉건 성격'을 그대로 보여주고 있다.

이어서 전봉준은 고부기포를 보다 구체적으로 진행시키기 위해 通文을 작성하여 각리 집강에게 포고하였다.[7] 「통문」의 내용은 다음과 같다.

> 右文爲通諭事는 無他라. 大廈將傾에 此將奈何오. 坐而待之可乎아. 扶而求之可乎아. 奈若何오. 當此時期하야 海內同胞의 總力으로 以하야 撑而擊之코저하와 血淚를 灑하며 滿天下 同胞에게 衷心으로서 訴하노라.
>
> 吾儕飮恨忍痛이 已爲歲積에 悲塞哽咽함은 必無贅論이어니와 今不可忍일새. 玆敢烽火를 擧하야 其衷痛切迫之情를 天下에 大告하는 同時에 義旗를 揮하야 蒼生을 濁浪之中에서 救濟하고 鼓를 鳴하야써 滿朝의 奸臣賊子를 驅除하며 貪官汚吏를 擊懲하고 進하야써 倭를 逐하고 洋을 斥하야 國家를 萬年盤石의 上에 確立코자 하오니 惟我道人은 勿論이요 一般同胞兄弟도 本年 11月 20日를 期하야 古阜 馬項市로 無漏內應하라. 若-不應者-有하면 梟首하리라.

> 癸巳 仲冬 月 日

---

6) 송재섭, 『갑오동학혁명난과 전봉준장군실기』(필사본), 1954. 이 격문에 대해 김용섭은 그 후 계속 보완되고 다듬어져서 다 달 후인 갑오년 정월에는 고부민란 시에 창의문으로 완성되며, 그 후 무장봉기 시에는 한문으로 작성된다고 하였다.(김용섭,『한국근대농업사연구』Ⅲ, 194쪽 각주 108)

7) 당시 전봉준 등 동학교인이 고부기포를 준비하면서 통문을 포고하였다는 것을 뒷받침하는 자료는 『東學推考』이다. 이 자료는 동학농민혁명 당시 고부에 살았던 유생 柳暘川이 필사해 남긴 것으로 고부기포의 전후 상황을 파악하는 데 유용하다.(박맹수, 「1894년 1월 고부농민봉기 관련 신자료」,『한국근현대사연구』2, 한국근현대대사연구회, 1995 참조)

全琫準 宋斗浩 鄭鍾赫 宋大和 金道三 宋柱玉 宋柱晟 黃洪模 黃贊五
宋仁浩 崔興烈 李成夏 崔景善 金應七 黃彩五[8]

各里 里執綱 座下[9]

「통문」의 내용을 살펴보면, 첫째는 봉화를 들어 그동안 애통하고 절박한 사정을 천하에 알리고, 둘째는 의로운 깃발을 들어 창생을 구하고, 셋째는 북을 울려 조정의 간신과 탐관오리들을 물리치고, 넷째는 척왜척양으로 국가를 튼튼히 하고, 다섯째는 동학교인뿐만 아니라 일반 형제동포의 참여를 촉구하였다. 또한 1893년 11월 20일까지 마항시 즉 말목장터에서 기포할 것을 포고하였다. 이 통문에는 그동안 동학교단에서 1893년부터 전개하였던 교조신원운동과 척왜양창의운동에서 주장하였던 것이 집약되었다.

따라서 이 「통문」은 앞서 살펴보았던 반봉건적 내용보다 한 단계 더 나아간 반외세적 내용을 포함하고 있다. 즉 반봉건적이며 반외세적 성격을 아울러 포함하고 있다고 할 수 있다.

이처럼 전봉준은 「격문」과 「통문」을 돌려 고부기포의 당위성을 밝히자 곳곳에서 민중들이 모여 "났네 났어 난리가 났어. 참말 잘되었지 그냥 이대로 지내서야 백성이 한 사람이나 남아나겠나"하면서 여론도 기포에 대한 호의적이었다.

이와 같은 상황에서 전봉준 등은 고부기포의 선후책을 마련하기 위해

---

8) 이 통문에 서명한 인물은 모두 15명이다. 한편 1968년에 공개된 사발통문에는 전봉준 등 20명이 서명하였는데, 5명의 차이가 있다. 이 통문에 참여한 인물의 활동에 대해서는 성주현, 「동학혁명 이후 동학군의 활동과 동향」, 『동학과 동학혁명의 재인식』, 국학자료원, 2010을 참조할 것.

9) 송재섭, 『갑오동학혁명난과 전봉준장군실기』(필사본), 1954. 이 사발통문에 대해서는 조광환, 「사발통문에 대한 제 고찰」, 『동학농민혁명 신 발굴자료 학술대회 논문』, 동학농민혁명기념관리사업소, 2006을 참조할 것.

송두호[10)의 집에 都所[11)를 설치하였다. 도소를 설치하였다는 것은 고부기포를 본격적으로 전개할 본부를 구성하였다고 할 수 있다. 그리고 도소에서 연일 모여 기포 이후 전개할 선후책으로 다음의 4개 조항을 정하였다.

    一. 古阜城을 擊破하고 郡守 趙秉甲을 梟首할 事
    一. 軍器倉과 火藥庫를 占領할 事
    一. 郡守에게 阿諛하야 人民을 侵魚한 吏屬를 擊懲할 事
    一. 全州營을 陷落하고 京師로 直向할 事[12)

나아가 전봉준 등은 고부기포를 이끌어 갈 지도부를 구성하였다.

    一. 一狀頭에 全琫準
    一. 二狀頭에 鄭鍾赫
    一. 三狀頭에 金道三
    一. 參謀에 宋大和
    一. 中軍에 黃洪模
    一. 火砲將에 金應七[13)

---

10) 송재섭은 송두호에 대해 다음과 같이 기록하였다. "송두호는 一郡에 명망이 높은 사람이요, 일찍부터 동학에 입도하여 그의 장자 송대화와 함께 대접주의 책임으로 있음으로 일군 내에 토호 양반배가 거사할 시에 방해하거나 또는 장애가 됨을 제지하고 道衆을 동원시키는 역할에 적의한 인물이었다."(송재섭, 『실기』, 48쪽)
11) 동학농민혁명 당시 사발통문을 작성하였던 도소 중 송두효의 집은 1906년경 천도교 고부교구로 사용되었다.
12) 송재섭, 『갑오동학혁명난과 전봉준장군실기』(필사본), 1954. 이 4개 조항은 기존의 사발통문에 있는 4개 조항과 거의 동일하다. 一. 古阜城을 擊破하고 郡守 趙秉甲을 梟首할 事, 一. 軍器倉과 火藥庫를 占領할 事, 一. 郡守에게 阿諛하여 人民을 侵魚한 貪吏를 擊懲할 事, 一. 全州營을 陷落하고 京師로 直向할 事.
13) 송재섭, 『갑오동학혁명난과 전봉준장군실기』(필사본), 1954.

「통문」에 서명하였던 인물 즉 전봉준, 정종혁, 김도삼, 송대화, 황홍모, 김응칠 등을 중심으로 지도부를 구성하였다. 이로써 전봉준 등은 고부기포를 전개하기 위한 사전준비를 면밀하게 진행시키고 있었다. 동학 조직을 중심으로 동학교인 뿐만 아니라 일반 민중도 동원하고, 격문과 통문을 마련하고 기포 이후 행동 절차, 그리고 지휘본부와 지도부를 조직하였다. 이는 단순한 고부라는 지역적 민란의 차원이 아니라 보다 높은 차원의 목표를 추구하는 전국적인 규모의 혁명을 위한 성격을 지니고 있다.

3. 무장기포와 포고문

고부기포 이후 백산에 유진하였던 동학군은 이용태의 동학교인에 대한 집요한 탄압으로 일시 해산하고 전봉준 등 지도부 무장으로 이동하였다. 전봉준이 무장으로 간 이유는 크기 세 가지로 살펴 볼 수 있다. 첫째는 고부접주 전봉준의 연원 관계가 무장대접주 손화중의 관내였기 때문이었고, 둘째는 무장대접주로 있는 손화중의 동학세력이 호남일대에서 가장 규모가 컸기 때문이었다. 그리고 셋째는 이러한 관계에서 무장이 지리적으로 고부와 비교적 가까웠기 때문이었다. 특히 전봉준과 손화중은 단순한 연비의 관계뿐만 아니라 동지적 결합관계였던 것이다.[14] 이에 따라 전봉준은 손화중의 후원을 받으면서 새로운 동력을 확보할 수 있었던 것이다.

무장에 머물던 전봉준은 손화중과 고부기포의 상황과 관의 동향, 그리고 이후의 대책 등을 논의한 후 손화중의 집에 도소를 설치하였다. 당시 동학교단은 해월 최시형이 머물고 있던 충청도 보은에 대도소를 두었는

---

14) 신용하, 『동학농민혁명의 사회사』, 143~144쪽.

데, 전봉준과 손화중이 도소를 설치한 것은 대도소과 긴밀한 관계를 유지하면서 유사시 호남지역의 동학조직을 통할하기 위한 것이었다. 당시 손화중은 전봉준의 기포에 대해 시기상조라 하여 적극적으로 수용하지 않았다.[15] 이는 동학교단과 관계 때문이었다.

손화중은 1892년 공주 신평에 머무를 때 김낙철, 김개남, 김덕명 등 호남의 주요 지도자와 함께 해월 최시형을 배알하고 호남 동학교인 간의 '相和'에 대한 강화를 받은 바 있다.[16] 또한 1892년 11월 삼례교조신원운동은 물론 1893년 2월 광화문교조신원운동에도 참가하였다.[17] 뿐만 아니라 이해 3월 보은에서 전개된 척왜양창의운동에 정읍대접주로 참가하였다.[18]

이처럼 동학교단 지도부와 밀접한 관계를 가지고 있던 손화중은 전봉준의 의견을 일방적으로 수용할 수는 없었던 것이다. 즉 전봉준이 3월 13일 고부에서 동학농민군을 일시적으로 해산하고 3월 20일 무장에서 다시 기포를 할 수 있었던 것은 이 기간에 손화중이 교단과의 관계를 원만하게 형성해주었기 때문에 가능하였다.[19]

이에 따라 전봉준, 손화중, 김개남, 김덕명 등 호남의 주요 대접주들은 "동학이 하늘을 대신하여 세상을 다스려 나라를 보호하고 백성을 편안케 할 것이다. 우리는 살상과 약탈을 하지 않을 것이나 오직 탐관오리만은 처벌할 것"[20]을 기치로 하여, 손화중, 김개남, 김덕명 포의 동학 조직을

---

15) 조광환, 『소통하는 우리 역사』, 103쪽.
16) 오지영, 『동학사』, 98~99쪽; 이돈화, 『천도교창건사』, 제2편 43쪽.
17) 『해월선생문집』, 계사조.
18) 오지영, 『동학사』, 83~84쪽.
19) 이러한 사례는 1871년 이필제의 영해교조신원운동에서도 확인할 수 있다. 이필제는 영해를 중심으로 동학교인을 동원하고자 하였으나 동학교단의 책임자였던 해월 최시형의 승낙이 없으면 불가능하였다. 이에 이필제는 해월 최시형과 신뢰관계가 형성되었던 박사헌 등을 보내 해월 최시형을 설득, 승낙을 받은 후에야 동학교인을 동원할 수 있었다.

집결한 후 3월 20일 무장 동음치에서 「포고문」을 선포하였다.[21] 「포고
문」의 내용은 다음과 같다.

　　사람이 세상에서 가장 귀중한 것은 인륜이 있기 때문이다. 군신부
자는 인륜 중에서 큰 것인데, 임금이 어질고 신하가 강직하며, 어버이
가 인자하고 자식이 효도를 한 이후에 나라가 이루어지고 끝이 없는
복이 올 수가 있다. 지금 우리 전하께서는 어질고 효성스러우며 자애
롭고 사랑하는 마음을 가지셨으며, 신통력 있는 명확함과 성스러운
명석함을 지니셨다. 현명하고 어질며 바르고 강직한 신하가 주위에서
명석하도록 도와주면 요순(堯舜)의 교화와 문경(文景)의 통치를 가히
지정하고 반드시 이루어질 것이라고 바랄 수가 있다.

　　지금 신하라는 자들은 나라에 보답할 것을 생각하지 않고 다만 녹
봉과 지위를 훔치며, 전하의 총명을 가려서 아부하고 뜻만 맞추면서
충성스럽게 간언(諫言)을 하는 선비에게는 요망한 말을 한다고 하고,
정직한 사람을 비도라고 부른다. 안으로는 나라에 보답하는 인재가
없고, 밖으로는 백성을 학대하는 관리가 많아, 백성들의 마음은 날마
다 더욱 변하여 가정에 들어가서는 생업을 즐겁게 하는 일이 없고,
밖에 나와서는 몸을 보호할 방법이 없으며, 학정이 날마다 심하여
'악하는 소리가 서로 계속되고 있고, 임금과 신하의 의리와 부모와
자식의 윤리, 위와 아래의 분별이 반대로 무너지고 남은 것이 없게
되었다.

　　관자(管子)는 말하기를 "사유(四維)가 펴지지 않으면 나라가 곧 멸
망한다"라고 하였으니, 지금의 형세는 옛날보다 더 심각하다. 정승 이
하부터 방백과 수령에 이르기까지 나라가 위태로운 것을 생각하지 않
고 다만 자신을 살찌우고 가문을 윤택하게 할 계획에만 마음이 간절
하고, 인사를 하고 관리를 선발하는 통로는 재물을 생기게 하는 길로

20) 황현, 『오하기문』, 수필; 김종익 역, 『번역 오하기문』, 역사비평사, 1994, 72쪽.
21) 박문규, 『석남역사』, 갑오년 4월조; 황현, 『오하기문』 수필; 『주한일본공사관기록』
　　1, 57쪽.

생각하고 있으며, 과거시험 장소는 물건을 교역하는 시장과 같게 되었고, 많은 재물과 뇌물이 왕실 창고에 납부되지 않고 도리어 개인 창고를 채워 나라에는 채무가 쌓였다.

나라에 보답할 것을 생각하지 않고 교만하고 사치하며 음란하고 멋대로 놀아 두려워하고 거리끼는 것이 없으니, 전국은 어육(魚肉)이 되고 만백성은 도탄에 빠졌는데도 수령들의 탐학은 참으로 그대로이다. 어찌 백성이 궁핍하고 또 곤궁하지 않겠는가? 백성은 나라의 근본이며, 근본이 깎이면 나라는 쇠약해지는데, 나라를 돕고 백성을 편안하게 하는 방책을 생각하지 않고 시골에 저택을 건립하여 오직 혼자만 온전할 방법만을 찾고, 다만 녹봉과 지위를 훔치니, 어찌 그것이 사리이겠는가?

우리 무리는 비록 시골에 남겨진 백성이지만, 임금의 땅에서 먹고 살고 임금의 옷을 입고 있으므로 앉아서 나라가 위태롭게 되는 것을 볼 수 없어, 8도가 마음을 같이하고 수많은 백성이 의논하여 지금 의로운 깃발을 내걸고 보국안민(輔國安民) 하는 것으로 죽고 사는 것을 맹세하였다. 지금의 모습은 비록 놀라운 것에 속하지만 절대로 두려워하지 말고, 각각 백성의 생업을 편안하게 하고 태평한 세월이 되도록 함께 기원하며, 모두 임금의 교화에 감화된다면 천만다행이다.[22]

---

22) 무장에서 동학조직이 기포할 때 선포하였던 포고문은 오지영의 『동학사』, 『수록』, 어윤중의 『취어』, 황현의 『오하기문』, 박주대의 『나암수록』, 『Mutel 文書』, 그리고 『주한일본공사관기록』 1에 각각 실려 있다. 이중 『수록』, 『오하기문』, 『주한일본공사관기록』 등의 포고문은 동일한 내용이고, 『동학사』의 '창의문'은 앞의 포고문 내용 중 일부가 누락되었다. 그리고 이 포고문은 발표일이 없어 언제 발표되었는지 알 수 없어 논란이 되고 있다. 『동학사』에는 '갑오 정월', 『수록』에는 갑오년 3월 27일조 앞에, 『취어』에는 갑오년 4월 11일조에, 『오하기문』에는 3월조에, 『주한일본공사관기록』에는 1894년 5월 15일(음 4월 11일)자 각지에서 보고된 문서 별지에 각각 기록하고 있다. 그리고 일본인이 작성한 『조선폭동실기』(「적도의 격문」)와 『갑오조선내란시말』(「동학당의 선언」)에도 실려 있다. 뿐만 아니라 당시 발행되었던 일본신문 『時事時報』(5월 25일자), 『大阪朝日新聞』(5월 25일자), 『大阪每日新聞』(5월 25일자)에도 각각 게재되었다.
대체적으로 이 포고문은 3월 20일 무장에서 기포할 때 발표한 것으로 보고 있다. 참고로 이 '포고문'과 『동학사』의 창의문을 비교하기 위해 그 내용을 소개하고자 한다. "世上에서 사람을 貴타 함은 人倫이라는 것이 있기 때문이다. 君臣父子는 人倫이 가

전봉준, 손화중, 김개남 3인의 공동명의로 발표된 무장 「포고문」의 내용은 다음과 같이 정리할 수 있다.

첫째는 인륜의 보편적 인식이다. 포고문에 의하면, 세상에서 가장 귀한 것은 '인륜'임을 강조하고 있으며, 그 형태에 대해서는 군신부자의 관계를 무엇보다 중요시하였다. 즉 임금은 임금다워야 하고, 신하는 신하다워야 하고, 아버지는 아버지로써, 그리고 자식은 자식으로써의 직분을 다해야 한다는 보편적 윤리를 내세우고 있다. 이는 당시 유교적 사회로서 당연한 내용이기도 하지만 충과 효는 유교, 불교, 동학 등 종교적, 사상적 관점을 떠나서라도 가장 기본적인 것이라 할 수 있다.

둘째는 탐관오리의 행태이다. 전봉준 등은 당시 관료사회에 대한 인식은 매우 부정적으로 인식하고 있었다. 중앙의 공경으로부터 지방의 방백과 수령에 이르기까지 사리사욕에 대한 부패상, 그 부패로 인해 국가가 처한 존망의 위기의식, 과거에 대한 매관매직 등이다. 즉 보국의 인재가

장 큰 者라. 人君이 어질고 臣下가 곧으며 아비가 사랑하고 아들이 孝道한 後에야 國家가 無疆의 域에 믿어가는 것이다. 同我 聖上은 仁孝慈愛하고 神明聖叡한지라 賢良方正之臣이 있어 그 聰明을 翼贊할지면 堯舜之化와 文景之治를 可히써 바랄지라. 今日에 人臣된 者 圖報를 思치 않고 한갓 祿位만 盜賊하여 聰明을 擁蔽할 뿐이라. 忠諫之士를 妖言이라 이르고 正直之人을 匪徒라 하여 안으로는 輔國의 材가 없고 밖으로는 虐民이 많다. 人民의 마음은 날로 變하여 들어서는 樂生의 業이 없고 나가서는 保身의 責이 없다. 虐政이 날로 자라 怨聲이 그치지 아니하여 君臣 父子 上下의 分이 무너지고 말았다. 所謂 公卿 以下 方伯守令들은 國家의 危難을 生覺지도 아니하고 다만 肥己潤産에만 盡切하여 詮選의 門을 돈 버리러 볼 뿐이며 應試의 場은 賣買하는 저자와 같았다. 許多한 貨略은 國庫에 들어가지 못하고 다만 個人의 私藏을 채우고 만 것이며, 國家에는 積累의 債가 있어도 淸償하기를 生覺지 아니하고 驕慢하고 奢侈하고 淫亂하고 더러운 일만을 忌憚없이 行하여 八路가 魚肉이 되고 萬民이 塗炭에 들었다. 守宰의 貪虐에 百姓이 어찌 困窮치 아니하랴. 百姓은 國家의 根本이라 根本이 衰削하면 國家는 반드시 없어지는 것이다. 輔國安民의 責을 生覺지 아니하고 다만 제 몸만을 生覺하여 國祿만 없애는 것이 어찌 오늘 일이랴. 우리 等이 비록 在野의 遺民이나 君土를 먹고 君衣를 입고 사는 者라. 어찌 차마 國家의 滅亡을 앉아서 보겠느냐. 八域이 同心하고 億兆가 詢議하여 이에 義旗를 들어 輔國安民으로써 死生의 盟誓를 하노니, 今日의 光景에 놀라지 말고 昇平聖化와 함께 들어가 살아보기를 바라노라. 甲午 正月 日 湖南倡義所 全琫準 孫化中 金開男 等"

없다고 개탄하였다.

셋째는 민중들의 피폐한 생활이다. 虐民의 관리만 있어 민중들은 삶과 생업을 빼앗기고 몸을 보존할 대책마저 없는 상태였다. 그렇기 때문에 민중들은 塗炭에 빠져있다는 것이다.

넷째는 보국안민의 대책이다. 양반 관료들은 국가가 존망에 처했음에도 보국안민할 방책이 없음을 지적하였다. 나아가 동학군은 나라의 근본인 백성이 없어진다면 나라가 망할 수 있으므로 의로운 깃발을 든다고 밝히고 있다. 이는 동학군은 '의로운 창의군'임을 밝히고 있으며 기포의 정당성을 표방하였다.

이로 볼 때 무장포고문은 다분히 유교적 내용을 담고 있지만, 동학의 핵심적인 내용인 '보국안민'과 '제세안민'할 것을 표방하였다. 그렇지만 앞서 살펴보았던 고부기포의 반봉건 반외세의 성격보다 한 걸음 후퇴한 반봉건적 성격이 보다 강조되었다고 할 수 있다. 무장기포는 외세의 침략 즉 반외세에 대한 인식보다는 부패한 사회현실을 개혁하고 국가를 위기로부터 구하기 위해 죽음을 맹세한다는 반봉건적 인식이 컸던 것이다. 그렇기 때문에 무장기포 포고무에서의 보국안민은 "폭정을 물리쳐 백성을 구원하며, 나라를 보전하고 백성을 평안케 한다"는 것에 머물러있다고 할 수 있다.

4. 백산대회와 격문

3월 20일경 무장에서 기포한 동학군은 고부과 흥덕관아를 점령한 후 3월 26일 백산으로 이동하였다. 동학농민군은 다음과 같이 지휘체계를 개편하였다.

대 장 전봉준
총관영 손화중 김개남
총참모 김덕명 오시영
영솔장 최경선
비 서 송희옥 정백현

백산에서 개편된 지휘체계는 동학농민군의 세력이 확대 강화되었음을 의미한다. 무장에서 기포할 당시에는 전봉준, 손화중, 김개남의 단순한 지휘체계였지만, 백산에서는 보다 분명한 지휘체계가 확립되었다. 전봉준은 최고지도자로서 지위를 확립하였고, 그 아래 총관령에 손화중과 김개남, 총참모에 김덕명과 오시영, 영솔장에 최경선, 그리고 전봉준의 비서로 송희옥과 정백현을 각각 두었다. 이는 무장기포 당시보다 조직이 혁명군으로서의 강화된 것이라 할 수 있다.

이어 동학농민군 지도부는 호남뿐만 아니라 그 밖의 지역까지 연합전선을 구축하기 위해 「격문」을 각지로 발송하였다. 「격문」의 내용은 다음과 같다.

우리가 義를 들어 此에 至함은 그 本意가 斷斷 他에 있지 아니하고 蒼生을 塗炭의 中에서 건지고 國家를 磐石의 위에다 두고자 함이라. 안으로는 貪虐한 관리의 머리를 베이고 밖으로는 橫暴한 强敵의 무리를 驅逐하자 함이라. 兩班과 富豪의 앞에 苦痛을 받는 民衆들과 方伯과 首領의 밑에 屈辱을 받는 小吏들은 우리와 같이 怨恨이 깊은 者라. 조금도 躊躇치 말고 時刻으로 일어서라. 萬一 期會를 잃으면 後悔하여도 믿지 못하리라.[23]

이 「격문」은 오지영의 『동학사』에 나오는 유일한 것이지만, 당시 동

---

23) 오지영, 『동학사』, 112쪽.

학농민군의 의지를 가장 잘 표현하고 있다.[24] 즉 동학농민군의 기포가 첫째 창생을 도탄에서 건지고, 둘째 국가를 반석 위에 두고 함을 그 목적으로 분명하게 밝히고 있다. 그리고 이를 위해 안으로는 탐학한 관리의 처결, 밖으로는 외세의 구축이라는 반봉건적, 반제국적 성격을 강조하였다. 뿐만 아니라 동학농민군은 자신들의 목적을 이루기 위해서 유교적 지배질서에 고통 받고 있는 민중들의 동참을 호소하고 있다. 이러한 의미에서 동학농민군이 백산에서 각지에 파송한 「격문」은 '혁명'임을 선포하는 함축적인 뜻을 내포한 것이라 할 수 있다.

백산으로 호남일대의 동학농민군이 집결함에 따라 동학농민군은 새로운 강령과 군율이 필요하였다. 이미 '동학'이라는 종교적 이념을 토대로 하고 있지만 보다 분명히 할 필요하였던 것이다. 이에 따라 동학농민군 지도부는 '4대 名義'(강령)와 '12조의 紀律'(군율)을 제정하였다. 먼저 '4대 명의'는 다음과 같다.

> 첫째, 사람을 죽이지 않고 물건을 함부로 없애지 않는다.(不殺人 不殺物)
>
> 둘째, 충과 효를 함께 온전히 하며 세상을 구하고 백성을 편안하게 한다.(忠孝雙全 濟世安民)
>
> 셋째, 일본 오랑캐를 쫓아내 없애고 성스러운 도를 맑고 깨끗하게 한다.(逐滅倭夷 澄淸聖道)

---

24) 신용하는 백산대회에서 발표한 격문의 의의를 다음과 같이 밝힌 바 있다.
"이 격문은 뒤의 집강소의 행정개혁 12개조와 함께 농민군의 사상이 가장 잘 드러나고 있는 격문이다. 무장기포의 창의문에서는 봉기가 국왕에 대한 반역이 아님을 국민에게 널리 알리기에 급급하여 봉기의 본뜻을 충분히 솔직히 표현하지 못하고 유교의 용어를 분식한 경향이 강하다. 그러나 고부 점령에 성공하고 백산에서 1만 명의 농민군을 편성하는데 성공한 동학농민군 지도부는 거릴 것이 없이 자유로운 조건 위에서 대담하고 솔직하게 봉기의 목표를 밝히고 있다. 백산의 격문은 농민혁명 선언의 성격을 갖추고 있는 것이라 말할 수 있다."(신용하, 『동학과 갑오농민전쟁연구』, 155쪽)

넷째, 군대를 몰고 서울로 들어가 권세가와 귀족을 모두 없앤다.(驅
兵入京 盡滅權貴)[25]

이 '4대 명의'는 인륜적 보편의 의미를 담고 있는 生物의 존중과 충효,
그리고 격문에서 이미 밝힌 바 있는 반봉건적, 반제국주의적 요소를 담
고 있다. 즉 첫째 항목의 사람을 죽이지 않고 물건을 함부로 없애지 않
는 것은 동학사상의 핵심인 삼경사상을 내포하고 있다. 이는 고대에서부
터 내려오고 있는 인본주의의 요소를 가지고 있지만, 특히 '不殺物'은 해
월 최시형의 '物物天 事事天'과 '敬天, 敬人, 敬物'의 삼경사상 중 敬物思想
까지 확대한 것으로 볼 수 있다. 둘째 항목의 충과 효는 유교적 윤리로
서의 덕목이기도 하지만 이 역시 고대에서부터 유지되고 있었던 인간의
기본적 덕목이기도 하였다. 때문에 階序의 질서가 필요하였던 성리학적
조선사회에서 보다 강조되었지만 이는 동학에서도 여전히 강조되었던
덕목이었다.[26] 셋째 항목은 반제국주의적 요소를 담고 있다. 즉「격문」
의 '횡폭한 강적의 무리를 구축하고자 함'을 행동강령으로 나타낸 것으로

---

25) 정교, 『대한계년사』 권2, 1894년 4월조; 정교 著, 조광 編, 『대한계년사』 2권, 소명출
   판, 2004, 24쪽. 그리고 『주한일본공사관기록』에 의하면, "인명과 물건을 해치지 않
   고, 충효를 다하여 세상을 구하고 백성을 편히 살게 하며, 洋人과 倭人을 내쫓아 聖
   道를 밝히고, 군대를 몰아 경성으로 들어가 권기를 모두 멸한다(均勿傷人物害 忠孝
   雙全濟世安民 逐滅洋倭澄清聖道 驅兵入京盡滅權貴)"라고 되어 있다. 이 글에 따르면
   일본뿐만 아니라 서양 세력까지 구축의 대상으로 삼고 있다.(『주한일본공사관기록』 1,
   1쪽 및 335쪽) 이외에도 『內亂實記朝鮮事件』(『총서』 25, 175쪽)에도 게재되어 있다.
26) 특히 해월 최시형은 그의 법설에서 효를 강조하였다. "천지부모를 기리 모셔 잊지
   아니함을 깊은데 임한 듯이 하며, 엷은 어름 같이 하여 지극한 정성과 지극한 효도로
   써 지극히 공경을 다하는 것이 사람의 자식된 도리니라. 그 아들딸이 부모를 공경치
   않으면 부모가 크게 노하여 그 가장 사랑하는 아들딸에게 벌을 내리나니 경계하고
   삼갈지어다. (중략) 어려서 먹은 것이 어머니의 젖이 아니고 무엇이며, 자라서 먹는
   것이 천지의 곡식이 아니고 무엇인가. 젖과 곡식은 이것이 천지의 녹이니라. 사람이
   천지의 녹인줄 알면 반드시 식고하는 이치를 알 것이니 어머니의 젖으로 자란줄을
   알면 반드시 효도로서 봉양할 마음이 나는 것이니라"(「천지부모」, 『천도교경전』, 천
   도교중앙총부, 1971, 137~141쪽).

일제의 침략주의를 배격하고 나라를 반석 위에 두고자 하는 의미인 것이다. 넷째 항목은 반봉건적 요소를 담고 있다. 즉 격문에서 '탐학한 관리의 머리를 베고'라고 한 바와 같이, 중앙 조정의 부패한 권세가와 양반들을 제거하고 도탄에 빠져있는 창생을 구하고자 하는 의미였던 것이다. 따라서 이 4대 명의는 동학의 생명존중사상과 인간 본연의 윤리, 그리고 반봉건적 반제국주의적 성격을 담고 있을 뿐만 아니라 국가와 사회, 그리고 백성을 구하고자 하는 동학농민혁명의 정당성을 밝힌 것이었다.

　　나아가 백산의 동학농민군 지도부는 역시 혁명의 정당성을 확보하기 위해 보다 엄격한 기율이 필요하였다. 이에 따라 동학농민군이 반드시 지켜야 할 '12개조의 군율'을 다음과 같이 제정하였다.

　　　1. 항복하는 사람은 따뜻하게 대한다.(降者愛對)
　　　2. 곤궁한 사람은 구제한다.(困者救濟)
　　　3. 탐학한 관리는 쫓아낸다.(貪官逐之)
　　　4. 따르는 사람은 경복한다.(順者敬服)
　　　5. 굶주린 사람은 먹여준다.(飢者饋之)
　　　6. 간사하고 교활한 사람은 없앤다.(姦猾息之)
　　　7. 도주하는 사람은 쫓지 않는다.(走者勿追)
　　　8. 가난한 사람은 진휼한다.(貧者賑恤)
　　　9. 불충한 사람은 제거한다.(不忠除之)
　　10. 거역하는 사람은 효유한다.(逆者曉喻)
　　11. 병든 사람은 약을 준다(病者給藥)
　　12. 불효하는 사람은 형벌한다.(不孝刑之)[27]

27) 『주한일본공사관기록』 1, 19~20쪽 및 346쪽; 신용하, 『동학과 갑오농민전쟁연구』, 일조각, 1993, 154쪽. 동학농민군의 '12개조의 기율(군율)'의 발표 시점에 대해서는 여러 가지 설이 있다. 첫째 3월 25일 설(정교, 『대한계년사』; 신용하, 『동학과 갑오농민전쟁연구』, 154쪽), 둘째 3월 말 또는 4월 초 설(정창렬, 갑오농민전쟁연구, 연세대 박사학위논문, 1991, 140쪽), 셋째 4월 중순 설(배항섭, 「제1차 동학농민전쟁시기 농민군의 진격로와 활동상황」, 『동학연구』 11, 한국동학학회, 2002, 49~50쪽) 등이다.

이 '12개조 기율'은 4대 명의 중에서 첫째 항목과 둘째 항목을 좀 더 구체적으로 세분화한 것이었다. 즉 생명존중의 인본주의적 요소와 충효의 사회적 윤리를 보다 강조한 것으로, 동학농민군이 실천해야 할 덕목이라고 할 수 있다. 이는 전봉준이 각 부대장에게 당부한 약속과도 같다. 즉 전봉준은 "언제나 적을 대할 때는 칼날에 피를 묻히지 않고 이기는 것을 가장 큰 공으로 삼겠다. 비록 부득이 싸우더라도 절대 인명을 상하지 않는 것이 가장 귀한 일이다. 그러므로 행군할 때는 절대 사람을 해쳐서는 안 된다. 그리고 효제충신한 사람이 사는 마을이 있으면 그 주위 10리 안에는 주둔하지 말기 바란다"고 당부하였다.[28]

이 군율은 앞서의 『대한계년사』 외에 『주한일본공사관기록』 1(19~20쪽), 『동비토록』(『동학농민혁명국역총서』 3, 115~116쪽), 『조선폭동실기』의 「동학당 대장의 호령」에 실려 있다. 그리고 같은 책의 「영광 적영의 군령장과 계군령」에도 실려 있다. 또한 『갑오조선내란시말』(「동학당의 군기」), 『內亂實記朝鮮事件』(「東徒12條의 軍旗」)에도 실려 있다.

이외에도 『東京朝日新聞』(「동학당 대장의 호령」, 6월 3일자), 『萬朝報』(「東徒 12條의 軍旗」, 6월 5일자), 『大阪朝日新聞』(「12條의 軍旗」, 6월 3일자) 등 당시 일본에서 발행된 신문에도 실려 있다. 배항섭은 '12개조의 기율'이 동학농민군의 영광에서의 활동과 관련된 기사와 관련된 것으로 보고 4월 중순으로 판단하고 있다. 그런데 이들 자료에 실려 있는 군율은 시간적으로 전후관계를 확인할 수 없다. 뿐만 아니라 일본 신문에 소개되고 있는 '12조의 기율'은 한 기관에서 제공한 내용을 그대로 작성하여 동일한 기사이다. 그리고 이들 신문의 기사의 전후관계를 보면 일정하지가 않다. 이는 '12조의 기율'이 영광과 관련된 기사가 아니라 독립적인 기사이며, 편집하는 과정에서 신문사 편의상 게재한 것뿐이다. 대표적인 것이 『조선폭동실기』이다. 이 책에는 동일한 내용의 기사를 앞뒤 면에 실려있는데, 오히려 영광 관련기사에 실려 있는 '戒軍令'은 2개조가 누락되어 10개조만 있다. 그런데 이들 자료에 소개된 군율의 전후 기사를 보면 특히 『동비토록』의 경우 4월 21일조에 함께 실려있지만, 제목은 '정탐기'로써 독립적인 기사이고 바로 이어 4월 4일에 '東徒가 법성포의 아전과 향임에게 보내는 통문'이 실려있다. 뿐만 아니라 『동비토록』의 내용 역시 일본 신문이나 일본인들이 남긴 것과 동일한 것이다. 특히 『갑오조선내란시말』이란 책은 동학농민혁명을 시간의 흐름에 따라 정리하였는데, '12조의 기율'은 백산대회에 이어지고 있고, 영광과 관련된 동학농민군의 활동에서는 전혀 언급을 하지 않고 있다. 이러한 점에서 볼 때 '12조의 기율'은 백산대회에서 제정되었고 이후 각 지역 동학농민군이 군율로 지켜져 오던 것을 정탐하여 기사로 제공한 것이라 할 수 있다.

28) 『주한일본공사관기록』 1, 19쪽.

5. 맺음말

이상으로 고부기포, 무장기포, 그리고 백산대회 등 동학농민혁명 초기의 격문을 살펴보았다. 이를 정리하면서 맺음말을 대신하고자 한다.

첫째, 고부기포과 관련된 격문은 두 가지였다. 준비과정에서 발표되었던 격문과 사발통문이었다. 격문의 주요 내용은 간신과 탐관오리의 학정과 도탄에 빠진 民, 그리고 보국안민을 맹세하고 있다. 즉 고부기포의 당위성을 밝히고 있다. 따라서 고부기포의 첫 단계를 알려주는 격문의 주요 내용은 '반봉건 성격'을 그대로 보여주고 있다. 이어 고부기포의 성격을 보다 구체적으로 보여주고 있는 사발통문은 봉화를 들어 그동안 애통하고 절박한 사정을 천하에 알리고, 의로운 깃발을 들어 창생을 구하고, 북을 울려 조정의 간신과 탐관오리들을 물리치고, 척왜척양으로 국가를 튼튼히 하고, 동학교인 뿐만 아니라 일반 형제동포의 참여를 촉구하였다. 또한 1893년 11월 20일까지 마항시 즉 말목장터에서 기포할 것을 포고하였다. 이 통문에는 그동안 동학교단에서 1893년부터 전개하였던 교조신원운동과 척왜양창의운동에서 주장하였던 것이 집약되었다. 따라서 이 통문은 앞서 살펴보았던 반봉건적 내용보다 한 단계 더 나아간 반외세적 내용을 포함하고 있다. 즉 반봉건적이며 반외세적 성격을 아울러 포함하고 있다고 할 수 있다. 여기에 더하여 연합전선을 촉구하는 내용도 아울러 내포하였다고 할 수 있다. 이로 볼 때 고부기포는 반봉건, 반외세, 그리고 연합전선의 성격을 포함하였다는 점에서 동학농민혁명의 성격을 가장 잘 드러낸 것으로 파악할 수 있을 것으로 판단된다.

둘째, 무장기포에서는 포고문이 발표되었다. 포고문의 내용은 인륜의 보편적 인식, 탐관오리의 행태, 민중들의 피폐한 생활, 보국안민의 대책 등을 담고 있다. 그렇지만 무장기포 포고문은 다분히 유교적 내용을 담고 있지만, 동학의 핵심적인 내용인 '보국안민'과 '제세안민'할 것을 표방하였다. 그러나 고부기포의 반봉건 반외세의 성격보다 한 걸음 후퇴한 반봉건적 성격이 보다 강조되었다고 할 수 있다. 무장기포는 외세의 침략 즉 반외세에 대한 인식보다는 부패한 사회현실을 개혁하고 국가를 위기로부터 구하기 위해 죽음을 맹세한다는 반봉건적 인식이 컷던 것으로 판단된다.

셋째, 백산대회의 격문이다. 이 격문은 창생을 도탄에서 건지고, 국가를 반석 위에 두고 한다는 동학농민혁명의 목적을 분명하게 밝히고 있다. 그리고 이를 위해 안으로는 탐학한 관리의 처결, 밖으로는 외세의 구축이라는 반봉건적, 반제국적 성격을 강조하였다. 뿐만 아니라 동학농민군은 자신들의 목적을 이루기 위해서 유교적 지배질서에 고통 받고 있는 민중들의 동참을 호소하고 있다. 이러한 의미에서 동학농민군이 백산에서 각지에 파송한 격문은 '혁명'임을 선포하는 함축적인 뜻을 내포한 것이라 할 수 있다.

이로 볼 때, 고부기포는 반봉건·반외세와 연합전선의 성격을, 무장기포는 반봉건적 성격을, 그리고 백산대회는 반봉건·반외세와 연합전선의 성격을 보여준다고 할 수 있지 않을까 한다.

8장 동학농민혁명 초기 전개과정과 논쟁점

1. 동학농민혁명 120주년과 과제

2014년은 동학농민혁명이 일어난 지 120주년이 된 해이다. 동학농민혁명 1백주년보다는 못하지만 그래도 전국적으로 다양한 행사가 이어졌다. 동학농민혁명 1백주년에는 동학을 이어 받은 천도교는 천도교대로, 동학농민혁명 관련 단체는 단체대로 각각 기념식 또는 학술행사 등을 기념함으로써 동학농민혁명의 의미를 제대로 구현하지 못한 아쉬움이 있었다.[1] 동학농민혁명 120주년에는 다행히 동학농민혁명기념재단, 동학농민혁명유족회, 그리고 천도교가 연대하여 기념식과 학술행사, 그밖에 다양한 기념행사를 공동으로 개최하는 변화를 보여주었다.[2] 이는 적지

---

[1] 동학농민혁명1백주년에 천도교는 종교단체라고 하여 동학농민혁명 관련 단체로부터 처음부터 함께 하는데 배제된 바 있다.

[2] 동학농민혁명120주년을 맞아 동학농민혁명기념재단과 천도교는 기념행사를 공동으로 개최하기로 하고 여러 차례 협의를 한 후 지난 10월 11일은 기념식(서울시청), 10월 28일과 29일(중앙국립박물관) 학술대회를 개최한 바 있다. 10월 11일 기념식 후에는 다양한 기념행사가 있었으며, 동학농민군을 진압한 일본군 후비19대대 후손과

않은 변화를 보여준 것이라 할 수 있으며, 공동의 관심사를 함께 풀어갈 수 있지 않을까 기대된다.

동학농민혁명 120주년을 맞았음에도 불구하고 여전히 해결되지 못한 것이 동학농민혁명 기념일 제정이다. 동학농민혁명 기념일 제정은 오래전부터 논의된 바 있지만 여전히 해결하기 어려운 것이 아닌가 한다.

그런데 동학농민혁명 기념일 제정은 무엇보다도 동학농민혁명 초기 전개과정과 밀접한 관련이 있다는 점을 부인할 수 없는 것이 현실이다. 바로 '동학농민혁명의 기점이 어디이냐' 하는 것이다. 즉 고부기포, 무장기포, 백산대회 등 동학농민혁명 초기 전개과정에서 나타난 사건을 어느 시점에 의미를 부여할 것인가가 최대의 쟁점이었던 것이다. 이로 인해 아직도 논쟁의 불씨로 남아 있다. 동학농민혁명 120년을 맞아서도 최대의 과제라고 할 수 있는 기념일 제정은 여전히 혼란을 보이고 있다.

본고에서는 동학농민혁명 초기 전개 과정을 고부기포에서 백산대회까지 간략히 정리한 후 동학농민혁명 초기 전개과정에 나타난 논쟁점[3]인 동학농민혁명의 기점에 관한 논쟁을 살펴보고자 한다. 그리고 최근 제기되고 있는 백산대회 실체에 대한 논쟁을 간략히 언급해보고자 한다. 나아가 동학농민혁명 기념일 제정에도 조금이나마 도움이 되기를 기대한다.

2. 동학농민혁명의 초기전개 과정

동학농민혁명의 첫 기포는 1894년 1월 10일 고부에서 비롯되었다.[4]

화해의 장을 마련하기도 했다. 이러한 행사는 앞으로도 중요한 의미가 있다고 본다.
3) 동학농민혁명 초기 전개 과정에는 적지 않은 논쟁점이 있는 것이 사실이다. 고부기포, 무장기포, 백산대회의 명칭과 성격, 주체세력 등 여전히 다양한 관점에서 논쟁이 되고 있다.

고부기포5)의 원인은 고부군수 조병갑과 전운사 조필영의 동학교인과 농민에 대한 수탈이었다. 전봉준은 조병갑의 수탈에 대해 다음과 같이 지적하고 있다.

첫째, 고부의 동진강 상류에 만석보를 새로 수축하면서 농민들을 무상으로 동원할 때는 수세를 징수하지 않겠다고 약속해 놓고 정작 추수기에는 수세로 7백여 석을 착복하였다. 둘째, 진황지를 개간하면 일정기간 면세하다고 약속해 놓고 개간 후에는 추수기에 지세를 부과하였다. 셋째는 富民들에게는 불효, 음행 등 죄목을 씌워 2만여 냥을 늑탈하였다. 넷

---

4) 1894년 1월 10일 전봉준 등이 말목장터에서 모여 고부관아를 점령한 역사적 사건에 대해 여러 가지 명칭을 사용하고 있다. 즉 고부민란(정창렬, 배항섭 등), 고부민요(장병민), 고부(농민)봉기(박대길 등), 고부기포(성주현) 등이 있다. 필자가 본고에서 '고부기포'라고 명명한 것은 당시 사건의 핵심적인 주체세력이 동학 조직인 포를 통해서 전개되었기 때문이다. 즉 사발통문에 서명한 20명 중 생존한 10명은 대부분이 동학교단에서 활동하였고, 1906년 천도교라는 근대적 종교로 틀을 갖춘 이후에도 여전히 활동하고 있다. 특히 1906년 천도교 고부교구를 조직할 때 중심적 역할을 하였다.(이에 대해서는 성주현, 「동학혁명 이후 동학군의 활동」, 『동학과 동학혁명의 재인식』, 국학자료원, 2010을 참조할 것) 뿐만 아니라 전봉준도 신문과정에서 '기포'라는 용어를 사용하였다는 점에서 무장기포와 마찬가지로 고부기포로 하는 것이 더 타당성이 있다고 본다.

5) 고부기포에 대한 연구성과는 다음과 같다.
張永敏, 「1894年 古阜民擾 硏究(上)」, 『韓國學報』 18-3, 일지사, 1992: 장영민, 「1894年 古阜民擾 硏究(下)」, 『한국학보』 18-4, 일지사, 1992; 鄭昌烈, 「고부민란의 연구(상)」, 『한국사연구』 48, 한국사연구회, 1985; 鄭昌烈, 「고부민란의 연구(하)」, 『한국사연구』 49, 한국사연구회, 1985; 崔玄植, 「古阜와 甲午東學革命」, 『全羅文化論叢』 7, 全北大學校 全羅文化硏究所, 1994; 배항섭, 「古阜民亂과 東學農民戰爭의 勃發」, 『東學農民戰爭 硏究』, 고려대학교 박사학위논문, 1996; 장영민, 「古阜民亂」, 『東學農民運動硏究』, 한국정신문화연구원 박사학위논문, 1994; 김용섭, 「古阜民亂의 社會經濟 事情과 知的環境 – 東學亂·農民戰爭의 背景 理解와 관련하여」, 『한국근대농업사연구 Ⅲ – 전환기의 농민운동 – 』, 지식산업사, 2001; 신용하, 「古阜民亂의 沙鉢通文」, 『東學과 甲午農民戰爭硏究』, 일조각, 1993; 성주현, 「사발통문의 재검토와 '고부기포'」, 『한국민족운동사연구』 77, 한국민족운동사학회, 2013; 김인걸, 「1894년 농민전쟁과 고부기포」, 『동학농민혁명과 고부봉기』, 한국민족운동사학회, 2014; 강효숙, 「동학농민전쟁에 있어 고부봉기의 위상 – 사발통문과 일본 측 자료를 중심으로 – 」, 『한국민족운동사연구』 77, 한국민족운동사학회, 2013; 박대길, 「동학농민혁명과 고부봉기」, 『동학농민혁명과 고부봉기』, 한국민족운동사학회, 2014 등이 있다.

째는 대동미를 징수할 때 1결당 정미 16두를 징수한 다음 이를 정부에 납부할 때는 값싼 하등미로 바꾸어 그 차액을 착복하였다.[6]

이외에도 전봉준은 조병갑의 수탈은 "허다하여 기록할 수 없다고"고 할 정도로 많았다. 또한 전운사 조필영은 세미의 이중징수 및 운송비용, 운송선박 수리비 등 각종 명목으로 부당하게 수탈을 자행하였다.[7]

그러나 무엇보다도 동학교인에 대한 수탈이 일반 농민보다 극심하였다는 점이다. 고부의 동학교인들은 "고부군수 조병갑의 포확이 자심하여 도인이 견디지 못하게 하므로"[8]라고 하였는데, 이는 동학교인에 대한 탄압과 수탈이 일반 농민보다 심했음을 알 수 있다. 이에 동학교인과 농민들은 접주 전봉준을 장두로 추대하여 조병갑에게 진정서를 제출하기도 하였지만 전혀 받아들여지지 않았고, 오히려 수탈과 탄압은 가중되었다.

이와 같은 상황에서 全琫準은 宋斗浩, 宋大和와 더불어 趙秉甲을 징치하기 위해 기병을 할 것을 도모하였다. 이어서 기병하는 이유를 宋柱晟으로 하여금 해월 최시형이 있는 도소에 알렸다. 이와 동시에 태인의 崔景善, 금구의 金德明, 남원의 金開男, 무장의 孫和仲, 부안의 金洛喆 등 각 지역 동학 접에 檄文[9]을 띄웠다. 뿐만 아니라 통문을 작성하여 각면과

---

6) 「전봉준공초」(初招問目)(『나라사랑』 15, 외솔회, 1974, 151쪽).
7) 오지영, 『동학사』, 영창서관, 1938, 102~103쪽.
8) 송재섭, 「고부교구실기」, 『천도교회월보』 83호, 언문부 16~17쪽.
9) 격문의 내용은 다음과 같다.
　　"今之爲臣은 不思報國하고 도적녹위하며 掩蔽聰明하고 가意도容이라. 충간지목을 謂之妖言하고 正直之人을 위之비도하여 내無포圍지재하고 外多확民之官이라. 人民之心은 日益유變하여 入無학생之業하고 出無保구之策이라. 학政이 日사에 怨聲이 相續이로다. 自公卿以下로 以至方伯守令에 不念國家之危始하고 도절비己윤家之計와 전選之門은 視作生화之路요 응試之場은 擧作交역之市라. 許多화뢰가 不納王庫하고 反充사장이라. 國有累積之債라도 不念國報요 교사음이가 無所위기라. 八路魚肉에 萬民도탄이라. 民爲國本이니 削則國殘이라. 吾道은 유초야유민이나 食君之土하고 服君之義하며 不可坐視 國家之危亡이라. 以報公 補國安民으로 爲死生之誓라."(송재섭, 『갑오동학혁명난과 전봉준장군실기』(필사본), 1954)

각리에 포고하였다.[10] 격문은 1893년 仲冬 하순에 전봉준이 작성한 것이다. 앞서 언급하였듯이 격문의 주요 내용은 간신과 탐관오리의 학정과 도탄에 빠진 民, 그리고 보국안민을 맹세하고 있다. 즉 고부기포의 당위성을 밝히고 있다. 따라서 고부기포의 첫 단계를 알려주는 격문의 주요 내용은 '반봉건 성격'을 그대로 보여주고 있다. 이어서 전봉준은 고부기포를 보다 구체적으로 진행시키기 위해 通文[11]을 작성하여 각리 집강에게 포고하였다.

이처럼 전봉준은 격문과 통문을 돌려 고부기포의 당위성을 밝히자 곳곳에서 민중들이 모여 "났네 났서 난리가 났서. 참말 잘되었지 그냥 이대로 지내서야 백성이 한 사람이나 남아나겠나"하면서 여론도 기포에 대한 호의적이었다.

이와 같은 상황에서 전봉준 등은 고부기포의 선후책을 마련하기 위해 송두호[12]의 집에 都所를 설치하였다. 도소를 설치하였다는 것은 고부기

---

10) 송재섭, 『갑오동학혁명난과 전봉준장군실기』(필사본), 1954. 이 자료는 이미 오래 전에 공개되었지만 그동안 학계에서 별로 활용되지는 못하였다. 처음으로 공개된 것은 김용섭, 『한국근대농업사연구』Ⅲ(2001, 지식산업사)이라는 책이다. 이 책에 의하면, 이 자료에 대해 다음과 같이 설명하고 있다.

"이 책자는 進菴 宋在燮(1889~1955) 씨가 단기 4287년(1954)에 펜으로 쓴 필사본인데, 책의 마지막 부분에 저술연기가 씌어져 있다. 필자는 이를 朴英宰 교수를 통해 朴明道 선생(父 朴來源, 祖父 朴寅浩) 댁에 소장되어 있는 원고본의 복사본을 기증받아 보고 있다. 앞뒤가 많이 훼손되었으나 이 檄文과 通文이 씌어진 부분은 온전하다."

11) 이 통문을 사발통문이라고 한다. 내용은 다음과 같다.

"右文爲通諭事는 無他라. 大廈將傾에 此將奈何오. 坐而待之可乎아. 扶而求之可乎아. 奈若何오. 當此時期하야 海內同胞의 總力으로 以하야 撑而擊之코저하와 血淚를 灑하며 滿天下 同胞에게 衷心으로서 訴하노라. 吾儕飮恨忍痛이 已爲歲積에 悲塞哽咽함은 必無贅論이어니와 今不可忍일새. 玆敢烽火를 擧하야 其夷痛切迫之情을 天下에 大告하는 同時에 義旗를 揮하야 蒼生을 濁浪之中에서 救濟하고 鼓를 鳴하야써 滿朝의 奸臣賊子를 驅除하며 貪官汚吏를 擊懲하고 進하야써 倭를 逐하고 洋을 斥하야 國家를 萬年盤石의 上에 確立코자 하오니 惟我道人은 勿論이요 一般同胞兄弟도 本年 11月 20日를 期하야 古阜 馬項市로 無漏內應하라. 若不應者-有하면 梟首하리라."

12) 송재섭은 송두호에 대해 다음과 같이 기록하였다. "송두호는 一郡에 명망이 높은 사람이요, 일찍부터 동학에 입도하여 그의 장자 송대화와 함께 대접주의 책임으로 있

포를 본격적으로 전개할 본부를 구성하였다고 할 수 있다.

고부기포 이후 백산에 유진하였던 동학군은 이용태의 동학교인에 대한 집요한 탄압으로 일시 해산하고 전봉준 등 지도부 무장으로 이동하였다. 전봉준이 무장으로 간 이유는 크기 세 가지로 살펴볼 수 있다. 첫째는 고부접주 전봉준의 연원 관계가 무장대접주 손화중의 관내였기 때문이었고, 둘째는 무장대접주로 있는 손화중의 동학세력이 호남일대에서 가장 규모가 컸기 때문이었다. 그리고 셋째는 이러한 관계에서 무장이 지리적으로 고부와 비교적 가까웠기 때문이었다. 특히 전봉준과 손화중은 단순한 연비의 관계뿐만 아니라 동지적 결합관계였던 것이다.[13] 이에 따라 전봉준은 손화중의 후원을 받으면서 새로운 동력을 확보할 수 있었던 것이다.

무장에 머물던 전봉준은 손화중과 고부기포의 상황과 관의 동향, 그리고 이후의 대책 등을 논의한 후 손화중의 집에 도소를 설치하였다. 당시 동학교단은 해월 최시형이 머물고 있던 충청도 보은에 대도소를 두었는데, 전봉준과 손화중이 도소를 설치한 것은 대도소과 긴밀한 관계를 유지하면서 유사시 호남지역의 동학조직을 통할하기 위한 것이었다. 당시 손화중은 전봉준의 기포에 대해 시기상조라 하여 적극적으로 수용하지 않았다.[14] 이는 동학교단과 관계 때문이었다.

손화중은 1892년 공주 신평에 머무를 때 김낙철, 김개남, 김덕명 등 호남의 주요 지도자와 함께 해월 최시형을 배알하고 호남 동학교인 간의 '相和'에 대한 강화를 받은 바 있다.[15] 또한 1892년 11월 삼례교조신원운

음으로 일군 내에 토호 양반배가 거사할 시에 방해하거나 또는 장애가 됨을 제지하고 道衆을 동원시키는 역할에 적의한 인물이었다."(송재섭, 『실기』, 48쪽)

13) 신용하, 『동학농민혁명의 사회사』, 143~144쪽.

14) 조광환, 『소통하는 우리 역사』, 103쪽.

15) 오지영, 『동학사』, 98~99쪽; 이돈화, 『천도교창건사』, 제2편 43쪽.

동은 물론 1893년 2월 광화문교조신원운동에도 참가하였다.[16] 뿐만 아니라 이해 3월 보은에서 전개된 척왜양창의운동에 정읍대접주로 참가하였다.[17]

이처럼 동학교단 지도부와 밀접한 관계를 가지고 있었던 손화중은 전봉준의 의견을 일방적으로 수용할 수는 없었던 것이다. 즉 전봉준이 3월 13일 고부에서 동학농민군을 일시적으로 해산하고 3월 20일 무장에서 다시 기포를 할 수 있었던 것은 이 기간에 손화중이 교단과의 관계를 원만하게 형성해주었기 때문에 가능하였다.[18]

이에 따라 전봉준, 손화중, 김개남, 김덕명 등 호남의 주요 대접주들은 "동학이 하늘을 대신하여 세상을 다스려 나라를 보호하고 백성을 편안케 할 것이다. 우리는 살상과 약탈을 하지 않을 것이나 오직 탐관오리만은 처벌할 것"[19]을 기치로 하여, 손화중, 김개남, 김덕명 포의 동학 조직을 집결한 후 3월 20일 무장 동음치에서 고부에 이어 포고문을 선포하였다.[20]

3월 20일경 무장에서 기포한 동학군은 고부과 흥덕관아를 점령한 후 3월 26일 백산으로 이동하였다. 동학농민군은 다음과 같이 지휘체계를 개편하였다.

---

16) 『해월선생문집』, 계사조.

17) 오지영, 『동학사』, 83~84쪽.

18) 이러한 사례는 1871년 이필제의 영해교조신원운동에서도 확인할 수 있다. 이필제는 영해를 중심으로 동학교인을 동원하고자 하였으나 동학교단의 책임자였던 해월 최시형의 승낙이 없으면 불가능하였다. 이에 이필제는 해월 최시형과 신뢰관계가 형성되었던 박영관 등을 보내 해월 최시형을 설득, 승낙을 받은 후에야 동학교인을 동원할 수 있었다.

19) 황현, 『오하기문』, 수필; 김종익 역, 『번역 오하기문』, 역사비평사, 1994, 72쪽.

20) 박문규, 『석남역사』, 갑오년 4월조; 황현, 『오하기문』 수필; 『주한일본공사관기록』 1, 57쪽.

대   장 전봉준
총관영 손화중 김개남
총참모 김덕명 오시영
영솔장 최경선
비   서 송희옥 정백현

백산에서 개편된 지휘체계는 동학농민군의 세력이 확대 강화되었음을 의미한다. 무장에서 기포할 당시에는 전봉준, 손화중, 김개남의 단순한 지휘체계였지만, 백산에서는 보다 분명한 지휘체계가 확립되었다. 전봉준은 최고지도자로서 지위를 확립하였고, 그 아래 총관령에 손화중과 김개남, 총참모에 김덕명과 오시영, 영솔장에 최경선, 그리고 전봉준의 비서로 송희옥과 정백현을 각각 두었다. 이는 무장기포 당시보다 조직이 혁명군으로서의 강화된 것이라 할 수 있다.

백산에서 개편된 지휘체계는 동학농민군의 세력이 확대 강화되었음을 의미한다. 무장에서 기포할 당시에는 전봉준, 손화중, 김개남의 단순한 지휘체계였지만, 백산에서는 보다 분명한 지휘체계가 확립되었다. 전봉준은 최고지도자로서 지위를 확립하였고, 그 아래 총관령에 손화중과 김개남, 총참모에 김덕명과 오시영, 영솔장에 최경선, 그리고 전봉준의 비서로 송희옥과 정백현을 각각 두었다. 이는 무장기포 당시보다 조직이 혁명군으로서의 강화된 것이라 할 수 있다. 이어 동학농민군 지도부는 4대 명의와 12개조의 군율을 정한 후 호남뿐만 아니라 그 밖의 지역까지 연합전선을 구축하기 위해 격문21)을 각지로 발송하였다. 이후 동학농민

---

21) 격문의 내용은 다음과 같다.
  "우리가 義를 들어 此에 至함은 그 本意가 斷斷 他에 있지 아니하고 蒼生을 塗炭의 中에서 건지고 國家를 磐石의 위에다 두고자 함이라. 안으로는 貪虐한 관리의 머리를 베이고 밖으로는 橫暴한 強敵의 무리를 驅逐하자 함이다. 兩班과 富豪의 앞에 苦痛을 받는 民衆과 方伯과 首領의 밑에 屈辱을 받는 小吏들은 우리와 같이 怨恨이 깊은 者라. 조금도 躊躇치 말고 時刻으로 일어서라. 萬一 期會를 잃으면 後悔하여도

군은 정읍 황토현에서 관군과의 첫 접전에서 대승하였다.[22] 비록 지방군이었지만 대승한 동학군은 전략적으로 남하하여 군세를 보강한 후[23] 장성 황룡촌에서 중앙정부에서 파견한 경군과의 전투에서도 크게 승리하였다.

경군마저 격파한 동학군은 더 이상 남하를 하지 않고 전주로 향하였다. 전주는 감영 소재지였지만 호남의 수부이자 '풍패지향'으로 조선을 건국한 이성계의 영정이 보관된 경기전과 시조 및 시조비의 위패를 봉사한 조경묘가 있는 조선 왕조의 '정신적 영지'였다. 그러나 전주는 동학군에게는 사발통문 결의사항 중 하나였던 "전주영을 함락하고"의 목표였다. 전주를 향해 북상한 동학군은 정읍과 태인을 거쳐 4월 27일 전주성을 점령하였다. 바로 사발통문 결의 사항 중 하나였던 목표를 달성한 것이다.

3. 동학농민혁명의 초기 과정과 몇 가지 논쟁점

이상으로 동학농민혁명의 초기과정을 정리해보았다. 동학농민혁명 초기과정에서 가장 논란이 되는 것은 두 가지가 아닌가 한다. 첫째는 동학농민혁명의 기점을 어디로 볼 것이냐 하는 것이고, 둘째는 백산대회가 실제 있었느냐 하는 것이다. 본 절에서는 이와 관련하여 살펴보고자 한다.

먼저 동학농민혁명의 기점이 어디로 볼 것이냐에 대한 논쟁이다. 사실

믿지 못하리라."(오지영, 『동학사』, 112쪽)

22) 황토현전투에 대해서는 조성운, 「황토현전투의 전개와 역사적 의의」, 『동학농민혁명과 고부기포』, 선인, 2013을 참조할 것.

23) 동학군이 남하한 배경은 전주에 경군이 들어와 있고, 또한 동학군의 전세를 넓혀 세력을 확대하려는 의도도 있었던 것이다.

그동안 동학농민혁명의 기점은 고부기포로 알려졌다. 그렇다면 언제부터 동학농민혁명의 기점을 무장기포로 보았을까. 이미 알려진 바와 같이 무장기포는 신용하[24]와 정창렬[25]의 연구에서 비롯되었다.[26] 이후 무장기포에 대한 연구가 본격화되면서[27] 최근에는 고등학교 교과서에까지 반영되었다.[28] 이는 고부기포를 동학농민혁명의 기점으로 이해하였던 기존의 시각을 바꾸어 놓은 것이다. 이에 비해 무장기포가 동학농민혁명의 기점으로 보는 것이 적절하지 못하다는 연구성과도 꾸준히 제기되고 있는 것이 현실이다.[29] 그런 점에서 동학농민혁명이 고부기포에서 시작

---

24) 신용하, 「갑오농민전쟁의 제1차 농민전쟁」, 『한국학보』 40, 1985. 이 글은 신용하, 『동학과 갑오농민전쟁연구』, 일조각, 1993에 재수록되었다. 본고에서는 재수록된 『동학과 갑오농민전쟁연구』을 참고하였다.

25) 정창렬, 「고부민란」(상·하), 『한국사연구』 48·49, 한국사연구회.

26) 무장기포서에 대해 김인걸은 다음과 같이 평가한 바 있다.
    "고부민란과 무장기포의 차별성을 더욱 부각시키는 것은 신용하의 견해라면, 정창렬은 그 차별성을 인정하면서도 객관적인 모순의 동질성과 모순 해결의 주체(전봉준 집단)의 연계성을 기초로 그 사이에 내적 연관성을 강조한다. 그렇지만 정창렬 역시 민란 농민군은 일단의 좌초를 체험한 자기 지양에 의해 문제를 파악 행동의 차원을 지역성의 차원에서 지방성의 차원으로 비약시켰고, 그 결과가 제1차 농민전쟁이었다고 제시하였다. 그러나 장창렬 역시 단계적 차원에서 차별성을 강조하지만 무장기포설에 대해서는 신용하와 별 차이가 없다. 이러한 논리는 이어받은 연구가 배항섭이다.

27) 이후 무장기포가 동학농민혁명의 기점이라는 연구는 진기홍, 「무장은 갑오동학농민혁명이 발상지」, 『향토사료』, 고창문화원, 1993; 배항섭, 「1980대 초반 민중의 동향과 고부민란」, 『1894년 농민전쟁연구』 4, 역사비평사, 1995; 배항섭, 「동학농민혁명에서 무장기포의 성격과 역사적 의의」, 『동학농민혁명의 기억과 역사적 의의』, 전북사학회·정읍시, 2011 등에 의해서 꾸준히 이어지고 있다.

28) 해방 이후부터 제7차 교육과정기까지는 동학농민혁명의 기점이 고부기포였지만 2009년 개정 교육과정이 마련되면서부터 동학농민혁명이 고부기포에서 비롯되었다고 명확하게 서술되어 있지는 않다. 이러한 점은 1980년대 중반 이래 동학농민혁명의 연구성과가 반영되었기 때문이다.
    한편 역사교과서와 동학농민혁명에 대한 서술의 변화에 대해서는 조성운, 「해방 이후 한국의 역사교과서의 동학농민운동 서술의 변천」, 동학농민운동120주년 청일전쟁120주년 기념 국제학술회의 발표집, 독립기념관, 2014년을 참조할 것.

29) 이에 대해서는 김인걸, 「1894년 농민전쟁의 1차 봉기」, 『1894년 농민전쟁연구』 4, 역사비평사, 1995; 황선희, 「동학농민혁명운동의 발상지와 무장봉기」, 『동학학보』 8, 2004; 성주현, 「동학농민혁명의 격문 분석」, 『동학농민혁명의 기억과 역사적 의의』,

하였느냐, 무장기포에 시작하였느냐가 동학농민혁명의 초기 전개과정에서 최대의 논쟁점이라 할 수 있다. 그런데 이 논쟁은 단순히 학문적으로만 논쟁되는 것이 아니라 동학농민혁명 기념일 제정과도 맞물려 있기 때문에 더 관심을 가질 수밖에 없게 되었다.

앞서 언급하였듯이 동학농민혁명의 기점에서 '무장기포설'은 신용하가 처음으로 학계에서 제기하였다. 그는 동학농민혁명을 네 단계[30]로 구분하고 초기 전개과정을 1단계와 2단계로 구분한 바 있다.[31]

> (a) 제1단계는 '고부민란'의 단계로서, 전라도 고부에서 봉건적 군수의 가렴주구를 견디지 못한 농민 1천여 명이 전봉준을 대표로 추대하고 고부관아를 습격하여 점거해서 향리와 군교들을 징계하고 군수 조병갑 등이 수탈한 수세 등의 양곡을 원주인에게 돌려주었다가 군수가 교체되고 신임군수 박원명이 설득하자 해산한 '民擾' 단계이다. 이것은 아직 농민전쟁이라고 볼 수 없고, 그 전주곡에 해당하는 소민란 또는 소폭동의 성격을 가진 것이다. 1894년 1월 11일(양력 2월 16일)경부터 3월 3일(양력 4월 8일)까지가 이 시기에 해당한다.

> (b) 제2단계는 '갑오농민전쟁의 제1차 농민전쟁'의 단계로서, 전라도 일대와 충청도 일부의 농민들이 무장하고 농민군을 편성해서 봉기하여 고부를 비롯한 여러 고을의 관아를 점령하고 관군을 격파한 다음, 마침내 전라도 수도인 전주에 입성한 단계이다. 이 단계로부터 본격적인 동학혁명운동이 시작되었다. 1894년 음력 3월 20일(양력 4월

전북사학회·정읍시, 2011; 박대길, 「동학농민혁명의 시작, 고부봉기」, 『동학학보』 25, 2012; 조성운, 「황토현전투의 전개와 역사적 의의」, 『한국민족운동사연구』 77, 한국민족운동사학회, 2013 등이 있다.
30) 신용하의 동학농민혁명의 전개과정 4단계는 다음과 같이 구분하고 있다. 1단계는 고부민란 단계, 2단계는 갑오농민전쟁의 제1차 농민전쟁 단계, 3단계는 갑오농민전쟁의 농민집강소 시기, 4단계는 갑오농민전쟁의 제2차 농민전쟁의 단계이다.
31) 신용하, 『동학과 갑오농민전쟁연구』, 130쪽.

25일)부터 동년 5월 7일(양력 6월 10일)까지가 이 시기에 해당한다.

(a)는 고부기포에 대한 것으로, 동학농민혁명의 전주곡에 해당하는 '소민란' 또는 '소폭동'이라고 규정하였고, (b)는 무장기포부터 전주성 점령까지의 시기로, 동학농민혁명이 본격적으로 시작된 것은 무장기포라는 것이다. 나아가 "종래 갑오농민전쟁의 제1차 농민전쟁을 고부의 백산에서 기포한 것으로 알고 여기서부터 설명하기 시작한 것은 사실과 다른 잘못이며, 그에 앞서 무장도소와 무장기포에서부터 시작하여 백산에 도착할 때까지의 과정을 먼저 설명에 넣어서 제1차 농민전쟁 봉기과정을 사실과 일치하도록 대폭 수정해야 할 것이라고 본다"[32]고 하여 동학농민혁명의 기점을 무장기포였음을 방증하였다.

또한 그는 고부기포에 대해 "고부민란은 동학과의 관계도 아직 완전히 결합된 것이 아니었다. 민란을 일으킨 사람들은 소작농을 선두로 한 농민이었다. (중략) 고부민란에서는 동학과 민란의 결합은 미약했으며, 동학조직세력은 고부민란의 주도세력이 아니었다. 고부민란은 동학도를 일부 포함한 소작농·빈농을 선두하고 富農·里執綱들이 지도부를 구성하여 일으킨 '민요'이었다"[33]라고 하여, 고부기포와 동학농민혁명의 단절을 시도하였다.[34]

---

32) 신용하, 『동학과 갑오농민전쟁연구』, 159쪽.
33) 신용하, 『동학과 갑오농민전쟁연구』, 98쪽.
34) 신용하는 전봉준이 고부기포에서 장두로 추대된 것을 서당 훈장을 하는 정의감 있는 농촌지식인으로서 농민들에 의해 추대된 것이지 동학접주였기 때문에 추대된 것이 아니었다라고 하였다. '동학은 小하고 원민이 多'하였기 때문이었다. 이에 대해 고부기포는 동학교인이 아니라 농민들이 주도세력이었다고 해석을 하고 있다. 이에 대해 김성훈은 "녹두장군 전봉준은 참으로 인간애와 인간미가 넘치는 지도자였다. 서당 선생이었던 아버지 전창혁이 학정에 항의하다가 관가에 붙들려가 장살을 당했지만, 자기의 슬픔보다 주변사람들의 고통을 못 참는 성격이었다. 백성들과 희로애락 생로병사를 함께 했던 많은 에피소드가 전해 내려온다. 그중 백미는 동학의 고부 접주인 그가 서울로 잡혀가 갖은 고문을 받으며 윗선을 대라고 요구받았지만 끝까지 자신이

이러한 해석은 고부기포는 동학농민혁명과 직접 관련이 없고, 그동안 동학농민혁명의 기점이라고 알려진 백산기포를 무장기포로 수정해야 한다는 것이다. 이후 '무장기포설이 동학농민혁명의 시작'이라는 연구가 뒤따르고 있는데, 이를 가장 뒷받침하고 있는 연구가 배항섭에 의해 진행되고 있다. 그런데 배항섭은 고부기포와 무장기포와의 관계성을 세밀하게 분석하면서도 '동학농민혁명의 시작은 무장기포'임을 강조하였다.[35]

> 농민전쟁의 단서는 전봉준이 격문이 날아간 10여 일 뒤부터 마련되기 시작했다. 이와 같이 고부민란이 정돈상태를 벗어나지 못하다가 끝내 민란 자체가 사실상 해산한 뒤에야 전국적인 항쟁으로 향한 새로운 면모를 갖추게 된 것은 무엇보다 전봉준의 노력에 의해 인근 읍의 호응이 일어났기 때문이다. 이것은 곧 '교조신원운동'을 통해 그 스스로가 '보국안민'의 주체라는 자각을 일정하게 획득하고 있던 교도들과 일찍부터 '보국안민'의 대업을 구상하고 있던 전봉준 등 지도자가 동학조직을 이용하여 '합세'하였음을 말한다. 조직 면에서도 의식 면에서도 '농민전쟁 봉기계획'을 추진할 수 있는 주체적 역량이 일정하게 갖추어진 것이다. 이러한 과정을 거쳐 드디어 3월 20일에는 무장포고문이 발해지고, 농민전쟁이 시작되었다.[36]

즉 동학농민혁명의 단서는 기포-격문 발송-백산 이진-지역 호응-내부 갈등-완전 해산으로 이어지는 고부기포 과정에서 격문[37]이 전라도 각읍

일으킨 봉기였음을 주장하여 자신을 접주로 임명한 교주 최시형을 보호한 것이다" (김성훈, 『워낭소리, 인생 삼모작 이야기』, 따비, 2014, 98쪽)

35) 배항섭, 「1890년대 초반 민중의 동향과 고부민란」, 『1894년 농민전쟁연구』 4, 역사비평사, 1995, 77쪽.
은 고무기포와 무장기포와의 연결고리를 설명하고 있지만 동학농민혁명의 시작은 무장기포임을 분명하게 밝히고 있다. "
36) 배항섭, 「1890년대 초반 민중의 동향과 고부민란」, 82쪽.
37) 이 격문은 2월 20일경 전라도 각읍에 보낸 것이다. 그 내용은 다음과 같다.

에 발송된 지 10여일 후에 마련되기 시작하였다고 보았다. 그리고 고부 기포의 동학농민군이 '완전히 해산'된 뒤에 전봉준의 노력으로 각 읍에서 호응하였고, 이를 기반으로 3월 20일 무장에서 포고문을 발포하고 기포를 한 시점을 동학농민혁명의 시작 즉 기점으로 삼아야 한다는 것이다. 이러한 논지에서 다음의 글에서도 그대로 보이고 있다.

전봉준은 고부봉기를 통해 전국적 항쟁을 기도하였으나, 손화중 등 인근 지도자들과의 사전 합의가 충분히 이루어지지 않았다. 그 때문에 고부봉기는 3월 초순에 들어 해산되고 말았다. 그 이후의 사정은 전봉준실기에 잘 기록되어 있다. 전봉준은 가장 큰 세력을 형성하고 있던 무장의 손화중을 찾아가서 "구원을 청"하였고, 이에 대해 손화중은 '시기상조'라는 판단을 하고는 있었지만 결국 전봉준과 뜻을 합쳐 농민혁명을 시작하기로 결심을 한 것이다.

그 결과 고을 단위를 뛰어넘어 전라도 각 지역에서 농민혁명을 수행할 의식을 일정하게 갖춘 농민군이 무장으로 모였으며, 마침내 3월 20일 전라도 무장에서 포고문을 발포함으로써 동학농민혁명이 시작된 것이다.[38]

"백성을 지키고 길러야 할 지방관은 치진의 도를 모르고 자신의 직책을 돈벌이 수단으로 삼는다. 여기에 더하여 전운영이 창설됨으로써 많은 폐단이 번극하니 민인들이 도탄에 빠지고 나라가 위태롭다. 우리는 비록 초야의 유민이지만 차마 나라의 위기를 좌시할 수 없다. 원컨대 각읍의 여러 군자는 한 목소리로 의를 떨쳐 일어나 나라를 해치는 적을 제거하여 위로는 종사를 보전하고 아래로는 백성들을 편안케 하자." (이복영, 『남유수록』, 갑오 2월 20일)
그렇다면 언제 이 격문이 발송되었느냐 하는 것이 문제이다. 2월 20일 부여에 살고 있는 이복영에게 박일도가 전해준 것이다. 그렇다면 적어도 2월 20일 이전에 발송되었을 것이고, 전라도에 발송된 것이 충청도 부여까지 전달되었다는 것은 시일이 좀 걸렸을 것으로 판단된다.
38) 배항섭, 「동학농민혁명에서 무장기포와 〈무장포고문〉의 사료적 가치와 위상」, 제10회 동학농민혁명 학술대회 발표문, 고창군, 2014; 배항섭, 「동학농민혁명에서 무장기포지의 역사적 의미」, 제6회 학술회의 발표문, 고창군, 2010.

이와 같은 배항섭의 무장기포설은 김양식에게서도 그대로 보이고 있다. 김양식 역시 '무장기포설'을 다음과 같이 언급한 바 있다.

전봉준이 동학농민혁명을 잉태한 곳은 고부이지만, 그것을 분만한 곳은 고창 무장이었다. 고부 농민봉기에 실패한 전봉준은 3월 초순 고부와 인접한 무장으로 옮겨 은밀하게 거사를 준비한 뒤 3월 20일 창의문을 포고하였다. 이것은 정부를 상대로 한 선전포고이자 동학농민혁명의 시작이었다.[39]

김양식도 무장기포가 정부를 상대로 선전포고이며, 동학농민혁명의 시작이었다고 주장하였다. 배항섭은 고부기포와 무장기포를 관련성을 연계하면서도 무장기포설을 주장하였다면 김양식은 무장기포와 고부기포를 단절시키면서 무장기포설을 주장하였다.

이러한 무장기포설에 대해 김인걸은 무장기포에 의해 동학농민혁명 시작되었다고 보는 것이 부적절하다고 지적하였다. 그는 고부기포가 초

---

39) 김양식, 「동학농민혁명과 고창」, 고창미래포럼 강연문, 2008. 특히 김양식은 2009 개정 교육과정에 따라 편찬된 한국사 교과서의 동학농민혁명에 대한 서술이 수정되어야 한다고 주장한 바 있다. 그에 따르면 고부기포는 동학농민혁명과 기본적으로 분리시켜야 한다고 하였다.(김양식, 「동학농민혁명에 관한 역사교과서의 서술내용의 문제점과 개선방향」, 『동학학보』 24, 동학학회 참조) 또한 김양식은 "2002년도에 편찬된 현행 고등학교 국사 교과서 역시 동학농민혁명을 동학농민운동으로 평가 절하하면서, "동학농민운동은 1894년 전라도 고부에서 시작되었다. 전봉준을 중심으로 한 농민층은 고부군수 조병갑의 탐욕스럽고 포악함에 봉기한 이후, 보국안민과 제폭구민을 내세우며 전라도 일대를 장악하였다(110쪽)" 라고 기술하고 있다. 동학농민혁명이 농민운동 차원에서 조병갑의 학정에 대항하여 고부에서 봉기하였다는 것이다. 동학농민혁명이 발발한 원인 뿐 아니라 발상지가 잘못되었다. 그러니 학생들이 고창 무장 기포지에 올 이유가 없으며, 설령 와도 혼란스러울 뿐이다. 무장 기포지의 교과서 수록은 그 파급효과가 대단히 클 것이다. 사적지로 지정받기가 유리할 뿐 아니라, 교육과정을 통해 무장 기포지가 교수학습됨으로써 무장 기포지의 장소성을 강화하고 고창군의 교육 및 관광자원으로 활성화될 것이다."라고 한 바 있다.(김양식, 「동학농민혁명 무장기포지의 보존·관리와 활용방안」, 제6회 학술대회 발표문, 고창군, 2010)

기에는 민란의 수준을 벗어나지는 못하였지만 2월 20일 고부에서 동학
지도부가 전라도 각읍에 격문을 띄운 것이 동학농민혁명의 시작이었다
고 보았다.[40]

그리고 성주현과 박대길도 동학농민혁명의 시작을 고부기포를 주장하
고 있다. 성주현과 박대길은 고부기포와 무장기포가 동학농민혁명의 초
기 전개과정에 분리할 수 없다는 점, 즉 무장기포는 고부기포의 연장선
상에서 진행되었다고 평가하였다. 나아가 동학농민혁명은 고부기포가
그 시발점이었으며, 무장기포를 거쳐 백산대회를 통해 동학농민군은 명
실상부한 혁명군으로서 위상을 갖추었다고 밝힌 바 있다.[41] 조성운도
"고부농민봉기를 준비하는 과정에서 사발통문에 나타난 전봉준 등의 계
획이 (황토현 전투를 통해) 구체적으로 실천되고 있음을 보여주는 것이
다. 따라서 동학농민운동은 고부농민봉기에서 비롯되었다고 보는 것이
옳을 것이다"라고 하여 동학농민혁명의 기점이 고부기포임을 뒷받침하
고 있다.[42]

그런데 동학농민혁명 초기 전개과정에서 그 기점이 고부기포와 무장
기포냐 하는 논쟁점에서 핵심적인 키워드는 '2월 20일의 격문'과 '3월 13
일 해산'이다.

'2월 20일의 격문'과 관련된 내용은 『남유수록』에 등장하고 있다.[43]

---

40) 김인걸, 「1894년 농민전쟁의 1차 봉기」, 『1894년 농민전쟁연구』 1, 112~113쪽.
"고부민란은 그 단초였고, 1894년 2월 20일 전봉준이 각 읍에 띄운 격문은 실질적인
농민전쟁의 시작을 알리는 포성이었다. 이 격문은 1890년대 초반의 농민층의 동향과
동학교단 내의 일련의 움직임 속에서 교단 조직을 갖고 있던 한계를 인식하고 새로
운 돌파구를 마련하려던 지도부의 전쟁구상의 골격을 보여준 것이었다."
41) 졸고, 「사발통문의 재검토와 '고부기포'」, 『한국민족운동사연구』 77, 한국민족운동사
학회, 2013; 박대길, 「동학농민혁명과 고부봉기」: 한국민족운동사학회 편, 『동학농민
혁명과 고부봉기』, 선인, 2014.
42) 조성운, 「황토현전투의 역사적 의의」, 한국민족운동사학회 편, 『동학농민혁명과 고
부봉기』, 선인, 2014.
43) 이에 대해서는 각주 38) 참조.

이 격문은 2월 20일 부여에 있는 이복영에게 전달되었는데, 고부에서 전라도 각 읍의 동학지도자에게 전달하고자 하였던 것으로 본다면 적어도 2월 20일 이전에 발포되었을 것으로 추정된다. 배항섭과 김인걸 둘 다 이 격문이 고부기포에서 중요한 전환점이었음을 인정하고 있다.[44] 즉 이를 계기로 고부라는 1읍의 지역적 제한성을 극복하고자 하였던 것으로 본 것이다. 그리고 이후 고부기포의 전개 양상도 큰 차이가 없다. 그렇지만 배항섭은 고부기포가 민란의 성격을 벗어나지 못하였다고 지적하였고, 이에 비해 김인걸은 지역성을 극복하는 동학농민혁명의 시작으로 인식하였던 것이다.

한편 '3월 13일 해산'은 「고부민요일기」에 나오는 내용으로 다음과 같다.

> 3월 11, 12일경 나는 그들의 상황이 등불이 꺼지기 전에 한 번 타오르는 것 같다고 생각하였다. 한 번 성했다 한 번 멸했다 하는 소문 속에 그들은 3월 13일 완전히 해산하였다. 都將은 처자를 거느리고 도망가고 나머지 무리는 체포되었고 졸개들은 歸農하여, 모두 일이 끝난 것을 축하했다.
> 그런데 급보가 하늘에서 날아왔으니, 때는 3월 20일. 이 날 德興里의 장꾼이 돌아와서 이르기를, 동학군 수만 명이 茂長의 屈峙를 넘어서 덕흥리를 지났다고 한다.[45]

---

44) 배항섭과 김인걸은 2월 20일 격문에 대해서는 사실상 거의 동일하게 파악하고 있다. 배항섭은 "전봉준은 일반적인 민란과 마찬가지로 당시의 만인들이 가장 절박하게 느끼던 지방관 수탈과 탐학상 등 봉건적 모순을 전면에 제기하여 고부민란을 이끌고, 고부 1읍만의 문제가 아니라 전라도 일대 전체의 문제였던 전운영 문제 등을 제기한 격문을 각지의 변혁지향적인 동학접주들에게 날림으로써 동학조직을 이용하여 반란의 규모를 인근 읍으로 확대해 나가고자 하였다"라고 하였고, 김인걸 역시 "이 격문은 전라도 모든 민중의 현실적 요구를 수용하고 전도의 호응을 구한 것으로서 농민전쟁의 구상을 실천하기 위한 것으로 볼 수 있다"라고 하였다. 이는 둘 다 격문을 통해 '고부'라는 제한적 지역성을 벗어나 보다 확전을 시도하였음을 평가하고 있다.
45) 「全羅民擾報告 宮闕內騷擾의 件」, 『주한공사관기록』 1, 국사편찬위원회.

「고부민요일기」에 의하면 '1월 10일 시작된 고부기포가 3월 13일 완전히 해산하였다'는 이를 두고 정창렬과 배항섭은 '3월 13일 완전 해산설'에 무게 중심을 두고 있다. 즉 "안핵사 이용태의 잔인을 극한 탄압은 고부민란의 완전한 해제(3월 13일)를 강요하였다"[46]거나 "고부민란은 3월 3일경에는 기본적으로 해산되었고, 3월 2일에 고부에 들이닥친 안핵사 이용태는 온갖 만행을 자행하였고 이에 따라 고부민란도 3월 13일경에는 완전 해산의 국면으로 몰리었다"라고 하여 고부기포는 완전히 끝났고, 이러한 상황에서 새로운 국면을 전환시키기 위해 손화중을 찾았고 3월 20일 동학농민혁명이 시작되었다고 하였다. 배항섭 역시 고부기포는 3월 13일 완전히 해산되었다는 점을 강조하고 있다.

이해 비해 성주현과 박대길은 「고부민요일기」에서는 "3월 13일 완전히 해산하였다"고 하였지만 이를 액면 그대로 받아들이지 않고 있다. 성주현은 이용태의 만행에 "백산에 유진하고 있던 동학군은 3월 13일 일단 해산하였고, 전봉준은 자신을 따르는 휘하 수십 명과 함께 무장으로 피신하였다"[47]라고 하여, 일시적으로 해산하였다고 보았다. 그리고 박대길은 3월 13일의 상황을 다음과 같이 주장하였다.

> 전봉준은 단순 가담자들의 '산락'에 개의치 않고, 3월 10일에 사냥꾼에게서 총기를 거두어들이며 무장을 하였던 것이다. 3월 11일에는 동학농민군 3,000여 명이 금구에서 태인을 거쳐 부안으로 이동하는 모습이 감지되었다. 같은 시기 충청도 황간·영동·옥천·보은 등지에서 동학교도가 크게 일어나 양반들이 봉욕을 당하였고, 3월 12일에

---

46) 정창렬, 「갑오농민전쟁연구」, 『갑오농민전쟁』(정창렬저작집 I), 선인, 2014, 173쪽. 정창렬은 "고부민란은 2월 말에는 이미 기본적으로 해체되고 있었다."라고 하여 고부기포는 2월 말에 종료되었다고 보았다.
47) 성주현, 「동학혁명과 '백산'의 역사적 의의」, 『동학과 동학혁명의 재인식』, 국학자료원, 2010, 294쪽.

는 금산에서 동학농민군 수천 명이 몽둥이와 흰 수건을 쓰고 관아로 몰려가 아전의 집을 태웠다. 이처럼 각지에서 혁명에 호응하는 세력이 점차 가시화되던 3월 13일 전봉준은 고부를 떠나 무장으로 이동하였다. 이에 대해서 "전봉준은 부하 50여 명만 거느리고 고부를 빠져나가 무장의 손화중에게 갔다는 기록이 전한다.[48]

박대길은 '완전한 해산'을 '해산이 아니라 무장으로 전술적 이동'으로한다는 주장을 제기하였다. 그리고 완전한 해산은 고부기포의 실패를 전제하고 고부에서 '해산' 또는 '실패'를 만회하기 위해서 손화중을 찾아간것으로 정리하는 경향이 있다고 분석한 바 있다.[49] 그는 3월 13일 해산이전인 3월 11일 동학농민군 3천여 명이 금구-태인-부안으로 이동한 바있고,[50] 또한 같은 시기 충청도 보은 일대에서 동학농민군의 활동이 활발하였으며[51] 금산에서도 동학농민군 수천 명이 관아로 몰려갈 정도로활발하게 활동을 전개하고 있는 상황[52]에서 전봉준은 동학농민군을 완전히 해산한 것이 아니라고 보았다.

이러한 상황은 2월 20일 격문을 띄운 후 한동안 호응이 없었지만, 2월 29일 김제의 죽산으로부터 동쪽 40여 리 떨어진 금구 원평 일대에서 동학농민군이 모였다는 소문,[53] 3월 16일 동학농민군 수천 명이 무장 동음치 당산으로 집결하기 시작하였다는 점,[54] 또 3월 16일부터 18일까지 사방에서 동학농민군 1천여 명이 영광과 법성포 경계에 모여 죽창으로 무

---

48) 박대길, 「동학농민혁명과 고부봉기」, 『동학농민혁명과 고부봉기』, 465~466쪽.
49) 박대길, 「동학농민혁명과 고부봉기」, 『동학농민혁명과 고부봉기』, 466쪽.
50) 『주한일본공사관기록』 1, 43쪽; 『시천교역사』에는 3월 11일 손화중이 수천의 동학농민군을 이끌고 태인, 부안 등지를 순회한 것으로 기록한 바 있다.
51) 『백석서독』 14, 3월 11일조.
52) 황현, 『오하기문』.
53) 『주한일본공사관기록』 1, 38쪽.
54) 『수록』

장을 하였다[55])는 점에서도 확인할 수 있다.[56) 그런 점에서 '3월 13일 완전한 해산'은 한계가 있다는 지적이다. 따라서 2월 말부터 3월 중순까지의 상황은 오히려 해산할 상황은 아니었다고 보인다.

한편 동학농민혁명 초기 전개과정에서 새롭게 제기된 논쟁이 '백산대회의 실체'이다. 그동안 동학농민혁명의 전개과정에서 가장 중요한 전환점의 하나가 백산대회였다. 백산대회에서 전봉준을 동도대장으로 추대하고, 창의문과 4대명의 등을 포고하였기 때문에 동학농민혁명군으로서의 위상을 갖추었다고 평가를 하고 있다.[57)

그런데 최근 백산대회의 실체에 의문을 제기함으로써 새로운 논쟁이되고 있다. 백산대회의 실체에 대한 논쟁은 2004년 동학농민혁명 기념일제정 토론회에서 처음 제기되었다.[58) 당시 백산대회에 대한 논의는 백산

---

55) 『수록』
56) 이러한 당시의 상황에 대해 배항섭은 "고부민란은 인근 읍의 지도자들과 합의가 안된 상황에서 일어났기 때문에 초기의 폭발 이후 계획된 진전을 보지 못하고 정돈되어 있었으나 2월 중순경 전봉준이 각지에 날린 격문으로 열흘 뒤인 2월 말부터 인근읍에서 반란의 움직임이 가시화되었고, 전봉준이 고부를 떠난 1주일 후인 3월 10일경부터는 인근 읍의 난민들이 본격적으로 합세하기 시작하였던 것이다"라고 하여, 해산할 상황이 아니었음을 보여주고 있다.
57) 백산대회에 대해서는 졸고, 「동학농민혁명과 백산의 의의」; 부안문화원, 『동학농민혁명과 부안』, 2011; 박준성, 「백산대회의 존재와 의의」; 부안문화원, 『동학농민혁명과 부안』, 2011을 참조할 것.
58) 2004년 9월 11일 개최한 동학농민혁명기념일 제정 토론회에서 배항섭은 백산대회의날짜에 대한 문제를 제기하면서 백산대회 존재 실체에 대해서도 문제를 제기하였다. 토론회 자료집의 내용은 다음과 같다.
"배항섭 : 백산대회의 날짜 비정에 대해 재검토하였고, 이에 따라 백산대회도 회의적이고, 그대 발한 격문의 내용이 전후 맥락으로 보아 이질적인 내용이 있다. 5일 전무장기포 창의문 발포 후 또 다시 격문을 발했을까 하는 의문이 든다. 따라서 무장기포일이 타당하다. / 김양식 : 백산대회가 문제가 있다면 무장기포일이 타당할 것으로본다. 양력으로 기념일을 정해야 한다. / 신순철 : 오지영이 쓴 '동학사'에 대한 의문이 있지만, 대중이 모여서 전국적으로 확산된 의미를 고려한다면 백산대회가 타당하다. 배항섭 선생이 주장에 따르면 백산대회가 실체가 없다면 할 수 없으나, 그러나백산대회의 그 근거는 있다. / 왕현종 : 기념주간이 적절하다. 무장기포는 하나의 과정이다. 상징성을 갖는 가공의 날일 수도 있다. 백산대회는 남북한 공히 중요하게

대회 일자의 비정, 그리고 격문과 4대명의가 백산대회에서 발포되었느냐 하는 점이었다. 그동안 백산대회는 3월 25일로 알려져 있었는데, 일부에서는 백산대회가 오지영의 『동학사』에만 유일하게 나오기 때문에 그 실체를 확인하기 어렵다는 주장이었다. 따라서 백산대회의 신빙성이 떨어진다는 것이다.[59]

이와 같이 백산대회에 대해 배항섭은 다음과 같이 문제점을 제기하고 있다.

> 가장 중요한 백산대회와 〈격문〉의 실제 여부는 현재의 연구 수준에 비추어 볼 때 사실 관계 등의 면에서 어떤 식으로든 설득력 있는 해명이 필요한 부분이지만, "방치"되고 있다. 여러 가지 정황으로 미루어 볼 때 특히 〈격문〉의 실체는 많은 의문을 제기하고 있지만, 현재까지도 그러한 의문에 대한 정당한 대응이 거의 없다. 그것의 실재 여부는 농민전쟁상과 관련하여 매우 중요하다. 관련 자료에 대한 좀 더 면밀한 분석과 해명이 요청된다.[60]

여긴다. 배항섭 선생의 주장대로 백산대회의 실체가 분명하지 않다면 좀 더 논의가 필요하다."

이 토론문에 의하면 배항섭은 백산대회의 날짜 비정이 불확실하므로 백산대회의 실체를 부정한 것으로 추정된다.

59) 그런데 백산대회 실체의 부정적 인식은 동학농민혁명 기념일 제정과 맞물려 제기되었다는 점이 중요하다. 그 이전까지 대부분의 연구에서 백산대회의 날짜의 오류에 대해서는 지적을 하고 3월 25일로 비정하였다. 그런데 토론회를 계기로 백산대회 날짜의 오류뿐만 아니라 백산대회 실체 자체에 대한 부정적인 견해가 나타나기 시작하였다. 백산대회 실체가 부정됨에 따라 기념일은 자연스럽게 무장기포일을 선호하게 되었다고 보여진다. 이에 대해서는 『동학농민혁명 기념일 제정 토론회 자료집』을 참조할 것.

60) 배항섭, 「『동학사』의 동학농민전쟁 초기 전개과정에 대한 서술 내용」, 『오지영의 『동학사』에 대한 종합적 검토』, 동학농민혁명 120주년 기념 학술대회 발표문, 성균관대학교 동아시아학술원 HK연구소·고창군, 2014, 83쪽. 그런데 백산대회에 대한 실체에 대한 의문을 가장 적극적으로 주장하고 있는 배항섭은 백산대회와 관련하여 다음과 같이 글을 쓴 바가 있다.
"3월 26일 저녁 6시경 고부 백산면 예동에 있던 농민군은 태인현 용산면 화호, 신덕

이상에서 살펴본 바와 같이 동학농민혁명의 초기 전개과정에서 가장 핵심적인 논쟁은 동학농민혁명의 기점이 고부기포냐, 무장기포냐 하는 것과, 백산대회의 실체에 대한 의문이라 할 수 있다. 이에 대한 논쟁은 단순히 학문적 논쟁으로 끝나는 것이 아니라 동학농민혁명 기념일과 맞물려 있기 때문에 쉽게 정리되지는 않을 것으로 본다. 나아가 현재 논쟁이 되고 있는 점에 대해 좀 더 많은 연구가 필요하다고 본다.

정리로 옮겼다. 백산이 있는 곳이다. 3월 26일 백산으로 이동한 사실은 고부에서 3일 유진한 후 백산으로 옮겼다는 『동학사』의 기록과 일치한다. 여기서 농민군들은 이른 바 백산대회를 개최하여 진용을 새로 갖추게 된다. 이 때 농민군의 수는 6,000~7,000여 명이었고 백산대회 직후 농민군은 전주성을 점령하기 위해 태인-원평을 거쳐 전주로 향하였다. 이로 미루어 볼 때 백산대회는 무장에서 약 4천 명으로 기포한 농민군이 고창·흥덕·고부·태인·금구 등지를 석권하며 6,000~7,000여 명으로 세를 불린 다음 전주성 공격을 앞두고 전봉준·김개남·손화중을 중심으로 한 농민군의 위세를 과시함과 동시에 지휘체계와 전열을 가다듬으려는 목적으로 치러진 대회였다고 생각된다. 오지영은 백산대회를 『동학사』를 통하여 다음과 같이 전하고 있다. (이 부분은 생략, 격문 포함됨) 농민군들은 백산대회를 통해 진영을 정비할 무렵부터 각지로 통문과 전령 등을 보내 군량을 확보하고자 하였다."(배항섭 외, 『사람이 세상에서 가장 귀하다』(전라도 고창지역 동학농민혁명), 역사공간, 2011, 36~37쪽)

9장 아산지역의 동학과 동학농민혁명

1. 머리말

1876년 개항 이후 조선사회는 기존의 왕조사회에 대한 새로운 양상이 전개되기 시작하였다. 안으로는 봉건적 사회 모순의 심화였으며, 밖으로는 서세동점에 대한 대응이었다. 봉건적 사회모순으로는 토지문제와 조세문제가 가장 극심하였다. 양반지주의 토지소유의 확대와 관리들의 탐학은 국가재정의 파탄으로 이어졌고, 결국 조세수탈의 가중으로 민중들은 고통에 시달리고 있었다.

이와 함께 조선은 서구열강들의 서세동점으로 주권이 유린되는 현실이 구체적으로 드러나고 있었다. 더욱이 청과 일본의 경제적 침탈은 더욱 두드러져 농민층의 분화도 더욱 가속화되었다. 이러한 왕조 말기의 모순을 극복하기 위해 동학이 창도되었고, 민중들에게 희망의 메시지를 전해주었다. 동학은 삼남을 중심으로 세력을 확장하였으며, 동학조직은 1894년에 이르러 반봉건 반외세의 기치로 기포한 동학농민혁명의 주체세력으로 성장하였다.

아산도 동학농민혁명이 활발하게 전개되었던 곳 중의 하나이다. 그럼에도 불구하고 지금까지 동학농민혁명과 관련된 연구의 관심에서 벗어나 있었던 것이 현실이다. 이러한 상황은 그동안 동학농민혁명에 연구의 대상이 호남 등 일부지역에 국한되었기 때문으로 풀이할 수 있다.

동학농민혁명은 호남뿐만 아니라 영남, 호서, 황해, 강원, 경기 등 거의 전국에서 전개되었다. 아산지역도 그 중의 하나로 동학농민혁명 뿐만 아니라 청일전쟁 등 한국근대사의 서장을 여는 중심무대였다고 할 수 있다. 아산지역은 경기도와 충청도를 잇는 경계이고, 서해안을 끼고 있는 해안지역이다. 동학농민혁명 당시에는 아산지역은 온양군, 아산현, 신창현 등 세 지역으로 분리되어 있었지만, 1914년 일제의 행정구역 개편으로 통합되어 오늘에 이르고 있다.

아산지역은 동학을 동학이 창도된 경주와는 지리적으로 멀리 떨어져 있었지만 동학은 인근의 여타 지역보다 전래되었다. 이후 이를 기반으로 아산지역 동학 조직은 1893년 신앙의 자유획득을 위한 교조신원운동에 적극 참여하였으며, 이듬해 1894년 동학농민혁명에도 적극적으로 참여하였다. 그럼에도 불구하고 아산지역 동학농민혁명에 대해서는 아직 제대로 된 연구 성과가 없으며, 다만 내포지역과 관련하여 언급하고 있는 것이 현 실정이다.[1] 이에 필자는 아산지역 동학농민혁명에 대해 고찰해 보고자 한다. 이를 위해 먼저 동학농민혁명이 일어나기 전 아산지역의 사회경제적 상황과 동학의 포교 및 조직화 과정을 살펴보고자 한다. 그리고 이를 토대로 아산지역에서 전개되었던 동학농민혁명의 전개과정을

---

[1] 내포지역 동학 및 동학농민혁명에 관한 연구는 김진필, 「瑞山 · 泰安 地域의 東學農民戰爭」, 한국교원대학교 대학원 석사학위논문, 2001; 졸고, 「홍주성에서의 동학혁명과 의병항쟁운동 ─ 홍성 의사총의 진위규명을 위한 문제제기 ─」, 『洪景萬敎授停年紀念 韓國史學論叢』, 韓國史學論叢刊行委員會, 2002; 李眞榮, 「忠淸道 內浦地域의 동학농민전쟁 전개양상과 특성」, 『동학연구』 14 · 15, 한국동학학회, 2003; 이인화, 「내포지역 동학농민혁명의 전개과정과 그 결과」, 『의병과 동학』, 민속원, 2008; 졸고, 「박인호계의 동학군의 동학혁명과 그 이후 동향」, 『동학과 동학혁명의 재인식』, 국학자료원, 2010; 이이화 외, 『충청도 예산 동학농민혁명』, 모시는사람들, 2014 등이 있다.

추적해보고자 한다.

2. 아산지역 동학의 포교와 조직화

　1914년 행정구역 개편 당시 아산군, 온양군, 신창군이 합쳐져 아산군
이 되었다가 현재 아산시로 바뀌었지만 백제 때 이름은 아술현(牙述縣)
이었다. 신라 때는 음봉(陰峯)이라 불리다가 조선 태종 때 지금의 이름으
로 고쳐졌다. 아산지역의 형세를 고려 말 조선 초의 문신 정이오는 "수많
은 산봉우리가 교차하여 대치해 섰고, 두 시냇물이 돌아 흐른다"라고 하
였다. 이승소는 자신의 시에서 "아산은 역시 예부터 이름 있는 지역으로,
땅이 기름지고 백성이 많아 한쪽 지방에서 으뜸갔던 곳"이라고 한 바 있다.[2]
　이처럼 아산지역은 풍부한 물산과 지리적 이점으로 일찍이 양반사족
이 정착하였으며, 이들은 신분적 사회적 지위를 이용하여 토지의 소유를
집중하였다. 이로 인해 농민들은 봉건적 토지관계의 모순과 억압된 신분
제 아래에서 착취와 수탈의 이중고에 시달렸다.[3] 또한 아산지역은 세곡
을 운송하는 길목이어서 전운사의 횡포도 이에 못지않았다. 뿐만 아니라
개항 이후 서양문물의 유입과 일본 상인의 활동은 경제적 어려움을 겪고
있던 아산지역에서는 더욱 생활고에 시달리게 만들었다. 이러한 사실은
1893년 충청감사 조병식의 탐학에서도 확인할 수 있다. 아산지역 탐학을
조사 보고한 내용에 의하면

　　　아산(牙山)의 김상준(金相俊)은 죄수로 만들어 공주 진영에 옮기고

---

2) 신정일, 『신정일의 새로 쓰는 택리지 5: 충청도』, 2019; 네이버 백과사전(http://terms.
naver.com/entry.nhn?docId=1720188&cid=43723&categoryId=43728).
3) 황현, 이민수 역, 『동학란(동비기략초고)』, 을유문화사, 1985, 122쪽.

수 만 냥을 내도록 책임지우고, 형구로 신문하고 주리를 틀었는데 그 백성이 이행하지 못한 것 같아 참지 못하고 스스로 목을 끊었습니다.

각 읍의 진휼을 보충하기 위한 돈 61,600냥은 전부 진휼에 사용하지 않고, 온궁(溫宮)의 수리비라고 한 40,000냥이며, 산성을 수축하는 비용이라 한 20,000냥은 계산하여 마감하였는데, 온궁의 수리비는 온양군(溫陽郡)이 보고한 실제 수는 8,000냥에 불과한데 이 또한 징수한 돈을 조사하여 옮긴 것이며, 산성의 공사는 이미 각종 명목으로 함부로 징수하여 기록된 돈은 거짓으로 기록한 것이 사실입니다.[4]

이라고 하였듯이, 죄목을 씌워 재산을 강탈하거나 각종 명목으로 세금을 부과하여 일반 백성들을 수탈하였다. 이외에도 "사람의 좋지 못한 일을 들추어, 불효하고 화목하지 못하고 간음한 것 등 각종 명목으로 죄안(罪案)을 얽어 만드는데, 처음에는 사람을 보내어 겁을 주어 공갈협박하다 그 뜻을 이루지 못하면 끝에는 곧바로 그들의 산업(産業)을 몰수합니다"라고 하여, 당시의 탐관오리의 탐학은 극심하였다.

그러나 무엇보다도 중요한 것은 동학에 대한 탄압이었다. 아산을 포함한 충청도에도 여타 지역과 마찬가지로 동학을 탄압하였는데, 그 실상은 다음과 같다.

동학을 금지하고 단속한다고 말하는 것은, 말은 비록 이단을 배척한다고 하면서 생각은 모두 재물을 훔치려는 것입니다. 전 영장 윤영기(尹永機)는 귀신과 같은 거간꾼이 되어 그 사이를 조종하였고, 전 공주진 영장 이존필(李存秘)은 손가락질하며 사주하고 멋대로 불러들여 그로 하여금 그 무리들을 끌어들이도록 하여, 돈이 있는 사람은 재산을 탕진하고서 다행히 달아나게 무사하지만, 돈이 없는 사람은 혹은

---

4) 『취어』(『동학농민혁명 국역총서』 1, 동학농민혁명기념재단 홈페이지).

죽고 혹은 유배시킵니다. 또한 백성이 조금 먹고 살 수 있을 정도로 힘이 있는 사람은 동학의 이름에 멋대로 집어넣어 모두 없는 죄를 교묘하게 꾸밉니다. 이에 그 무리들이 혹시 참지 못하여 그 무리를 불러 모아 같은 소리로 진영 아래에 운집하여 복수하려고 합니다.[5]

인용문에서 보듯이, 동학을 금한다고는 하지만 실제적으로는 재물을 빼앗는데 혈안이 되었다. 이와 같은 사회적 상황으로 지역민들은 보다 쉽게 동학에 입도할 수 있는 사회적 배경이 되었다.

그렇다면 아산지역에 동학이 포교되기 시작한 것은 언제일까. 그 시기는 이르면 1860년대 후반, 늦어도 1870년대 초반으로 보인다.

동학은 포교된 지 1년이 지난 1862년 이미 경기 남부 일대에 포교되었다. 1862년 접주제를 실시할 때 김주서와 이창선이 경기도 접주도 임명되었는데, 이는 경기도 일대에 상당한 동학 교인이 있었음을 알 수 있다. 당시 동학이 포교된 경기도는 구체적으로 알 수는 없지만 수원, 안성 등 경기남부 일대로 추정된다.

그런데 이들 지역은 아산 등 충남과도 생활권이 밀접하게 관련을 가지고 있다. 아산 출신 안교선의 포교한 지역이 아산지역 뿐만 아니라 수원, 평택, 안성, 진위 등 경기도 남부지역이기 때문이다. 이러한 점에서 본 때 아산지역도 1860대 후반에 동학이 포교되었을 것으로 추정된다. 뿐만 아니라 1870년대 중반부터 교단에서 동학 경전 간행 후원 등의 활동을 하였던 인물 중에는 아산지역과 관련된 인물들이 적지 않았기 때문이다.

아산지역과 관련된 동학교인 중 처음으로 확인되는 인물은 안교선이다. 이들 외에도 안교일, 안교강, 안교백, 안교상 등이 있다. 이들은 대부분 안교선의 친인척으로 알려져 있다.[6] 안교선은 박덕칠, 박인호, 이창

---

5) 『취어』(『동학농민혁명 국역총서』 1, 동학농민혁명기념재단 홈페이지).
6) 이진영, 「충청도 내포지역의 동학농민전쟁 전개양상과 특성」, 『근대이행기 지역엘리

구, 손사문, 황하일, 이종필 등과 함께 '호중(湖中)의 거괴'로 알려졌다.[7] 그의 본관은 순흥이며, 출신에 대해서는 아산과 유성,[8] 병천[9] 이외에도 호남이라는 설이 있다.

안교선은 1883년 6월 공주접이 주축이 되어 강원도 인제에서 『동경대전』을 간행할 때 실무를 맡았던 인물이다.[10] 안교선이 언제 동학에 입교하였는지는 불분명하지만 적어도 1870년대 초반으로 보인다.[11] 안교일 등은 1877년 10월 정선 유시헌의 집에서 구성제를 지낼 때 참여하였는데, 이때 안교일과 안교강은 집사, 안교백은 봉로, 안교상은 찬인으로 각각 참여하였다.[12] 그리고 1893년 3월 보은에서 척왜양창의운동을 전개할 때 아산대접주로 임명되었으며, 동학농민혁명 당시에는 아산접주로 활약하였다.[13] 이후 서울 남벌원[14]에서 성재식, 최재호 등과 함께 교형되었다는 점, 그리고 김개남과 함께 서소문 네거리에서 효시되었다는 점에서 중요한 인물이라고 할 수 있다.[15]

트 연구』Ⅰ, 경인문화사, 2006, 320쪽.

7) 『피난록』; 『동학농민혁명 국역총서』4, 동학농민혁명기념재단 홈페이지. 『주한일본공사관기록』에 의하면, 박덕칠은 예산, 박인호는 덕산, 이종필은 부여, 황하일은 보은, 이창구 서산, 안교선은 아산에서 활동한 지도자로 파악하고 있다.

8) 『아산지역 동학농민혁명』, 아산문화재단 · (사)동학농민혁명아산시기념사업회, 2015, 62쪽.

9) 「이규태왕복서명묘지명」, 『동학농민혁명 국역총서』. 이 자료에는 병천에서 살고 있다고 기록하고 있다.

10) 표영삼, 「충청 서부지역 동학농민혁명」, 『교리교사연구』5, 천도교중앙총부, 2000, 3쪽.

11) 이는 안교선이 교단의 중심인물이 되었다는 것은 2, 3년 사이에 이루어진 것은 아닌 것으로 추정된다. 적어도 5, 6년 이상 되었을 것으로 보인다.

12) 『최선생문집도원기서』, 정축년조; 윤석산 역주, 『초기동학의 역사-도원기서』, 신서원, 2000, 241~242쪽.

13) 「충청도 동학당거괴 인명록」, 『주한일본공사관기록』1, 국사편찬위원회, 1986, 194~195쪽.

14) 남벌원은 금위영 군병을 조련하던 곳으로 수구문 밖에 있었다고 전해진다. 동학농민혁명 당시 기호대접주 김래현과 기호대접사 안승관도 남벌원에서 처형되었다.

이들은 또한 구성제 기금을 마련하기 위해 契를 조직할 때 계원으로 참여하였으며,16) 1878년 최시형이 유시헌의 집에서 개접을 할 때와 1879년 11월 방시학의 집에 『동경대전』을 간행을 목적으로 수단소를 설치할 때도 참여한 바 있다.17) 이들이 구성제나 수단소에 이름을 올릴 수 있었던 것은 이미 이 시기에 동학교단의 상층부 지도자로서 활동하고 있었기 때문에 가능하였다. 그리고 이들이 동학교단 상층부 지도자로 활동할 수 있는 것은 적지 않은 동학 세력을 가지고 있었기 때문에 가능하였다. 당시 교단 상층부 지도자는 교단 운영의 경제적 후원을 상당 부분을 맡아야만 했다. 그런데 이 후원은 개인뿐만 아니라 일반 교인들의 후원이 뒤따라야 가능하였다. 따라서 안교선 등의 활동으로 볼 때 아산지역에는 상당한 동학의 교세가 형성되었음을 알 수 있다. 이외에도 아산지역에서는 1884년 이규호, 1892년 곽완과 이규하 등이 동학에 입도한 기록이 있다.18)

아산지역의 동학 조직이 크게 성장한 것은 1892년 하반기부터 전개된 교조신원운동 이후였다. 1892년 말 공주에서 전개된 교조신원운동은 동학에 대한 탄압을 어느 정도 진정시키는 효과가 없지 않았다. 뿐만 아니라 교조신원운동을 통해 신앙의 자유를 획득하지는 못하였지만 동학의 평등사상과 유무상자의 대동사상은 일반 민중으로 하여금 동학에 대한 인식을 새롭게 하였다. 이에 따라 탐관오리의 수탈, 신분차별에 대한 반감을 저항의식을 가지고 있고, 동학에 호감을 가지고 있던 일반 민중들이 동학에 대거 입도하였던 것이다. 『취어』에 의하면 "동학이 점차 성행

---

15) 『승정원일기』 고종 31년 12월 23·25일조; 『일성록』 고종 31년 12월 23일조; 『고종실록』 고종 31년 12월 23·25일조; 『관보』 개국 503년 12월 23일조; 「갑오실기」 고종 31년 12월 25일조.

16) 『시천교종역사』와 『본교역사』에 의하면 安敎興과 安敎龍이 추가로 확인되고 있다.

17) 이때 안교일은 監有司, 안교상은 書有司, 안교백은 冊子有司, 안교강은 輪通有司로 각각 활동하였다.

18) 「천도교아산교보」, 『아산지역 동학농민혁명』, 19쪽.

하였는데 호남과 경기에서 가장 성행하였으며, 그 다음이 호중"[19]이라고 하였듯이, 아산지역에도 동학의 교세가 크게 확장되었다.

아산지역에 형성한 동학 세력은 1893년 이후 동학의 '공인운동'이라 할 수 있는 교조신원운동에 적극 참여하였다. 교조신원운동은 공주, 삼례, 광화문에서 개최되었는데, 아산지역 동학교인은 1893년 1월 광화문 앞에서 전개한 교조신원운동에 참여하였다고 보여진다. 광화문교조신원운동은 아산지역 동학 세력을 통괄하는 내포지역 동학지도자 박인호와 박덕칠, 그리고 박인호의 사촌동생인 박광호 등이 적극적으로 주도한 바 있는데,[20] 이들의 영향으로 아산지역 동학 세력도 적극 참여하였을 것이다.

이어 아산지역 동학 조직은 이해 3월 보은에서 가진 척왜양창의운동에도 참여하였다. 동학교단은 광화문교조신원운동 이후 교조신원에만 머무르지 않고 운동노선을 척왜양창의로 전환하였다. 척왜양창의운동은 전국의 동학교인이 참가하였는데, 아산지역 동학교인도 참여하였다. 이는 안교선이 아산포대접주로 임명된 사실에서도 확인할 수 있다.[21] 그리고 내포지역에서는 박인호가 덕의대접주,[22] 박덕칠이 예산포대접주로 임명되었다. 안교선이 이들과 함께 대접주로 임명되었다는 것은 아산지역 뿐

---

19) 『피난록』; 『동학농민혁명 국역총서』 4, 동학농민혁명기념재단 홈페이지.
20) (1893년) 2월 8일에 강시원 손병희 김연국 박인호 등이 수만 교도를 率하고 科儒로 分作하고 일제히 京城에 赴하여 한성 남부 남산동 최창한 家에 奉疏都所를 정하고 절차를 협의하더니 (중략) 10일에 치성식을 거행하고 翌日에 광화문 外에 奉疏進狀하니 其時에 陳疏 道人에 疏首는 박광호, 製疏는 손천민, 書寫는 남홍원, 奉疏는 손병희 박인호 김연국 박석규 임국호 김낙봉 권병덕 박덕칠 김석도 이근상 諸人이러라.(『천도교회사초고』 계사년조) 한편 『동학도종역사』에는 "소수 박광호, 제소 손천민, 서사 남홍원, 도인 대표 박석규 임규호 박윤서 김영조 김낙철 권병덕 박원칠 김석도 이찬문"으로 기록하고 있다. 또한 광화문교조신원운동에 참여한 권병덕은 그의 저술서 『이조전란사』에서는 "11일에 광화문 전에 봉소 진복하니, 소수 박광호, 제소 손천민, 사소 남홍원, 봉소 박석규 임규호 손병희 김낙봉 권병덕 박원칠 김석도 등이라"고 기록하고 있다. 박원칠은 박덕칠이다.
21) 표영삼, 『동학』 2, 통나무, 2005, 304쪽.
22) 『천도교회사초고』 계사년조.

만 아니라 내포지역의 대표적인 지도자로 신임을 받았다고 할 수 있다.

이를 계기로 아산지역의 동학은 내포지역과 함께 교조신원운동이 전개되면서 점차 그 세력이 확산될 뿐만 아니라 조직화되었다. 즉 "이른바 동학이 일단 보은에서 집회를 가진 뒤로 불길처럼 성하게 일어나서 그 모습이 나날이 달라졌다. 마을마다 접을 설치하고 사람마다 주문을 외니, 그 형세가 마치 불이 타오르는 듯하고 조수가 밀려와서 넘쳐나는 것 같이",[23] 그리고 "봄 잔디에 불붙듯이"[24] 하여, 아산지역에서 동학 조직이 크게 확장되었음을 확인할 수 있다. 김윤식도 "내포지역에는 동학교인이 적었으나 지금은 가득 차서 날이 가고 달이 갈수록 엄청나게 늘어났다"[25]고 기록하고 있다.

이처럼 교조신원운동과 척왜양창의운동에 참여한 아산지역 동학 세력은 이듬해 1894년 반봉건 반외세의 기치로 전개된 동학농민혁명에도 적극적으로 참여하였다.

---

23) 「피난록」, 『동학농민혁명국역총서』 4, 동학농민혁명참여자명예회복심의위원회, 2008, 301~302쪽.
24) 홍종식 口演 춘파 記, 「70년 사상의 최대활극 동학난 실화」, 『신인간』 34, 1929.4, 45쪽. 홍종식은 서산 출신으로 1894년 2월 동학에 입도하였으며 내포지역 동학농민혁명에 참여한 바 있다. 그는 동학농민혁명 당시 동학의 세력 확장에 대해 다음과 같이 증언하고 있다.
  "내가 입도한 지 불과 며칠에 전지문지하여 동학의 바람이 사방으로 퍼지는데 하루에 몇 십 명씩 입도를 하곤 하였습니다. 마치 봄 잔디에 불붙듯이 포덕이 어찌 잘되는지 불과 1,2삭 안에 서산 일군이 거의 동학화가 되어버렸습니다. 그 까닭은 말할 것도 없이 첫째 시운이 번복하는 까닭이요 만민평등을 표방한 까닭입니다. 그래서 재래로 하층계급에서 불평으로 지내던 가난뱅이, 상놈, 백정, 종놈 등 온갖 하층계급은 물밀듯이 다 들어와 버렸습니다."
25) 김윤식, 『속음청사』, 갑오 4월 9일조.

3. 아산지역의 동학농민혁명과 동학농민군의 활동

아산지역 동학농민혁명에 대한 기록은 구체적으로 드러나지 않지만 대체적으로 9월 18일 동학교단의 총기포 이후 활동하였다. 아산을 포함한 내포지역 동학농민혁명은 1894년 2월 덕산기포, 1894년 4월 원벌기포 등 이른바 1차 동학농민혁명 시기 독자적으로 활동한 바 있다. 이들 지역은 덕산과 서산지역인 관계로 아산지역 동학 세력은 직접 참여하지는 않았다고 보여 진다. 그렇지만 총기포 이후 아산지역에서도 동학농민군의 활동이 보이고 있다.

앞서 언급한 덕산기포와 원벌기포는 아산을 포함한 내포지역 동학 조직의 결속력을 더욱 강력하게 만들었다. 그렇지만 적극적으로 기포하기 보다는 호남지역 동학군의 활동을 관망하였다. 당시 덕산과 예산에서 활동하던 한 일본 상인은 당시 동학의 동향을 일본공사관에 보고한 바 있는데, 다음과 같다.

> 1. 덕산과 예산지역은 인민의 반수가 동학에 속하였지만 아직 소동 같은 것은 없고 평상시와 같이 각자 영업에 종사 중이라고 하였다.
> 1. 덕산의 동두리에서 내가 유숙하고 있던 곳의 주인은 金尙立이라고 하며 동학에서 약간 높은 지위에 있는 자였다. 또 예산에서 숙박하였던 곳의 주인 權順根도 역시 동학의 사람이었다.
> 1. 동학교인이 집회 또는 협의를 할 때는 신호로서 징 같은 것을 쳐서 울렸다.
> 1. 예산과 덕산에 동학 두목이 2, 3명은 있는 것 같았다. 이 지방에서는 동학의 평판이 아주 좋았다. 그 후 점점 증가하는 상황이었고…
> 1. 내가 머무르고 있는 동안에는 다급한 대사건이 일어날 기미는 보이지 않았다.
> 1. 덕산과 예산의 부사는 도망하지 않고 여전히 임지에 있었다.[26]

이 보고에 의하면, 내포지역의 중심지역인 덕산과 예산의 동학조직은 점점 세력을 확장하고 있음을 알 수 있다. 또한 또 다른 일본인 상인도 덕산에는 동학교인이 많지는 않지만 종종 활동하고 있다고 하였다.[27] 이러한 동향은 아산과는 직접 관련이 없지만 이는 덕산과 예산뿐만 아니라 내포지역에 포함되는 아산지역에도 해당된다고 할 수 있다. 아산에서도 "우리 고장 백성들이 모두 동학의 교적(敎籍)에 들어가, 양반가의 분묘가 강제로 파헤쳐지는 일이 많았다. 전에 조금이라도 원한이 있는 자는 귀하고 천한 사람을 가리지 않고 모두 포박하여 형벌을 가하고 돈과 곡식을 협박하여 탈취하였다. 이는 강도의 행위보다도 심하였다"[28]라고 한 바 있는데, 아산지역 역시 동학 교세가 적지 않았음을 알 수 있다.

4월 이후 호남지역에서 점차 치열한 전투가 확대될 뿐만 아니라 회덕, 진잠, 청산, 보은 등 충청도 일부지역까지 동학농민혁명이 본격화되었지만 내포지역 동학조직은 여전히 관망하는 자세를 유지하였다. 그러나 6월 말 일본군의 경복궁 점령과 청일전쟁이 전개되면서 관망하던 분위기는 급변하였다. 뿐만 아니라 6월 말과 7월 초 들어 호서지역 각지에서 동학군의 활동이 활발하게 전개되었다. 이에 따라 내포 일대에서도 항일전을 전개해야 한다는 목소리가 점차 높아갔다.

7월 초 정산의 임천접에서는 동학군 20여 명이 군기를 모집하는가 하면,[29] 홍주에서는 7월 초 들어 밤새 동학의 주문소리가 끊이지 않았

---

26) 「仁川港 河野商塵 雇員 新居歡次郎 證言」, 『주한일본공사관기록』 1, 41쪽. 이와 관련하여 당시 동학군의 활동을 보면, 유생 또는 양반의 기록에 의하면 동학군을 대부분 '悖類'처럼 표현하고 있는 데 비해 오히려 일본상인들의 보고에 의하면 일반 민중으로부터 '평판이 좋았다'고 평가하고 있다. 이는 동학군에 대한 인식이 상반되고 있음을 알 수 있다.

27) 「전주에의 원병파견 조치와 인천항 정황」, 『주한일본공사관기록』 1, 42쪽.

28) 이범석, 『경란록』 갑오조(『동학농민혁명 국역총서』 2, 동학농민혁명기념재단 홈페이지).

29) 『금번집략』, 별보 7월 7일조(『동학농민혁명국역총서』 4, 23~24쪽 및 27쪽).

다.30) 뿐만 아니라 홍주 외곽에서는 "난도(동학군-필자)가 사방에서 일어나 무리를 불러 모아 패악을 자행하였는데, 남의 물건을 약탈하고 남의 말과 가축을 빼앗았으며, 남의 무덤을 파헤치는 것을 감히 금하지 못하였고, 돈을 빌려준 자는 감히 돈을 돌려받지 못하였으며, 사소한 원한에도 반드시 보복을 당하였다. 그 기세가 대단하여 종이 주인을 범하고 아전이 관장을 핍박하며 천한 사람이 귀한사람을 능멸하고 수절하는 과부와 혼기가 찬 규수를 겁탈하려 했다고 한다"하였고,31) 또한 9일에는 홍주 시내에서 동학군이 노새와 말을 징수하는 등 동학군이 기포하여 이미 활동하였던 것이다.

또한 내포지역 한 유생의 기록에 의하면, "근처에 동학의 세력이 날로 성해져서 경내에 곤욕을 치른 집안이 열에 여덟, 아홉이었다", 또 "성 아래 한 마을 사람들이 입도한 이후로 밤마다 주문을 외는 소리가 일대를 진동하였는데, 그 소리는 마치 귀신이 웅성거리는 것처럼 음산하고 살벌하여 오장이 찢어지는 듯하였다. 날이 밝으면 이른바 비류의 무리들은 각자 몽둥이를 하나씩 들고 집의 전후좌우에 늘어섰다"32)라고 하였는바, 내포지역에도 이 시기 동학군의 활동이 활발하게 전개되었을 것으로 짐작된다.

이와 같은 상황에서 아산지역 동학 조직도 동학농민혁명에 참여하였다. 특히 동학농민혁명을 진압하기 위해 출병한 청군이 아산 백석포를

---

30) 『홍양기사』 갑오 7월 초7일조(『동학농민혁명국역총서』 4, 58~59쪽). "밤에 어떤 소리를 들었다. 시끄러운 것이 파리와 같기도 하고 무당이 외는 것 같았다. 시장 거리에서부터 성 밖의 교외까지 가득하여 소리가 나지 않은 곳이 없었다. 밤새 끊이지 않아 괴이하여 시동에게 물어보았더니, 시동이 대답하기를 "이것은 동학이 주문을 외는 소리입니다."라고 하였다. 이로부터 밤마다 점점 더해져서 이교와 노령 같은 것도 감염되지 않는 이가 없었다."
31) 『홍양기사』 갑오 7월 9일조(『동학농민혁명국역총서』 4, 59쪽).
32) 『대교김씨가 갑오피난록』(『동학농민혁명 국역총서』 4, 311쪽).

통해 상륙한 후 포악한 만행, 청일전쟁으로 인한 폐해[33]를 겪으면서 아산지역 동학농민군은 먼저 아산관아를 점령하였다. 『경란록』에 의하면 당시의 상황을 다음과 같이 기록하고 있다.

　　또 밤중에 떼로 아산읍에 들어가 군수 양재건(梁在謇)을 포박하여 장차 총살하려고 하였다. 양재건이 힘과 근력이 매우 뛰어나 포박을 풀고 담장을 넘어 재빨리 달아났다. 다행히도 총에 맞지 않아 죽지 않았다. 그 무리들은 군기(軍器)와 화약(火藥)만을 탈취하고 떠났다. 그 소란으로 인하여 바늘방석에 앉아있는 것과 같아 침식이 불안하였다. 우리 집안은 원래부터 남의 땅에 강제로 분묘를 쓰거나 산소를 강탈한 적이 없었고, 또 다른 사람의 재산을 빼앗은 적이 없었다. 그러나 친족의 집들 중에는 이러한 일이 있었다. 그 때문에 그 상놈들이 우리 집을 주권(主權)이 있는 집으로 칭탁하여 돈과 곡식을 마음대로 징수한 것이 마치 이전에 포리(逋吏)가 족징(族徵)하는 것과 같이 그 수를 헤아릴 수 없었다. 이에 동민(洞民)과 청지기[廊漢]가 모두 적국(敵國)이 되고 노비는 모두 배반하려는 마음이 있었다. 그래서 노비문서를 찾아내 불태우고 모두 풀어주어 면천(免賤)하였다. 물을 긷고 장작을 패는 등의 일을 내가 직접 해서 밥을 지었다.[34]

이 기록에 의하면 시기가 구체적으로 들러나지는 않지만, 동학농민군은 한 밤중에 아산관아를 점령하고 군수 양재건을 포박하여 총살하려고 하였다. 그러나 양재건이 '위력'으로 포박을 풀고 달아나 화를 면하였다.

---

33) 당시 아산에 머물고 있던 유생 이범석이 남긴 『경란록』에 의하면 청군의 작폐가 심하였다. 이에 대해 다음과 같이 기록하고 있다.
　　"청나라 장졸(將卒) 3천 명이 나와 아산(牙山)에 상륙하여 주둔하였다. 군율이 엄격하지 않아 군사들이 마을을 마구 돌아다녀서 작폐가 매우 심하였으므로 백성들이 모두 걱정하고 두려워하였다."
34) 이범석,『경란록』 갑오년조(『동학농민혁명 국역총서』 2, 동학농민혁명기념재단 홈페이지).

아산관아를 점령한 동학농민군은 무기와 화약을 탈취하여 무장을 강화
하였다. 그리고 무엇보다도 노비문서를 불태워 신분제의 폐해를 시정하
고자 하였다.

이와 같은 기록은 『先鋒陣呈報牒』에서도 확인할 수 있다.

이 달 초5일 4경 쯤 '덕산포(德山包)'라고 칭한 동도(東徒) 수천여
명이 각각 병기를 가지고 횃불을 든 채 포를 쏘면서 읍내에 돌입하여
공당(公堂)을 파괴하고 관리를 구타하며, 군고(軍庫)를 부수고 병기를
탈취하며, 따라서 백성들의 가산을 겁탈하니, 온 고을 사람들은 호곡
(號哭)하며 갑자기 당한 일이라 넋을 잃고 어찌 할 바를 몰랐고, 읍내
주민들은 모두 파괴를 입었습니다.

비도(匪徒)는 이튿날 새벽에 신창(新昌) 지루동(地樓洞)으로 가서
둔취(屯聚)하였다가 근자에 대진(大陣)이 발동함을 듣고 당진(唐津),
내포(內浦) 등지로 향해 갔으니, 속히 진군하여 초멸(剿滅)해야 되겠
습니다.35)

이 기록에 의하면, 10월 5일 아산 동학농민군이 덕산포 동학농민군과
함께 아산관아를 점령한 후 군기고를 부수고 그 병기로 무장을 강화하였
다. 이어 10월 6일 새벽 신창현 지루동으로 이동한 후 주둔하였다. 이들
동학농민군은 당진지역 동학농민군과 합류하여 내포의 중심인 홍주로
향하여, 홍주성 전투에 참가하였다.36)

아산지역의 신창현에서도 동학농민군의 활동이 적지 않았다. 천안 세
성산 전투에서 패한 동학농민군은 신창현으로 이동하였다. 이에 대해서

---

35) 『先鋒陣呈報牒』 갑오년 10월 18일조, 「아산현감 첩보」.
36) 홍주성 전투에 대해서는 졸고 「홍주성에서의 동학혁명과 의병항쟁운동 – 홍성 의사
총의 진위규명을 위한 문제제기 – 」, 『洪景萬敎授停年紀念 韓國史學論叢』, 韓國史學
論叢刊行委員會, 2002를 참조할 것.

는 다음과 같은 기록이 있다.

목천의 세성산에 있는 군기(軍器)를 옮겨와 살펴보니 화포(火砲)는 하나도 쓸 만한 것이 없고 단지 몸체가 온전한 것만 겨우 7자루를 취하여 겉으로 위엄을 보이게 하였고 아울러 장창(長金+倉) 1백 50자루를 가져왔으며 그 밖의 각 가지 것들은 모조리 천안읍(天安邑)에 수송하였습니다. 그런데 이달 26일 밤에 천안읍에 있으면서 떠도는 말을 들어보니 많은 수의 비도(匪徒)가 홍주(洪州)의 경계로부터 오는데 기세가 매우 씩씩하고 또 대포(大砲) 2좌(坐)를 소지하고 신창(新昌) 경계에 쳐들어와 마구 작란(作亂)한다고 하였습니다. 그래서 27일 새벽에 병사를 거느리고 신창읍의 10리(里) 밖에 있는 곡교(曲橋)에 가서 머무른 뒤에 그자들의 행적을 연거푸 탐문하였더니, 대략 소문과 같았고 바야흐로 본읍에서 창궐(猖厥)하고 있다고 하였습니다.[37]

이 기록에 의하면, 천안 세성산 전투에서 관군에게 패한 천안·아산·온양지역의 동학농민군은 홍주에서 북상하던 동학농민군과 합류하여 신창현 남상면 판방리에 주둔하였다. 당시 동학농민군은 그 기세가 "매우 씩씩하고 대포"를 소지할 정도로 무장하였다. 이들 동학농민군의 구체적인 활동을 파악할 수는 없지만 "마구 작란" 내지 "본읍에 창궐"이라고 하였듯이 관군과 소규모의 전투를 치룬 것으로 보인다. 신창에서 잠시 주둔하였떤 동학농민군은 대흥을 거쳐 다시 홍주로 이동하였다.
『경란록』에서도 신창현에서의 동학농민군 활동에 대해 다음과 같이 밝히고 있다.

신창읍(新昌邑)에 도착하여 잠시 쉬며 요기를 한 뒤에 형제점(兄弟店)에 도착하니 수십 명의 사람들이 농기구와 무기를 짊어지거나 소

---

37) 『선봉진정보첩』(『동학농민혁명 자료총서』, 동학농민혁명기념재단 홈페이지)

에 싣고 가고 있었다. 어디로 가느냐고 물었더니 온양(溫陽) 금곡(金谷)으로 실어간다고 하였다. 그 까닭을 물으니 거괴 중의 한 놈인 이른바 안교선이란 자가 아산(牙山)에서 무기를 빼앗아 오고, 새로 무기를 만들기 위하여 촌가에서 농기구를 두루 거두었다고 하였다.

이 기록에 의하면, 아산포대접주 안교선이 온양, 아산, 신창지역의 동학농민군을 통할하고 있으며, 아산관아에 보관 중인 무기를 거두어 동학농민군의 군세를 확장해나가고 있음을 알 수 있다.

아산지역 온양도 동학농민군의 활동이 비교적 활발하였지만 구체적인 활동에 대한 기록이 보이지 않고 있다. 그렇지만 온양군수 첩보에 의하면

지금 듣건대 '당해 지방에 비류가 많이 출몰한다'고 한다. 그래서 관군과 병정을 파송하였으니, 또한 본읍으로부터 일체 기찰(譏察)하여 한 명도 빠짐없이 기어이 잡아내어 소루한 점이 없도록 할 것"이라고 하셨으며, 밀지(密紙) 내에, '정석호(鄭錫好), 정제권(鄭濟權), 방구용(方九用), 방구현(方九鉉), 방성모(方聖謨), 편명철(片明鐵) 등을 각별히 기찰하도록 하였는데, 편명철은 죽은 지 이미 10여 년이 되었고, 방구용은 본래 본군의 경내에 없었고, 방성모는 밀명이 있기 전에 출타하였고, 호장(戶長) 정석호, 이방(吏房) 방구현 등은 모두 공형(公兄)이기 때문에 군 감옥에 잡아가두었습니다. 수형리(首刑吏) 정제권은 당일 휴가를 받아 잠시 아산(牙山) 지방에 갔으니, 그가 돌아오기를 기다려서 잡아 가두고 치보(馳報)할 생각입니다.(중략)

두 명의 정가와 한 명의 방가는 모두 수리(首吏)로서 사교(邪敎, 동학)에 물들었으니, 비록 불법을 자행한 흔적은 없지만 징계는 다른 사람보다 배나 해야 되니, 정제권은 휴가에서 돌아오면 일체 엄히 조사하여 그 곡절을 보고해 오도록 하며, 방성모는 기어이 잡아들이고, 죽은 편가와 본래 경내에 없는 방용구는 필시 잘못 기록하였을 것이니, 또한 사실을 조사하여 반드시 찾아낸 뒤에 아울러 소상히 치보(馳報)하도록 할 것.[38]

이 기록에 의하면, "당해 지방에 비류가 많이 출몰한다"라고 하였듯이 온양군에도 동학농민군의 활동이 적지 않았음을 알 수 있다. 뿐만 아니라 온양군에서는 정석호, 정제권, 방구용, 방구현, 방성모, 편명철 등이 활동하였다는 것도 확인할 수 있다. 이들은 호장 또는 이방 등으로 향리 출신이었지만 동학에 입도하여 동학농민군으로 활동하였다. 일본 정보 문서에 의하면 온양지역 동학 거괴로 방화용을 거론한 바 있는데, 방구용은 방화용으로 추정된다.

4. 아산대접주 안교선과 최후의 모습

한편 아산포대접주로 활동했던 안교선은 대원군의 효유로 귀화하였다는 기록이 있다. 이 기록에 의하면 안교선은 도접주의 직함을 가지고 있었으며, 그 휘하에 대접주 임기준과 홍재길이 있었다. 그리고 이인접주 유필로, 지동접주 김창기, 건평접주 이유상, 반송접주 김상유, 광암접주 장재갑, 공주접주 고창당, 궁원접주 이유태, 와룡접주 김창수, 선근접주 김덕원, 덕지접주 남익원, 죽헌접주 지동익, 수촌접주 이상긍, 광정접주 이용석, 영천접주 성정호, 부전접주 임헌무, 전의접주 권재중, 연기접주 최익성, 용막접주 김창신 등 접주를 통괄하였다. 안교선이 이끌던 동학농민군은 23만 7천 7백 명이라고 밝히고 있다.[39]

그런데 이 기록에 의하면, 안교선이 통괄하던 지역은 주로 공주지역이었다.[40] 이처럼 대규모의 동학농민군을 이끌고 활약하였던 안교선은 관군에 체포되어 앞서 언급한 바 있듯이 남벌원에서 교형을 당하고 서소문

---

38) 『선봉진정보첩』(『동학농민혁명 자료총서』, 동학농민혁명기념재단 홈페이지).
39) 「日本外務省外交史料館所藏文書」(1)(『동학농민혁명사료총서』 19~20권).
40) 그런데 안교선이 '왜 공주지역에 활동하였는지'는 앞으로 밝혀야 할 부분이다.

<사진 9> 『메사마시신문』1895년 2월 8일자(양)에 실린 최재호와 안교선의 효수된 모습

사거리에서 3일간 효시되었다. 『일성록』에 의하면 1894년 12월 23일자에 "비적(匪賊)의 두목인 안교선(安敎善), 성재식(成在植), 최재호(崔在浩)가 모두 이미 자복하였으니 응당 사형에 처하여야 할 것입니다. 순무영(巡撫營)에 내주어 즉시 효수(梟首)하여 많은 사람들을 경계하게 하고, 김개남(金介男)의 벤 머리를 조사하는 일도 같은 날에 거행하는 것이 어떻겠습니까?"라는 보고에 고종은 이를 승락하였다. 이에 따라 12월 24일 성재식, 안교선, 최재호는 남벌원에서 처형되었다.[41]

효수된 안교선은 최재호와 함께 당시 일본『메사마시신문(めさまし新聞)』에 삽화로 게재된 바 있는데, 〈사진 1〉과 같다. 「東學黨 巨魁 梟首の圖」라는 제하에 실린 이 삽화에 의하면 위쪽은 최재호, 아래쪽은 안교선이라고 밝히고 있다.[42] 이 신문의 기사의 내용을 소개하면 다음과 같다.

전부터 소문에 있었던 동학당 영수 최재호, 안교선 두 명은 지난 (1월) 19일 법무아문에서 범죄의 형에 처해져 20일부터 3일간 소의문 밖 통행이 가장 빈번한 광마장 중앙에 5척 정도의 나무 세 그루를 교차하여 그 위에 효수되었습니다. 수생이 이 일을 들어 안 것은 23일 오전으로써 즉 3일간의 기한이 이미 경과한 뒤였습니다. 전날 밤부터

---

41) 『고종실록』 31년(1894) 12월 25일조.
42) 『메사마시신문』 1985년 2월 8일자.

큰 눈이 내려 만일 치우지 않았다면 그대로 버려져있을 것이라고 생
각해서 사진기를 휴대하고 서둘러 현장으로 달려갔더니, 벌써 수급은
내려져 멍석으로 싸서 새끼로 묶여 있었고, 돌을 던지는 풍습은 방만
한 조선인들의 일로써 망보는 사람이 없이 눈 속에 그대로 버려져 있
었습니다. 소생도 빈손으로 돌아가는 것이 유감천만한 일이었기 때문
에 현장에 모여 있는 5, 6명의 한인을 향해 어제처럼 나무를 교차해
서 수급을 걸면 금전을 주겠다고 했지만 돈벌이를 하려고 분발하지
않은 채 모두가 전율할 따름이어서 도저히 어떻게 해볼 도리가 없었
습니다. 그래서 다행히 망보는 사람이 없었으므로 소생 스스로 멍석
으로 싼 것을 풀고 세 개의 나무를 교차해서 최의 머리를 위쪽에, 안
의 머리를 아래에 놓고 그림과 같이 촬영하였습니다. 현장에는 따로
효수의 뜻을 알리는 것도 없이 오직 수건 한 촌 정도의 종잇조각에
못을 구부려 친 것 같은 필법으로 각자의 이름을 썼고 그 두발은 묶
여 있었습니다. 참수할 당시에 저항을 했는지 아니면 고의인지 알 수
없습니다만 최의 목 주변에는 몇 군데 칼자국이 있었습니다. 어느 조
선통에게 물었더니, 조선은 사형을 집행하는 데 아직도 녹 투성이의
둔한 칼을 사용하고 있기 때문에 대개 10여 차례가 아니면 머리와 몸
을 따로 나누지 못한다고 하여, 실로 듣자니 피부에 전율이 생겼습니
다. 최와 안의 용모는 확실히 동학당 중의 영수다운 가치가 있는 것
으로 보였습니다.

안교선의 처형 기사는 일본 『지지신보』에도 게재되었는데, 다음과 같
다.[43]

먼저 체포된 동학당의 거괴 최재호 안교선 두 사람은 지난 (1월) 19
일(양력) 참형에 처하여 3일 간 효시됐다. 효수 장소는 서소문 밖 반
석방(盤石坊, 염천교 근처)으로 인가가 조밀하고 통행이 빈번한 시가

43) 『時事新報』 1895년 2월 9일자.

에 있는데 지키는 사람도 없고 푯말도 없이 방치된 채로 세 개의 작
은 나뭇가지에 동여매어 두 발을 모시 끈으로 매어 아래로 늘어졌다.
가서 보니 건조한 핏자국이 얼룩져 검푸른 얼굴모양을 나타내고 있으
며 鈍刀로써 여러 번 내리친 형적은 양쪽 귀밑에 여러 개의 살 조각
이 줄줄이 늘어서 있는 것으로 알 수 있다. 두발 또는 안면에는 흙과
먼지가 묻어있어 참살할 때 땅 위에 놓고 짓밟은 것으로 상상할 수
있다. 악취가 코를 찌르는데 왕래하는 남녀 아동은 근처에서 며칠간
보아서인지 아무렇지도 않은 표정으로 놀고 있다. 안교선은 평범한
상을 보이고 있으나 최재호는 코가 오뚝 솟고 눈썹이 일자로 올라간
인상으로 원한을 구천에 호소하는 얼굴을 나타내고 있었다.

뿐만 아니라 효시된 안교선의 모습은 당시 조선을 여행 중이던 이사
벨라 버드 비숍[44]의 목격담에도 보이고 있다. 목격담의 내용은 다음과
같다.

외세에 좌지우지되고 있는 임금과의 충성 관계를 공손하게 끊고 그
와 다른 주권을 약속했던 동학은 1월 초 전멸하여 교주의 머리가 충
성스런 관리에 의해 서울로 압송되었다. 나는 그것을 가장 부산한 거
리인 서소문 밖의 어느 시장 거리에서 보았다. 마치 야영장에서 쓰는
주전자 대처럼 나무기둥 세 개로 얼기설기 받쳐놓은 구조물에, 다른
사람의 머리 하나가 그 아래로 늘어뜨려져 매달려 있었다. 그 두 얼

---

44) 이사벨라 버드 비숍은 1894년 2월 23일경 나가사키를 출발, 부산에 도착(1일 체류)
2월 27일 경 부산을 출발, 3일간 항해 끝에 제물포에 도착. 3월 1일 서울에 도착(60일
간 체류) 4월 14일 한강을 거슬러 오르는 나룻배 여행 시작. 5월 21일 나룻배를 버리
고 육로로 금강산을 향해 출발했다. 그녀의 책 《Korea and her Neighbours》는 1890
년대 중반의 조선에 대한 학문적 조사와 관찰 내용을 담은 대표적 조선여행기이다.
일본의 식민지가 되기 이전인 개항기의 조선에 대해 1894년 겨울부터 1897년 봄 사
이 네 차례에 걸친 방문을 통해 보고 듣고 경험한 것을 담고 있다. 수로와 육로를
이용해 조선을 여행하면서 19세기 후반의 한국의 모습을 관찰하고 한국의 지리학적
조사에 힘을 기울였다.

굴 모두 고요하고 엄숙해
보였다. 그리 멀지 않은
곳에도 같은 구조물들이
세워져 있었다.[45] 그것들
이 무게를 지탱할 수가 없
어 무너지게 되면 먼지 수
북한 길바닥에 그냥 나뒹
굴도록 내버려져 개들이
몰려와 물어뜯기에 안성맞
춤이 되었다.

그곳에 고장 난 회중시
계가 떨어져 있었는데 어
린 아이들이 그것을 조각
조각 분해하여 개에게 물
어뜯긴 시체의 입속에 장
난으로 처넣었다. 이런 끔
찍한 광경이 일주일 동안
이나 계속되었다.[46]

54   A TRANSITION STAGE   CHAP.

had been sent to Seoul by a loyal governor. There I saw
it in the busiest part of the Peking Road, a bustling market
outside the "little West Gate," hanging from a rude
arrangement of three
sticks like a camp-
kettle stand, with an-
other head below it.
Both faces wore a
calm, almost dignified,
expression. Not far
off two more heads
had been exposed in
a similar frame, but
it had given way, and
they lay in the dust
of the roadway, much
gnawed by dogs at
the back. The last
agony was stiffened
on their features. A
turnip lay beside
them, and some small
children cut pieces

TONG-HAK HEADS.

from it and presented them mockingly to the blackened
mouths. This brutalising spectacle had existed for a
week.

〈사진 10〉비숍의 목격담을 기록한
〈조선과 그 이웃나라들〉에 나오는
처형된 동학군 지도자의 삽화

비숍의 목격담에는 안교선의 이름이 구체적으로 보이지는 않지만 〈사
진 2〉는 〈사진 1〉과 동일한 삽화임을 알 수 있다. 그런 점에서 비숍의
삽화에 나오는 동학군 지도자는 안교선과 최재호임을 알 수 있다.

효수된 안교선은 최재호, 김개남과 함께 20일부터 3일간, 또는 7일간
소의문 즉 서소문 밖 통행이 빈번한 광마장[47]에 내걸렸다.[48] 안교선의

---

45) 이에 의하면 안교선과 최재호 외에도 처형된 다수의 동학농민군 지도자도 효시하였
다고 보인다.
46) 비숍 지음, 이인화 옮김, 『한국과 그 이웃나라들』, 도서출판 살림, 2012, 308~309쪽.
47) 광마장은 다른 기록에 의하면 盤石坊으로 되어 있다.(『時事申報』1895년 2월 9일
자) '반석방'은 현재의 염천교 근처이다.

유골은 개에게 물려 찢기는 등 수난을 겪어야만 했다. 이후 안교선의 유골에 대한 기록을 확인할 수 없는데, 이는 당시 동학농민군에 대한 인식을 단적으로 보여준다고 할 수 있다.

안교선 이외에 아산 출신 내지 아산지역과 관련하여 동학농민혁명에 참가한 인물은 다음과 같다.

> 김경삼, 곽완, 정태영, 이신교, 권태진, 김경삼, 김금손, 김기형, 김동운, 김명철, 김보일, 김용산, 김일석, 김정기, 김종완, 김현산, 남성칠, 맹금동, 박봉업, 박연홍, 박화서, 방도찬, 백원손, 안영선, 안완선, 안치서, 엄흥록, 원학도, 유덕신, 유사능, 유진국, 윤성의, 이계춘, 이구길, 이규호, 이문옥, 이배지, 이성오, 이성일, 이수춘, 이순교, 이승실, 이신교, 이영도, 이우하, 이원목, 이창휴, 이판용, 이호득, 임화경, 장봉산, 전복동, 정구영, 정군칠, 정정용, 정학문, 정학천, 진동훈, 차기성, 차도련, 차득윤, 최광표, 최정운, 편덕진, 황천일[49]

5. 맺음말

이상으로 아산지역의 동학과 동학농민혁명에 대하여 살펴보았다. 아산지역은 풍부한 물산과 지리적 이점으로 일찍이 양반사족이 정착하였으며, 이들은 신분적 사회적 지위를 이용하여 토지의 소유를 집중하였다. 이로 인해 농민들은 봉건적 토지관계의 모순과 억압된 신분제 아래에서 착취와 수탈의 이중고에 시달렸다. 이러한 사회경제적 배경은 동학

---

48) 이에 대해서는 김문자, 「전봉준 사진과 무라카미 텐신(村上天眞)」, 『한국사연구』 150, 2011.9를 참조할 것.

49) 『천도교서』, 해월신사편. 『천도교창건사』; 『아산지역 동학농민혁명』등에서 정리한 것이다. 이들에 대해서는 추후 보다 구체적으로 분석해보고자 한다.

이 아산지역에 유입 내지 포교되는 데 적지 않은 영향을 주었다.

아산지역에 동학이 포교되기 시작한 것은 1860대 후반 내지 1870년대 초반으로 보인다. 이 시기 아산지역과 관련된 동학교인으로 확인되는 인물은 안교선을 비롯하여 안교일, 안교강, 안교백, 안교상 등이다. 이들은 대부분 안교선의 친인척으로 알려져 있다. 이들은 초기 동학교단의 경제적 후월을 하거나 교단을 정비하는 데 크게 기여하였다. 뿐만 아니라 이들은 초기 동학교단에서 경전 간행에 참여하는 등 중요한 역할을 담당하였다. 이런 점에서 아산지역 동학교인은 일찍부터 교단에서 중추적인 역할을 담당하였다고 할 수 있다.

그러나 아산지역 동학조직은 동학농민혁명이 전개되는 과정에서 이른바 1차 동학농민혁명에는 참여하지 못하였다. 이는 내포지역 동학농민혁명의 영향을 받았기 때문이다. 2차 동학농민혁명이 전개되자 아산지역 동학조직은 혁명 대열에 적극 참여하였다. 이 과정에서 아산지역을 중심으로 활발하게 전개하지 못한 한계를 가지고 있다. 아산지역 동학조직은 예산, 홍주 등 내포지역 동학농민혁명에 참여하였기 때문에 아산지역에서 관군 내지 일본군과 직접적인 전투를 전개하지는 못하였다.

한편 아산포대접주로 활약하였던 안교선은 공주지역을 중심으로 활동한 바 있고, 이후 관군에 체포되어 남벌원에서 처형되었다가 서소문 광장에서 3일간 효시되었다. 당시 일본 신문에 이러한 사실들이 잘 보도되었는데, 안교선은 지도자로서의 풍미를 보이고 있다고 평가하였다. 이는 안교선뿐만 아니라 아산지역 동학군의 모습이라고 평가할 수 있지 않을까 한다. 오늘 발표를 계기로 앞으로 아산지역의 동학농민혁명의 연구에 활성화가 이루어지기를 기대해 본다.

제3부

동학농민혁명과 지도자들

10장 서장옥과 금산지역 동학군의 활동

1. 머리말

1994년 동학농민혁명 1백주년을 기해 왕성하게 연구되었던 동학농민
혁명은 이제 어느덧 뒤안길의 느낌이 들 정도로 연구와 관심이 한산하
다. 그럼에도 불구하고 동학농민혁명에서 늘 중심에 서고자 하는 금산지
역의 동학농민혁명은 올곧은 역사를 만들어가고 있다. 사실 동학농민혁
명 1백주년에는 대부분의 학자들이 동학농민혁명에 대해 언급하였다. 또
한 이해 어느 해보다도 연구성과가 풍성하였다.

금산지역의 동학농민혁명은 처음과 끝을 함께 하였다. 제원기포를 비
롯하여 방축기포, 호남지역 동학군의 연합전선, 황토현전투, 황룡촌전투,
전주성 점령 그리고 금산지역에서의 집강소 활동 등의 다양한 활동이 있
었고,[1] 이어 2차 기포에는 부수암전투, 용담현 점령, 그리고 동학농민혁
명 최후의 전투인 대둔산전투가 전개되었는데, 이러한 일련의 동학군 활
동이 바로 금산지역에서 전개되었다.[2]

---

1) 성주현, 「금산지역의 제1차 동학혁명의 전개」, 『동학과 동학혁명의 재인식』, 국학자
료원, 2010, 317~339쪽.

이에 본고에서는 이러한 역사적 의미를 가지고 있는 금산지역의 동학
농민혁명 전개과정을 정리하는 차원에서 서장옥과 금산지역 동학과의
관계, 금산지역 동학군의 조직 및 금산지역 동학군의 활동을 차례로 살
펴보고자 한다.

2. 서장옥과 금산지역 동학

금산지역에 동학이 처음으로 전래된 것은 동학이 창도된 지 2년 후인
1862년이었다. 구체적인 기록은 없지만 황현의 『오하기문』에 의하면, 동
학을 창도한 수운 최제우가 호남의 진산과 금산의 산골짜기를 왕래하면
서 양민들에게 동학을 포교하였다고 밝히고 있다.[3] 이 시기는 수운 최제
우가 동학을 포교한 지 1년 후로 남원 은적암으로 피신길에 나섰던 때였
다. 수운 최제우는 당시 피난길에 올랐기 때문에 왕래하면서 포교를 하
지는 않았던 것으로 본다. 그렇다면 어떻게 금산지역에 동학이 포교되었
을까. 이는 아마도 금산지역의 사람들이 동학에 대한 소문을 듣고 수운
을 찾아가 동학에 입교한 것으로 추정된다. 아니면 남원 은적암으로 피
신가면서 그 지역 사람들에게 동학을 포교하였을 것으로 보는데, 이때
금산지역 사람들이 동학에 입교한 것이 아닌가 한다. 이렇게 금산지역에
포교된 동학은 점차 교세를 확장하게 되었고, 동학농민혁명 당시에는 그
중심에 섰던 것이다.

동학농민혁명 당시 금산지역 동학조직을 이끈 인물은 조재벽[4]이었다.

---

2) 표영삼, 「1894년의 금산지역 동학혁명」, 제2회 금산동학농민혁명 학술대회, 금산동
   학농민혁명기념사업회, 2006.
3) 황현, 『오하기문』; 『동학농민사료총서』 1, 사운연구소, 1996, 42쪽.
4) 조재벽은 1887년에 동학에 입도하였으며, 금산지역 이외에 황간, 옥천, 영동, 청산

동학조직은 전교인과 수교인의 관계를 연원이라고 한다. 그렇다면 조재벽의 연원은 누구일까. 조재벽의 연원주는 서장옥으로 알려졌다.[5] 이는 조재벽이 포교하여 동학 교세를 형성한 금산지역이 서장옥이 관할하는 지역이기 때문이었다. 이러한 점에서 금산지역 동학군의 활동은 서장옥과 밀접한 관련을 가지고 있음을 알 수 있다.

서장옥은 어떠한 인물인가. 그에 대해서는 자세하게 알려진 바는 없지만 당시 그에 대한 평을 통해 서장옥의 됨됨이를 파악할 수 있다. 서장옥은 서인주 또는 서일해라는 이명을 가지고 있으며, 청주 지방[6] 출신, 승려로 알려졌다. 1883년에 동학에 입도하였으며 충청도와 전라도 일대에 동학을 포교하였다. 이러한 그의 활동으로 서장옥은 최시형의 최측근으로 부상하였으며, 인척 관계가 되었다.[7] 1887년 3월에는 해월 최시형과 함께 강원도 정선군 적조암에서 함께 수련을 하였다.[8] 뿐만 아니라 당시 동학의 발전과 제도적 정비에도 크게 기여하였다.[9]

특히 서장옥은 해월 최시형과 각별한 관계였다. 서장옥은 1889년 10월

등 충청도지역을 중심으로 활동하였다. 1893년 1월 광화문교조신원운동에 참여하였다. 이해 7월 해월 최시형이 상주 왕실촌에서 청산 문암으로 이주할 때 적극 후원하였다. 특히 문암에서 해월 최시형은 김성원의 집에 머물렀는데, 김성원은 조재벽의 연원이었다.(성주현, 「금산지역의 제1차 동학혁명의 전개」, 『동학과 동학혁명의 재인식』, 320쪽)

5) 『김낙봉이력』, 갑오년조; 『동학농민혁명국역총서』 5, 동학농민혁명참여자명예회복심의위원회, 2009, 221쪽.

6) 그러나 황현 매천에 의하면, 서장옥은 수원 출신이라고 하였다.

7) 최시형의 아들 덕기는 음선장의 둘째 딸과 혼인하였다. 음선장의 첫째 딸은 서인주와 결혼하였다. 음선장은 서인주의 권유에 따라 1884년 동학에 입도하였으며, 서인주의 중매로 해월 최시형과 사돈관계를 맺었다. 이에 따라 덕기와 서인주는 동서 관계가 되었으며, 해월 최시형과 인척관계가 되었다.(표영삼, 『동학』 2, 통나무, 2005, 140쪽)

8) 『시천교역사』, 정해년조; 유택하, 「동학난중기」, 정해년조; 『정선문화』 12, 정선문화원, 2009, 194쪽.

9) 장영민, 「최시형과 서장옥」, 『동학농민혁명과 농민군 지도부의 성격』, 서경문화사, 123~124쪽.

28일 체포되었다가 이듬해 유배를 당하자 해월 최시형은 서장옥을 구하기 위해 500금을 마련하기도 하였으며, 그를 위해 때때마다 기도를 하였다. 뿐만 아니라 서장옥의 처지와 같이 의복도 갈아입지 않았고, 잠을 잘 때도 이불을 덮지 않을 정도였다.10) 이처럼 교단 최고 책임자인 최시형과의 관계, 그리고 동학 포교와 제도적 정비로 인해 서장옥은 교단에서 하나의 세력을 형성하였다. 이른바 '서포'라 불렸다. 「오하기문」에는 서장옥에 대해 다음과 같이 기록하고 있다.

> 처음 동학에서는 그 무리를 包라 불렀는데, 法包와 西包가 있었다. 법포는 최시형을 받드는데, 법헌이라는 최시형의 호에서 이름을 따왔다. 서포는 서장옥을 받든다. 서장옥은 수원 사람으로 최시형과 함께 교조 최제우를 따라 배웠다. 최제우가 죽자 각기 도당을 세워 서로 전수하면서 이를 布德이라 이름하였다. 이들은 동학이 궐기할 때 서포가 먼저 일어나고 법포가 뒤에 일어나기로 서로 약속하였기 때문에 起包라 이름하고 법포는 坐包라 불렀다.11)

이 기록은 전해들은 것이기 때문에 정확하지는 않지만, 서장옥이 동학 교단 내에서 일정한 세력을 형성하였음을 보여주고 있다. 뿐만 아니라 교단 내에서 그의 영향력 정도를 알 수 있다.

동학교단에서 중요한 역할을 하였던 서장옥은 1889년 10월 말경 관에 피체되었다. 권병덕의 기록에 의하면, "여름 내내 지목이 계속되다가 10월에 서인주(서장옥), 강한형, 신정엽, 정현섭 등이 관에 체포되었다"라고 하였다.12) 서장옥은 신정엽과 함께 절해고도에 유배되었다가 1892년

---

10) 박맹수, 「최시형연구」, 한국정신문화연구원 박사학위논문, 1996, 172쪽.

11) 황현, 「오하기문」, 갑오년조.

12) 권병덕, 『권병덕일기』, 포덕 30년조. 이외에도 서인주가 피체된 기록은 『시천교역사』 기축년조와 『해월선생문집』에도 있다.

6월에 석방되었다.[13] 이후 서장옥은 교조신원운동을 주도하였다. 교조신원운동은 1871년 이필제가 처음으로 전개한 바 있지만, 이로 인해 동학교단은 적지 않은 피해를 입었다. 이후 20년 만에 동학교단은 교조신원운동을 전개하였는데, 바로 서장옥이 그 중심에 있었다.

교조신원운동이 논의되기 시작한 것은 1892년 7월경이었다. 서장옥은 석방된 직후부터 교조신원운동을 준비하였다. 이는 아마도 유배 중에 구상하였던 것으로 풀이된다. 당시 같이 탄압을 받던 서학은 신앙의 자유가 인정된 상황에서 동학만 여전히 탄압을 받는 것은 불합리하다고 판단하였던 것이다. 뿐만 아니라 신앙의 자유가 없다면 자신처럼 많은 동학교인들이 체포되어 옥중에 있거나 유배 등으로 끊임없이 피해를 고스란히 당할 수밖에 없었기 때문이기도 하였다. 이에 서장옥은 유배생활을 하면서 신앙의 자유를 획득하기 위한 교조신원운동을 구상하였던 것이다.

서장옥은 서병학과 함께 1892년 7월 상주 왕실촌에 있던 해월 최시형을 찾아가 "방금 우리 도의 급한 일은 선사의 신원 일사에 있습니다"라고 하여, 교조신원운동을 전개할 것을 건의하였다. 하지만 해월 최시형은 일단 보류하였다.[14] 그러나 10월에 이르러 최시형은 교조신원운동을 전개할 것을 지시하였다. 해월 최시형은 교단 내에 교조신원을 요청하는 분위기가 점점 커지자 이를 수용하여 입의문 발표하고 교조신원운동을 전개키로 한 것이다.[15] 이에 서장옥은 충청관찰사 조병식에게 먼저 의송단자를 보내는 한편 전라관찰사에게 보낼 글을 준비하면서 교인들에게

13) 『동학도종역사』, 임신년조.
14) 『천도교서』, 포덕 33년 인진년조. 이에 대해서는 다양한 해석이 있다. 거절하였다고도 하였다. 그러나 해월 최시형은 당시의 상황과 1871년 교조신원운동 등을 생각하여 당장 교조신원운동을 전개하기보다는 시기에 대한 조정과 교단 내의 의사를 들어보기 위해 시간이 필요하였던 것이다. 이에 따라 해월 최시형은 서인주의 의견에 대해 신중한 표현으로 유보하였던 것이다.
15) 오지영(이규태 교주), 『동학사』, 문선각, 1973, 139쪽.

도 공주로 집결할 것을 내용으로 하는 격문을 띄웠다. 10월 20일경 서장옥 등 8명이 장두가 되어 1천여 명의 동학교인을 이끌고 공주교조신원운동을 주도하였다. 즉 서장옥이 주도한 공주교조신원운동은 10월 20일 공주에 집결하여 21일에 충청감사에게 의송단자를 올렸으며, 22일 충청감사의 제음을 받았다. 24일에는 감사가 각 군현에 감결에 내려진 것을 확인하고 25일 해산하였다.[16]

그러나 교조신원운동은 여기서 그치지 않았다. 서장옥은 공주교조신원운동에 이어 전개된 삼례교조신원운동도 주도하였다. 충청감사로 상대로 교조신원운동을 주도한 바 있는 서장옥은 전라관찰사를 상대로 교조신원운동 준비에 들어갔다. 1892년 10월 25일 삼례에 동학도회소를 설치한 후 동학교인에게 11월 1일까지 집결하라는 경통을 10월 27일 발송하였다.[17] 삼례교조신원운동은 해월 최시형이 주도하고자 하였으나 낙상하여 참석하지 못하였다. 이로 인해 삼례교조신원운동은 서장옥이 주도하게 되었다. 서장옥은 의송단자를 전라감사에게 제출하였다. 그렇지만 전라감사는 전혀 반응이 없었다. 서장옥은 7일 만에 다시 결단을 촉구하는 글을 보냈다. 동학 교조의 억울함과 동학의 탄압에 대한 금지를 다시금 강력하게 요구하였다. 이에 대해 전라감사는 9일 만에 제사를 통

---

16) 표영삼, 『동학』 2, 203쪽.
17) 경통의 내용은 다음과 같다. "삼가 통문할 것은 대저 이 세상에 태어나 대선생(수운 최제우-필자주)의 은혜를 입어 도를 받은 여러 군자들은 누구인들 신원하지 못한 것을 원통해 하지 않을 이가 없을 것이다. 이제 30여 년이나 지목의 혐의로 마치 죄를 지은 사람처럼 두려워 살아왔으니 이 또한 천운이라 하겠다. 이번에 충청감사에게 신원을 호소하고 전라감사에게 의송하게 된 것 역시 천운이라. 각포 여러 접장들은 일제히 이곳에 모이도록 하라. 알고도 모임에 오지 않은 사람은 어찌 수도하고 오륜을 익혔다고 하겠는가. 명색이 사람으로서 선생의 원통함을 풀어줄 것을 모른다면 어찌 금수와 멀다하겠는가. 다시 통문을 보낸 후에도 곧 달려오지 않으면 응당 별단의 조처를 마련할 것이다. 머지않아 하늘의 죄를 얻을 것이니, 다시 무엇을 바랄 것인가. 사림으로 의리를 해치지 않도록 맹성할 것이며, 소인배들의 허튼 말을 듣지 않으면 천만 다행일 것이다. 임진 10월 27일 밤, 전라도 삼례도회소"

해 답서를 보냈다. 그러나 여기에 만족하지 않은 서장옥 등 동학교인들은 지속적인 투쟁을 다짐하였다.

이와 같은 동향에 대해 영장 김시풍은 동학군을 제압하기 위해 3백여 명의 관군을 이끌고 삼례 남쪽 한천으로 진출하였다. 이에 대응하여 서장옥은 김시풍과 담판을 시도하였다. 김시풍은 서인주에게 "어찌 무리를 모아 태평성세를 어지럽히는가" 하고 힐책하였다. 서장옥은 정중한 자세로 "관리배들이 도인들을 상해하므로 억울함을 이기지 못해 감사에게 의송을 올리려고 모였다. 이 일이 어찌 민심을 현혹하는 일이라 하겠는가" 하면서 대응하였다. 김시풍이 화를 내며 칼로 위협하였지만 서장옥은 예의를 다해 응대하였다. 이에 김시풍은 "동학이 난당인줄 알았는데, 와서 보니 관대한 것을 알았다. 잘 처리하겠다"며 호의를 보였다.[18] 이는 서장옥의 인품이 어떠하였는지를 잘 보여주는 대목이라 할 수 있다. 관의 협박과 위협에도 굴하지 않고 오히려 당당한 모습을 보여주었던 서장옥은 동학의 핵심지도자로 부상하였다. 이 사건으로 인해 서장옥은 교단의 최고책임자인 최시형과 동등하다는 평가를 받기에 이르렀다.

삼례교조신원운동에서 동학교인에 대한 침탈을 금지한다는 감결을 얻어내었지만 동학에 대한 탄압은 여전하였다. 특히 서장옥 연원 관내라 할 수 있는 충청도 영동, 옥천, 청산의 수령들의 탐학이 심하였다. 서장옥 등 동학지도부는 지방관아에서는 교조신원을 해결할 수 없다는 인식 하에 중앙정부를 상대로 신원운동을 전개하기로 하였다. 그러나 서장옥은 광화문교조신원운동에 직접 참여하지는 못하였다. 이에 대해서는 서장옥이 평화적 신원운동보다는 보다 강경한 방법 즉 정부를 공격하자는 계획을 제안하였지만 수용되지 않았기 때문으로 해석하기도 한다. 그러

---

18) 『남원군동학사』. 이 책은 유태홍의 구술을 1924년 남원종리원장 최병현이 기록한 것으로, 호남 좌도의 동학조직과 동향에 대해 잘 보여주고 있다.

나 서장옥은 공주와 삼례의 교조신원운동을 주도하였던 관계로 관으로부터 지목을 받고 있었기 때문에 적극적으로 참여할 수 없었던 것으로 보인다. 이로 인해 서장옥의 직계라고 할 수 있는 조재벽이 참여하였다.[19]

광화문신원운동에서도 정부로부터 뚜렷한 대안을 제시받지 못한 동학 지도부는 1893년 3월 충청도 보은에서 신원운동을 보다 강력하게 추진하기로 하였다. 보은에서도 전개된 신원운동에서도 서장옥의 활동은 두드러지지 않았다. 이 역시 서장옥이 관의 지목으로부터 자유롭지 않았던 것으로 보인다. 그렇지만 관의 기록인 「취어」에 의하면, "(동학의) 우두머리는 최시영[20]이고 다음 지도자는 서병학, 이국빈, 손병희, 손사문, 강가, 신가이며 경강충경[21]의 접장은 황하일, 서일해(서장옥 – 필자주)이며 전라도 접장과 운량도감은 이름을 알 수 없는 전도사이다"라고 하여, 서장옥이 보은신원운동에 참여하였음 밝히고 있다.[22] 또한 교단의 기록에는 서호포대접주에 서장옥이 임명되었다.[23] 이는 보은 척왜양창의운동에서 서장옥의 적극적인 활동은 보이지는 않았지만 여전히 영향력이 미쳤음을 알 수 있다. 공주에서부터 시작되어 삼례, 광화문, 보은으로 이어지는 일련의 신원운동과 척왜양운동에서, 특히 공주와 삼례의 신원운동

---

19) 『해월선생문집』, 계사년조. 이에 대해 많은 의문점을 남기고 있다. 공주와 삼례에서 신원운동을 주도하였던 서장옥이 광화문신원운동에 참여하지 못한 것은 특별한 사정 즉 체폭된 것으로 해석하기도 한다. 표영삼은 장희용의 글을 통해 피체되었기 때문에 참여하지 못하였다고 보았다.(표영삼, 『동학』 2, 268쪽) 장희용의 글 중 서장옥과 관련된 내용은 다음과 같다. "일해(一海 – 서장옥, 필자주) 형은 22일 신시경에 좌변영에 이수되어 뜻밖에 천은이 망극하여 지난달(6월 – 필자주) 28일 신시에 풀려나 집으로 돌아왔다."(『동학농민사료총서』 20, 339쪽)

20) 최시형의 오류이다.

21) 경기도, 강원도, 충청도, 경상도를 일컫는다.

22) 「취어」, 『동학농민혁명사료총서』 2, 34쪽.

23) 『동학도종역사』, 계사년조. 서호포는 강경포라고도 하였는데, 이는 강원도와 경기도가 서장옥의 관할이었기 때문이었다.

을 주도하였던 서장옥에게 정부의 지목은 집요하였다.

　　지금 양호 선무사(兩湖宣撫使) 어윤중(魚允中)의 장계를 보니, '윤음
(綸音)을 선포한 후에 보은(報恩)에 모였던 비적(匪賊)들은 이미 다 귀순
하거나 해산하였으며 무리를 모은 연유는 이미 서병학(徐丙鶴)의 입에서
드러났습니다. 발표한 통문(通文)과 게시한 방문(榜文)에는 원래 이름이
있지만 정상을 헤아릴 수 없으니 사핵(查覈)해야 할 것입니다.'라고 하
였습니다. 호서(湖西)의 서병학과 호남(湖南)의 김봉집(金鳳集)과 서장옥
(徐長玉)은 모두 각각 해도(該道)의 도신으로 하여금 잡아다가 영옥(營
獄)에 가두고 엄하게 조사하여 등문(登聞)하게 하며, (하략)[24]

　　이 글에 의하면, 서장옥을 빨리 잡아들일 것을 지시하고 있다. 이에
따라 서장옥은 언제인지 분명하지는 않지만 신원운동 이후 피체되어 2년
동안 구금되었다가 동학농민혁명이 진행 중인 6월 28일(음)에야 석방되
었다.[25] 동학농민혁명 1차 기포에 참여하지 못한 서장옥은 2차 기포 당
시에는 공주와 청주 일대에서 활동하였다.[26] 동학농민혁명기 서장옥의
활동은 일본측 정보문서에서 확인되는데, 그 내용은 다음과 같다.

　　나는(박동진[27] - 필자주) 공주에 머물면서 임기준, 서장옥과 더불어
　　일을 도모하고[28]

---

24) 『고종실록』 34책, 고종 30년 4월 10일조;『승정원일기』고종 30년 4월 10일;『일성록』
　　고종 30년 4월 10일;『본조기사』권223, 태황제조 43, 계사 30년 4월 10일.
25) 「東學黨事件에 대한 會審顚末 具報;장희용 편지」,『주한일본공사관기록』8, 국사편
　　찬위원회, 1993, 54쪽.
26) 일설에 의하면 서장옥은 석방된 이후 대원군을 찾아가 청나라 군대와 연합하여 일본
　　군을 공격하기로 밀의하였다고 한다.(「동학당 접주 장두재가 발표한 회장」,『주한일
　　본공사관기록』8, 54~55쪽)
27) 박동진은 선무사로 종사하면서 대원군과 동학군의 연합전선을 형성하는 데 노력하
　　였다.
28) 「이병휘가 제출한 시말서」,『주한일본공사관기록』8, 58쪽.

청주는 지난 달 23일부터 동학도 가운데 서일해라는 자가 수십만의
군중을 인솔하고 수십 겹으로 포위를 하고 있었으므로, 兵使는 城門
을 굳게 닫고 외부로부터의 援兵을 기다렸으나 오지 않았기 때문에
현재 위급한 상황에 있다.[29]

위의 인용문에 의하면, 서장옥은 공주과 청주 일대에서 활동하였음을
밝혀주고 있다. 공주에서는 대원군이 파견한 박동진을 만나 2차 기포에
대한 논의를 가진 것으로 파악된다. 실제 대원군과 어떤 밀약을 가졌는
지는 밝혀지지는 않았지만 최소한 2차 기포와 관련하여 서로 논의가 있
었던 것만은 확실하다고 추정된다. 청주는 서장옥이 거주하였던 지역으
로 이 지역 동학군을 규합하여 2차 기포를 준비하였다고 불 수 있다. 또
한 서장옥이 9월 24일 동학군을 지휘하여 청주병영을 포위하기 시작하
자 충청병사는 구원을 요청하였다. 청주에서 김개남과 합류한 서장옥은
11월 13일 청주 남석교에서 관군과 전투하였으나 패하였다. 이후 서장옥
이 이끈 동학군은 진잠에서도 패하였다.[30] 이후 서장옥에 대한 기록이
보이지 않는 것으로 보아 자신이 생활하였던 청주 일대가 아니면 각지를
전전하면서 은신하였을 것으로 추정된다. 청주 남석교전투와 진잠전투
에서 패배한 후 서장옥은 1900년 9월 20일 손천민과 함께 교형에 처해진
다.[31] 서장옥이 언제 피체되었는지는 정확하지 않지만 손천민이 체포되

29) 「보은동학당에 관한 보고」, 『주한일본공사관기록』 1, 173쪽.

30) 『시문기』갑오년 11월 11일조; 『동학농민혁명국역총서』 6, 10쪽.

31) 「1894년 동학난의 주모자 서장옥 손사문에 대한 처분 보고」, 『司法稟報(乙)』, 1900년
9월 20일자; 『고종실록』 40권, 고종 37년 9월 21일자. 그 내용은 다음과 같다.
"법부 대신(法部大臣) 권재형(權在衡)이 아뢰기를, "평리원 재판장(平理院裁判長) 김
영준(金永準)의 보고를 보니, '피고 서장옥(徐章玉), 손사문(孫思文)의 안건을 심리한
결과 두 범인은 모두 동학(東學)을 오로지 숭상하였으며 백성들을 선동하고 홀린 것
이 전봉준(全琫準), 김개남(金介男), 최시형(崔時亨)과 같다는 사실이 명백하므로 이
로써 조율(照律)하면 좌도난정죄(左道亂正罪)에 해당하며 교형(絞刑)에 처해야 합니
다.'라고 하였습니다. 처음에 의율(擬律)한 대로 처결하는 것이 어떻겠습니까?" 하니,

었던 1900년 8월이 아닌가 한다.[32]

이상으로 서장옥에 대하여 살펴보았다. 서장옥은 청주 일대를 중심으로 활동하였지만, 금산지역에 동학을 포교하는 데 가장 영향력이 컸던 인물이었다. 그의 직계라 할 수 있는 조재벽은 금산과 황간 등지를 직접 이끌었다. 이러한 점에서 볼 때 금산지역의 동학은 서장옥의 영향력 아래 있었고, 그의 지도를 받아 동학농민혁명에 적극 참여하였다.

3. 금산지역 동학군의 조직과 활동

앞서 서장옥을 통해 금산지역의 동학에 대하여 살펴보았다. 금산지역은 서장옥의 연원이고 관할이었지만 직접적으로 동학 조직을 이끌었던 인물은 조재벽이었다. 조재벽이 동학교단 기록에 처음으로 등장하는 것은 1893년 10월경이었다. 『해월선생문집』에 의하면, 조재벽은 해월 최시형이 황간을 거쳐 상주 황실촌에 머무를 때 좀 더 은신하기 좋은 청산 문암리로 옮길 것을 주선하였다.[33] 문암리에는 김성원이라는 교인이 있었는데, 바로 조재벽이 동학에 입교케 하였다. 그렇다면 조재벽은 언제 동학에 입도하였을까. 분명한 기록은 없지만 『동학도종역사』에 의하면, 1887년 황간에서 입교한 것으로 기록하고 있다. 동학에 입교한 조재벽은 옥천과 영동, 그리고 청산 일대까지 포교하였다. 뿐만 아니라 이를 기반으로 1890년경부터 금산을 비롯하여 진산, 용담까지 포교하여 그의 영향력 아래 두었다.[34] 이로써 금산지역 동학 조직의 연원은 서장옥-조재벽으로

윤허하였다."

32) 『천도교약사』, 천도교중앙총부, 2006, 119쪽.

33) 『해월선생문집』, 계사년조.

34) 신영우, 「1894년 금산 봉기에 참여한 동학농민군 검토」, 제5회 금산 동학혁명 학술발

이어졌다. 이후 조재벽은 1893년 전개된 광화문교조신원운동에 참여함
으로서 동학 교단의 주요 지도자로 성장하였다. 이를 계기로 금산지역
동학교인들은 3월 보은에서 전개된 신원운동에도 참여하였다. 「취어」에
의하면, "황풍(黃豊), 금의(金義), 충암(忠岩), 강경(江慶)"35)이라고 쓴 기
가 있다고 하였는데, 이는 조재벽 관내의 금산과 황간 등지로 풀이된다.
그리고 앞서 언급하였듯이 해월 최시형이 동학농민혁명 당시 머물고 있
었던 청산 문암리에 이거할 수 있도록 주선하였다. 이러한 활동은 금산
지역 동학군이 무장기포보다 앞서 동학농민혁명의 횃불을 들 수 있었
다.36)

그렇다면 동학농민혁명 당시 금산지역의 동학조직은 어떠하였을까.
동학농민혁명 당시 금산지역의 동학조직을 확인하기에는 무리가 따른
다. 다만 동학농민혁명 당시 금산지역의 기포와 전투에 참여하였던 인물
을 중심으로 살펴보고자 한다. 이에 앞서 동학의 기본조직에 대하여 살
펴보자.

동학의 조직은 기본적으로 접(接)이었다. 접이 처음으로 조직된 것은
동학을 창도한 수운 최제우 시기였다. 수운 최제우는 1862년 동학의 교
세가 크게 늘어나자 지역별로 접을 조직하였는데 다음과 같다.

慶州에 李乃謙 白士吉 姜元甫, 盈德에 吳明哲, 寧海에 朴夏善, 大邱
淸道 兼 京畿에 金周瑞, 淸河에 李敏淳, 延日에 金伊瑞, 安東에 李武中,
丹陽에 閔士燁, 英陽에 黃在民, 新寧에 河致旭, 固城에 成漢瑞, 蔚山에
徐君孝, 長鬐에 崔義仲 諸人이러라.37)

표회 발표문, 2008, 28쪽.

35) 『취어』1893년 3월 20일자; 『동학농민혁명국역총서』6, 22쪽.

36) 성주현, 『동학과 동학혁명의 재인식』, 321쪽.

37) 이돈화, 『천도교창건사』, 천도교중앙종리원, 1934, 42쪽.

이 시기 동학조직인 접은 주로 경상도와 충청도, 그리고 경기도 일부 지역에 설치되었다. 이후 해월 최시형 시기에는 강원도를 중심으로 접이 조직되었다. 구체적으로 드러나지는 않았지만 지역별로 조직된 접을 통해 공주, 삼례, 광화문, 그리고 보은에서 신원운동을 전개할 수 있었다. 특히 보은 신원운동에 참여한 조직들은 지역의 명창을 따서 '수의', '진의', '광의', '금의' 등으로 편의상 접명을 사용하였다.

그러나 동학농민혁명의 전제적 기반으로 접이 조직된 것은 1893년 3월 척왜양창의운동 때였다. 전국에서 동학교인들이 보은으로 집결하자 동학교단은 새로운 체제로서 대접(大接) 즉 포(包)를 조직하였다.[38] 이로써 동학조직은 접과 포로 체계화되었다. 접은 동학의 단위조직으로 대략 100명을 기준으로 하였다. 접의 구성은 전교인과 수교인의 관계로 형성되었으며, 이를 연원이라고 하였다. 따라서 접은 지역단위별로 조직되는 것이 아니라 인적 관계를 통해서 조직되었다. 그렇지만 당시 이동이나 이주가 자유롭지 않았던 시기였기 때문에 주로 지역별로 접이 조직되는 경우가 많았다. 그리고 접에는 접주(接主)가 대표하였다. 연원 내에 접이 여러 개 늘어나자 연원을 대표하는 접주를 큰접주라 불렀다. 이를 대접주(大接主)라 하였다. 대접주는 1893년 3월 보은신원운동 때 임명되었는데, 금산지역의 연원주인 서장옥은 서호포대접주 또는 경강포대접주로 임명되었다. 그러나 동학농민혁명 당시 서장옥은 구금상태였기 때문에 조재벽이 실질적인 연원주로써 대접주의 역할을 담당하였다.

동학농민혁명 당시 금산지역에는 동학조직으로서 접은 분명하지 않다. 다만 기포 과정에서 주요 인물을 통해 살펴볼 수 있을 것으로 본다. 동학농민혁명 당시 그나마 이름을 남기고 있는 경우 대부분 접주였을 가

---

38) 표영삼, 『동학』 2, 303~304쪽. 그러나 포의 조직은 1890년 이전에 되었던 것으로 보인다. 해월 최시형이 1890년 11월 초 내칙과 내수도문을 반포할 때 각포에 하였다고 하였다. 이로 보면 포 조직은 1983년 보은 신원운동 때보다 앞섰다고 봐야 한다.

능성이 많다. 각 지역에서 활동한 주요 인물은 관이나 일본 측, 그리고 동학교단 측 등 자료를 통해 금산지역의 접주급 인물을 살펴보면 다음과 같다.

주한일본공사관기록 : 진기서, 최학연, 정지홍, 최고금, 이광의,
　　　　　　　　이광우, 이시열, 조한봉, 김재순, 진수환, 강태종,
　　　　　　　　전판동, 김석순
금산동도작요내력 : 권옥(권전주), 김순익, 심헌식, 김정만, 이봉석,
　　　　　　　　백학선, 이선달, 진기서, 정유술
금산피화효상별구성책 : 김기조, 조동현
금산군지 : 이야면
천도교회사초고 : 박능철, 조재벽, 최사문, 최공우
김낙철역사 : 김기운, 박공하, 박희평, 최병조, 조재벽
의산유고 : 박종만, 박홍근 형제, 최사문, 최공우, 고판광, 김태경,
　　　　　송인업, 김공진, 김치삼, 장문화, 정옥남, 박중집,
　　　　　이홍기, 김치선, 양양옥, 김세마
토비대략 : 정윤서
선봉진정등록 : 서도필, 박만호, 이만실, 조윤삼, 박치팔, 김윤일
천도교창건사 : 조경중, 최사문, 최공우, 박능철

이상의 기록에서 등장하는 인물은 기록에 따라 직책이 다양하였다. 이야면과 권옥, 김순익, 심헌식, 김정만, 이봉석, 백학선, 이선달, 진기서, 정유술 등은 제원기포를 주도하였고, 진기서는 금산과 용담을 점령할 때 '가장 폭행이 많은 자',[39] 또는 '접주'[40]라고 평하고 있다. 또한 김재순과 진수환은 접주였다.[41] 그리고 금산피화록에 나오는 김기조와 조동현은

---

39) 「東學黨 騷亂原因 調査結果 報告書 送付의 件」, 『주한일본공사관기록』 6, 25쪽.
40) 위의 글, 32쪽. 이 책에 의하면, 진기서의 집은 매우 부호로 보였으며, 가옥 구조도 마치 일본의 다실과 같아 민가로서는 최상의 구조라고 하였다.

집강소 책임자로 활동하였다. 박홍근은 접주, 박종만은 '삼남의 비류도대장'으로 표현하고 있다.[42] 뿐만 아니라 동학교단측의 기록에서 보이는 조경중, 최사문, 최공우, 박능철 역시 접주급 이상이었다. 이외에도 정윤서 등도 주모자급으로 평가하고 있다.[43] 그런 점에서 본다면 이들은 적어도 접주 이상이었을 것으로 판단된다. 그렇다면 금산지역에는 접주가 적어도 20여 명이 넘었다고 본다. 이외에도 육임을 맡았던 인물들이 적지 않았는데, 이들 역시 접주 이상이었을 것으로 본다.[44]

이상에서 살펴보았듯이 금산지역의 접은 최소한 20개 이상이라고 할 수 있다. 특히 제원기포 시 5천여 명이 참가하였다고 할 때 접은 많게 본다면 50여 개에 달할 정도였다. 그러나 50여 개의 접은 좀 과장되었다고 할 수 있다. 더욱이 접의 최소단위는 100명이었지만 큰 접의 경우 1천여 명을 넘는 경우도 있었다. 이들 접 조직은 동학농민혁명에서 금산과 진산, 용담을 점령하였고, 황토현전투 등에 참가하면서 동학농민혁명의 중심적 역할을 하였다. 그렇다면 금산지역 동학군의 활동에 대해 살펴보자.

금산지역 동학군의 활동 중 가장 핵심적인 것은 제원기포이다. 제원기포는 일반적으로 알려진 무장기포보다 10여 일이나 빨랐다. 1894년 3월 8일 이야면을 선봉장으로 금산관아를 점령하였다. 제원기포 이후 금산지역의 동학군(이하 금산동학군)은 활동은 아래 〈표 1〉과 같다.

---

41) 「대둔산부군 전투상보」, 『주한일본공사관기록』 6, 73쪽.
42) 『의산유고』; 『동학농민혁명국역총서』 6, 180쪽 및 153쪽.
43) 『토비대략』; 『동학농민전쟁사료총서』 11, 473쪽.
44) 이외에도 금산지역의 활동한 동학군에 대해서는 신순철, 「금산 진산지역의 동학농민혁명 참여자 연구」, 제5회 금산동학혁명학술발표회, 2006을 참조할 것.

〈표 1〉 제원기포 이후 동학교인의 동향[45]

일시	거점지	주요활동
3월 7일	동도소	동학교인들 동도소 설치하고 제원역에 모이라는 통문 발송
3월 8일	제원역	제원역에 동학교인 집결, 기포
3월 9일	제원역, 제원장	고을장터(제원시장)에 진을 치고 도소 설치 및 유숙, 촌민 합류
3월 10일	제원장, 관아	동학교인임을 알리는 방을 붙임, 삼정과 관련된 문서 요구, 공형 납치, 문서 조서
3월 11일	제원역	제원역으로 돌아감
3월 12일	관아, 금산천	폐정개혁 10개조가 담긴 소장 제출, 금산천변에 진을 치고 동학 주문 외움, 호장 김원택 및 보부상 반수 김치홍의 집을 파괴, 보부상 접장 임한석 부부 구타
3월 13일	금산천, 제원역	폐정개혁을 하겠다는 약속을 받고 해산, 동학교인과 촌민의 불화, 제원역에 재집결

　　금산관아를 점령한 금산동학군은 폐정개혁을 단행하는 한편 용담현으로 진출하였다. 용담현령 오정선이 동학군을 토벌하려고 하였지만 동학군의 세력에 밀려 용담관아를 동학군에 넘겨주었다. 일시 관망하던 금산동학군은 전봉준, 손화중 등이 무장에서 기포하자 이어 적극 협력하기로 하고 4월 1일 방축에서 재기포하였다. 즉 방축기포였다. 방축기포 직후 금산의 보부상과 의회군의 급습을 받고 1백여 명의 희생되었으나 연합전선을 형성하기 위해 부안으로 진출하였다. 이후 금산동학군은 호남 동학군의 연합전선의 일원으로 부안 성황산-고부 천태산을 거쳐 황토현전투에 참여하였다. 황토현전투에서는 보부상을 격파하는 등 전과를 올렸다. 이후 금산동학군은 연합동학군의 일원으로 정읍-흥덕-고창-무장-영광-함평을 차례로 점령한 후 장성 황룡촌전투에 참여하였다. 이어 정읍-태인-금구-원평을 거쳐 전주성 점령에도 참가 적지 않은 공을 세웠다. 그리고 전주화약 이후 각지에 집강소가 설치됨에 따라 귀향하여 금산과 용담에 각각 집강소를 설치하고 폐정개혁을 단행하는 등 민정을 실시하였다.[46]

---

45) 성주현, 『동학과 동학혁명의 재인식』, 326~327쪽.

260　동학과 동학농민혁명

9월 13일 삼례기포와 18일 청산기포로 각지의 동학군이 총기포를 하자 금산동학군은 2차 기포를 준비하였다. 또한 동학군 진압군으로 일본군과 경병이 내려온다는 소식을 들은 금산지역 보수세력들은 민보군을 조직하였다. 9월 28일과 29일에 정두섭을 소모관, 정지환을 군관으로 임명하는 등 조직을 체계적으로 갖추었다. 또한 전 참판 정숙조, 길기순, 신준호, 박승호, 고제학, 박제군, 박연수, 박승숙, 김진용, 엄채영 등은 창의군을 조직하였다.[47]

이와 같이 금산지역의 상황이 급박하게 돌아가자 금산동학군도 조직을 재정비하는 한편 민보군에 적극적으로 대응하였다. 10월 15일을 전후하여 전봉준과 손병희가 이끄는 동학군이 논산에서 합류하고 공주를 공격하자 금산동학군은 진산에서 기포하였다. 금산동학군과 민보군의 첫 전투는 10월 22일 부수암에서 시작되었다. 『복암유고』에 의하면, 당시의 상황을 다음과 같이 기록하고 있다.

  10월에 이르러 진산의 小吏가 정지환에게 편지를 보내 전하기를 "적수백 명이 부수암에 출몰하였는데, 급습하면 섬멸할 수 있을 것입니다"하니, 정지환이 편지를 보고 府君(고제학)에게 출전하기를 청하였다. 부군이 말하기를 "우리 군사는 처음으로 모집하여 병사의 일을 잘 알지 못하므로 굳게 지키는 것만 같지 못합니다."라고 하였다. 다시 관에 청하니, 관에서 말하기를 "조정에서 관리를 보낸 명령이 있는데, 어찌 성만 지키단 말이오."하니, 부군이 정지환을 막지 못하였고 부득이 군사를 출정시켰다. 군사들이 부수암에 이르니, 사면 산 정상에 동학군의 깃발이 빽빽이 서 있었다. 수만 병사(동학군)가 산을 내려오면서 고함치며 아군(민보군)을 겹겹이 포위하였다. 아군은 패배하였고 적은 승세를 타

46) 이에 대해서는 성주현, 「금산지역의 제1차 동학혁명의 전개」, 『동학과 동학혁명의 재인식』을 참조할 것.
47) 『금산군지』; 표영삼, 「1894년의 금산지역 동학혁명」, 24쪽.

고 성을 함락하였다. 정두섭 정지환은 함께 싸웠으며 군졸의 사상자가
1백여 명이 넘었다. 나머지는 鳥獸처럼 흩어졌다.[48]

금산동학군은 훈련도 제대로 받지 못한 민보군을 상대로 부수암전투
에서 크게 이겼다. 승세를 탄 금산동학군은 금산읍으로 들어가는 길목인
금성산, 삽치, 민치에서 민보군과 대치하였다. 이곳에서 금산동학군과
민보군은 10월 24일 오전까지 공방전을 가졌다.[49]

그 결과 민보군의 군관 정지환 부자를 비롯하여 정두섭 등 60여 명이
희생되었다.[50] 그러나 금산동학군의 피해도 적지 않았다.[51] 부수암을
비롯하여 금성산전투에서 승리한 금산동학군은 관아와 향교, 보수세력
의 집들을 소각하고 금산일대를 장악하였다. 이로써 금산지역은 동학군
의 해방구가 되었다.『금산피화효상별구성책』에 의하면, "영동, 옥천, 무
주 등지의 동학군이 차례로 들어왔다. (중략) 그밖에 개남포, 연산포, 공
주포, 강경포 등도 들어왔다 나가고, 나갔다가 들어오기를 반복하였다"
고 하였다.[52]

이후 금산동학군은 김개남 포와 함께 잠시 동안 활동하였다. 동학군이
2차 기포할 당시 김개남은 남원에 머물고 있었다. 1894년 10월 13일 남
원을 출발하여 10월 16일 전주에 도착한 김개남은 청주를 공격하기 위해
다시 북상하였다. 북상하는 과정에 김개남은 금산을 공략하였다. 김개남
포가 금산에 도착한 것은 10월 24일 금산동학군이 금산을 점령한 이후였
을 것으로 추정된다.[53] 김개남 포(동학군)가 북상하면서 10월 25일경 금

---

48) 고제학,『검암유고』, 부록; 이병규,「금산 진산지역의 동학농민혁명 연구」, 135쪽 재
    인용.
49)「금산피화효상별구성책」;『동학농민혁명사료총서』17, 478쪽.
50)「금산의병순의비」;『동학농민혁명국역총서』6, 278~279쪽.
51) 위의 글, 281쪽 및 284쪽.
52)「금산피화효상별구성책」;『동학농민전쟁사료총서』17, 478쪽.

산에 이르렀을 때는 이미 금산동학군이 금산 관아를 점령한 상태였다. 금산에 이른 김개남 포과 금산동학군은 연합전선을 형성하였다. 이후 김개남 포과 금산동학군은 11월 8일 용담현을 공략하였다. 용담현령의 보고에 의하면 당시의 상황을 다음과 같이 보고하였다.

> 뜻하지 않게 지난달(11월－필자주) 초 8일에 진안, 고산, 진산, 금산 등지의 각포 동학군 수만여 명이 북쪽으로부터 침입하여 부대를 마주하고 접전하였습니다. 그리고 무주접주 이응백 삼부자는 동학군 수천 명을 이끌고 동으로부터 느닷없이 침입하여 우리 뒤편을 공격하였습니다. 양쪽 길의 동학군의 형세가 모두 굉장하여 막아낼 수가 없어 초 9일 오 시경에 마침내 패배하고 말았습니다.[54]

용담전투는 금산동학군 뿐만 아니라 김개남포, 이응백 동학군 이외에도 고산과 진안의 동학군이 참여하였다. 완강하게 대응하던 용담현은 전투를 전개한 지 하루 만에 동학군에 점령되었다. 용담현을 점령한 김개남포는 바로 청주로 북상하기 위해 곧바로 진잠으로 향하였다. 진잠 공형의 보고에 의하면, 그 내용은 다음과 같다.

> 본현에 현감이 아직 부임하지 않은 상황에서 전라도 김개남의 포 5천여 명이 금산 등지에서 이달 초 10일 신시에 본읍에 와서 머물렀습니다. 그들은 공해의 문호 및 각청의 등록된 문부와 상고할 만한 자문(영

---

53) 왜냐하면 금산지역에서 전개되었던 부수암전투와 금성산, 삽치, 민치 등의 전투 상황을 기록한 「금산의병순의비」, 「금산피화효상별구성책」, 『검암유고』 등에 김개남에 대한 언급이 전혀 없다. 이러한 점에서 볼 때 김개남은 금산동학군이 금산관아를 점령한 이후에 도착한 것으로 더 확실하다고 본다. 이에 비해 이병규는 10월 22일부터 24일까지 전개된 동학군과 민보군의 전투에서 김개남과 금산동학군의 연합전선이 이루어진 것으로 판단하였다.(이병규, 「금산 진산지역의 동학농민혁명 연구」, 133~141쪽 참조)

54) 「순무선봉진등록」, 『동학농민혁명국역총서』 2, 353~354쪽.

수중-필자주) 등을 모두 파쇄하고 방화하는 한편, 창고의 자물쇠를 부숴 열고 환곡을 탈취하였습니다. 그리고 읍내 집들의 물품을 파쇄하거나 빼앗고 유형소의 공형 및 읍의 이속들을 주뢰를 틀고 때려서 거의 사경에 이르러서 공문을 보고하기 어려웠습니다. 그 다음날 11일 오시경에 회덕의 신탄진으로 떠나면서 장차 청주로 향할 것이라 운운했지만 정형을 헤아릴 수 없습니다.[55]

김개남 포가 떠난 후 금산에는 일본군과 경병이 들어왔다. 동학군을 초멸하기 위해 파병된 일본군은 관군을 지휘하면서 남하하였다. 일본군과 관군이 금산에 들어온 것은 11월 9일이었다. 일본군과 관군이 금산에 진출하자 금산지역의 민보군이 다시 활동하기 시작하였다. 이로써 금산지역은 금산동학군과 일본군·관군·민보군의 연합부대와 대립하게 되었다. 이후 전개된 금산동학군과 일본군·관군·민보군의 연합부대와 전개된 전투 상황은 다음과 같다.

> 초 10일에 금산읍에 도착하였더니, 저들 무리(동학군) 수만 명이 읍 안의 산 아래, 산위에 포진하여 동학군의 형세가 자못 괴이한 바, 한 바탕 혼전하여 50여 명을 사살하였다.[56]

> 이달 12일에 금산읍에 도착하였으며, 그 다음날 13일에 일본 대대장 미나미 고시로(南小四郎)는 주력부대를 이끌고 진산으로 향하였다. 교도소 병사는 일본군 중위 히라기 조타로(白木城太郎)와 함께 행군하여 14일에 용담 위의 조림장터에 도착하여 몇 천인지 알 수 없는 저들 동학군과 접전하여 30여 명을 사살하였습니다. 그리고 생포한 동학군 20명 가운데 서도필, 박만호, 이만실, 조윤삼, 박치팔, 김윤

55)「순무선봉진등록」,『동학농민혁명국역총서』 2, 170~171쪽;「순부사정보첩」,『동학농민혁명국역총서』 6, 348~349쪽.
56)「순무선봉진등록」,『동학농민혁명국역총서』 2, 225~226쪽.

일 등 6명은 소란을 많이 일으켜 몹시 망측하였기 때문에 모두 총살하고 나머지는 타일러서 풀어주었습니다.[57]

위의 보고에 의하면, 금산지역에서 두 차례 접전이 있었다. 첫 번째는 금산동학군과 관군, 두 번째는 동학군과 관군·일본군과의 접전이었다. 전투 규모에 대해서는 자세하게 밝히지 않고 있지만 동학군이 패한 것으로 볼 수 있다. 성안을 장악하고 있던 금산동학군은 11월 10일 교도대와 접전을 하였지만 50명이 희생되었고 결국 성 밖으로 물러났다. 이틀 후인 10월 14일에는 진산 조림장터에서 소규모의 전투가 전개되었다. 동학군 30여 명이 희생되고, 20명이 생포되었는데, 이중 주동자 6명을 처형하였다. 이로써 금산은 관군과 민보군이 장악하게 되었다.

이후 금산 인근지역에 진을 치고 있던 금산동학군은 다시 일본군과 두 차례 전투가 전개되었다. 11월 8일의 梁山村 전투와 11월 9일 錦山 전투[58]였다. 이 두 전투 상황은 다음과 같다.

◇ 양산전투

1. 枝隊가 12월 2일(음 11월 8일) 청산현에 갔다가 동학군의 그림자 하나 보이지 않았다. 그래서 명령받은 대로 영동현을 향해 전진하려고 용산촌에 다다랐다. 이 마을 주위에 보루를 쌓고 방어하고 있었던 모양이었으나 동학군은 없었다. 같은 날 오후 1시 영동에 도착하였다. 본대로부터 보내온 2개 분대(일본군)가 증가되었다.

2. 3일 영동현감 보고에 따르면, 이 현에서 12키로 떨어진 곳에 있는 양산촌 부근에 동학군이 군집해 있다고 하므로, 그 동학군을 공격하기 위해 4일 오전 11시에 이 마을로 출발하였다.

3. 오후 3시 9분 양산에 도달하여 동학군에게 버림받은 자 1병을

---

57) 「순무선봉진등록」, 『동학농민혁명국역총서』 2, 226쪽.
58) 원래는 금산부근전투이다. 편의상 금산전투라 하였다.

잡아 힐문했더니, 동학군은 금산현과 옥천군 방향으로 퇴각하였다고 하였다. 그래서 급변사태에 대비하여 이 마을에서 숨瞥하고 금산현으로 향하라는 명령을 기다렸다.

4. 오후 10시 서쪽(금산현 방향)으로부터 동학군 천 명 이상이 마을 보초선을 향하여 습격해왔다. 즉시 대원의 집합을 명령하고 어둠을 타서 동학군이 보초선까지 잠입하도록 하였다. 동학군이 이 마을로부터 약 200미터 앞에 있는 민가에 불을 질러 동학군들의 소재가 분명해졌다. 그래서 각 대원들에게 급히 사격을 시켰다. 동학군은 이 맹렬한 사격을 겁내 11시 30분 모두 금산현 방향으로 퇴각하였다.

○ 피아간 사상자: 일본군 없음, 동학군 전사자 40명, 부상 미상
○ 노획물 : 창 20자루, 회승총 2자루
○ 탄약소비 : 1,152발[59]

◇ 금산전투

1. 양산촌 야간 전투 후, 동학군은 금산현 방향으로 퇴각한 것 같았다.

2. 5일 오전 8시 30분 양산촌을 출발, 금산현을 향해 전진하였다.

3. 오후 3시 10분 금산현에서 약 600미터 떨어진 곳에 당도했을 때 동학군들은 금산현 북단으로부터 빈번히 사격해왔다. 그래서 지대는 즉시 산개 전진하였으나, 동학군은 저항해 올 기력이 없어 고산, 용담 방향으로 퇴각하였다.

4. 같은 날 오후 5시 패잔한 동학군 5,60명이 금산현 북쪽으로부터 현내로 들어오려고 하였으나, 이들 역시 우리 초병의 사격을 받고 곧 용담 방향으로 퇴각하였다.

5. 지방민의 말에 따르면, 동학군은 진산현, 고산현, 용담현 세 방향으로 분산되었다고 한다.

○ 피아간 사상자 : 일본군 없음, 동학군 전사자 6명, 부상 미상
○ 노획품 : 창 1자루, 화승총 5자루, 둥근 총알 약 1관, 말 3마리,

---

59) 「문암·양산부근 전투상보」, 『주한일본공사관기록』 1, 246쪽.

스나이더총 3자루

O 탄약 소비 : 167발[60]

양산전투[61]는 11월 8일 밤 10시부터 11시 30분까지 1시간 반 동안 전개되었다. 11월 6일 일본군 19대대 3중대의 지대(지대장 白木城太郎)가 청산으로 갔다가 동학군을 보지 못하고 영동에 도착하였다. 영동현으로부터 양산에 동학군 수천여 명이 주둔해있다는 보고를 받고 8일 오전 11시 양산으로 출발하였다. 동학군을 일본군이 온다는 소식을 듣고 금산과 옥천으로 퇴각하였다. 이때 금산으로 퇴각한 동학군은 금산동학군이었을 것으로 추정된다. 일본군은 동학군의 공격을 대비하기 위해 양산에 진을 치는 한편 보초진을 설치하였다. 금산으로 퇴각하였던 동학군은 이날 밤 10시 보초선이 있는 곳까지 진출하여 민가에 불을 지르며 공격하였으나 일본군의 화력에 밀려 금산으로 퇴각하였다. 이날 전투에서 동학군은 40명이 희생되었다.

양산전투에서 퇴각한 금산동학군은 금산의 북단에 진을 쳤다. 이들은 전날 전투에는 패했지만 일본군이 금산에 들어오는 것을 막기 위해 공격을 개시하였다. 9일 오후 3시 10분에 시작된 전투는 일본군의 반격으로 동학군은 고산과 용담으로 퇴각하였다. 이 전투에서 동학군은 6명이 희생하였고, 화승총 5자루와 스나이더총 3자루를 빼앗겼다. 금산동학군을 격퇴한 일본군은 공주 우금치전투에 참여하기 위해 진산으로 향하였다. 그러나 금산동학군은 지리적 이점을 활용하여 여전히 일본군을 괴롭혔다.[62]

---

60) 「금산부근 전투상보」, 『주한일본공사관기록』 1, 248~249쪽.
61) 양산은 금산 제원역으로부터 8km 정도 떨어져 있는 면소재지이다.
62) 「동학군전토약기」, 『주한일본공사관기록』 6, 32쪽. "진산현을 향해 가는 본대는 곳곳에서 소규모의 전투를 했지만 격렬한 적은 만나지 못하였다."

금산을 장악하였던 금산동학군은 일본군과 관군에 밀려 대둔산과 염정골로 근거지를 옮겼다. 금산동학군이 대둔산에 진을 친 것은 양산전투와 금산전투 이후였다. 앞서 살펴보았듯이 두 전투는 11월 초순이었다. 그렇다면 금산동학군은 일본군과 민보군의 추격을 피해 11월 중순에 대둔산으로 피신하였다고 할 수 있다. 금산동학군이 웅거한 대둔산은 지형적으로 접근하기 어려운 곳이었다.[63] 천연의 요새에 진을 금산동학군은 50여 명에 이르렀다. 민보군과 공주에서 파견된 관군이 여러 차례 동학군을 토벌하고자 하였지만 실패하였다.[64]

동학농민혁명 최후의 전투로 알려진 대둔산전투는 1895년 1월 23일과 24일 양일간 전개되었다. 다케우치 신타로(武內眞太郎)이 이끄는 일본군 3개 분대와 별군관 윤지영이 이끄는 관군 30명은 1월 23일 오전 7시 30분 고산을 출발하여 오후 4시 30분 대둔산의 양장면 기동에 도착하였다. 관군이 대포를 쏘았으나 동학군이 있는 곳에 미치지 못하였다. 포 쏘는 것을 중지한 토벌대는 산으로 올라가 동학군을 정찰하였다. 다음날 동학군 토벌이 본격화되었다. 다케우치는 새벽 3시 야습을 기도하였지만 바람과 비가 심해 일단 중지하였다. 새벽 5시 일본군 2개 분대를 동학군

63) 「양호우선봉일기」, 1985년 1월 26일자, 국사편찬위원회 한국사데이터베이스 동학농민혁명자료총서. 동학군이 웅거한 대둔산을 답사한 관군은 다음과 같이 보고하였다. "만 겹으로 첩첩이 쌓인 큰 산들이 우뚝우뚝 솟아 있었고, 그 중 하나의 산등성이에서 멀리 구름이 솟아오르는데, 그곳이 바로 적도(賊徒)들이 진을 치고 있는 곳이었습니다. 만 길의 층층이 쌓인 가파른 산이라 사면이 절벽으로 싸이고, 남쪽으로 낮은 곳이 있다고는 하나 역시 다섯 길[五丈]쯤 되었습니다. 그곳에 적도들은 잔도[棧]를 걸어 놓고 있었습니다. 그런데 그곳에서 우리를 발견하고는 잔도를 철거하여 길이 끊어지게 되었습니다. 그래서 마치 촉 나라의 경계로 들어가는 것처럼 넘기가 어렵게 되었습니다. 게다가 구름과 아지랑이 기운이 자욱이 그곳을 덮고 있어 무릉도원이 어느 곳인가 싶을 정도였습니다. 깎아지른 듯한 봉우리는 하늘에 꽂혀 있고, 한 조각 칼 같은 바위기둥은 끝없이 높이 솟아 있으며, 천척의 갈아놓은 듯한 바위기둥은 우주를 굽어보고 우러러보는 듯하여 별다른 계책이 떠오르질 않았습니다."
64) 「대둔산부근 전투상보」, 『주한일본공사관기록』 6, 71쪽.

배후로 40리를 우회하게 하였고, 오전 6시 30분 다케우치는 나머지 일본군 1개 분대와 관군 30명을 이끌고 정면으로 공격하였다. 당시 전투 상황은 다음과 같다.

길이 4m 남짓 되는 사다리를 만들어 겨우 암석을 기어오르고 혹은 나무에 매달려 겨우겨우 賊의 소굴 밑 약 100m까지 당도하였다. 이때 賊이 우리 군대가 온 것을 알고 쌓아 두었던 돌을 떨어뜨리고 큰 나무 토막을 투하하였다. 그 울림소리는 정말 벼락 치는 것 같았다. 그러나 우리 군사는 다행히도 한 사람도 다친 사람이 없었다. 그래서 정면 바로 밑에서는 도저히 공격할 수 없었기 때문에 암석을 포복해서 賊의 왼쪽으로 겨우 산꼭대기에 도달하였다. 그리고 그 사이 바위 위에 쌓인 눈이 모두 얼어서 마치 거울과 같았고 한 발만 잘못 디디면 눈 깜짝할 사이에 천 길이나 되는 계곡으로 추락할 정도였으므로, 그 위험하기란 이루 말할 길이 없었다. 이때가 오전 9시 15분경 일 것이다. 그러나 짙은 안개 때문에 아직 賊을 볼 수 없었고 단지 아래쪽에서 까마득한 사람의 말소리만 들렸을 뿐이다.
오전 9시 30분, 배치가 모두 끝났다. 그 배치는 다음과 같다.
韓兵 20명을 敎長 지휘 하에 적의 전방 경사진 왼쪽(약 200m) 高地에 배치하고 나머지 韓兵과 우리군사 1개 분대를 왼쪽 고지에 배치하였다. 그리고 앞서 賊의 배후로 우회시켰던 小松 軍曹가 이끄는 支隊가 오전 10시 도착했으므로 이들을 뒤쪽 고지에 배치하였다. 그리고 짙은 안개가 개이는 것을 기다렸다. 오전 11시 10분 갑자기 큰 바람이 불어 짙은 안개가 모두 걷히었으므로, 비로소 賊의 소재를 발견할 수 있었다. 잠시 후 賊은 要地를 지키기 위해 5~6명이 암굴에서 내려왔다. 그러자 전면에 있던 韓兵이 그들을 저격했는데, 총알이 賊의 下肢를 관통하였다. 賊은 불의의 습격을 받아 당황해서 도주, 바위위에서 늘어뜨린 새끼줄에 매달려 기어올랐고 계속 사격하면서 우리에게 저항하였다. 그래서 세 방향에서 맹렬한 엄호사격을 퍼부었다. 그러나 賊의 소굴은 세 방향이 큰 바위로 뒤덮여 있어서 겨우 지붕만

이 보이고 前面은 큰 돌을 쌓아올려 여기에 총구멍을 냈으며 그 위에
다 巨木을 올려놓아 우리 군사가 가까이 오는 것을 기다려 무언가를
시도해 보려는 것 같았다. 이와 같이 그 요새가 매우 견고하고 또한
우리들의 사격이 효과가 없는 것을 알아차리고, 세 방향에서 맹렬한
엄호사격을 가하게 하는 한편, 오후 1시 40분, 小官 스스로 우리 군사
1개 분대와 韓兵 土官 尹摯榮·金光洙를 이끌고 賊 배후의 가파른 언
덕을 내려와, 겨우 賊의 소굴 뒤쪽 아래까지 돌진하였다. 그런데 이
어찌 예측이나 했겠는가. 암석이 몇 길이나 담 벽같이 서 있어서 등
반할 방도가 없지 않은가. 먼저 갖고 왔던 사다리는 산이 험준하여
가지고 올 수가 없어서 중도에서 내버렸다. 그래서 사람 사다리를 만
들어서 한 사람씩 올라가게 했으며 15분간을 소비해서 겨우 全分隊員
을 등반시켰다. 그런데 賊은 오직 산이 험한 것만 믿고 배후에 대해
조금도 고려하지 않았으며 계속 전면의 韓兵 머리 위에만 맹렬한 사
격을 하였다. 그리고 우리 分隊는 전부 올라와 두 번 일제사격을 가
하고, 그 불의를 틈타 소리를 지르며 돌격하였다. 그러자 賊徒는 허
둥지둥 당황하여, 어떤 자는 천 길이나 되는 계곡으로 뛰어들고 어떤
자는 바위 굴 속에 숨었다. 살아남은 자는 모두 捕縛하려 했는데, 우
리의 돌격 후 사다리를 타고 올라온 韓兵들이 이들을 모두 죽였으며
겨우 한 어린 소년만을 남겼을 뿐이다. 이 소년에게 賊의 情況을 물
었다. 그랬더니 賊 25~26명이 여기에 틀어박혀 있었는데, 대개는 接
主 이상의 위치에 있는 사람이며 그 성명은 알 수 없다고 하였다. 또
賊의 소굴에 28~29세쯤 되는 임신한 부인이 있었는데 총알에 맞아 죽
었다. 또 接主 金石醇은 한살쯤 되는 여아를 안고 천 길이나 되는 계
곡으로 뛰어들다 암석에 부딪쳐 박살이 나 즉사하였다. 그 참상은 이
루 형언할 수 없었다.

　　오후 2시 賊의 소굴을 모두 함락시키고 그 집도 불태웠다. 天皇陛
下 만세를 삼창하고 산을 내려왔다. 이때가 오후 3시였다.[65]

<hr>

65)「대둔산부근 전투상보」,『주한일본공사관기록』6, 72쪽. 이에 대해 관군 측의 기록
　　은 다음과 같다.
　　"교장 장세복에게 병사 18명을 이끌고 좁은 어귀를 굳게 지키도록 하고, 군관과 일본

토벌대의 공격에 동학군은 돌을 굴리며 저항하였으나 25명이 희생되었고, 화승총 50자루와 화약 약간을 노획물로 남겼다. 대둔산 동학군을 이끌었던 인물은 최사문, 최공우 부자였다. 이들은 진산 출신이었다. 대둔산에서 생존한 최공우[66] 일행은 염정골에서 재기를 도모하였다. 염정골은 대둔산 동학군을 지원하였던 곳이었다. 『의산유고』에 의하면, 염정골 동학군의 동향을 다음과 같이 기록하였다.

 (전략) 마천대 바위소굴(대둔산 동학군－필자주)에 있는 동학군들과 함께 염정동 본토의 동학군들이 서로 도와주는 형세를 이루어서 장차 일어날 화를 예측할 수 없습니다.[67]

 염정동에 사는 백성은 6, 7백 호인데, 산을 전후로 하여 부근에 있는

군 특무조장 다케우치 신타로(武內眞太郎), 전 순무영 별군관 오인경이 나머지 병사와 일본 병사를 거느리고 더위잡아 올라갈 곳을 찾아 병사들에게 바짝 엎드리고 기어오르도록 하여 마치 원숭이가 매달리고 족제비가 오르는 듯이 기어올라 그들이 있는 가장 높은 곳까지 올라가니, 돌로 된 바닥에는 겨우 7~8명이 디디고 설 정도였습니다. 그때 갑자기 해가 구름 속에서 나와 햇빛이 산을 둘러 비추어 엎드려 그 아래를 내려다 보니 적의 소굴 망대(望臺)가 환히 드러났습니다. 곳곳에 돌로 담을 둘러쌓았고, 하늘이 만든 바위병풍이 사방을 에워싸고 있었습니다. 적도들은 우리가 이미 높이 올라와 있는 형편을 알지 못하고 단지 남쪽만 향하여 있었습니다. 이에 서로 연락하여 포를 쏘고 별안간 배후에서 함성을 지르고 포를 쏘아대니, 저들의 형편은 마치 쌓아놓은 계란처럼 위태로웠고, 형세는 궁지에 몰린 개와 같이 죽기로 작정하고 항거하였습니다. 그러나 형세는 이미 궁하고 급해졌으니, 심지어 무기로 치고 돌을 던지며 저항하나 우레와 천둥이 머리 위에 쳐대니, 어찌 기왓조각 하나 돌 하나로 대적할 수 있겠습니까? 이렇게 저들을 모조리 죽이고 그들의 소굴을 쓸어버리고 태워버렸습니다. 죽인 적이 20명이고, 빼앗은 총이 60자루였는데 총기(銃子)은 부수어 버렸습니다. 사로잡은 12세 된 적에게 적의 실제 숫자를 물어본즉, 진치고 있었던 자들은 단지 30여 명이었고, 그 중 10여 명은 이미 도망갔고, 남은 적은 겨우 이것뿐이라고 하였습니다. 그 중 거괴 네 놈은 이미 피살된 자들 속에 있다고 하였습니다. 그래서 어린 적을 같이 진영 앞으로 압송하였습니다'라고 하였습니다."(「양호우선봉일기」, 1985년 1월 26일자, 국사편찬위원회 한국사데이터베이스 동학농민혁명자료총서)

66) 오지영, 『동학사』, 256~258쪽.
67) 「의산유고」, 『동학농민혁명국역총서』 6, 151~152쪽.

동은 수천 호나 되었다. 을미년 저월 24일 비류 중에서 교화되지 않은 자는 최사문, 최공우, 양양옥, 박중집, 이홍기, 김치전 등이었다.[68]

염정동의 동학군은 앞서 언급하였던 대둔산 동학군과 맥을 같이 하였다. 염정동의 동학군은 청산에서 동학군이 재기포하면 1천여 명을 모아 호응하고자 하였다. 이와 같은 상황에서 민보군을 이끄는 문석봉은 염정동의 동학군을 동향을 염탐하기 위해 파수군을 보냈으나 오히려 희생되었다. 문석봉은 1월 26일 마을주민 권도현으로부터 동학군의 동정을 염탐한 후 28일 동학군을 토벌하기로 하였다. 문석봉이 염정동 동학군을 토벌한 과정은 다음과 같다.

증촌에서부터 염정동까지는 30리로서 산이 험한 길이었다. (중략) 술시쯤에 이수령 20일쯤에 도착하였으며, 산위를 습격하여 파수막 중 7개에서 동학군들을 잡아서 모두 결박하여 막중에 가두었다. (중략) 때는 12시 정각이어서 비록 담이 큰 장사라도 누군들 감히 꼼짝달싹할 수 있으랴. 동학군들 중에서 놀라서 일어나는 자들은 하나한 총이 있는 쪽으로 향하여 서게 하였으며, 머리를 숙여 들어오게 하여 하나가 들어오면 하나를 베고 둘이 들어오면 둘을 베었다. 방안의 동학군 16인의 목을 베는 것이 끝나자 남은 무리들을 포박하였으며 투항한 자들은 모두 4백여 명이었다. (하략)[69]

염정골 동학군은 문석봉의 토벌대에 막대한 희생을 내고 사실상 막을 내렸다. 1894년 3월 8일 제원에서 기포한 이후 1895년 1월 28일 염정골까지 반봉건 반외세의 활동을 전개한 금산동학군은 동학농민혁명의 처음과 끝을 장식하였다. 그러나 이후에도 금산동학군은 민보군으로부터 여전히 보복과 탄압으로 희생을 감수해야만 했다.

---

68) 위의 글, 156쪽.
69) 위의 글, 157~158쪽.

4. 맺음말

이상으로 서장옥과 금산지역의 동학군의 활동을 살펴보았다. 앞서 살펴보았던 내용을 정리하면서 맺음말을 대신하고자 한다.

첫째, 금산지역의 동학은 서장옥과 조재벽이 관할이었다. 서장옥은 1887년 동학에 입도하여 금산지역을 포교하였다. 특히 조재벽을 직계로 하는 연원관계는 금산지역의 동학을 강력한 조직으로 성장할 수 있는 토대를 마련하였다. 이를 기반으로 금산지역 동학군은 무장기포보다 10여 일이나 이른 1894년 3월 8일 첫 기포를 할 수 있었다고 본다.

둘째, 금산지역 동학군은 연합전선에 적극적이었다. 무장기포에 앞서 제원에서 기포를 한 금산동학군은 금산지역 뿐만 아니라 여타 지역 동학군과 늘 연합전선을 형성하였다. 호남동학군과의 연합전선을 비롯하여 김개남포, 그리고 용담을 점령할 때는 고산, 진산, 옥천, 무주 등지의 동학군과도 연합전선을 형성하였다.

셋째, 금산지역 동학군은 1차 기포에서는 연합전선을, 2차 기포에서는 금산지역을 무대로 활동하였다. 제원기포 이후 호남동학군과 연합전선을 형성한 금산동학군은 황토현전투, 황룡촌전투, 전주성 점령 등에 적극적으로 참여하였지만, 진산기포 이후에는 금산지역을 중심으로 활동하였다.

넷째, 금산지역 동학군은 민보군과 가장 처절하게 투쟁하였다. 이는 금산이라는 지역적 특성을 갖고 있지만, 제원기포 후 보부상으로 조직된 민보군에게 철저하게 피해를 입었기 때문이기도 하다.

다섯째, 금산지역 동학군은 무엇보다도 동학농민혁명의 첫 기포와 마지막 항쟁을 수행하였다는 점이다.

11장 용암 김낙철과 부안지역 동학

1. 머리말

　동학농민혁명이 일어난 지 1백 년 하고도 24년이 지났다. 그런데도 여전히 동학농민혁명은 일부 인물의 전유물로 인식되고 있는 것이 현실이다. 그 중심에서 가장 많이 언급되고 있는 인물이 전봉준이다. 이외에 김개남과 손화중 등이 있다. 하지만 동학농민혁명은 이들로만 설명할 수 없는 것이 또한 현실이다. 뿐만 아니라 지역적으로도 동학농민혁명은 한정되어 있다. 정읍, 고창, 금산 등 일부지역의 활동이 때로는 전체적으로 해석되는 경우도 없지 않다. 그리고 이러한 상황은 동학농민혁명을 해당 지역의 전유물로 삼기도 한다. 앞서 언급하였지만 동학농민혁명은 1894년 1월 10일 고부에서 첫 기포를 한 후 1895년 5월까지 호남, 호서, 영남, 강원, 황해, 경기 등 관서와 관북지역을 제외한 전국에서 대규모로 진행되었다. 그런 측면에서 본다면 다양한 인물과 지역에서 연구 보완되어야 한다. 이는 오늘 언급하고 있는 부안지역 마찬가지라고 본다.

　부안은 동학농민혁명의 첫 기포를 한 고부와 매우 가까운 지역으로서 동학농민혁명과 떼려야 뗄 수 없는 곳이다. 그럼에도 불구하고 부안은 동학농민혁명의 불모지나 다름이 없었다. 사실 지역에서는 어느 정도 관심을 기울이는 사례가 없지 않았지만 연구자의 입장에서는 한발 빗겨선 곳이었다. 이는 아마도 부안이 동학농민혁명에서의 지역적 역할, 그리고 주도 인물에 대한 인식의 부족 때문이었다고 본다. 부안지역의 동학과 동학농민혁명을 이해하는 데는 많은 요소들이 있지만 그중에서도 용암(龍菴) 김낙철(金洛喆)이 핵심이라고 본다.

용암 김낙철은 1890년 동학에 입도하여 부안지역의 대접주로서 동학농민혁명에 참여하였고, 동학농민혁명 이후에는 동학지도부와 함께 활동하면서 생사고락을 같이 하였다. 그렇기 때문에 부안지역의 동학과 동학농민혁명을 이해하는 데는 무엇보다도 용암 김낙철을 이해하지 않으면 안 된다. 이런 점에서 본고는 부안지역의 동학과 동학농민혁명 등 일련의 과정을 용암 김낙철을 중심으로 살펴보고자 한다.

2. 김낙철 형제와 동학

부안지역에 동학이 언제 포교되었는지는 정확하지 않다. 그렇지만 그 정황을 살펴보면 다음과 같다. 부안을 포함한 호남지역에 동학이 처음 포교된 것은 동학을 창도한 수운 최제우 시기였다. 수운은 1860년 4월 1일 동학을 창도하였지만 포교를 시작한 것은 그 이듬해인 1861년이었다. 동학이 포교되자 많은 일반 민중들이 동학에 입교하였다.

이처럼 경주를 중심으로 첫 포교된 동학이 어느 정도 교세를 형성하자 조선정부는 '이단[1]'이라고 하여 탄압을 하였다. 수운은 경주를 떠나

---

1) 조선은 '성리학'이 통치이념이었다. 조선전기에는 성리학 이외의 학문에 대해 어느 정도 수용하였지만 사림파가 정권을 장악한 조선중기 이후에는 성리학 이외에 모든 학문은 이단이라고 하여 철저하게 배척하였다.

호남지역으로 잠행하였다. 수운이 호남에 일시 정착한 것은 남원 은적암이었다. 은적암에서 과세를 한 후 다시 경주로 돌아갔는데, 이때 호남지역에 첫 포교가 이루어졌다.[2] 그렇지만 이 첫 포교가 호남지역에서 동학을 크게 포교하는 데는 역할을 하지 못하였다. 왜냐하면 수운이 동학교단 최초의 조직인 접을 조직할 때 호남지역은 없었기 때문이다. 수운이 접을 조직할 당시 동학의 포교지역은 경주를 비롯하여 영해, 울산 등 영남 동부지역, 대구 등 영남 북부지역, 그리고 경기도 남부지역이었다. 일찍이 호남에 잠행하여 논학문 등 주요 경전을 지었지만 교단조직이 형성될 정도로 포교는 이루어지지 않았던 것이다. 그런 점에서 남원지역의 포교는 다만 동학이 호남지역에 처음으로 포교되었다는데 의의가 있을 뿐이다.

그렇다면 언제부터 호남지역에 동학이 본격적으로 전래되었을까. 일반적으로 호남지역에 동학이 포교되기 시작한 것은 해월 최시형이 1884년 익산군에 머물렀을 때였다. 동학의 종통을 이은 해월 최시형은 1871년 영해교조신원운동 이후 강원도 영월과 정선, 그리고 충청도 단양 등지에서 은신하면서 동학을 재건하였다. 그렇지만 여전히 중앙정부의 탄압이 지속되자 1884년 해월은 익산 금마면에 있는 미륵산 동쪽 계곡의 사자암에 들어갔다. 이곳에서 49일 기도를 마친 해월은 육임제(六任制)를 마련하였다.[3] 이 육임제는 수운 이후 동학교단에서 두 번째 만든 조직체였다.[4] 그런데 해월이 사자암에 온 것은 익산 출신의 고산접주 박치경(朴

---

2) 『남원군종리원사』에 의하면 다음과 같이 기록하고 있다.
"포덕 2년(1861 – 필자) 신유 6월에 대신사(수운 최제우 – 필자) 호남으로 향하사 산천풍토 인심풍속을 관하시고 본군에 到하사, 광한루下 오작교邊 서형칠가에 留하시고 주인 생질 공창윤가에 숙침하사 유수 십일에 서형칠, 공창윤, 양형숙, 양국삼, 서공서, 이경구, 양득삼, 제현의 동정으로 포덕하시다."
3) 『천도교서』 포덕 25년조.
4) 육임은 교장(敎長) · 교수(敎授) · 도집(都執) · 집강(執綱) · 대정(大正) · 중정(中正)인

致京, 朴致卿)이 주선하였기 때문이었다.[5] 이로 볼 때 익산군에 동학 조직이 상당히 있었음을 알 수 있다. 그렇지만 호남지역에 본격적으로 교세가 형성된 것은 1890년대라 할 수 있다.

사자암 49일 기도 이후에도 해월은 호남지역을 순회하면서 포교를 하였는데, 부안지역에서 동학이 포교되기 시작하였다. 부안지역에서 첫 동학에 입도한 인물은 1890년에 입도한 김낙철과 김낙봉 형제로 추정된다.

김낙철은 1858년 현 전북 부안군 부안읍 봉덕리 쟁갈마을에서 태어났다. 쟁갈마을은 안쟁가리, 용성리, 새멀, 송학동 등 네 개의 마을로 형성되었는데, 김낙철은 새멀에서 산 것으로 추정된다. 김낙철의 본관은 부안이며, 자는 여중(汝仲), 도호[6]는 용암(龍菴)이었다. 부안에서 1천여 년을 넘게 터를 잡은 김낙철 집안은 명문고족이었으며, 선대에 5대째 독자로 내려오다가 김낙철 아버지 대에 이르러서야 형제를 둘 정도로 자손이 귀한 집안이었다.[7] 집안은 '하인이 수십 명이었다'고 전해올 정도로 천석꾼이었다고 한다.[8] 삼형제 중 장남인 김낙철은 동생 김낙봉과 함께 1890년 6월 7일 동학에 입도하였다. 이어 10일 후인 6월 17일 막내동생 김낙주, 그리고 종제 김낙정과 김낙용도 함께 동학에 입도하였다.[9]

데 이들의 선정 기준을 보면 다음과 같다. 교장은 자질이 알차고 신망이 두터운 사람으로 하고, 교수는 성심으로 수도하여 가히 남에게 도를 전할 수 있는 사람으로 하고, 도집은 위풍이 있고 기강을 밝혀 경위와 한계를 따질 줄 아는 사람으로 하고, 집강은 시비를 밝히고 가히 기강을 잡을 수 있는 사람으로 하고, 대정은 공평하고 근후한 사람으로 하고, 중정은 능히 바른 말을 하고 강직한 사람으로 정하였다. 해월 신사는 이들에게 교단의 중요한 교화를 담당하도록 했다.

5) 「익산종리원연혁」, 『천도교회월보』 189, 1926.9.

6) '道號'는 동학교단에서 사용하는 호이다.

7) 「김낙봉 이력」, 『동학동민혁명국역총서』 5, 동학농민혁명참가자명예회복심의위원회, 2009, 220쪽.

8) 허철희, 「동학대접주 용암 김낙철」, 『부안21』, 2003.1; 「부안에서의 동학」, 『부안독립신문』 2009년 5월 5일자; 박맹수, 『사료로 본 동학과 동학농민혁명』, 모시는사람들, 2009, 174쪽. 「김낙봉 이력」에는 "아버지 대에서 형제분이 나와 맨손으로 집안을 이루어 몸소 수만 환(圜)의 재산을 이루었다"라고 하였다.

그렇다면 양반이며 지주였던 김낙철 형제 일가가 왜 동학에 입도하였을까. 당시는 삼불입(三不入)이라 하여 양반, 유생, 부자는 동학에 입도하지 않았다. 김낙철 형제 일가가 동학에 입도한 것은 매우 선진적인 사고를 가지고 있었기 때문이었다. 즉 시천주의 만민평등사상, 보국안민사상, 척왜양의 민족주체사상, 그리고 유무상자의 경제적 평등을 추구하는 동학에 매료되었던 것이다.

동학에 입도한 김낙철은 형제들과 적극적으로 포교하여 1891년 3월에 이르자 따르는 교인이 수천 명이 되었다.[10] 그러나 동학을 포교하는 과정에서 가산을 제대로 돌보지 않아 재산이 점점 줄어들었다. 이는 김낙철 형제의 포교로 집안에 빈객이 가득하였기 때문이었다.[11] 이처럼 부안지역에 동학의 교세가 크게 형성될 즈음 해월 최시형은 공주 보평(湺平) 윤상오(尹相五)의 집으로 이주하였다.[12] 김낙철은 동생 김낙봉, 김영조, 손화중과 함께 여러 번 문안을 드렸다. 이때 해월 최시형은 "天心을 잃지 않고 食道를 미리 갖추고 氣를 바르게 하는 것이 가장 어렵다. 또한 먹는 것이 한울님이다"라고 가르침을 주기도 하였다.[13] 이는 동학의 핵심적인 가르침인 '수심정기(守心正氣)'와 '식고(食告)'의 중요성을 강조한 것이다. 이어 이해 7월에는 해월 최시형이 부안 신리에 머물게 되자 교인 수백 명을 이끌고 배알하였다. 다음날 옹정의 부안접주 김영조의 집에서 하루를 머문 다음날 태인 동곡 김낙삼의 집으로 떠나면서 "부안에 꽃이 피고

9) 「天宗列賢錄」, 『구악종보』 2, 1914.7, 61쪽; 『용암성도사역사약초』; 「김낙철역사」, 『동학농민혁명국역총서』 5, 167쪽.
10) 「김낙철 역사」, 『동학농민혁명국역총서』 5, 167쪽; 박맹수, 『사료로 보는 동학과 동학농민혁명』, 174쪽.
11) 「김낙봉 이력」, 『동학동민혁명국역총서』 5, 220쪽.
12) 이에 대해 「김낙봉 이력」에는 1890년 가을 해월 최시형이 김연국과 함께 공주 신평 윤상오의 집에 머물렀다고 하였다. 그런데 이 기록은 김낙봉이 잘못 기록한 것이다.
13) 「김낙철 역사」, 『동학농민혁명국역총서』 5, 167쪽.

부안에 열매가 맺힐 것이다"[14]라고 하였다. 이를 계기로 김낙철 형제는 더욱 동학을 포교하였는데, 1892년과 1893년에는 관할하는 교인이 수만 명에 이르렀다.[15]

이처럼 김낙철, 김낙봉 형제가 부안에서 교세를 확장하던 1892년과 1893년 동학교단은 신앙의 자유를 획득하기 위해 교조신원운동을 전개하였다. 1892년 5월 들어 호서지역과 호남지역의 동학교인들이 관헌과 지역 토호들의 탄압에 견디지 못하고 길거리로 내쫓기기 시작하였다. 이들은 갈 곳이 없자 동학지도부가 있는 보은 장내리와 금구 원평으로 모여들었다. 이와 같은 상황을 타개하기 위해서는 무엇보다도 동학의 공인이었다. 즉 신앙의 자유를 획득하는 것이었다. 이에 따라 동학의 중견지도자인 서병학과 서인주는 이해 7월 처음으로 교조신원운동을 추진하였다.[16] 서병학과 서인주는 해월 최시형을 찾아가 교조신원운동을 전개할 것을 요청하였지만 해월 최시형은 "때를 기다림만 못하다"고 하여 신중하게 접근하였다.[17] 그러나 서인주와 서병학뿐만 아니라 일반 교인들도 교조신원운동의 필요성을 제기함에 따라 해월 최시형은 이해 10월 공주에서 교조신원운동을 전개하였다. 이어 11월에는 삼례에서 교조신원운동을 재차 전개하였다.[18] 그런데 이 두 차례의 교조신원운동에 김낙철은

---

14) 「김낙철 역사」, 『동학농민혁명국역총서』 5, 167~168쪽; 「김낙봉 이력」, 『동학농민혁명국역총서』 5, 220~221쪽. 그런데 이 기록 역시 차이를 보이고 있다. 김낙철은 1891년 7월 김영조의 집에서 김낙삼으로 떠날 때이고, 김낙봉은 같은 해 5월 금구 김덕명의 집에서 한 것으로 각각 기록하였다.

15) 「김낙철역사」, 『동학농민혁명국역총서』 5, 168쪽.

16) 『천도교서』, 포덕 33년조; 『해월선생문집』 임신년조.

17) 표영삼, 『동학』 2, 통나무, 2005, 196쪽. 해월 최시형의 신중함은 1871년 영해교조신원운동에서 많은 교인들이 희생당하였기 때문이었다. 더욱이 영해교조신원운동은 병란적 성격을 가지고 있었기 때문에 서인주와 서병학의 요청 또한 병란적으로 전환될 것을 염려하였다.

18) 오지영, 『동학사』, 영창서관, 1938, 70쪽.

참가하지 않았다. 이에 대해 김낙봉은 다음과 같이 기록하였다.

> 서장옥이 교조신원운동을 할 때, 성훈에 "허락하지 않았다"고 하고
> 승인을 받을 것을 말하며 조금도 돌아보지 않았다.[19]

이는 김낙철, 김낙봉 형제가 공주와 삼례에서 전개한 두 차례의 교조신원운동에 참여하지 않았음을 알 수 있다. 그렇다면 김낙철, 김낙봉 형제는 왜 교조신원운동에 참여하지 않았을까. 이는 김낙철과 김낙봉의 연원[20]이 김연국계였기 때문이다. 김연국계에서 정리한 『해월선생문집』에 의하면, 공주와 삼례의 교조신원운동은 해월 최시형의 허락없이 서인주와 서병학이 주도로 전개한 것으로 기록하였는데,[21] 이러한 인식은 김연국계인 김낙철 형제도 마찬가지였던 것이다. 그렇지만 이듬해 광화문에서 전개한 교조신원운동에는 적극적으로 참여하였다. 광화문 교조신원운동은 공주와 삼례에서 교조의 신원을 지방 관찰사를 상대로는 목적을 달성할 수 없다는 사실을 확인하였기 때문에 중앙정부를 상대로 전개한 것이다. 1893년 3월 29일 왕세자 탄신일을 맞아 전개된 광화문교조신원운동은 소두 박광호를 비롯하여 김연국, 손병희, 손천민, 박인호, 김낙철 형제 등이 참여하였다.[22] 이에 대해 김낙철과 김낙봉은 다음과 같이 기록하였다.

---

19) 「김낙봉 이력」, 『동학농민혁명국역총서』 5, 221쪽.
20) 동학에서 연원의 의미는 전교인과 수교인의 관계이다. 김낙철과 김낙봉은 1891년 3월 해월 최시형이 공주 보평에 머무를 때 김연국이 수행하였다. 이때 김낙철 형제는 김연국과 연원관계를 맺었고, 동학교단이 천도교와 시천교로 분화될 때 김연국을 따라 시천교로 갔다.
21) 표영삼, 『동학』 2, 205~206쪽.
22) 『동학도종역사』계사년조; 『해월선생문집』 계사년조; 『천도교회사초고』계사년조.

계사년 3월에 대선생님(수운 최제우 — 필자)의 신원을 하러 동생 낙
봉이 김영조와 교도 몇 백 명과 함께 서울에 갔으나 대선생님의 억울
함을 풀어드리지 못하고 돌아왔다. 그때 나는 도내의 도도집을 맡고
있었다.[23]

그러다가 다음해 계사년(1893년 — 필자) 봄 대궐 문 앞에서 복합상
소를 할 때에 참여하였다.[24]

광화문교조신원운동에 얼마나 많은 동학교인들이 참여하였는지 확인
할 수 없으나 김낙철 형제는 부안지역 동학교인 수백 명을 이끌고 참여
하였다고 밝히고 있다. 그리고 김낙철은 당시 도도집(都都執)으로 호남
지역 동학교단의 책임을 맡고 있었다. 광화문교조신원운동 결과 왕으로부
터 집으로 돌아가 생업에 종사하면 소원에 따라 베풀어 준다고 하였지
만[25] 실제적으로는 동학교인에 대한 탄압은 더욱 심하였다. 김낙철은 광
화문교조신원운동 이후 상황을 "이때부터 각도와 각읍에서 지목이 크게
일어나 붙잡힌 자와 죽음을 당한 자가 이루 헤아릴 수가 없었다"[26]라고
하였다. 이와 같은 관의 탄압에도 불구하고에 김낙철은 선약으로 병을
구제하는 일을 하며 동학을 포교하는 데 보다 적극적으로 활동하였다.[27]

광화문교조신원운동에서도 동학공인을 획득하지 못한 동학교단은 3월
10일 수운 최제우 순도일을 기해 충북 보은 장내리에서 다시 한번 집회
를 갖기로 했다. 이에 동학교단 지도부는 충북 청산군 포전리에서 수운
최제우 순도향례를 한 후 팔역의 도인은 장내로 모이라는 통유문을 발송

23) 「김낙철 역사」, 『동학농민혁명국역총서』 5, 168쪽.
24) 「김낙봉 이력」, 『동학농민혁명국역총서』 5, 221쪽.
25) 『시천교종역사』 제2편 계사년조.
26) 「김낙철 역사」, 『동학농민혁명국역총서』 5, 168쪽.
27) 「김낙철 역사」, 『동학농민혁명국역총서』 5, 168쪽.

하였다.[28] 그런데 이 통유문에는 기존의 교조신원 뿐만 아니라 외세에 대한 저항 즉 반침략의 내용을 포함하였다.[29] 이는 앞서 광화문에서 전개한 교조신원운동 과정에서 서구열강들의 침략성을 직접 눈으로 확인하였기 때문이었다. 이로써 보은의 교조신원운동은 척왜양창의운동으로 전환되었다.

해월 최시형으로부터 통유문을 받은 김낙철은 동생 김낙봉과 함께 부안지역 동학교인들을 이끌고 보은 장내로 향하였다. 보은 장내에는 각지의 동학교인들이 집결하여 수만 명에 달하였다. 해월 최시형은 보은에 집결한 각 포의 조직에 포명을 부여하는 한편 대접주를 임명하였다. 『동학사』에 의하면 부안대접주에 김낙철이 임명된 것으로 기록하고 있는데[30] 여기에는 약간의 오류가 있는 것으로 보인다. 즉 김낙철과 김낙봉 형제는 보은 장내에 직접 참여하지 못한 것으로 추정된다. 왜냐하면 김낙철의 기록에는 보은 척왜양창의운동에 대해 전혀 언급을 하지 않고 있으며, 김낙봉 역시 보은으로 향하였지만 고산(高山)까지 밖에 못 갔던 것이다. 김낙봉은 보은 척왜양창의운동에 대해 다음과 같이 기록하였다.

> 연이어 계사년 3월 보은 장내에 입회가 있어 고산 등지로 올라갔다가 해산하라는 명령을 듣고 집에 돌아왔고, 나중에 올라가 뵈었다.[31]

즉 김낙철과 김낙봉 형제는 보은으로 가던 중 고산[32]에서 해산 명령

---

28) 『천도교회사초고』 계사년조; 『동학도종역사』 계사년조.
29) 외세에 대한 반침략적 내용은 다음과 같다.
"(전략) 밖으로는 침략세력이 더욱 떨치게 되었다. (중략) 생각다 못해 다시 큰 소리로 원통한 일을 진정하고자 이제 포유하니 각 포 도인들은 기한에 맞추어 일제히 모여라. 하나는 도를 지키고 스승님을 받들자는데 있고, 하나는 나라를 바로 도와 백성을 편안하게 하는 계책을 마련하는 데 있다."
30) 오지영, 『동학사』, 83~84쪽.
31) 「김낙봉 이력」, 『동학농민혁명국역총서』 5, 221쪽.

을 듣고 되돌아온 것이다. 결국 김낙철은 척왜양을 기치로 내건 보은 장내리에 참가하지 못하였던 것이다.

3. 동학농민혁명과 김낙철

동학농민혁명의 첫 기포는 1894년 1월 10일 고부에서 시작되었다. 고부기포는 전봉준을 비롯하여 사발통문에 참여한 20명이 주동이 되었다. 전봉준 등 동학교인과 농민들은 고부관아를 점령한 후 이 일대를 한 눈에 조망할 수 있는 백산으로 이동하였다. 백산에서 옛 성을 수축하는 한편 전열을 정비하였다. 이처럼 전봉준이 고부에서 동학농민혁명의 첫 기포를 하였지만 김낙철은 적극적으로 참여하거나 협력하지 않았다. 우선 김낙철은 고부기포의 동향을 파악하였다.

> 갑오년 3월부터 고부 전봉준이 민요의 장두로서 고부 경내의 인민을 선동한다는 말이 들리므로, 은밀히 그 속을 탐문해 보았더니 외면은 민요의 장두나 내면은 스스로 동학의 두목이라 부르며 다른 사상을 품고 있었다.[33]

김낙철은 전봉준의 고부기포를 민요(民擾)로 인식하였다. 그리고 진정한 동학교인이 아니라고 보았다. 그렇기 때문에 전봉준의 고부기포에 대한 동향 파악을 무엇보다도 우선하였다. 그가 파악한 동향은 직접 언급하고 있지는 않지만 '다른 사상'으로 우회적으로 표현하였다. 그렇다면 '다른 사상'은 무엇인가. 이에 대해서는 그의 동생 김낙봉은 "고부의 전봉

---

32) 금구원평에서 개최한 척왜양창의운동을 의미한다.
33)「김낙철 역사」,『동학농민혁명국역총서』5, 168쪽.

284 동학과 동학농민혁명

준이 자신의 아버지가 해당 군수 조병갑의 손에 죽은 일을 보복하기 위해 민란을 일으켰다가 마음대로 되지 않아"[34)라고 하여, 아버지의 억울한 죽음에 대한 복수로 인식하였다. 이와 관련하여 『동학사』는 전봉준의 아버지와의 관계를 다음과 같이 기술하였다.

> (전략) 古阜郡守 趙秉甲이는 그것을 畜貨로 여기어 민간에 勒捧하게 되는 것이며, 기타의 것도 모두ㅜ 무리로 濫捧하게 되어 古阜 백성들은 극도로 격분이 생기어 古阜 16面 수백 동리에 있는 수만 명의 인구들은 일시에 일어섰다. 그 백성 중에 狀頭로 나선 사람은 全彰赫, 金道三, 鄭一瑞 등 세 사람이며 세 사람 중에는 全彰赫이 首狀頭가 되었었다. 古阜 백성들은 이 여러 가지 원통한 사정을 들어 本 郡守 趙秉甲에게 等訴를 하였다. 郡守 趙秉甲이는 이것을 亂民이라고 하여 狀頭 세 사람은 곧 때려 가두고 全羅監營에 報狀을 올려 세 사사람은 監營에 移囚하게 되어 여러 백성들은 두들겨 몰아냈다. 이때 전라감사 金文鉉은 狀頭들이 많은 백성들을 충동시켜 亂을 일으킨 것이라 하여 嚴刑으로써 狀頭를 징벌한 후 다시 令을 내리어 古阜 本獄으로 移囚하고 嚴刑納考하라 하였음으로써 狀頭 세 사람은 모두 古阜郡에 내려와 重杖을 맞고 獄中에 滯囚하였는 바, 首狀頭 全彰赫은 마침내 獄中에서 杖斃되고 말았다.[35)

전봉준의 아버지 전창혁이 고부군민을 대표하여 등소할 때 수장두로 나섰다가 죽음을 맞은 것이다. 이에 전봉준은 억울하게 죽은 아버지의 원한을 갚기 위해 동학 우두머리라 칭하고 민요를 일으킨 것으로 보았다. 즉 김낙철과 김낙봉 형제는 전봉준의 고부기포를 사적 원한을 해소하기 위한 것으로 인식하였음을 보여주고 있다.

---

34) 「김낙봉 이력」, 『동학농민혁명국역총서』 5, 221쪽.
35) 오지영, 『동학사』, 103~104쪽.

이와 같은 인식하에 김낙철은 고부기포의 동향 보고서를 동생 김낙봉으로 하여금 청산 문암리에 있는 해월 최시형에게 전달케하였다. 이에 해월 최시형은 "이것도 시운이니 금할 수가 없다"라고 고부기포의 당위성을 인정하였다. 그렇지만 해월 최시형은 김낙봉에게 "너는 형과 상의하여 접의 내부를 정중히 단속하고 숨어 지내는 것을 위주로 하라"고 하면서 답장과 첩지 4천여 매를 주었다.[36] 즉 전봉준에 동조하지 말고 자중할 것을 당부하였다. 이에 김낙철은 관내 각접에 해월 최시형의 뜻을 전달하고 수도에만 매진하였다. 김낙철은 해월 최시형이 동생 김낙봉에게 전한 비밀지령을 다음과 같이 밝혔다.

> 저 봉준은 교인으로 일을 한 것이 아니라 속으로 다른 생각을 갖고 있으니, 너의 사형(김낙철 – 필자)과 상의하여 절대 상관하지 말고 몰래 각 접에 기별해서 비록 온갖 어려움 가운데 있더라도 조금도 상관하지 말고 모두 지휘에 따라 봄을 기다리라.[37]

한편 고부기포를 주도하였던 전봉준은 고부관아를 점령하는 한편 새로 임명된 고부군수 박원명과 관민화합의 책을 마련하였지만 안핵사로 파견된 이용태는 오히려 동학교인들을 탄압하였다. 이에 전봉준은 고부기포에 참여하였던 동학군을 해산하고 정읍대접주 손화중[38]에게 의탁하였다. 이어 3월 20일 무장 공음치에서 포고문을 발표하고 재차 기포하였다. 무장에서 기포한 동학군은 굴치를 넘어 고창을 점령하였다. 일부는 정읍과 고부를, 그리고 일부는 흥덕을 지나 부안으로 진출하였다. 부안으로 향하던 동학군은 사진포에서 하루를 묵은 후 3월 22일 오전 10시경

---

36) 「김낙봉 이력」, 『동학농민혁명국역총서』 5, 221쪽.
37) 「김낙철 역사」, 『동학농민혁명국역총서』 5, 168쪽.
38) 손화중은 1893년 3월 보은 장내리에서 개최된 척왜양창의운동에서 정읍대접주로 임명되었다.(오지영, 『동학사』, 83~84쪽)

부안 줄포로 향하였다. 줄포는 부안대접주 김낙철의 관내로 이곳으로 동학군이 진출한 것은 김낙철포와 연대를 하기 위함이었다. 줄포를 잠시 점거한 동학군은 오후 6시 줄포를 떠나 오후 8시경 고부에 이르렀다.[39]

이처럼 무장에서 기포한 동학군이 부안지역으로 진출하자 김낙철은 전봉준과 연대를 하지 않고 부안지역의 안정을 도모하였다. 이에 대해 김낙철은 다음과 같이 기록하였다.

> 그러나 뜻밖에 전봉준이 고부성을 무너뜨린 뒤에 각처의 교인을 선동하여 보전하기 어려울 때에 다시 각처의 무뢰배가 전봉준과 김개남의 포에 몰려들어 각읍을 어지럽혔다. 그 때에 부안군수 이철화씨가 향유 및 이호와 상의하고 여러 차례 요청하기를, 고을 일이 어떤 지경이 될지 알 수 없으니 들어와서 성을 지켜 외적을 막아 달라고 했기 때문에 어쩔 수 없이 갑오년 4월 1일 교인 수백 명과 함께 서도 송정리 신씨네 재각에 가서 도소를 설치하였다. 그대에 군수가 향촌의 유생 및 이호와 함께 경내의 호에 배정하고 난 뒤에 다시 부민인 요호에게 배정하였다. 동생 낙봉은 신소능과 함께 부안 줄포에 도소를 설치하였다.[40]

이 글에 의하면, 전봉준이 무장에서 기포한 후 부안으로 진출하자 부안군수 이철화는 김낙철에게 도움을 요청하였다. 이에 김낙철은 4월 1일 교인 수백 명과 함께 송정리에, 그리고 동생 김낙봉은 줄포에 도소를 설치하였다.

김낙철이 도소를 설치한 이틀 후인 4월 3일 전봉준과 손화중은 동학군 4천여 명을 이끌고 부안으로 들어와 군수 이철화를 처형하고자 하였다. 이에 김낙철은 손화중을 달래 화를 모면하였다. 그렇다고 김낙철이

---

39) 『수록』, 1894년 3월 27일 계초; 『동학농민혁명국역총서』 3, 6~7쪽.
40) 「김낙철 역사」, 『동학농민혁명국역총서』 5, 169쪽.

동학농민혁명 자체를 부정하지는 않았다. 김낙철이 손화중에게 부안을 자신에게 맡겨줄 것을 요구하였을 때 손화중은 부안에서도 호응한다면 그렇게 하겠다고 하였다. 이에 김낙철은 "나도 갈 터이니 진을 옮기라"고 하여 동학농민혁명에 동참하였다.[41] 이후 김낙철 김낙봉 형제는 전봉준, 손화중과 함께 고부로 진출하여 황토현 전투에 참여하였다. 그렇지만 황토현 전투 이후 김낙철과 김낙봉 형제는 더 이상 전봉준, 손화중과 연대하지 않고 부안으로 돌아왔다.[42]

그렇지만 해월 최시형이 9월 18일 총기포령을 내리자 김낙철은 부안에서 기포하였다. 당시 부안에서 기포한 동학지도자는 김석윤, 신명언, 강봉희, 신윤덕, 이준서, 신규석 등이 있다. 김낙철 등은 호남과 호서지역 동학군이 연합전선을 형성하는 논산으로 가지 않고 독자적으로 부안에 남아서 집강소를 설치하고 폐정개혁을 단행하였다. 이로 인해 부안은 전란임에도 불구하고 평온한 상태를 유지하였다.[43]

김낙철이 무력적으로 부안관아를 점령하지 않고 군수와 유생들의 요청을 받아 도소를 설치한 것은 급진적인 사회변혁보다는 종교적 신념에 따른 점진적 변혁을 위한 조치였던 것이다.[44] 그러나 무엇보다도 중요한 것은 부안지역에서 동학에 대한 사회적 인식이 부정적이지 않았다는 사실이다. 여기에는 누대를 살아온 김낙철 가문과 천석꾼이면서도 동학에 입도한 김낙철, 김낙봉 형제의 성품에 기인한 것으로 본다. 이와 같은 인

---

41) 「김낙봉 이력」, 『동학농민혁명국역총서』 5, 224~225쪽.
42) 「김낙봉 이력」, 『동학농민혁명국역총서』 5, 225쪽.
43) 「김낙봉 이력」, 『동학농민혁명국역총서』 5, 225~226쪽. 이에 대해 김낙봉은 다음과 같이 기록하였다.
　"10월에 군수 윤시병 씨가 새로 부임해서 형에게 말하기를, "이곳에 와서 탐문해보니, 온 경내의 인민이 그대의 덕으로 살게 되었다고 한다. 위로부터 하는 일은 내가 맡을 것이니 탁란배의 금지는 그대가 담당하라고 하여 서로 간에 의리가 자연히 특별하였다."
44) 「기획연재 정재철의 부안사람들」, 『부안 21』, 2005.6.14.

식으로 동학농민혁명 기간 부안에서는 관과 유생, 그리고 동학의 관민상
화(官民相和) 내지 민중자치(民衆自治)가 가능하였던 것이다. 이와 같은
상황을 김낙철은 다음과 같이 밝히고 있다.

> 전봉준, 김개남, 정일서의 포가 동도라고 하여 각 포구와 부민을 어
> 지럽히는 것이 매우 심하였기 때문에 밤낮으로 힘을 내어 방어를 하
> 였다. 그래서 온 고을(부안 – 필자)이 편안하기를 요순시대와 같아서
> 온 고을 사람들의 칭송이 자자하였다.[45)]

한편 동학농민혁명이 한창 진행되던 시기 김낙철은 제주도 유민들을
구제하였다. 제주도는 1893년과 1894년 두해동안 가뭄이 들어 매우 어려
운 상황에 처하였다. 제주도민들은 호남지역 각 포구로 나가 식량을 구
하려고 하였지만 오히려 자신들의 물건을 빼앗기는 경우가 더 많았다.
그런데도 불구하고 줄포에서 식량을 구하던 제주도 유민들을 보살펴 주
었던 것이다. 이들은 훗날 김낙철이 옥중에 있을 때 구명운동을 하기도
하였다.[46)]

---

45) 「김낙철 역사」, 『동학농민혁명국역총서』 5, 169쪽.
46) 「김낙철 역사」, 『동학농민혁명국역총서』 5, 178~179쪽. 김낙철의 제주도민 구휼 내
   용은 다음과 같다.
   "하루는 나주 수성군이 사람들에게 말하기를, 부안 김모 형제(김낙철 형제를 말
   함)가 삼십여 명 죄인 중에서 어떻게 살아났는지 아시는가. 그것은 다름이 아니
   라 제주 뱃사람 사 오십 명이 배를 타고 영광 등지를 지나다가 부안 대접주 김
   낙철 김낙봉 형제가 나주 진영에 잡혀 수감되어 있다는 소식을 듣고 말하기를,
   우리들이 갑오년에 제주도가 흉년이 들어 경내 몇 만 명이나 되는 인민들이 거
   의 굶어죽을 지경에 이르렀으나 다행히 부안 김모 형제의 애휼지덕(愛恤之德)
   을 입어서 몇 만 명 목숨이 보존되었는데, 만약 김모 형제가 죽을 지경에 이른
   다면 하늘이 어찌 돌아본다고 할 수 있겠는가. 우리들이 김모 형제를 대신하여
   나주군에서 죽는다 할지라도 김모 형제를 구활(救活)하는 것이 옳은 일이라 하
   고 일제히 나주군으로 들어가 목사 민모 씨에게 등장(等狀 · 청원서)을 올려 호
   소하기를, 제주도가 계사(1893년) 갑오(1894년) 두 해에 홀로 큰 가뭄을 만나 경
   내 몇 만 명 생령들이 거의 죽을 지경에 이르러 생선 등을 배에 싣고 전라도

동학농민혁명이 끝나갈 무렵인 12월 12일 김낙철과 김낙봉 형제는 일경에 피체되었다. 동학농민혁명 과정에서 부안부접주로 활동하였던 것이 널리 알려졌기 때문이었다. 그러나 실제적으로 관군과 일본군과의 전투에 직접적으로 참여하지 않았던 김낙철은 쉽게 처리될 것으로 생각하였다. 그러나 동학을 토멸하고자 하였던 일본군들은 김낙철, 김낙봉 형제를 피체한 후 부안을 거쳐 나주감옥에 갇혔다. 이후 전주로 압송하기 위해 출발하였으나 김제-고부-정읍-장성-나주 북창점-장성을 거쳐 1895년 1월 3일 다시 나주옥에 감금되었다. 이때 전봉준, 손화중, 이방언 등도 함께 있었다. 나주옥에서 6, 7일을 묵은 뒤 김낙철 형제는 장성-정읍-금구-전주-여산-노성-공주-천안-수원을 거쳐 서울에 도착 진고개에 있는 일본순사청에서 신문을 받은 후 감옥소에 이감되었다. 이곳에서 4, 5차례 더 조사를 받은 후 3월 21일 김방서, 이방언과 함께 풀려났다.[47] 앞서 언급하였듯이 김낙철 형제가 무사히 풀려날 수 있었던 것은 제주도민의 구명운동도 적지 않은 영향을 주었다.[48]

각 포구에 이르러 곡식과 바꾸려고 할 즈음에 다른 포구에서는 탁란군(濁亂軍·동학농민군)에게 배에 실었던 물건을 모두 빼앗겼으나 오직 부안의 각 포구에서는 혹시라도 탁란군에게 물건을 빼앗기면 김모가 즉시 사람을 보내어 추급(推給·물건 값을 셈하여 지불함)했기 때문에 단 한 홉의 곡식도 잃어버리지 않아 제주 경내 인민들이 부안군의 조맥(租麥·쌀과 보리)으로 모두 목숨을 유지할 수 있었으니, 이것은 바로 김모 형제의 덕화가 아니겠습니까? 그러니 만일 김모 형제를 죽이시려면 소인들을 죽이시고 김모 형제는 생명을 보존하게 하여 주시옵소서라고 호소하니, 목사 말하기를 이 죄인들은 김여중 김명중이요 김낙철 김낙봉이 아니라고 하였다. 뱃사람들이 다시 여쭙기를 여중 명중은 자(字)요, 낙철 낙봉은 이름이옵니다 하니, 목사가 의아하게 여겨 하인 한 명을 부안군으로 보내 김모 형제의 자와 명을 자세하게 조사하도록 하였다. 하인이 부안군으로 가는 길에 흥덕과 경계를 이루는 곳에 이르러 사람들에게서 여중 명중은 자요 낙철 낙봉은 이름이라는 말을 듣고 돌아와 보고하기를 하나는 자요 하나는 명이라고 보고를 하니, 목사가 탄복하면서 폐하에게 장계(狀啓·보고문서)를 올리겠다고 하였다"

47) 「김낙철 역사」, 『동학농민혁명국역총서』 5, 169~174쪽.

동학농민혁명 과정에서 김낙철의 활동은 혁명가로서보다는 종교가로서의 모습을 보여주었다. 이와 같은 인식은 그가 동학농민혁명 이후 활동에서 잘 드러나고 있다. 특히 해월 최시형과의 관계는 인간적인 김낙철의 참모습을 알 수 있다.

4. 해월 최시형과 김낙철

1890년 6월 7일 동학에 입도한 김낙철은 김연국을 연원[49]으로 하여 일생을 동학교인으로 살았다. 특히 스승으로 모셨던 해월 최시형과의 관계는 각별하였다. 자신의 목숨을 대신할만큼 받들어 모셨다.

동학농민혁명 이후 고향에 돌아온 김낙철은 1896년 2월 9일 부안 하동면 신성리로 이거하였다. 그러면서도 김낙철은 교단지도부와 유기적 관계를 맺으면서 관내의 동학조직을 재건하였다.[50] 이거에 앞서 1895년 7월 임실의 김학종을 통해 해월 최시형을 만나 뵌 김낙철은 1896년 4월 상주 고대촌에 머물던 해월 최시형을 찾는 등 꾸준히 동학교단을 찾아 가르침을 받았다. 1890년대 후반 들어 동학교단은 구암 김연국, 의암 손병희, 송암 손천민 등 삼암이 교단을 실질적으로 이끌었는데, 김낙철은 구암 김연국을 따랐다. 그러나 최후에는 구암 김연국과 결별하고 천도교로 돌아와 의암 손병희를 따랐다.

---

48) 「김낙철 역사」, 『동학농민혁명국역총서』 5, 180쪽.

49) 「天宗列賢錄」, 『구악종보』 2, 1914.7, 61쪽

50) 이 시기 김낙철 관내의 조직과 주요 인물은 다음과 같다.
　 "咸平에 全章燮 金仁奎 鄭欌容 鄭浩準 鄭騏兌 吳權善 李敦生 鄭潤彬 周東潤, 沃溝에 梁奇容, 扶安에 金鍾浩 金尚三, 泰仁에 趙仲衡, 金堤 朴基柱 金學權, 古阜에 蔡成云 白永德 朱淳凡 吳學穆, 咸平에 鄭欌容, 潭陽에 金仲鉉 李煉相, 昌平에 姜在貞, 扶安에 崔贊植 李道仲 朴成基이라"

1897년 8월 해월 최시형은 관의 추적을 피하기 위해 강원도 원주군(현 경기도 여주군) 전거론에 머물고 있었다. 당시 해월 최시형이 전거론에 머물 수 있도록 주선한 인물은 임순호였다. 임순호는 여주 출신으로 동학농민혁명에 참여하였다가 고향에 돌아왔지만 관의 추적으로 떠돌이 행상으로 생활하였다. 그 와중에서도 의암 손병희와 교류하면서 1896년 10월 전거론에 두 채의 집을 마련하였다.[51] 두 채 중 하나는 해월 최시형과 구암 김연국과 김낙철, 김낙봉 등이, 그리고 다른 하나는 의암 손병희, 손병흠 등과 함께 거주하였다. 김낙철, 김낙봉 형제는 지근거리에서 해월 최시형을 보필하고 있었던 것이다. 이곳에 머물 때 해월 최시형은 관의 추적을 피하기 위해 서울서 내려온 '이교관'이라고 하면서 은신 중이었다.

이처럼 철저하게 관의 추적을 피하면서 은신 중이었지만 1898년 1월 4일 권성좌가 관병 20여 명을 대동하고 해월 최시형을 잡으러 왔다. 권성좌는 이천 보평에 거주하고 있는데, 구암 김연국의 연원이었다.[52] 권성좌는 고문에 못이겨 해월 최시형의 거처를 알고 있다고 자백하였건 것이다. 당시의 상황을 김낙철은 다음과 같이 기록하였다.

그러나 뜻밖에 무술년(1898 – 필자) 1월 4일 이른 아침에 이천의 권성좌가 병사 20여 명을 데리고 원주군 전거리의 구암 어른 집으로 왔다. 구암 어른이 마침 해월선생님을 모시고 계셔서 집에 있지 않았고 나만 방안에 있었다. 병사들이 집을 에워싸고 권성좌는 관인 한 명과 함께 들어와서 말하기를, 최법헌, 손응구(손병희 – 필자), 김치구(김연국 – 필자)는 어디에 있는가라고 하기에, 대답하기를 나는 은진 사람으로 이곳을 지나다가 5,6일 전에 주인 이 아무개가 이곳에서 훈학을

---

51) 임순호, 「해월신사의 은도시대」, 『천도교회월보』 248, 1931.8, 12~15쪽.
52) 권성좌는 해월 최시형이 이천 앵산동이 있을 때 구암 김연국을 자신의 잡에 머물게 하였다.

해달라고 해서 아이들을 가르치고 있다. 주인의 성을 이씨로 알고 있고, 최법헌 손응구 김치구는 알지 못한다고 하였다. 성좌는 별다른 말은 하지 않고 거처를 가르쳐 달라고 하기에, 최법헌과 손응구는 지금 처음 들었고, 주인 이씨는 그저께 성묘를 하러 광주로 갔다고 하였다. 성좌가 말하기를. 허기와 갈증이 심해서 죽을 지경이니 김치 한 그릇과 냉수 한 그릇을 달라고 하기에, 안방에 들어갔더니 사모님께서 안색이 죽을 지경처럼 변해있었다. 그래서 은밀히 말하기를, 만약 안색이 변하면 저 병사들이 안색을 보고 의심을 할 것입니다. 안심하고 편하게 지나시면 이 사람이 무사히 지켜드리겠습니다 라고 하였더니 안색이 조금 풀어지셨다. 김치와 물을 내어주니 순식간에 모두 달게 먹어버리고 병사를 데리고 다른 곳으로 갔다.[53)]

권성좌가 병정 20여 명을 이끌고 해월 최시형을 잡으러 왔을 때 다행히 집안에 없어서 체포를 모면하였다. 하지만 김낙철은 일촉즉발의 상황을 넘겨야만 했다. 일단 자신은 은진 사람으로 주인 아들의 훈장이라고 위장하였다. 그리고 해월 최시형을 모른다고 대응하였다. 해월 사모가 두려움에 떨고 있었지만 김낙철의 기지로 무사히 위기를 넘길 수 있었다. 일단 위기를 모면한 김낙철은 바로 피하고 싶었으나 이후 해월 최시

---

53) 「김낙철 역사」, 『동학농민혁명국역총서』 5, 186~187쪽. 그런데 이와 같은 상황을 임순호는 다음과 같이 기록하였다.

"이튿날(1월 4일 – 필자) 강암(손병흠 – 필자)이 들어와서 병정이 사방으로 에워싸고 한패는 권성좌를 데리고 구암의 집으로 들어갔다고 한다. 그때 성사(손병희 – 필자), 강암, 염창순, 나 네 사람이 해월신사를 모시고 있었는데, 성사께서 문득 말씀하시기를, 제가 한 번 시험해 볼 일이 있습니다. 그러나 신사께서는 천명을 순히 함만 같지 못하다 하실 뿐이었다. 구암 집에는 그때 구암 김낙철 김낙봉 염창순 여러 분이 있었다. 병정들은 구암 집에 가서, 이 가운데 누가 최법헌이며 이웃집에 사는 자는 누구냐고 물었다. 이에 구암은 나는 본시 서울 사람으로 낙향한 이모(李某)인데 윗집에 사는 이는 내 삼촌과 사촌이요 이렇게 말을 하니 권성좌 역시 이 가운데 없다고 하여 병정들을 권성좌를 끌고 신사 댁으로 와서 신사 계신 방문을 열고 힐난하는지라. 성사께서는, 너희들이 보는바와 같이 80노인이 몇 달째 병환으로 누워계신데 이렇게 무도한 법이 어디 있느냐 너희는 애미 애비도 없느냐 이렇게 꾸짖었다."(임순호, 「해월신사의 은도시대」, 『천도교회월보』 249, 1931.9, 5쪽)

형에게 닥칠 위기를 그냥 넘길 수 없었다. 아마도 김낙철의 심적 갈등은 매우 컷을 것으로 여겨진다. 김낙철은 당시의 심정을 "만약 내가 피해 가 버리고 저들이 다시 와서 선생님(해월 최시형 – 필자)과 구암 및 의암, 그리고 여러 사람이 모두 잡아간다면 도(동학 – 필자)가 없어질 것이다. 다시 생각해서 마음을 정하였다. 나라를 위해 죽는 신하와 선생을 위해 죽는 제자가 마찬가지이다"[54]라고 하였다. 즉 스승인 해월 최시형을 위 해 자신의 목숨을 희생하기로 결심하였던 것이다.

자신을 희생하기로 결심한 김낙철은 바로 해월 최시형을 뵙고 자신이 대신 잡혀갈 것을 요구하였고, 해월 최시형은 그렇게 하라고 하였다. 잠 시 후 권성좌는 다시 병정에 이끌리어 구암의 집으로 왔고, 김낙철은 해 월 최시형 대신 피체되었다. 김낙철은 여주를 거쳐 이천으로 압송된 후 고문을 당하는 등 악형을 받았다. 며칠 후 장방청(감옥)에 수감되었다. 이때 이용구,[55] 신택우, 전정읍 등도 함께 수감되었다. 다시 며칠 후 서 울로 압송되어 경무청으로 이감되었다. 동학농민혁명 직후 이미 이곳에 서 신문을 받은 바 있는 김낙철에게 모진 고문이 계속되었지만 김낙 철은 횡설수설 하는 등 일부러 정신 나간 사람처럼 행동하였다. 얼마 후 김낙 철은 이용구 등과 함께 수원으로 이감되었다. 이곳에서 이용구 등은 5월 경에 풀려났지만 김낙철은 돈이 많다고 하여 여전히 옥중에 있다가 7월 13일에서야 석방되었다. 김낙철이 석방된 것은 해월 최시형이 이해 4월 5일 피체되어 6월 2일 순도하였기 때문이었다. 하늘이 무너지고 땅이 꺼 지는 것 같았다. 동학의 도주인 해월 최시형의 안위를 위해 그토록 극심 하였던 악형을 참아왔는데 하루아침에 보람도 없이 되어버린 것이었다.

석방된 김낙철은 자신이 희생해서라도 스승인 해월 최시형을 구하고

---

54) 「김낙철 역사」, 『동학농민혁명국역총서』 5, 187쪽.
55) 이용구는 충주 외서촌에서, 신택우는 음죽 앵산동에서 각각 피체되었다.

자 하였는데, 스승이 순도하였다는 소식을 듣고 김낙봉과 함께 수원 남문에 올라가 봉두난발로 북쪽을 향해 사배를 하고 마음으로 곡을 하였다. 교중의 일이 궁금하여 서울로 올라가려고 하였으나 구암, 의암, 송암의 거처를 알 수 없어 고향인 부안으로 내려왔다. 고향에 돌아온 김낙철은 영학당 봉기에 참여하였다가 관의 추적을 받기도 하였다.[56]

해월 최시형의 순도 이후 동학은 크게 위축되었다. 김낙철은 고향인 부안을 중심으로 동학을 재건하고자 하였으나 상황은 좋지 않았다. 김낙철은 옛 동학교인들 찾아가 "요순공맹이 수천 년 전에 죽었으나 그 덕이 오늘에 미치고 있거늘, 해월 최시형의 육신은 비록 돌아갔지만 그 덕화는 죽지 않는다"라고 하면서 설득하였으나 제대로 받아들이는 교인들이 없었다. 그럼에도 불구하고 김낙철은 동학을 재건하는데 절치부심하였다.

1900년 동학교단이 어느 정도 안정되자 이해 3월 10일 정산에서 수운 최제우 순도향례를 하였다. 이때 김낙철과 김낙봉 형제도 참여하였다. 그리고 이날 팔역편의장으로 임명되었다.[57] 이후 동학교단은 구암 김연국의 피체, 송암 손천민의 순도, 의암 손병희의 일본 망명 등으로 우여곡절을 겪었다. 1904년 갑진개화운동을 거친 후 동학교단은 근대적 종교로 전환하였다. 즉 동학을 천도교로 대고천하(大告天下)하였다. 이어 이듬해 1906년 천도교중앙총부를 설립되자 김낙철은 봉도실 우봉도, 고문실 고문으로 선임되었다.[58] 그런데 이 시기 천도교에는 분화가 있었는데, 일진회를 이끌던 이용구 등 62명이 천도교로부터 출교 당하자 시천교를 설립하였다. 구암 김연국이 이용구를 쫓아 시천교로 가자 김낙철도 시천교에 합류하였다. 이용구의 사후 시천교는 송병준의 시천교와 김연국의 시천교로 다시 분화될 때 김연국의 시천교에서 활동하였다. 시천교에서는

---

56) 박맹수, 『사료로 보는 동학과 동학농민혁명』, 176쪽.
57) 「김낙철 역사」, 『동학농민혁명국역총서』 5, 196쪽.
58) 이동초 편, 『천도교회 종령존안』, 모시는사람들, 2005, 465~466쪽.

관도사(觀道師)의 직책을 수행하였다.

그러나 1914년 11월 그믐 "잘못했구나. 잘못이로다! 나의 출신이여. 의암 선생은 바로 해월 선생의 정통연원이고 3명 중에 주장의 임명을 받았다. 내가 이제 정통주장의 연원으로 갈 것이다"라고 하면서, 정갑수를 불러 지난날의 상황을 설명하였다. 그리고 정갑수로 하여금 김낙철의 심정을 전달케 했다. 의암 손병희의 양해 아래 김낙철은 시천교와 절교하고 천도교에 귀의하였다. 1915년 2월 3일 의암 손병희를 찾아 전수식을 갖고 성도사에 선임되었다.[59] 이후 종교적 수행에 전념하던 김낙철은 1917년 12월 22일 60세를 일기로 생을 마쳤다.[60]

5. 맺음말

이상으로 용암 김낙철에 대하여 살펴보았다. 김낙철은 동학이 창명되기 2년 전인 1858년 부안 쟁갈마을에서 태어났다. 부안에서 누대를 살아온 김낙철 가문은 아버지 대에 이르러 천석꾼의 지주로서 자리 잡았다. 당시 동학에는 '삼불입'이라는 말이 나돌 정도로 유생, 양반, 부자는 동학에 입도하지 않는 불문율이 있었다. 그럼에도 불구하고 1890년 6월 7일

---

59) 그러나 『천도교회월보』에 의하면 1917년 11월 23일 천도교에 귀의한 것으로 되었다. 그 내용은 다음과 같다.
   "교인의 참회식 시천교 법도사 김낙철 이하 이훈범 정갑수 정원섭 김영식 김연식 강소영 최난수 제씨는 시천교로부터 본교에 귀하여 참회식을 행하고 更히 교무에 종사하다."(「중앙총부휘보」, 『천독교회월보』 59, 1917.12, 35쪽)
   한편 김낙철은 천도교에 귀의하면서 「시천교에 대한 포고문」과 「시천교주 김연국에게 송한 서한문」을 각각 게재되었다. 또한 김낙철은 성도사에 선임되었다고 하는데, 1915년에는 천도교에 '성도사'라는 직책이 없다. 1917년에 조직이 개편되면서 '도사'를 임명하였다.
60) 「고성도사 김낙철씨의 장례식장에서」, 『천도교회월보』 90, 1918.1, 35~40쪽.

동생 김낙봉과 함께 동학에 입도하였다. 동학에 입도한 배경에 대해서 자세하게 밝히지는 않았지만 시천주의 만민평등사상, 후천개벽의 혁세사상, 척왜양의 민족주체사상, 그리고 유무상자의 경제적 평등을 추구하는 동학사상이 영향을 미쳤을 것으로 판단된다. 그런 점에서 김낙철은 선진적이고 매우 진보적인 인물이라고 할 수 있다. 뿐만 아니라 자신의 기득권을 부정하고 역사의 대의를 위해 온 몸을 내던졌다고 해도 과언이 아니다.

김낙철은 동학에 입도한 후 종교적 신념을 철저하게 지킨 인물로 평가할 수 있다. 이는 그가 평생을 스승으로 모셨던 해월 최시형의 영향을 받았다. 해월 최시형은 급진적인 사회변혁보다는 점진적인 개벽을 추구하였다. 그렇기 때문에 초기에는 동학농민혁명에 적극적으로 참여하지 않았다. 이러한 점은 김낙철도 그대로 보여주고 있다. 김낙철은 1894년 1월 10일 고부에서 전봉준 동학교인들이 동학농민혁명의 첫 기포를 하였지만 적극적으로 참가하지 않고 동향을 파악하여 해월 최시형에게 보고하였다. 그리고 해월 최시형의 뜻에 따라 자중하면서 부안지역에서 관민상화를 도모하였다. 그러한 인품으로 김낙철은 부안에서 최고의 지도자로 자리매김되었다. 또한 동학농민혁명 때 제주도민을 구휼하는 등 민중을 위한 지도자의 능력을 보여주기도 하였다. 이는 동학의 유무상자의 정신을 그대로 실천한 사례라고 할 수 있다. 동학농민혁명 이후에는 일본군에 체포되어 옥고를 치루기도 하였다.

김낙철의 삶 중 가장 극적인 활동은 스승 해월 최시형을 대신하여 피체와 옥고를 치룬 것이 아닌가 한다. 자신을 희생해서라도 동학을 지키고자 하였던 결심은 그가 얼마나 종교적인 인물인지 확연하게 보여주고 있다.

그렇지만 아쉬운 부분이 없지는 않다. 김낙철은 구암 김연국의 연원으로 시종 그와 함께 하였다. 1906년을 전후하여 천도교를 떠나 시천교에 합류하였다. 이러한 그의 모습은 종교에서 연원을 중요시하는 상황에서 어쩔 수 없는 선택이었을 것이다. 하지만 당시 시대를 읽는 예지력에서는 흠집을 남기는 오점이었다고 할 수 있다. 그러나 결국은 의암 손병희의 정통성을 인정하고 천도교에 귀의함으로써 그 오점을 씻을 수 있었다. 그렇다 하더라고 김낙철은 참 종교인으로서의 삶을 실천한 혁명가임에는 틀림이 없다.

12장 백범 김구와 동학농민혁명

1. 머리말

　2014년은 동학농민혁명 120주년을 맞는 두 주갑이 되는 해였다. 그러다 보니 동학농민혁명을 기념하거나 기억하는 다양한 행사가 다방면에서 전개되고 있다. 그럼에도 불구하고 동학농민혁명과 관련된 인물 연구는 크게 관심을 받지 못했다. 이러한 이유는 동학농민혁명 지도자로 널리 알려진 전봉준, 손화중, 김개남 등에 대해서 많은 연구가 이루어졌기 때문이기도 하지만, 실제적으로 동학농민혁명하면 이들 만큼 떠오르는 인물들이 없기 때문이기도 한다. 그렇지만 동학농민혁명의 과정에서 다양한 인물들의 활동을 엿볼 수 있다. 그중 하나가 백범 김구이다.

　백범 김구(1876.8.29~1949.6.26)는 몰락 양반가에서 태어나 과거에 응시하였으나 실패, 이후 동학에 입도하는 한편 농민혁명에 참가하였고, 한때 불교승려로 활동했으며 이후 기독교에 귀의하기도 하였다. 양산학교, 보강학교 등에서 교육자로 교편을 잡기도 했고, 해서교육총회 학무총감으로도 활동했다. 교육·계몽운동 중 일본 경찰에 연행되어 수감되기도 하였다.[1] 3·1운동 이후에는 상해 대한민국 임시정부에 참여하여 의정원 의원, 경무국장, 내무총장, 국무총리 대리, 내무총장 겸 노동국 총판 등을 지냈다. 외교 중심의 독립운동이 성과를 얻지 못하자 1921년 임시정부 내 노선 갈등 이후 일부 독립운동가들이 임시정부를 이탈하고,[2] 만주사변 이후에 일본의 중국 침략이 본격화되면서 중국 관내 여러 지역으로 임시정부를 옮겨 다녔으며, 1924년에는 만주 대한통의부 박희광(朴喜光) 등을 통한 친일파 암살 및 주요공관 파괴, 군자금 모집 등을 비밀리에 지휘하였고, 이후 한인애국단을 조직하여 이봉창의 동경 의거, 윤봉길의 홍구공원 의거 등을 지휘하였다.

뿐만 아니라 1926년 12월부터 1927년까지, 1930년부터 1933년까지 임시정부 국무령, 이후 국무위원, 내무장, 재무장 등을 거쳐 1940년 3월부터 1947년 3월 3일까지 임시정부 국무위원회 주석을 지냈다. 1945년 광복 이후에는 임시정부 법통 운동과, 이승만, 김성수 등과 함께 신탁 통치 반대 운동과 미소 공동위원회 반대 운동을 추진하였으며, 1948년 1월부터 남북 협상에 참여하는 등 일제강점기에는 민족운동, 해방 후에는 국가건설운동과 통일운동에도 기여했다.[3]

이러한 그의 경력으로 인해 김구는 교육자 겸 종교인, 독립운동가 겸

---

1) 김구의 애국계몽운동에 대해서는 한규무, 「1900년대 김구의 황해도 장련·문화·안 악 이주와 계몽운동」, 『한국독립운동사연구』 45, 독립기념관 한국독립운동사연구소, 2013을 참조할 것.
2) 임시정부의 노선 갈등은 북경에서 전개되었던 국민대표회의를 의미한다. 국민대표 회의에 대해서는 조철행, 「국민대표회(1921~1923)연구; 개조파·창조파의 민족해방 운동론을 중심으로」, 『사총』 44, 고대사학회, 1995; 박윤재, 「1920년대 초 민족통일 전선운동과 국민대표회의」, 『學林』 17, 연세대학교 사학연구회, 1996; 임경석, 「국민 대표회의 원내 대표원단 연구」, 『한국사학보』 51, 고려사학회, 2013 등을 참조할 것.
3) 백범 김구의 민족운동에 대해서는 일찍부터 관심을 갖고 적지 않은 연구성과를 보이 고 있다. 대표적인 연구는 외솔회에서 1975년에 간행한 『나라사랑』 21 김구편이 있 고, 최근에는 백범김구선생기념사업회에서 1985년부터 최근까지 간행하고 있는 학 술지 『백범연구』 등이 있다. 이외에도 주제별로 다양한 연구가 이루어지고 있는 실 정이다. 앞으로는 백범 김구의 연구현황과 과제에 대한 분석이 필요하다고 본다.

통일운동가, 정치인 등으로 평가하고 있다. 때문에 김구에 대한 연구는 주로 독립운동과 해방 후 정치활동에 집중되고 있다.

이처럼 한말과 일제강점기 민족운동가로서 명성을 가지고 있는 김구는 동학을 비롯하여 불교, 기독교[4] 등 다양한 종교를 섭렵하기도 하였다. 이러한 사상과 종교의 섭렵은 그의 삶에 중요한 영향을 미쳤을 것으로 추정된다.

『백범일지』[5]에 의하면 김구는 18세인 1893년 동학에 입도하였으며, 이듬해 1894년 동학농민혁명이 일어나자 해주성 전투를 비롯하여 황해도 일대에서 척왜양의 동학농민혁명에 참여하여 활동한 바 있다.[6] 그러나 동학농민혁명 이후 쫓기는 몸이 되면서 이후 동학에 대한 관심은 사실상 단절되었다고 보여 진다.[7] 이처럼 김구와 동학은 불과 2년에 불과

---

4) 이에 대해서는 최기영, 「김구와 기독교」, 『한국기독교와 역사』 37, 한국기독교역사연구소, 2012를 참조할 것.
5) 『백범일지』는 여러 판본이 있으나 본고를 작성하는 데는 김구저, 이만열 옮김, 『백범일지』, 역민사, 1997과 백범학술원에서 간행한 『백범 김구 자서전 백범일지』, 2002를 참고했다.
6) 김구의 동학 입도와 동학농민혁명에 대한 기록은 그의 자서전인 『백범일지』에만 나오고 있다. 이에 대해서는 좀 더 다양한 고찰이 필요하지 않을까 한다. 김구과 동학에 대한 평가는 이미 백기완과 장을병에 의해 이루어진 바가 있다. 이들 두 연구는 백범 김구의 민족의식이나 민중의식에 동학이 크게 영향을 주었다고 한 바 있다. 백기완은 김구가 동학과 동학농민혁명에 참여한 경험은 봉건적 가족주의 윤리관에서 탈피하여 민중의 역사 발전에 대한 인식, 그리고 항일반제 투사로 무장하는데 크게 영향을 주었다고 한 바 있다.(백기완, 「김구의 사상과 행동의 재조명」, 『해방전후사의 인식』, 한길사, 1979) 그리고 장을병은 김구의 동학과 동학농민혁명 경험이 민중주의의 올바른 이해와 민중의식의 이론화 및 실천운동이었다고 밝힌 바 있다.(장을병, 「백범 김구의 민주주의론」, 『백범연구』 3, 백범김구선생기념사업회, 1987)
7) 김구와 동학에 관해서는 아직 제대로 된 연구가 없다. 이는 각주 3)에서 언급한 바와 같이 김구의 동학과 관련된 사료가 뒷받침되지 않기 때문으로 풀이된다. 다만 김구와 동학에 대해 언급한 연구성과로는 양윤모, 「白凡 金九의 애국계몽사상 성립배경; 《白凡逸志》에 나타난 의식변화를 중심으로」, 『윤병석교수화갑기념 한국근대사논총』, 한국근대사논총간행위원회, 1990; 도진순, 「1895~96년 金九의 聯中 義兵活動과 치하포사건」, 『한국사론』 38, 서울대학교 국사학과, 1997 등이 있다.

하였기 때문에 그동안 김구의 생애에서 동학과 관련된 연구는 매우 제한적이었고 할 수 있다.[8]

본고에서는 자료의 한계가 없지 않지만 김구의 청년기에 관심을 가졌던 동학과 반봉건 반침략의 동학농민혁명 과정에서 김구의 활동[9]에 대하여 살펴보고자 한다.

2. 동학에 대한 인식과 입도

김구가 동학을 접한 것은 18세인 청년기였다. 김구가 동학을 접한 곳은 황해도 해주이다. 황해도에 동학이 전래된 것은 대체적으로 1880년대 중반 이후로 보인다.[10] 동학이 전래된 시대적 상황에 대해 김구는『백범일지』에서 다음과 같이 밝히고 있다.

> 그 즈음 도처에서 괴이쩍은 이야기들이 들렸다. 어디서는 이인(異人)이 나서 바라(海)에 떠다니는 기선(汽船)을 못 가게 딱 막아놓고 세금을 받고서야 놓아 보냈다거나, 머지않아 정도령이 계룡산에 도읍을 정하고 이조(李朝) 국가는 없어질 터이니 '바른목'에 가서 살아야 다음 세계에 양반이 된다 하여 아무개는 계룡산으로 이사를 하였느니

---

8) 이러한 김구와 동학과의 관계는 동학이 김구의 생애와 민족운동에서 크게 주목을 받지 못하였고, 당연히 연구의 대상에서 제외되었다고 본다. 이런 점에서 본 연구 역시 한계를 지닐 수밖에 없다는 것을 미리 밝혀두고자 한다.

9) 김구의 동학 및 동학농민혁명의 활동과 관련하여 최근 그 실체에 대한 비판적 글이 소개된 비 있다.(김상구,『친일파가 만든 독립영웅 김구 청문회』1, 매직하우스, 2014, 11-24쪽), 이 글에 의하면 김구가 과연 팔봉접주였는지, 그리고 해주성 전투에 중요한 역할을 담당하였는지에 대해 의문을 제기하고 있다.

10) 동학을 연구한 표영삼에 의하면 1886년, 1887년에서 1890년경에 전파되었다고 한다.(송찬섭,「황해도지방의 농민전쟁의 전개와 성격」,『동학농민혁명의 지역적 전개와 사회변동』, 새길, 1995, 229쪽의 각주9) 참조)

하고 떠들었다.[11]

당시는 조선사회에서 변화와 변혁의 시기였다. 19세기 중반을 거치면서 안으로는 비정상적인 세도정치가 만연되면서 통치기강이 해이해졌다. 이로 인해 조세제도 운영의 문란 등 극심한 혼란이 지속되었고 탐관오리가 양산되었다.[12] 여기에 더하여 자연재해까지 일어나 기근과 전염병으로 사회적 혼란은 가중되었다. 더욱이 외국 상선의 잦은 출몰로 서양에 대한 긴장감이 더욱 고조되었다. 특히 1860년 영국과 프랑스의 연합군에 의해 북경이 함락되었다는 소식이 국내에 전해지자, 서양세력의 침략에 대한 위기의식이 더욱 깊어갔다. 이와 같은 위기 상황에서 일반 농민층은 의지할 곳이 필요하였는데, 이들은 당시 유행하였던 정감록[13] 의 도참사상이나 미륵신앙, 심지어 서학에 의탁하기도 하였다. 또한 일부에서는 민란을 일으키기도 하였다.[14]

이러한 사회적 현상은 김구가 언급한 바와 같이 '이인', '기선', '정도령'

---

11) 백범학술원 총서② 『백범 김구(金九) 자서전 백범일지(白凡逸志)』(이하 『백범일지』), 나남출판, 2002, 40쪽.

12) 황현은 탐관오리들이 국내에 가득하여 읍마다 소란스럽지 않은 곳이 없다고 할 정도였다.(황현저 · 김준역, 『완역 매천야록』, 교문사, 1996, 253쪽)

13) 정감(鄭鑑)과 이심(李沁)이라는 인물의 대화로 전개되고 있다. 대화 내용은 난세에 풍수설에 따라 복정(卜定)된 피난처에서만 복(福)을 누릴 수 있으며, 궁극적으로 정씨(鄭氏)의 성을 지닌 진인(眞人)이 출현하여 이씨왕조가 멸망하고 새로운 세계가 도래할 것을 중심으로 하는 예언으로서 역성혁명(易姓革命) 사상과 미래에 다가올 멸망에 대비한 피난처로서의 이상경(理想境)에 대한 동경이 전반적으로 흐르고 있다. 전쟁 등으로 인한 사회혼란의 극심한 정세가 반영되어 반왕조적, 현실부정적인 내용을 담게 된 것으로, 혹세무민의 참설을 통하여 정상적인 백성의 의사를 반영시키고 있다. 이것은 관민의 의사소통이 통제된 봉건사회에서 억압된 민심을 보상하는 작용을 하여 강한 설득력을 가지고 민간에 전파될 수 있었다. 이 때문에 조선에서는 『정감록』을 금서로 취급했으며 민간에서는 새로운 사회변혁을 갈망하는 사회심리가 반영되어 은밀히 전승되어갔다.

14) 이에 대해서는 배항섭, 『조선후기 민중운동과 동학농민전쟁의 발발』, 경인문화사, 2002를 참조할 것.

등에서 알 수 있다. '이인'은 진인설, '기선'은 이양선, '정도령'은 정감록을 의미하는 것으로 당시 사회의 혼란을 그대로 보여주고 있다. 안팎으로 위기에 처해있는 조선사회의 모습이었다.

이러한 시기에 김구가 살고 있는 황해도에도 동학이 전래되었다. 동학은 수운 최제우가 1860년 4월 5일(음) 경주에서 창도했다. 이듬해 1861년 6월부터 포교된 동학은 초기에는 경주를 중심으로 영남 일대가 중심이었지만 1871년 이필제의 난[15]으로 강원도와 충청도 지역으로 중심무대가 옮겨졌다가 1880년대 들어 호남으로 교세를 확장해나갔다. 이처럼 동학의 교세가 확장되자 앞에서 언급한 바와 같이 1880년대 중반 이후 황해도 지역까지 동학이 포교되었다. 그렇지만 누구에 의해 황해도 지역에 동학이 포교되었는지 분명하게 확인할 길은 쉽지 않다. 그러나 1890년대 초반에는 이미 황해도 일대에 동학이 적지 않게 확장되어 가고 있었다. 김구도 1892년 해주에까지 포교된 동학에 대한 소문을 접하게 되었다.

우리 동네에서 남쪽으로 20리 떨어진 포동(浦洞)이란 곳에 사는 오응선(吳膺善)과 그 옆 동네 최류현(崔琉鉉) 등은 충청도에서 최도명(崔道明, 최시형)이란 동학 선생에게 입도하여 공부를 하는데, 방문도 여닫지 않고 드나드니 홀연히 나타났다. 홀연히 사라지며 공중으로 걸어 다닌다고 한다. 그리고 그 선생 최도명은 하룻밤 사이에 능히 충청도를 다녀왔다고 했다.[16]

김구가 사는 곳에서 남쪽으로 약 20리 정도 떨어진 포동이라는 곳에

---

15) 이필제의 난의 성격에 대해 교조신원운동(표영삼, 성주현 등), 민란(배항섭) 등이 있다. 이와 관련하여 천도교단 내에서도 신원운동으로 보는 시각과 그렇지 않은 시각이 있다.
16) 『백범일지』, 40쪽.

사는 오응선과 최류현은 이미 동학에 입도하였는데, 이들은 충청도에 있는 해월 최시형을 찾아가 동학에 입도하였다. 오응선[17]과 최류현[18]은 1892년에 동학에 입도하였다. 그런데 이들은 '방문도 여닫지 않고 홀연히 나타났다 사라지고' 또 '공중으로 걸어 다닌다'고 하고, '동학 교주 해월 최시형도 하룻밤 사이에 충청도를 넘나든다'고 하여 동학의 신비성을 그리고 있다. 이러한 점은 사실이 아니지만 동학에 대한 당시 민중들의 기대심리가 반영된 것으로 보인다.[19]

이와 같은 동학의 신비성에 호기심을 가진 김구는 오응선 등 동학교인을 만나보고 싶어했다. 그러나 동학교인들을 만나려면 육류를 먹지 않고 목욕재계하고 새 옷을 입어야 한다는 것 때문에 망설였다. 당시 경제적으로 여유가 없었던 김구에게는 새 옷을 준비한다는 것이 부담스러웠기 때문이었던 것으로 보인다. 그럼에도 불구하고 김구는 18세가 되는 1893년 새해를 맞아 오응선을 찾아갔다. 당시의 상황을 김구는 다음과 같이 회고하였다.

---

17) 이동초, 『천도교인물사전』(미간행본) 참조하였음. 오응선의 도호(동학 교단에서 사용하는 호)는 치암(治菴), 해주군 출신으로 1892년 입교하여 집강, 접주, 해주 제39대 교구장 대리 및 교령(1906.5.3.), 이계하(李啓夏)와 함께 경주 용담정을 재건(1914)하였다. 천도교중앙총부 도사실 경도사(1919.1.10), 해주군 포덕사(1922.1), 명신포(明信布) 주간포덕사(1931.1), 천도교본부 현기실 현법사(1940. 9.12), 선도사(1941.4) 등으로 활동하였다.

18) 그런데 1914년에 발행된 시천교의 기관지『시천교보』「천종열현록」의 최류현 편에 의하면 "癸巳 12월에 身을 斯道에 托할 事를 決하고"라고 하여, 1893년 12월에 동학에 입도하였다고 밝히고 있다. (『시천교보』, 57쪽, 1914). 이 책은 표지와 판권이 떨어져 정확하게 간행일자를 확인할 수 없지만 '포덕 55', '대정 3년'이라는 연기가 있다. 포덕 55년과 대정 3년은 1914년이다. 최류현은 동학에 입도한 이듬해인 1894년 7월 초순 속리산(보은 장내리)에 있는 해월 최시형을 배알하고 교훈의 임명첩을 받았다.

19) 이와 같은 것은 동학을 창도한 수운 최제우에 대해서도 보인다. 수운 최제우는 비가 와도 옷이 젖지 않는다든가 말을 타고 강을 건넌다고 하여 동학의 신비성을 그리고 있다.

18세 되던 정초에 나는 고기도 먹지 않고 목욕하고 머리를 빗어 따
늘어뜨리고 청포(靑袍)에 녹대(綠帶)를 매고 포동 오씨 댁을 방문하
였다. 마침내 문 앞에 다다르니 방 안에서 무슨 글 읽는 소리가 드리
는데 보통의 시나 경전을 읽는 소리와 달라서 노래를 합창하는 것 같
았으나 그 의미를 알 수 없었다.[20]

　목욕재계하고 새 옷을 마련한 김구는 찾아간 오응선의 집에서는 알
수 없는 소리만 와글와글하고 마치 합창을 하는 듯했다.[21] 당시 오응선
의 집에는 많은 동학교인들이 모여 주문[22]을 함께 읊고 있었다.
　김구와 동학교인의 만남은 뜻밖이었다. 평소 신분제의 사회에서 상놈
으로 차별받아왔던 김구로서는 새로운 세상을 만나는 첫 장면이었다.

　　삼가고 정중한 태도로 문으로 가서 주인 면회를 청하였더니, 아직
어려보이는 청년 하나가 접대를 하는 것이었다. 나는 그가 양반인 것
을 알고 갔는데, 역시 상투를 짜고 통천관(通天冠)을 쓴 모습이었다.
공손히 절을 하자 그이도 맞절을 공존히 하고는 "도령은 어디서 오셨
소?"하며 입을 열었다. 나는 당황하여 어쩔 줄 모르고 나의 본색을 말
하였다.[23]

　이는 김구와 오응선의 첫 만남이었다. 비록 방계 조상이지만 역적의
후손으로 멸문지화에 이르러 본래의 신분을 숨길 수밖에 없었고, 이로
인해 상놈 행세를 하여 차별받아왔던 지냈던 김구로서는 뜻하지 않는 공
대에 적지 않은 충격을 받았다. 당시 동학은 양반과 상놈, 나아가 천민까

---

20) 『백범일지』, 41쪽.
21) 동학의 주문을 함께 읊는 소리를 마치 개구리 울음과 같다고 표현하기도 했다.
22) 동학의 주문은 본주문과 강령주문이 있다. 본주문은 '시천주 조화정 영세불망 만사
　　지', 강령주문은 '지기금지 원위대강'이다. 이를 함께 읊기도 하고 따로 읊기도 한다.
23) 『백범일지』, 41쪽.

지도 동학에 입도하면 그날부터 서로 맞절을 하는가 하면 또 서로 공대를 하여 신분의 높고 낮음에 상관없이 '평등'을 그대로 실천을 하였다. 당황해 하는 김구에게 오응선은 "동학 도인이기 때문이 선생님의 교훈을 받들어 빈부귀천(貧富貴賤)에 차별대우가 없습니다"하고 동학의 실천적 삶의 모습을 그대로 보여주었다.

김구는 오응선으로부터 동학에 대한 궁금증과 취지를 듣고 동학에 입도할 마음이 "불같이 일어났다"고 할 정도로 동학에 심취하였다. 김구가 동학에 대해 가장 인상 깊게 인식하였던 것은 '시천주'와 '신분차별의 철폐'[24]였다. 즉 김구는 "하느님을 몸에 모시고 하늘을 공경하며 도를 행한다"는 것과 "상놈된 원한이 골수에 사무친 처지에 동학에 입도만 하면 차별대우를 철폐한다"[25]는 말이 가장 가슴에 와 닿았던 것이다.

동학을 관심을 갖게 된 김구는 입도하는 절차를 묻는 한편 동학의 경전인 『동경대전』과 『용담유사』도 열람하고 집으로 돌아갔다. 그리고 아버지에게 자신이 알게 된 동학을 설명하였다. 그러면서 동학에 입도할 것을 요청하자 이를 쾌히 허락하였다. 뿐만 아니라 동학 입도에 필요한 예물도 마련해주었다. 당시 동학에 입도할 때 필요한 예물은 백지 60장이었다. 예물이 준비되자 김구는 곧바로 오응선의 연비로 동학에 입도하였다.[26]

동학에 입도한 김구는 동학 공부를 열심히 하는 한편 아버지도 동학에 입도를 시켰다. 뿐만 아니라 동학을 적극적으로 포교하여 불과 몇 개

---

24) 동학의 신분철폐는 철저하게 지켰다. 동학을 창도한 최제우는 자신의 집에 있던 두 몸종을 각각 며느리와 수양딸로 맞아들였다. 동학의 첫 신분제 철폐였다. 뿐만 아니라 최시형은 호남에서 천민 출신의 편의장을 반대하는 교인들에게 반상의 차별은 나라를 망치는 근본이며 적서의 차별은 가정을 망치는 근본이라고 질타한 바 있다. 이처럼 동학은 무엇보다도 신분차별 철폐를 가장 먼저, 그리고 중요하게 실천하였다.
25) 『백범일지』, 42쪽.
26) 『백범일지』, 42쪽.

월 만에 연비[27]가 수백 명에 달할 정도였다. 김구 자신도 상놈 출신이었기 때문에 대부분이 상민층에서 동학에 입도하였다. 당시 동학의 입도에는 삼불입(三不入)[28]이라고 하여 양반, 부자, 사대부들은 동학에 입도하지 않았다. 이처럼 김구의 포교로 연비가 늘어가자 근거 없는 유언비어가 만들어지기도 하였다. 마치 동학을 하면 신이한 조화를 부리는 사람처럼 알려졌던 것이다.

그러나 김구는 "모든 악을 짓지 않고 많은 선을 행하게 되는 것, 이것이 바로 조화"[29]라고 동학의 본질을 알려주었다. 그럼에도 불구하고 김구는 '한길이나 떠서 걸어 다닌다'고 소문이 날 정도였다. 이는 김구가 동학에 입도한 후 심학의 공부를 깊이 하였거나 포교를 많이 하여 연비가 많았기 때문이었다. 김구 스스로도 도력이 높다는 소문이 해서지역뿐만 아니라 관서지역까지 널리 알려졌다고 밝히고 있다. 18세의 어린 나이에도 불구하고 많은 연비를 확보하여 '아기접주'라는 별칭을 얻기도 하였다.

또한 김구에 있어서는 동학에 입도하면서 아명이었던 창엄(昌巖)을 창수(昌洙)로 개명할 정도로 동학은 김구에게 적지 않은 영향을 미쳤다.

3. 동학농민혁명과 김구의 활동

동학에 입도하여 접주라는 직함까지 받은 김구는 동학농민혁명이 한창인 1984년 가을,[30] 동학교단이 있는 속리산 즉 보은 장내리를 찾았다.

---

27) 동학에서는 전교와 수교의 관계를 연비(聯臂)라고 한다.
28) '三不入'은 班不入, 富不入, 士不入으로 이들 계층은 동학에 입도하지 않았다는 뜻이다.(이돈화, 「 天道敎의 功過論 李敦化」, 『개벽』 신간 제1호, 1934.11, 40쪽)
29) 『백범일지』, 43쪽.

김구가 동학교단을 찾은 것은 해월 최시형이 황해도 지역의 연비 즉 동학조직을 보고하라는 통문이 왔기 때문이었다. 『백범일지』에는 당시의 상황을 다음과 같이 밝히고 있다.

이듬해 계사년 가을에 해월(海月) 대도주로부터 오응선, 최류현 등에게, 각기 연비의 명단을 보고하라는 경통(敬通)이 내려와서[31]

해월 최시형으로부터 황해도 지역의 대표인 오응선, 최류현 등에게 동학 조직을 보고하라는 경통을 받은 이들은 직접 대도주 해월 최시형을 찾아갈 주요 지도자 15명을 선발하였다. 그중에 아기접주로 이름을 날렸던 김구도 포함되었다. 김구는 땋았던 머리도 틀어 올리고 갓을 쓰는 등 의관정제를 하고 보은으로 향하였다. 당시 보은까지 가려면 적지 않은 비용이 필요하였는데, 자신의 접에 속한 연비들이 마련해주었다.

당시 15명에 대해서는 구체적으로 알 수는 없지만 『시천교역사』에 의하면 최류현, 정량, 강관영, 이태래, 이남영, 이구세 등 6명이 확인되고 있다.[32] 이밖에도 최류현과 함께 해주지역에서 활동하던 오응선, 방찬두 등도 참가하였을 것으로 추정된다.[33] 함께 간 최류현은 해서수접주[34]로 임명받았다.[35] 이들 15명은 김구와 마찬가지로 황해도 지역의 동학농민혁명을 이끌었던 주요 지도자들이었다고 추정된다.

---

30) 김구는 『백범일지』에서 '계사년 가을'이라고 하였는데, 갑오년 가을의 착오이다. 계사년은 1893년, 갑오년은 1894년이다.

31) 『백범일지』, 43쪽.

32) 최류현, 『시천교역사』, 시천교본부, 1920, 79쪽.

33) 최류현이 오응선과 방찬두 등을 누락한 것은 이들이 함께 시천교를 하지 않고 천도교를 하였기 때문에 의도적으로 기록하지 않은 것으로 추정된다.

34) 앞의 『시천교보』에 의하면 '해서수접주'가 아니라 '북삼도수접주'로 임명받았다고 하였다.(『시천교보』, 58쪽.

35) 『시천교역사』, 79쪽.

김구는 보은 장내리 동학교단에서 동학농민혁명의 소식을 들었다. 이에 대해 김구는 다음과 같이 밝히고 있다.

> 우리 일행이 해월 선생 앞에 있을 때 선생께 보고가 들어왔다. 남도(南道) 각 관청에서 동학당을 체포하여 압박을 하는 한편으로 전라도 고부(古阜)에서는 전봉준(全琫準)이 벌써 군사를 일으켰다는 것이다. 뒤이어 또 속보가 들어왔다. 어떤 고을 원이 도유(道儒)의 전 가족을 잡아가두고 가산(家産) 전부를 강탈하였다는 것이다.[36]

김구가 동학농민혁명 소식을 접한 것은 일반적으로 널리 알려진 2차 동학농민혁명이었다. 조병갑의 탐학과 동학교인에 대한 박해[37]로 시작된 동학농민혁명은 고부기포를 기점으로 시작되었다. 그러나 동학농민혁명의 분위기는 1893년 한 겨울부터 준비되었다. 전봉준 등 20여 명의 동학지도자[38]들은 '사발통문[39]'을 작성하고 고부기포를 준비했다. 그러나 조병갑이 다른 지역으로 이임함에 따라 잠시 유보되었던 고부기포는 조병갑이 다시 고부군수로 임명된 1894년 1월 9일 다음날인 1월 10일 새

---

36) 『백범일지』, 45쪽.
37) 송재섭, 「고부교구실기」, 『천도교회월보』 83, 1917.6, 언문부 17쪽. 이와 관련하여 다음과 같이 기록하고 있다. "고부군수 조병갑의 포학이 자심하여 도인이 견디지 못하게 함으로"라고 하여, 동학교인들에 대한 탐학이 더 심하였음을 알 수 있다.
38) 사발통문에 서명한 인물은 20명이었다. 이들 중 10명은 동학농민혁명 당시 희생되었고, 10명이 살아남았다. 이들 중 9명이 동학교단에서 전개한 진보회운동에 참여하였고, 1906년 천도교 고부교구 설립뿐만 아니라 교구장 등 주요 임원으로 활동하였다. 이에 대해서는 성주현, 『동학과 동학혁명에 대한 재인식』, 국학자료원, 2010, 178~186쪽 참조.
39) 사발통문은 두 종류가 있다. 하나는 사발통문 서명자 송두호의 孫 송기태가 보관하고 있다가 1970년 1월 7일에 공개된 것이고, 다른 하나는 사발통문에 서명한 송주옥의 아들인 송재섭이 기록한 『갑오동학혁명난과 전봉준장군실기』에 수록되어 있다. 이 두 종류의 사발통문의 내용은 같은데, 서명자가 각각 20명과 15명이었다는 것이 차이가 난다. 사발통문에 대한 사료적 가치에 대해서는 여전히 논란이 있지만 초기 동학농민혁명을 이해하는 데 가장 중요한 사료라고 판단된다.

벽에 점화되었다. 고부관아를 점령한 동학농민군(이하 동학군)은 백산으로 옮겨 정세를 유지하였다. 정부에서는 박원명을 신임 고부군수 임명하는 한편 안핵사 이용태를 파견, 고부기포에 대한 진상을 조사하도록 하였다. 이용태는 고부기포의 주도세력인 동학교인들을 색출하여 탄압과 박해를 가하자 전봉준은 지도부 50여 명을 제외하고 동학군을 귀가시켰다.

전봉준 등 고부기포 지도부는 무장의 대접주 손화중과 협의한 후 3월 20일 포고문을 발표하고 고부관아를 다시 점령한 후 백산에서 혁명군으로 위상을 갖추었다. 백산에 모인 동학군은 전봉준을 대장으로 추대하고 4대 명의와 12개조의 군율을 정한 후 정읍 황토현에서 관군과의 첫 접전에서 대승하였다.[40] 비록 지방군이었지만 대승한 동학군은 전략적으로 남하하여 세력을 보강한 후[41] 장성 황룡촌에서 중앙정부에서 파견한 경군과의 전투에서도 크게 승리하였다.

경군마저 격파한 동학군은 더 이상 남하를 하지 않고 전주로 향하였다. 전주는 감영 소재지였지만 호남의 수부이자 '풍패지향'으로 조선을 건국한 이성계의 영정이 보관된 경기전과 시조 및 시조비의 위패를 봉사한 조경묘가 있는 조선 왕조의 '정신적 영지'였다. 그러나 전주는 동학군에게는 사발통문 결의사항 중 하나였던 "전주영을 함락하고"의 목표였다. 전주를 향해 북상한 동학군은 정읍과 태인을 거쳐 4월 27일 전주성을 점령하였다.

동학군이 전주성을 점령하자 정부는 즉시 관군을 파견하는 한편 청국에 원병을 요청하였다. 이미 파병 준비를 마친 청군은 5월 7일 아산만으

---

40) 황토현전투에 대해서는 조성운, 「황토현전투의 전개와 역사적 의의」, 『동학농민혁명과 고부기포』, 선인, 2013을 참조할 것.
41) 동학군이 남하한 배경은 전주에 경군이 들어와 있고, 또한 동학군의 전세를 넓혀 세력을 확대하려는 의도도 있었던 것이다.

로 상륙하였다. 텐진(天津)에 따라 파병을 결정한 일본은 청군이 출병할 것을 예상하고 철저히 준비한 후 5월 12일까지 6,300여 명의 병력을 인천으로 상륙시켰다. 이는 동학군은 진압하기보다는 조선을 침략하려는 의도가 있었기 때문이었다.

청군과 일본군이 아산과 인천에 상륙하는 동안 동학군과 관군은 전주성을 사이에 두고 격렬한 전투를 전개하였다. 이 전투에서 동학군은 군사적으로 적지 않은 손실을 입었다. 동학군 내부의 동요도 없지 않았지만 이를 잘 극복한 전봉준은 홍계훈과 화약을 맺었다.[42] 이때 동학군은 27개의 폐정개혁을 요구하였다.[43] 그리고 전주성을 홍계훈이 이끄는 관군에게 내어준 동학군은 자신들이 점령한 호남지역에 집강소를 설치하고 직접 통치를 하였다.

집강소를 통해 폐정개혁을 하던 동학지도부는 일본군의 경복궁 점령으로 새로운 국면을 맞았다. 호남지역의 동학군은 삼례에서, 경기 및 호서지역 동학군은 청산에서 각각 기포를 했다.

김구가 동학농민혁명 소식을 접한 것은 바로 삼례기포로 인한 호남지역 동학군의 활동이었다. 관군과 일본군이 동학교인들을 진압하자 해월

---

42) 전주화약을 맺은 것은 청군과 일본군의 조선 진주 때문이었지만, 이외에도 완산전투에서 패배한 동학군의 전력 상실과 사기저하, 이로 폐정개혁에 대한 기대, 보리 수확과 모내기 등 바쁜 농사일 때문이기도 하였다. 이는 동학군의 전략과 일본군의 진주에 따른 대응이 맞아 떨어졌기 때문이기도 하였다.

43) 이때 동학군 측에서 요구한 27개의 폐정개혁 요구 14개항은 전봉준의 판결문에 나타나 있는데, 그 내용은 다음과 같다.
1. 전운소를 혁파할 것, 2. 국결을 더하지 말 것, 3. 보부상의 작폐를 금할 것, 4. 도내 환전은 구 감사가 거두어 갔으니 민간에 다시 징수하지 말 것, 5. 대동미를 상납하는 기간에 각 포구 잠상의 미곡 무역을 금할 것, 6. 동포전은 매호 봄가을로 두 냥씩 정할 것, 7. 탐관오리를 모두 파면시켜 내쫓을 것, 8. 위로 임금을 가리고 관직을 팔아 국권을 조롱하는 자들을 모두 축출할 것, 9. 수령은 자기의 관할지역 안에 입장을 할 수 없으며, 또 논을 거래하지 말 것, 10. 전세는 전례를 따를 것, 11. 연호 잡역을 줄여 없앨 것, 12. 포구의 어염세를 혁파할 것, 13. 보세와 궁답은 시행하지 말 것, 14. 각 고을에 수령이 내려와 백성의 산지에 늑표하거나 투장하지 말 것.

최시형은 "호랑이가 물러 들어오면 가만히 앉아서 죽을까! 참나무 몽둥이라도 들고 나가서 싸우자"라며 동원령을 내렸다. 이 동원령이 동학교단의 총기포령이라고 할 수 있다. 동원령이 내리자 각지의 동학교인들은 지역에서 기포를 하는 한편 청산으로 집결하였다. 이곳에서 기포한 동학군은 삼례에서 기포한 동학군과 합류하기 위해 논산 초포로 향하였다.

이 같이 동원령이 내리자 김구는 바로 황해도로 돌아가서 동학농민혁명에 참여하였다. 황해도 지역의 동학농민혁명은 1894년 9월부터 이듬해 1월까지 이어졌다.[44] 황해도 지역의 동학농민혁명과 관련하여 김구의 활동을 살펴보자. 동학농민혁명과 관련하여 김구의 대표적인 활동은 해주성 전투였다. 이에 대해 『백범일지』는 다음과 같이 밝히고 있다.

> 최고회의에서는 우선 황해도의 수부(首府)인 해주성을 빼앗아 타관오리와 왜놈을 다 잡아 죽이기로 하고 팔봉접주 김창수를 선봉장을 삼기로 했다. 내가 평소 병서에 소양이 있고, 또 내 부대가 순전히 산포수들로 편성된 까닭이겠지만 자기네가 앞장서서 총알받이가 되기는 싫다는 이유도 있었다. 그러나 나는 받아들였다. 즉시 전체 병사들을 뒤에 딸린 채 나는 선봉(先鋒)이라고 쓴 사령기를 들고 말을 타고 선두에 서서 해주성으로 전진했다.[45]

그런데 해주성 전투는 두 차례 있었다. 첫 번째는 10월 6일이었고, 두 번째는 11월 29일이었다. 김구가 참여한 해주성 전투는 두 번째 해주성

---

44) 황해도 지역의 동학농민혁명에 대해서는 한우근, 「동학농민군의 봉기와 전투 - 강원·황해도의 경우」, 『한국사론』 4, 서울대학교 국사학과, 1978; 송찬섭, 「황해도지방의 농민전쟁의 전개와 성격」, 『동학농민혁명의 지역적 전개와 사회변동』, 새길, 1995; 정은경, 「1894년 황해도·강원도 지역의 농민전쟁」, 『1894년 농민전쟁연구』 4, 역사비평사, 1895 등이 있다. 황해도 지역의 동학농민혁명에 대해서는 이를 참조할 것.
45) 『백범일지』, 46쪽.

전투였다. 이는 김구가 9월 중에 보은 해월 최시형을 만나 동원령을 들었기 때문에 시간적으로 첫 번째 해주성 전투에 참가할 시간적 여유가 없었던 것이다. 동원령이 내려진 것은 9월 18일이었다.

김구가 직접 참여하지는 않았지만 첫 번째 해주성 전투는 10월 6일부터 시작되었다. 이날 황해도 일대의 동학군은 취야장에 모여 '민폐읍막의 시정'과 '동학의 공인'을 요구하였다. 동학군의 요구에 해주감영은 민폐읍막은 곧 시정할 수 있지만 동학은 조정에서 금하는 것이라 엄금할 수밖에 없다고 설득하였다. 이에 동학군이 해산하였다.[46] 그렇지만 해산된 동학군은 임종현의 지휘로 다시 집결하였다.[47] 이들은 강령현을 점령하고 탈취한 무기로 해주성을 입성하였다.[48]

이처럼 취야장에 집결한 동학군은 일시적으로 해산하였지만 곧바로 다시 재집결하여 강령현을 거쳐 해주성을 점령하였다. 이후 11월 6일까지 해주성을 점령하였다가 11월 7일 다시 관에 넘겨주었다.

그런데 동학군이 해주성을 관에 넘겨주는 시점에서 일본군의 황해도 일대 동학군 진압이 시작되자 다시 기포하였다. 보은에서 돌아온 김구도 황해도의 2차 기포에 적극 참여하였다. 황해도의 2차 기포는 해주성 전투로 이어졌다.

이해 9월경 보은에서 해주로 귀향한 김구는 최류현 등 15명의 주요지도자들과 함께 동학농민혁명에 참여하기로 하였다. 동학군의 집결지는 해주 죽천장[49]으로 정해졌으며 각지 동학 도소에 적극 참여를 지시하는 경통을 보냈다. 김구는 팔봉산 아래에 있어서 접명을 팔봉이라 하였고,

46) 「갑오해영비요전말」, 『동학농민혁명국역총서』 4, 동학농민혁명참여자명예회복심의위원회, 2008, 524~525쪽.
47) 정은경, 앞의 논문, 400쪽.
48) 「갑오해영비요전말」, 525쪽.
49) 김구는 동학군의 집결지가 죽천장이라고 하였지만 동학군이 모인 곳은 취야장이었다.

도소도 팔봉도소였다. 죽천장에서 기포한 황해도 동학군은 각 도소명을 내걸었는데, 김구는 '팔봉도소'라고 쓴 기를 내거는 한편 '척왜척양'이라고 쓴 대기를 앞세웠다. 당시 해주성을 공략하기 위해 모인 동학군은 3만 명에 달한다고 할 정도로 재령, 신천, 문화, 장연, 웅진, 강령 등지의 동학군도 합세하였다.[50]

김구 등 동학군이 해주성을 공격하기로 한 것은 1차 해주성 전투와 마찬가지로 해주가 황해도의 수부였기도 하였지만, 마침 일본군이 개성병참부로부터 배천, 연안 부근에서 동학군이 집결한다는 보고를 받고 연안으로 출발하였기 때문이기도 하였다.[51] 11월 27일 일본군이 해주성을 빠져나가자 해주 근처에 모여 있던 동학군은 해주성을 공략하기로 하였다. 김구는 당시의 해주성 전투를 다음과 같이 『백범일지』에 남기고 있다.

> 해주성 서문 밖 선녀산에 진을 치자 총공격령이 내렸고, 작전계획은 선봉장인 나에게 일임한다는 명령이 떨어졌다. 나는 이런 계획을 제시했다. 지금 경군은 아직 성내에 도착하지 않았고 오합지중인 수성군 2백 명과 왜군 7명일뿐이다. 그러니 선발대가 먼저 남문을 향해 진격케 하고 그와 동시에 선봉 영솔부대가 서문 쪽을 총공격한다. 총소에서는 형세를 보아 약한 쪽을 돕는다.
>
> 총소에서는 내 계획을 채용하였다. 그렇게 실행에 옮기는 중에 몇 명의 왜병이 성 위에 올라 대여섯 방 시험 사격을 하자 남문으로 향하던 선발대가 도망치기 시작하였다. 왜병은 이것을 보고 남문으로 나와서 달아나는 무리에게 총을 연발하였다. 나는 전군을 지휘하여 선주에서 서문을 향하여 맹공을 가하는데, 돌연 총소에서 퇴각하라는 명령이 내렸다. 우리 선봉대는 머리를 돌리기 전에 군사들이 산으로 들어 달아나는 것을 보았다. 퇴각하는 이유를 물으니, 남문 밖에 도

---

50) 「동학당정토약기」, 506쪽.
51) 「동학당정토약기」, 『동학농민혁명국역총서』 4, 505쪽.

유 서너 명이 총을 맞아 죽은 까닭이라고 했다.[52]

김구는 해주성 전투에서 선봉 역할을 담당하였다. 앞의 인용문에서 언급한 바와 같이 김구가 해주성 전투에서 선봉에 나선 것은 김구의 연비중이 무장한 산포수가 많았기 때문이었다. 당시 김구가 통솔하였던 산포수는 700명 정도였으며, 가장 강력한 화력을 갖추고 있었다.

2차 해주성 전투는 김구의 작전계획에 따라 전개되었다. 당시 해주성에는 해주감영에 소속된 지방군 2백여 명 정도에 불과하였다. 일본군도 연안으로 출발하였고, 경군도 파견되지 않은 상황이었기 때문에 충분히 승산이 있었던 것이다. 김구는 선발대는 남문으로 영솔부대는 서문으로 각각 공략하기고 하였다. 그리고 동학군 본부는 형세를 보아 약한 곳을 지원하기로 하였다. 이러한 계획에 따라 해주성의 남문과 서문을 공격하였다.

『백범일지』에 의하면 남문을 공격하던 동학군은 일본군의 '시험 사격'에 선발대가 도망을 갔다고 하였지만, 실제 동학군의 전세가 불리하게 된 것은 연안으로 갔던 일본군이 해주성으로 돌아왔기 때문이었다. 해주성으로 돌아온 일본군은 동학군 몰래 해주성으로 잠입하는데 성공하였다. 일본군은 남문과 서문에 각각 배치되어 동학군을 향해 발포를 하였다. 『동학당정토약기』에 의하면 2차 해주성 전투는 다음과 같다.

소관(일본군 소위 鈴木; 필자주)이 성문에 올라갈 때 남쪽과 서쪽의 산곡대기에는 이미 동학군이 모여 있어 새하얀 모습을 이루고 있었다. 그 수는 적어도 6천, 7천 정도였다. 남문 가까이 온 동학군 30여 명이 근방의 소나무 숲에 은밀히 모여 있기에 포격을 하여도 서쪽의 적은 단지 깃발만 흔들 뿐이고 재차 포격하지 않음에 총포가 없음을

52) 『백범일지』, 46~47쪽.

알았다. 40명의 병력을 둘로 나누어 20명은 성에 남아 남문의 동학군
을 막게 하였고, 나머지 20명을 이끌고 성 밖으로 갑자기 나아가서
2,3회 사격을 가하자 동학군들은 갑자기 도주하기 시작하여 마침내
한 사람도 남아있지 않게 되었다. 거기서부터 남문의 적을 향해 그
전면과 측면에서 십자형으로 사격하여 몇 명을 쓰러뜨렸으나 여전히
퇴각하지 않았다. 동학군이 더욱 왕성해져 발포하였기 때문에 탄환이
거의 떨어지게 되어 매우 위험하게 되었다. 이이 어쩔 수 없이 사격
을 멈추고 두 방향으로 돌진하였다. 그러자 이 형세에 두려움을 느끼
고 마침내 도주하기 시작하였다.[53]

일본군의 발포로 동학군 4,5명이 쓰러지자 동학군 본부에서는 퇴각 명
령을 내렸다. 김구도 어쩔 수 없이 후퇴할 수밖에 없었다. 2차 해주성 전
투는 『백범일지』에 의하면 제대로 싸워보지도 못한 전투였지만 전투 개
시부터 종결까지 5시간이나 될 정도로 치열하였다.

2차 해주성 전투는 황해도 동학농민혁명에서 중요한 전환점이 되었
다. 이 해주성 전투는 김구의 전략에 따라 해주성을 공략하였지만, 일본
군보다 열세적인 화력에 목적을 달성하지 못하였다.[54] 이 전투에서 패한
동학군은 다시 대규모의 연합전선을 형성하지 못하고 각지에서 활동하
였고, 결국 일본군에 의해 진압되었다.

해주성 전투에서 패한 김구는 장교 경험이 있는 정덕현과 우종서를
초빙하여 총술과 행군, 체조 등 동학군의 훈련에 집중하였다. 이는 해주
성 전투에서 제대로 훈련받지 못한 동학군의 모습을 직접 확인하였기 때
문이었다. 뿐만 아니라 정덕현의 권유로 구월산으로 이동하였다.[55] 구월

---

53) 「동학당정토약기」, 506쪽.
54) 「동학당정토약기」에 의하면 당시 동학군은 대개 화승총으로 무장하였다고 하였다.
55) 이 과정에서 김구와 동학군을 진압하던 신천 청계동의 안태훈(안중근의 父)와 서로
    공격하지 않는 한 평화를 유지하기로 밀약을 맺은 바 있다. 이 밀약으로 황해도 지역
    에서 동학농민혁명이 막을 내리자 김구는 안태훈에게 의탁하였다.

산에는 해주 등 황해도 일대에서 활동하던 일본군의 추적에 피해 동학군들이 피신하였기 때문에 그 수효가 적지 않았다. 이중 이동엽이라는 접주가 있었는데, 김구의 활동구역까지 침범하여 적지 않은 갈등을 일으키기도 하였다.[56] 이 과정에서 김구의 지휘를 받던 동학군들은 이동엽 휘하로 적지 않게 이동하였다. 이로 인해 김구는 자신의 세력이 날로 줄어들자 최고회의에서 자신의 동학조직을 해체하기로 하고 허곤에게 인도하였다. 뿐만 아니라 그동안 유지하였던 동학 접주라는 직책도 스스로 내려놓았다. 뿐만 아니라 이 시기 황해도 지역의 동학농민혁명도 일본군에 의해 진압되어 사실상 막을 내리고 있었다. 때문에 더 이상 동학농민혁명을 이끌어 갈 명분도 사러졌다.

이로써 18세인 1893년 동학에 입도하여 접주에 임명되어 해월 최시형을 만나는 한편 동학농민혁명에 참가하여 해주성 전투에서 선봉 역할을 하였던 김구는 동학과 사실상 절연을 하였다. 김구가 동학과 인연을 맺고 활동한 것은 불과 2년여에 불과하지만 청년기 그가 수용하였던 동학은 평등의식을 일깨워주었고, 척왜라는 배일의식을 보다 고취시키는 데 적지 않은 영향을 미쳤다고 본다.

4. 맺음말

이상으로 김구와 동학, 그리고 동학농민혁명에 대하여 살펴보았다. 역적의 후손이며 몰락양반가 출신인 김구는 사실상 상놈과 같은 처지에서

---

56) 김구와 이동엽의 갈등은 김구의 부하이며 화포영장 이용선의 사형으로 더 이상 회복할 수 없었다. 김구와 이동엽의 갈등은 김구가 이동엽보다 동학에 관해 보다 정통성이 있었고, 뿐만 아니라 이동엽은 제2세 접주로 뒷날 큰 화를 입을까 두려웠기 때문이었다.

어린 시절을 보냈다. 상놈이라고 차별을 받으며 청소년기를 보내던 김구는 '시천주'와 '신분철폐'를 내세우는 동학에 관심을 가졌고, 18세가 되던 1893년 초 동학에 입도하였다.

동학에 입도한 김구는 종교적 신앙에 충실하는 한편 동학을 포교하여 적지 않은 연비를 확보하였고 '아기접주'라는 별칭을 얻었다. 실제 김구는 접주로써 황해도 일대의 동학 지도자로 성장할 수 있었다. 당시 황해도의 동학지도는 오응선, 최류현 등이었는데, 이들과 함께 지도자의 반열에 오를 수 있었다. 그 결과 동학농민혁명이 일어난 1894년 가을 동학교단의 최고 책임자인 해월 최시형을 만날 수 있었다.

최시형을 만난 동학농민혁명의 동원령을 확인한 김구는 황해도로 돌아와 동학농민혁명에 직접 참여하였다. 황해도 지역 동학농민혁명 과정에서 해주선 전투는 두 차례 있었다. 김구는 11월 초에 전개되었던 2차 해주성 전투의 선봉대로 그 역할을 다하였지만 해주성 점령이라는목적을 달성할 수는 없었다. 이는 동학군이 규율과 훈련이 제대로 받지 않은 비정규군이었기 때문이었다. 이에 김구는 정덕현 등 경험이 많은 인물을 초빙히여 동학군을 훈련시켰지만 이동엽이라는 동학 조직과 갈등을 겪게 되고 이를 계기로 자신이 이끌던 동학조직을 해산시켰다. 여기에는 황해도 지역의 동학농민혁명이 막을 내리고 있던 시점이기도 하였다. 이후 김구는 동학을 사실상 절연하였다고 할 수 있다.

김구와 동학, 동학농민혁명은 2년여에 불과하였지만, 청년기 평등사상의 동학을 신앙하고 반봉건 반외세의 동학동민혁명에 참가하였던 것은 김구에서 적지 않은 영향을 주었다고 본다. 동학을 통한 김구의 첫 사회적, 정치적 활동은 이후 의병활동과 치하포사건, 그리고 임시정부 활동 등 일제강점기 민족운동에 나침판 역할을 하지 않았을까 한다.

13장 수원지역 동학농민혁명과 중심인물

1. 머리말

동학농민혁명이 일어난 지 올해로 120주년이다. 20년 전인 동학농민혁명 1백주년보다는 못하지만 그래도 전국적으로 다양한 행사가 이어지고 있다. 그동안 동학농민혁명하면 '전봉준', 그리고 '호남'이 상징적이었다. 그러나 동학농민혁명 1백주년을 계기로 전국적인 차원에서 동학농민혁명을 재해석하려는 시도는 꾸준히 전개되었다. 이와 같은 분위기에서 경기도 지역도 동학농민혁명과 무관하지 않았음이 밝혀지기도 했다.[1]

경기지역의 동학농민혁명은 호남이나 호서, 영남, 강원, 그리고 황해 지역과 비교할 때 두드러진 활동이 보이지 않고 있다.[2] 이는 일차적으로

---

[1] 최홍규, 「경기지역의 동학과 동학농민군 활동 — 특히 수원지방과 관련하여 —」, 『京畿史論』 창간호, 경기대학교 사학회, 1997; 성주현, 「경기지역 동학혁명과 동학군의 참여과정」, 『수원문화사연구』 7, 수원문화사연구회, 2005.

[2] 지역별 동학농민혁명의 전개과정은 동학농민혁명 1백주년을 맞아 동학농민혁명기념사업회, 『동학농민혁명의 지역적 전개와 사회변동』, 새길, 1995; 한국역사연구회, 『1894년 농민전쟁연구 4: 농민전쟁의 전개과정』, 역사비평사, 1995 등이 정리된 바 있다.

동학농민혁명의 중심무대가 경기도에서 빗겨나 있었기 때문이다. 또 하나는 동학 조직 역시 앞서 언급했던 지역보다 활발하게 조직되어 있지 않았던 탓도 있다. 그럼에도 불구하고 동학농민혁명 당시 경기지역에는 수원을 비롯하여 일부 지역에서 활발한 동학군의 활동이 전개되었고, 변혁운동의 중심에 서고자 했다.

수원에 동학에 동학이 전래된 것은 1880년대 후반이다. 이후 수원의 동학은 1893년 신앙의 자유를 획득하기 위한 공주, 삼례, 광화문의 교조신원운동과 보은 장내리의 척왜양창의운동에 적극 참여한 바 있다.

이러한 수원지역의 동학조직은 1894년 초 동학농민혁명이 일어나자 초기에는 적극적으로 참여하지 않았지만 동학교단의 청산기포 이후에는 적극적으로 참여하였다. 일부는 수원지역을 중심으로, 일부는 호서지역 동학군과 연합하여 우금치전투에 참여하기도 하였다.

이에 본고에서는 일차적으로 동학농민혁명 당시 수원지역 동학조직의 동향과 활동을 살펴보고자 한다. 이어 수원지역의 동학 조직의 형성과정을 통해 동학농민혁명 과정에서 중심적 역할을 담당하였던 주요 인물에 대해 살펴보고자 한다.

2. 동학농민혁명과 수원지역 동학군의 활동

1894년 1월 10일 정읍 고부에서 첫 기포한 동학농민혁명은 3월 20일 고창군 무장기포, 3월 25일경 백산대회를 거치면서 호남지역과 호서지역뿐만 아니라 경기도 지역까지 영향을 주었다. 우선 고종이 광주에 있는 獻陵을 참배하고자 하였으나 '동학군의 기승'을 우려하여 연기할 정도였다.[3] 경기지역에서 동학군의 본격적인 활동은 8월 중순 이후부터 보이고 있다. 특히 왕궁과 가까운 송파 부근에 '동학군이 모인다'는 설이 돌

정도로 동학군에 대해 긴장을 하고 있었다. 그렇지만 송파 부근의 동학군의 동향은 현장조사 결과 군사적 활동을 하기에는 아직 미흡한 상황이었다.[4] 그러나 11월 25일경에는 송파에는 5백여 명의 동학군이 집결하였다. 이는 송파에는 일본병참 송파분원이 있었기 때문이었다.[5] 일본군의 병참기지는 일제의 조선침략과 청일전쟁에서 중요한 군사시설이었다. 따라서 동학군 역시 이를 확보하는 것이 전략적으로 중요하게 인식하였던 것이다.

그렇다면 수원지역의 동학농민혁명은 어떠했을까. 우선 수원과 경계를 이루고 있는 용인과 진위지역의 상황을 먼저 살펴보자. 이는 수원의 동학군 지도자들의 포교지역이 진위와 용인, 죽산 일대에까지 포함되었기 때문이다.

일본인 순사 宋本惣市·鮫島彌入·倉川信行의 보고에 의하면 "竹山 기타 각군에서 동학군의 행패가 심해져서 무기를 탈취하려는 낌새가 보인다"[6]라든가, "벌써부터 이 지방에 동학당이 다시 발동하여 극심하게 휘졌고 돌아다닌 것이 사실입니다"[7]라고 하여 동학군의 활동이 점차 구체적으로 조직화되고 있음을 알 수 있다. 이 지역 동학군의 지도자는 金瀅植·金鏞喜·金九燮·安致西·洪承業 등인데, 김형식은 평택, 김용희과 김구섭은 木川, 안치서는 온양, 홍승업은 천안 출신이었다.[8] 이들의 활동지역은 직산·평택·천안·목천 등지로 경기도와 충청도의 경계를 이루는 지역이었다.

---

3) 『주한일본공사관기록』 1, 국사편찬위원회, 1986, 5쪽.
4) 『주한일본공사관기록』 1, 118쪽.
5) 『주한일본공사관기록』 1, 192쪽.
6) 『주한일본공사관기록』 1, 121쪽.
7) 『주한일본공사관기록』 1, 122쪽.
8) 일본인 순사의 보고에 의하면 천안 일대 10명 중 8, 9명은 동학군에 가담하였다고 했다.

이와 같은 수원 주변의 동학군의 활동에 대해 중앙정부에서도 "요즘 비도들이 경기도 내의 죽산과 안성 양읍으로까지 침범한다"고 하여 그 대책을 논의하기도 하였다.[9] 이러한 상황에 대해 군국기무처에서도 "근일 동학도들이 창궐하여 경기지방까지 침범하였다. 이때에 지방관이 게으르면 걱정이다. (중략) 죽산과 안성은 동학도 중 핵심인물들이 모여 있다. 잠시라도 게을리 하면 안 된다. 수령을 교체하되 능력 있는 자를 차출하여 병력을 이끌고 가서 포착하는데 힘써야 한다"[10]고 할 정도로 동학군의 활동이 관아를 위협하였다. 당시 진위 소사에는 동학군이 1만여 명이 될 정도였다. 이와 관련하여 수원 유수의 보고에 의하면 수원 인근지역의 동학군 동향은 다음과 같다.

> 匪徒(동학군)들이 湖南에서 公州 등지까지 가득 차 있어 서로 連絡을 취하고 있고, 素沙에 있는 賊들도 그 數가 萬名이나 됩니다. 그러나 水原에 있는 우리 兵士는 2백 명뿐이고 貴兵(일본군)들도 70명에 불과하여 그 중과가 너무 차이가 있음으로 감히 前進할 수가 없습니다.[11]

이와 같이 수원 인근지역에서 동학군의 활동은 수원지역에도 직간접적으로 영향을 미쳤다. 宋井慶四郎에 의하면 9월 10일경 "水原府에 囚監 중인 東學匪魁를 그 匪黨이 奪取"할 것이라 하여 동학군의 관아 공격이 임박하였음을 보고하면서[12] 급히 일본군의 파견을 요청하고 있다.[13]
또한 수원 부근에 동학군이 집결하고 있다는 정보도 없지 않았다.[14]

---

9) 『일성록』 고종편 31, 갑오 9월 초11일조.
10) 위와 같음.
11) 『주한일본공사관기록』 1, 134쪽.
12) 『주한일본공사관기록』 3, 국사편찬위원회, 1988, 286쪽.
13) 『주한일본공사관기록』 1, 141쪽.

이에 따라 남부병참부 伊藤祐義 병참감은 다음과 같이 명령서를 내렸다.

1. 派遣하는 守備兵은 1개 小隊이고, 陸軍 步兵 少尉 原田常入이 이
를 지휘한다.
2. 파견하는 우리 守備兵은 금일 濟物浦를 출발하여 仁川을 경유
果川縣 남쪽 약 30리에 있는 軍浦場 十字路로 진출한다. 내일 26일
오후에는 그 곳에 도달할 것이다.
3. 軍浦場에서 朝鮮軍이 오는 것을 기다린다. 따라서 朝鮮軍은 行
軍速度를 倍加해서 그 곳에 도달하도록 노력해야 할 것이다.
4. 朝鮮官吏는 우리 軍士의 兵糧과 말먹이의 購買와 宿舍의 設置
등을 주선하도록 힘서야 할 것이다. 단 거기에 들어가는 비용은 우리
軍에서 지불할 것이다.[15]

이 명령서에 의하면, 수원지역 동학군을 토멸하기 위해 일본군은 原田
소위가 지휘하는 1개 소대 49명을 파견, 군포장에서 조선군과 연합을 기
도하고 있다.[16] 이에 따라 일본군은 10월 25일(양) 새벽 5시, 조선군은
오후 4시에 각각 출동하였다.[17] 일본군은 수원 부근에서 鳥山洞에 거주
하는 접주 洪敬雲을 잡아 수원부로 압송하였다.[18] 이로써 수원지역 동학
군은 한동안 소강상태에 있었지만 11월 11일 杉村 書記官에 의하면 "동학
군의 세력이 다시 회복하여 관아를 밀어 닥칠 것이다"하여 동학군이 재
기하여 수원부를 위협하였다. 이에 수원유수는 일본군의 주둔을 강격하
게 요청하였다.[19]

---

14) 『주한일본공사관기록』 1, 145쪽.
15) 『주한일본공사관기록』 1, 142쪽.
16) 『주한일본공사관기록』 3, 288쪽.
17) 『주한일본공사관기록』 1, 143쪽.
18) 『주한일본공사관기록』 1, 144쪽.
19) 『주한일본공사관기록』 1, 160~161쪽.

이러한 수원지역 동학군의 활동을 수원유수 조병직의 장계에서 확인할 수 있다. 조병직의 장계에 의하면, "동학의 괴수를 잡아 바친 본영 집사 엄태영에게 상을 내리는 것이 적합한 지"를 묻고 있는데, 엄태영은 위험을 무릅쓰고 포위를 뚫어 동학군 지도자를 잡았다.[20] 또한 일본군 서기관 杉村에 따르면, "지난번 우리 군대가 수원을 지날 때 그 지방의 동학당 두목을 체포하였기 때문에 한때 조용해졌었지만, 요사이 또 그 잔당이 세력을 회복하여 많은 인원이 수원부로 밀어 닥칠 것"[21]이라고 하였던 바, 수원지역 동학군은 9월 18일 청산기포 이후 활발하게 활동하였음을 알 수 있다.

뿐만 아니라 수원지역 동학군 역시 충청 內浦지역 동학군과 연합하여 활동한 사례도 있다. 11월 17일 내포의 대접주 李昌九는 자신이 지휘하는 동학군과 수원의 동학군과 함께 수원과 내포간의 경계를 이루는 松鶴山 民堡 즉 松鶴堡를 점령하여 군량미를 확보하는 한편 漕運을 방해하였다.[22] 그러나 이들 동학군은 11월 27일 일본군의 내습을 피해 海美지역으로 피신하였다.[23]

1894년 9월 들어 국내의 정치상황은 적지 않은 변화를 가져왔다. 일본군은 조선을 강점하기 위해 大島 공사를 井上馨 공사로 교체하였다. 그는 9월 27일(양, 10월 25일)에 조선에 부임하면서 일제의 저항세력을 무자비하게 말살시킬 방침을 세웠다. 우선 조선정부를 완전히 장악한 후 동학군 토벌에 나섰다. 이에 따라 정부는 관군 약 3백 명씩을 안성과 죽산에 각각 파견하였다. 이어 9월 21일에는 兩湖都巡撫營을 설치하고 扈衛副將 申正熙를 都巡撫使로 임명하였다.[24] 그리고 9월 26일에는 장위영 정

---

20) 『계초존안』 1894년 11월 11일.
21) 『주한일본공사관기록』 1, 160~161쪽.
22) 『주한일본공사관기록』 1, 169쪽.
23) 『주한일본공사관기록』 1, 181쪽.

령 李圭泰를 순무선봉장으로 임명함으로써 동학군 진압을 본격화하였다.

일본은 동학군을 초멸하기 위해 이른바 '동학군토벌대'라 불리는 후비보병 제19대대를 파견하였다.[25] 원래 후비보병은 두 개 중대로 나누어 1개 중대는 수원·천안·공주 등지를 경유하여 전주부 가도로, 다른 1개 중대는 용인·죽산·청주·성주 등지를 경유하여 대구부로 이어지는 가도의 동학군을 토벌할 예정하였다.[26] 그러나 동학군을 격파하고 그 화근을 초멸하기 위해 세 개 중대로 확대 편성함에 따라 서로·중로·동로 3개 노선으로 재조정하였다.[27] 3개 노선 중 서로는 과천·수원·진위·양성·평택, 중로는 신원·용인·양지·죽산, 동로는 광주·이천·장호원으로 이어졌는데, 수원은 서로에 속하였다.

한편 조선정부는 동학군은 진압하기 위해 일본군에게 우수한 무기를 공급해 줄 것을 요청하였다. 이에 대해 일본군 혼성여단장은 조선군을 손쉽게 지휘할 수 있도록 村田式 소총을 지급해 주자고 주장하였지만 일본 대사관 측은 경복궁 점령 때 몰수했던 모젤 소총 1,000정 중 400정을 반환해 주었다.[28] 우수한 무기로 무장한 관군과 일본군이 토벌에 나서자 경기지역의 많은 동학군은 무기의 열세로 피신할 수밖에 없었다. 더욱이 9월 하순부터 정부는 유생층을 비롯하여 보부상 등 반동학 세력을 규합하여 민보군을 만들도록 권장하였다. 이후 동학군은 민보군에게 학살당하거나 재산까지 빼앗기는 사례가 빈발하였다.

동학군을 진압하기 위해 남하하는 이두황 부대는 수원의 동학조직과 밀접한 관련이 있는 인근지역 동학군을 진압하였는데, 그 상황은 다음과

---

24) 『선봉진일기』 갑오 9월 21일조.

25) 강효숙, 「제2차동학농민전쟁과 청일전쟁」, 『역사학연구』 762, 청목서림, 2002, 26쪽.

26) 『주한일본공사관기록』 1, 147~148쪽 및 151쪽.

27) 『주한일본공사관기록』 1, 154~156쪽 및 『주한일본공사관기록』 6, 국사편찬위원회, 1991, 63~68쪽.

28) 『주한일본공사관기록』 5, 331쪽.

같다.

　　9월 21일, 용인에 이르러 (중략) 삼경(三更)에 100명의 병력을 동원
하여 직곡(直谷)에 있는 접주 이용익(李用翊, 用益)의 집에 가서 동학도
14명을 잡았고 또한 금량(金良場, 水餘面)에 사는 이삼준(李三俊)의
집에 가서 6명의 동학도를 잡아 양지읍(陽智邑)으로 압행(押行)했다.
　　9월 22일, 양지읍에서 어제 잡은 20명을 일일이 조사한 후 16명은
석방하고 이용익과 이삼준 그리고 양지읍에서 잡은 정용전(鄭用全,
龍全)과 이주영(李周英) 등 4인은 읍 앞 대로상에서 포살하였다.
　　9월 27일, 이참의(李叅議)가 보낸 글에 이천 일본 병참소(兵站所)에
서 잡은 동학도와 적당 30인을 구속하였다. 5명은 일찍이 놓쳐버렸고
나머지 20여 명 중 괴수 10명은 포살하고 나머지는 석방하였다. 안성
군수 성하영이 도임하던 날인 24일에 비도 3인(魁首 兪九西, 接主 金
學汝, 鎭川東徒 金今用)을 잡았는데 27일에 참살하였다.
　　10월 3일, 용인군 서이면(西二面) 장항(獐項)에 사는 우성칠(禹成
七)을 잡아 가두었다. 4일 조사해보니 동도의 거괴이므로 처형했다.
　　10월 5일, 용인군 남일면 주천(注川) 등지에서 동학도 5명을 잡아
가두었다.[29]

　이밖에도 수원 관할의 진위에서는 閔孔益, 韓弘儒, 金命壽 등 3명의 동
학군이 피체되었다.[30] 이들은 모두 수원의 대접주인 김래현의 권유로 동
학에 입교하였고 수원을 중심으로 활동하였던 동학교인들이었다.[31] 그
럼에도 불구하고 수원지역 동학군은 직접적인 피해는 입지 않았다. 이는
동학군을 진압하는 직접적인 경로였기 때문에 수원지역의 동학군은 충
청지역이나 호남지역으로 진출하여 활동하였기 때문으로 풀이된다. 즉

29)「양호우선봉일기」,『동학란기록』상, 259~266쪽.
30)「순무선봉진등록」, 393 · 395 · 411쪽.
31) 앞의 책, 412~413쪽.

수원 인근 지역 동학군들은 각 지역에서 관군과 일본군에 밀려 희생자가 속출하였고, 결국 충청도 쪽으로 내려갈 수밖에 없었다. 경기 동부지역은 黃山과 진천 廣惠院 쪽으로, 진위지역은 木川 細城山 쪽으로, 水原·南陽·始興 지역은 황산 쪽으로 이동하였다.[32]

9월 18일에 해월 최시형의 총기포령이 내리자 수원을 비롯해 경기지역과 충청지역 동학군들은 광혜원에 모였다. 당시 상황을 『양호우선봉일기』에서 "將吏을 보내 東學徒의 거취를 탐지한 결과 충주 無極場基와 진천 九萬里(廣惠院) 두 곳에 몇 만 명이 모여 있다"[33]고 할 정도였다. 김구도 당시의 상황을 "선생에게 하직인사를 드리고 난 뒤 우리는 속리산을 구경하고 귀로에 접어들었다. 돌아오는 도중에 곳곳에서 흰옷을 입고 칼 찬 동학당을 만났다. 광혜원장에 도착하니 수만의 동학군이 진영을 차리고 행인들을 검사하였는데 그 곳에서 볼만한 것은 양반으로 평소 동학당을 학대하던 자들을 잡아와서 길가에서 짚신을 삼게 하는 것이었다"[34]고 했다. 이들 동학군은 10월 3일에 충북 보은으로 이동하였으며,[35] 경기지역 동부 동학군과 강원도 일부 동학군들은 황산에 모였고 충주 辛在蓮 휘하의 동학군들은 㵐坪으로 모였다. 이들 동학군은 忠義大都所 대접주 손병희가 지휘하였다.

수원지역 동학군은 호서지역 동학군과 대오를 재편성한 다음 10월 5일에 보은으로 향했다. 이는 군기를 확보하기 위해 괴산관아를 습격하기로 하였기 때문이었다. 6일 아침 괴산읍으로 전진할 때 병력을 두 갈래로 나누었다. 절반은 북쪽 길로 들어가고 절반은 남쪽 길로 들어가 협공하기로 했다. 북쪽 길로 가던 동학군은 괴산읍 북방 6키로 지점인 唐洞

32) 「균암 임동호 약력」.
33) 『양호우선봉일기』 갑오 9월 초6일조.
34) 김구, 『백범일지』, 나남출판, 2002, 30쪽.
35) 『양호우선봉일기』 갑오 10월 초7일조.

에 이르렀다. 그러나 이를 미리 알고 매복하고 있던 일본군은 일제히 사격을 가해왔다. 일본군 原田 소위는 10월 5일 괴산에서 동학군이 공격해 온다는 보고를 받고 길목이 좁은 당동으로 나와 포진하고 있었다. 동학군과 일본군의 당동전투는 오래 가지 않았다. 일본군은 동학군의 맹렬한 반격을 받고 오전 11시 30분경에 패주하였다. 한편 남쪽으로 들어간 동학군은 수성군이 도망쳐 버려 무혈입성을 하였다. 당시 전투상황은 다음과 같다.

> 지난(11월) 3일(음, 10월 6일) 하라다(原田) 소위가 2개 분대를 인솔하고 충주에서 괴산 지방까지 정찰하던 중 적군 약 2만 명을 만나 격전을 벌이다가 다음날(4일) 오전 6시에 충주로 돌아왔다. 하라다 소위 이하 4명이 부상했으며 사병 1명이 즉사했다.[36]

> 10월 6일에 동학도는 두 갈래로 들어왔다. 일본군 25명은 북쪽에서 동학도가 다가오자 출동했다. 남쪽으로 들어오는 적은 수성군이 맞아 싸웠으나 병력이 적어 버틸 수 없었다. 북쪽에서도 일본군 1명이 사망하였다. 수성군과 부민도 11명이 죽었고 중상자도 30여 명이나 되었다. 5동의 민가도 5백여 채가 불탔으며 공해도 모두 파손되었다.[37]

수원을 포함한 경기와 호서지역 연합 동학군은 일본군과의 첫 전투에서 승리하자 사기가 충천했다. 8일에는 보은 장내리에 이르러 11일까지 머물렀다.[38] 그러나 이곳에서 이천 출신의 洪卜用, 안성 출신의 신덕보, 용인 출신의 이청학 등이 포살되었다.[39] 보은에서 忠慶包와 文淸包 동학

---

36) 『주한일본공사관기록』 1, 443쪽.
37) 『순무선봉진등록』 갑오 10월 15일조.
38) 『양호우선봉일기』 갑오 10월 15일조.
39) 「양호우선봉일기」, 갑오 10월 16일조.

군과 합류한 다음 11일에 청산으로 이동하였다.[40] 당시 청산에는 영동과 옥천지역 동학군들이 기다리고 있었다. 총기포령을 내렸던 최시형은 호남동학군과 연합하여 항일전에 나설 것을 지시하였다. 그리고 이곳에 집결한 수원지역 및 호서지역 동학군은 통령이 된 손병희를 중군으로 하여 경기 안성의 鄭璟洙를 先鋒陣, 이천의 全奎錫로 후군으로 삼고, 광주 李鍾勳을 좌익, 황산 李容九를로 우익을 하는 등 동학군을 재편성하였다.[41]

이어 10월 12일(양, 11월 8일)에 수원 및 호서·경기지역 동학군은 두 갈래로 나뉘어 논산으로 향했다. 하나는 懷德과 芝明을 거쳐 논산으로 향하였고,[42] 다른 하나는 영동을 거쳐 논산으로 직행하였다. 논산으로 합류한 수원지역 동학군은 전봉준과 손병희과 함께 공주성을 공략하였다. 그러나 공주 우금치전투에서 패배한 동학군은 경천으로 후퇴하였다. 이후 동학군은 고부까지 후퇴하였다가 12월 1일에 임실 獒樹로 넘어와 장수와 무주, 12월 9일에 영동을 거쳐 충북 보은까지 퇴진하였다. 그리고 보은 북실에서 최후의 전투를 하였다.

> 17일 오후 10시 30분 상주 한병(韓兵) 240명은 왼쪽 큰길로, 소관(桑原少尉)은 부하 14명과 이세가와 군조의 1개 분대를 이끌고 오른쪽 산길로 들어갔다. (중략) 동학도 약 1만 명이 모닥불을 피워놓고 몸을 녹이고 있었다. (중략) 사격하고 돌입하자 그들은 마을 밖으로 달아났다. (중략) 이때가 오전 3시다.
> (중략) 18일 아침 8시경에는 동학군이 함성을 지르며 공격해왔다. (중략) 패주를 가장하여 200m가량 후퇴하였다. 그러자 함성을 지르며 맹공해 왔다. 거의 80m 안까지 들어왔다. 이때 일제히 사격하자 제1선이 머뭇거렸다. 아군은 틈을 주지 않고 돌격하자 그들은 두 갈래로

---

40) 『양호우선봉일기』 갑오 10월 15일조.
41) 『천도교회사초고』, 466쪽.
42) 『순무사정보첩』 기26(『동학농민전쟁사료총서』 16, 312쪽).

달아났다. (중략) 이때가 오전 10시였다. 적도의 전사자는 300여 명이
고 노획한 무기도 수십 점이었다.[43]

북실 전투에서 2천여 명의 동학군이 학살되었다. 여기에는 수원지역
출신의 동학군도 적지 않았을 것으로 판단된다. 왜냐하면 수원지역 동학
군은 동학농민혁명이 일어나자 충북 황산으로 이동하였으며, 이후 보은
청산을 거쳐 논산, 공주 우금치 전투에 참여하였다. 이후 호서지역 동학
군과 함께 후퇴하였고 최후의 전투인 북실 전투에 참여하였기 때문이다.

한편 이와는 별도로 일부에서는 수원에서 호남지역 동학군의 활동에
호응하기 위해 김내현과 안승관 등은 수원성을 공략하기도 하였다. 그러
나 김내현과 안승관은 관군에게 피체되어 효수를 당하였다.[44] 이외에도
마산을 중심으로 활동하던 황성도 역시 수원부에서 효수당하였다.[45]

이로 볼 때 수원지역의 동학군은 크게 세 부분으로 나누어 활동하였
다. 즉 첫째는 동학농민혁명 초기에는 충청도 내포지역에서 활동하였고,
둘째는 후기에는 충청도 황산과 공주 우금치, 보은 북실 등지의 전투에
참여하였으며, 셋째는 수원에서 호남지역과 호응하여 독자적으로 활동
하였다. 따라서 수원지역 동학군은 다양한 지역에서 대항일 투쟁의 적극
적으로 참여하였음을 알 수 있다.

3. 수원지역 동학군의 형성과 중심인물

앞서 살펴보았듯이 동학농민혁명 당시 수원지역의 동학군은 호남지역

---

43) 『주한일본공사관기록』 6, 68~70쪽.
44) 『고종실록』 32권, 고종 31년 10월 4일조.
45) 『선봉진일기』 갑오년 10월 21일조.

동학군과 협력하여 활동하고자 했다. 뿐만 아니라 일부에서는 공주 우금치전투와 보은 종곡전투까지 참여했다. 그렇다면 이처럼 동학농민혁명에 참여한 수원지역 동학군의 주도세력은 어떻게 형성되었을까 하는 점이다. 이에 대해서는 수원지역 동학이 포교되는 과정과 이후 활동, 그리고 중심인물에 대하여 살펴보고자 한다.

1860년 4월 5일 최제우에 의해 창도된 동학의 사상적 특성은 크게 '다시 開開'[46)의 革世思想, '侍天主'[47)의 平等思想, '有無相資'[48)와 同歸一體[49)의 大同思想, '斥倭洋'[50)의 民族主體思想 등으로 요약할 수 있다.

최제우는 『용담유사』에서 자신의 득도 이전 이전까지의 세계를 '開闢後五萬年'[51), '下元甲'[52), '前萬古'[53), '효박한 이 세상'[54) 등의 표현을 통하여 비판하였으며, 득도 이전의 시대는 온갖 모순이 가득 찬 시대로 극복되어야 할 시대임을 밝히고 있다. 또한 최제우는 동학의 새로운 출발 기점인 1860년 4월 5일을 기점으로 '다시 개벽', '上元甲'[55), '後萬古'[56), '五萬年之運數'[57) 등의 표현으로 새로운 세계의 도래를 역설하고 있다. 즉 최

46) 「안심가」, 「몽중노소문답가」, 『龍潭遺詞』, 癸巳版(『東學思想資料集』 1, 아세아문화사, 1978).
47) 「論學文」, 『東經大全』, 癸未版(『東學思想資料集』 1, 아세아문화사, 1978).
48) 有無相資라 함은 최제우 초기부터 그의 제자들중에 경제적 능력이 있는 자들로 하여금 가난자 자를 위하여 적극 돕는 것으로 이 같은 초기 동학의 공동체적 분위기가 貧窮者로 하여금 동학에 입교하는데 중요한 한부분을 차지하였다. 이러한 유무상자는 최제우의 순도 후에도 수십년간 지하조직으로 존립하였다.
49) 「안심가」, 『龍潭遺詞』, 癸巳版(『東學思想資料集』 1, 아세아문화사, 1978).
50) 「布德文」, 『동경대전』, 癸未版(『東學思想資料集』 1, 아세아문화사, 1978).
51) 「용담가」, 『龍潭遺詞』, 癸巳版(『東學思想資料集』 1, 아세아문화사, 1978).
52) 「몽중노소문답가」, 「권학가」, 『龍潭遺詞』, 癸巳版(『東學思想資料集』 1, 아세아문화사, 1978).
53) 「교훈가」, 『龍潭遺詞』, 癸巳版(『東學思想資料集』 1, 아세아문화사, 1978).
54) 「몽중노소문답가」, 『龍潭遺詞』, 癸巳版(『東學思想資料集』 1, 아세아문화사, 1978).
55) 「몽중노소문답가」, 『龍潭遺詞』, 癸巳版(『東學思想資料集』 1, 아세아문화사, 1978).
56) 「교훈가」, 『龍潭遺詞』, 癸巳版(『東學思想資料集』 1, 아세아문화사, 1978).

제우는 모순에 가득 찬 지금까지의 혼란한 시대는 반드시 무너지고 다가오는 새 시대, 다시 개벽의 시대야말로 지상천국의 이상적 사회가 될 것이라고 제시하고 있다.

이와 더불어 최제우는 無爲而化라는 개념을 통하여 제국주의의 침략과 조선 왕조 지배층에 대한 비판적 의식을 제시하였다. 최제우는 다시 개벽과 무위이화를 통해서 낡은 시대와 낡은 문명을 극복하고 새로운 시대와 새로운 문명을 개척하고자 하는 현실 비판사상이며 天道를 회복하는 새 시대, 새 문명사회 건설을 지향하는 進步的 思想의 일면을 보여주고 있다.

이러한 일면은 1894년 동학농민혁명에서 잘 드러나고 있으며 반봉건 반침략의 사상적 연원이 되고 있다.[58] 최제우는 『동경대전』에서 '吾心卽汝心'[59] · '天心卽人心'[60], 『용담유사』에서 '나는 도시 믿지 말고 한울님만 믿었어라. 네 몸에 모셨으니 사근취원 하단말가'[61] 라는 표현을 통해 한울님과 인간이 둘이 아니고 하나임을 밝히고 있다. 이와 같은 내 몸에 모셔져 있는 한울님을 체험함으로써 시천주 사상은 조선왕조 신분제를 타파하고 근대적 평등사상을 확립하고 있다.

최제우의 시천주 사상은 최시형에 의해 '천지만물이 시천주 아님이 없나니 만물을 일체 공경으로 대하라'[62], '사람은 한울이라 평등이요 차별이 없나니라. 사람이 인위로써 귀천을 가리는 것은 한울님의 뜻에 어기는 것이니 제군은 일체 귀천의 차별을 철폐하여 선사(先師)의 뜻을 맹세

57) 「용담가」, 『龍潭遺詞』, 癸巳版(『東學思想資料集』 1, 아세아문화사, 1978).
58) 장영민, 「최시형과 서장옥－남북접 문제와 관련하여－」, 『동학농민혁명과 농민군 지도자성격』, 동학농민혁명기념사업회, 1997, 134쪽.
59) 「논학문」, 『東經大全』, 癸未版(『東學思想資料集』 1, 아세아문화사, 1978).
60) 「논학문」, 『東經大全』, 癸未版(『東學思想資料集』 1, 아세아문화사, 1978).
61) 「교훈가」, 『龍潭遺詞』, 癸巳版(『東學思想資料集』 1, 아세아문화사, 1978).
62) 「天道敎書」, 『新人間』, 통권 377호, 1980년 5월호, 75쪽.

하라'63), '어린 아이를 때리는 것은 한울님을 때리는 것이다64)' 라는 범천론적 동학사상으로 확대되어 민중들 속으로 실천됨으로써 1894년 동학농민혁명 당시 동학농민혁명에 참여한 동학군을 결속하는 중요한 요소로 작용되었다.

최제우는 동국(東國)의 학(學)인 동학(東學)65)은 당시 민중들 사이에 이미 널리 포교되고 있는 서학(西學)을 제압하고자 한것을 밝히고 있다. 이러한 최제우의 반외세적 척왜양 사상은 줄곧 동학의 기본사상으로 이어졌으며 특히 1893년부터 전개된 교조신원운동에서도 잘 나타나고 있다. 보은 장내에서 전개된 보은집회에서는 斥倭洋倡義를 기치로 내걸고 수만명의 동학도인이 모여 20여 일간 집단적으로 시위를 하였다. 이어 1894년 기포된 동학농민혁명 과정에서 수많은 檄文과 布告文을 통해 반침략적 의지를 드러내고 있다.

이외에도 최제우는 포교 과정을 통해 경제적 여력이 있는 제자들로 하여금 생활이 어려운 사람을 적극 돕도록 가르쳤다. 有無相資라 하여 경제적 공동체 정신을 발휘하도록 한 것이다. 이러한 관계 속에 형성된 동학의 조직은 최시형에 이르러 더욱 견고하게 다져졌으며 교조신원운동과 동학농민혁명을 통해 그대로 계승 실천되었다.

최제우에 의해 확립된 동학의 사상적 특성은 최시형에 이르러 더욱 확대 발전되었다. 특히 시천주 사상은 '천지만물이 한울님 아님이 없다(天地萬物 莫非侍天主)66)로 재해석되었다. 이를 토대로 하여 최시형은 사람뿐만 아니라 우주 만물 자체가 바로 한울님이므로 어린이도, 며느리도, 남의 종도, 날아가는 새도, 들에 핀 꽃도 모두 한울님으로 인식하였

---

63)「天道教書」,『新人間』, 통권 374호, 1980. 1월호, 75쪽.
64)「天道教書」,『新人間』, 통권 377호, 1980. 5월호, 78쪽.
65)「논학문」,『東經大全』, 癸未版(『東學思想資料集』1, 아세아문화사, 1978).
66)「天道教書」,『新人間』, 통권 377호, 1980. 5월호, 75쪽.

다. 뿐만 아니라 이를 기본사상으로 하여 최시형의 사상적 특성도 '萬民 平等',[67] '天主織佈',[68] '새 소리도 한울님 소리',[69] '以天食天'[70] 등으로 확대되었다.

또한 최제우 당시 교인간의 유대강화를 하는데 근본이 되었던 有無相 資의 大同思想은 최시형에 이르러 더욱 활성화되었다. 1875년부터 1892 년에 이르기까지 최시형은 通文을 통해 유무상자의 실천을 강조하였다. 더욱이 최시형도 몸소 실천하였다. 이와 같은 유무상자의 대동사상은 교조 신원운동을 비롯하여 동학농민혁명을 통해서 실천적으로 나타나고 있다.

최시형은 어린 시절 매우 불우하게 보냈다. 일찍 부모를 여의고 청소 년 시절 내내 남의 집에서 머슴살이와 製紙所 직공으로 일한 적이 있다. 특히 최시형은 이때의 불우한 생활로 인해 '내가 가장 한스러웠던 것은 머슴을 살면서 "머슴 놈"이라는 말을 들으며 살아야 했다'[71]고 회고하고 있다. 이와 같은 성장과정은 그에게 사상적 특성을 결정하는데 중요한 역할을 하였다. 최시형은 최제우의 가르침에 충실하였지만 가장 큰 영향 을 받은 것은 바로 최제우께서 두 명의 여자 몸종을 며느리와 수양딸로 삼은 것을 보인다. 최제우의 이러한 실천행동은 머슴생활을 했던 최시형 에게 충격적인 것이었다. 이러한 까닭으로 최시형은 동학에 입도한 후 정성스런 수련에 힘쓰는 한편 적서차별 남녀차별 귀천차별의 철폐를 철 저하게 강조하였다.[72]

최시형의 법설은 당시 신분제 하에서 고통 받고 있던 서얼 출신의 양

---

67) 「天道教書」, 『新人間』, 통권 374호, 1980. 1월호, 75쪽.

68) 「天道教書」, 『新人間』, 통권 377호, 1980. 1월호, 75쪽.

69) 「天道教書」, 『新人間』, 통권 377호, 1980. 5월호, 78쪽.

70) 「天道教書」, 『新人間』, 통권 374호, 1980. 1월호, 79쪽.

71) 표영삼, 「최시형과 금등골」, 『新人間』, 통권 485호, 1990. 8월호, 14쪽.

72) 해월 최시형은 동학 최고지도자로 부각된 이후 처음으로 행한 법설이 嫡庶差別 撤廢 와 萬民平等에 관한 것이었다.(『天道教書』, 천도교중앙총부, 1920)

반과 중인층, 그리고 일반 평민과 천민들 사이에 새로운 메세지였으며 동학 교세 확대에 크게 기여하였다. 1863 경상도 북부의 영해 영덕 지방의 새로운 신분상승 세력으로 등장했던 新鄕들이 대거 동학에 입도했던 것73)이나 1891년 천민출신의 南啓天을 호남 좌우도 便義長으로 과감하게 임명하는 사실74) 등은 모두 최시형에 의한 평등사상의 실천적인 사례들이다.

또한 다시 개벽의 혁세사상은 최시형에 이르러 '이 세상 운수는 천지가 개벽하던 처음의 운수를 회복한 것이니 세계만물이 다시 포태의 수를 정치 않는 것이 없나니라. … 새 한울 새 땅에 사람과 물건이 또한 새로워질 것이라'고 확대 해석하고 있다.

이와 같은 동학의 사상적 특성과 발전은 당시 일반 민중뿐만 아니라 최하층까지 동학에 입도하여 동학의 교세가 동학이 창도된 경주를 비롯하여 전국으로 확대되었다. 수원지역도 동학 초기부터 포교가 되었고, 동학농민혁명 당시 경기지역 중심무대가 되었다.

수원지역에 동학이 포교된 것은 동학농민혁명 이전이었으나 어느 때 전래되었는지 명확하지는 않지만 처음 포교된 것은 1861년부터이다. 수운 최제우는 1860년 4월 5일 동학을 창도하였으나 이보다 1년 뒤인 1861년으로 경주를 중심으로 포교를 하였다. 이후 교세가 크게 확장되자 1862년 12월 興海에서 接을 조직하고 接主를 임명한 바 있는데, 接所와 접주는 다음과 같다.

慶州에 李乃謙 白士吉 姜元甫, 盈德에 吳明哲, 寧海에 朴夏善, 大邱 淸道 兼 京畿에 金周瑞, 淸河에 李敏淳, 延日에 金伊瑞, 安東에 李武

---

73) 이 부분에 대해서는 장영민, 「1871년 寧海 동학란」, 『한국학보』 47, 일지사, 1987년 참조.
74) 「天道敎書」, 『新人間』, 통권 377호, 1980. 5월호, 79쪽.

中, 丹陽에 閔士燁, 英陽에 黃在民, 新寧에 河致旭, 固城에 成漢瑞, 蔚
山에 徐君孝, 長鬐에 崔義仲 諸人이러라.75)

경기지역에 김주서가 접주로 임명될 정도로 동학의 접 조직이 형성되
었던 것이다. 이에 비해 『천도교백년약사』에 의하면 경기지역이 접주로
李昌善이 임명되었다고 기록하고 있다.76) 이 두 기록에서 경기지역의 동
학접주가 김주서와 이창선으로 각각 차이를 보이고 있지만 적어도 1862
년 동학교단에서 접소와 접주를 임명할 때 경기도 지역에도 상당수의 동
학이 전래되었음을 확인할 수 있다. 이 시기는 동학이 포교된 지역은 명
확하게 확인할 수는 없지만 대체로 수원을 포함한 경기 남부지역으로 추
정된다.

수원지역에 동학이 본격적으로 전래된 것은 이보다 20여 년 후인
1880년경이었다.77) 1880년대는 동학교단 뿐만 아니라 국내외의 정세가
급변하던 시기였다. 1880년 고종이 개화정책을 본격적으로 추진하면서
개화파인사들이 중앙정계로 진출하였고, 1882년에는 조선과 미국이 수
교함으로써 이후 서양 열강과 새로운 외교관계를 수립하게 되었다.

동학교단도 초기의 위기상황에서 벗어나 점차 안정되어가는 모습을
보이고 있었다. 1871년 寧海敎祖伸寃運動으로 한때 교단 존립의 극한 상
태에 이르기도 하였지만 1873년 태백산 寂照庵 기도를 계기로 동학의 포
교는 점차 강원도 지역에서 경기도, 충청도 지역으로 확산되었다. 또한
이를 기반으로 하여 1880년과 188년에 동학의 핵심 경전인 『東經大典』과
『龍潭遺詞』를 각각 간행하였다. 동학 경전의 간행은 동학 창도 이후 끊

---

75) 이돈화, 『천도교창건사』, 천도교중앙종리원, 1934, 42쪽.

76) 『천도교백년약사』(상), 천도교중앙총부출판부, 1981, 96쪽.

77) 조성운, 「일제하 수원지역 천도교의 성장과 민족운동」, 『경기사론』 4, 2001, 183~184
쪽.

임없이 지속되었던 관의 탄압에서도 동학교단이 새로운 차원에서 포교를 할 수 있는 계기가 되었다. 이러한 상황은 경기도 지방에서도 예외가 아니었다.

1883년 3월 金演局, 孫秉熙, 孫天民, 朴寅浩, 黃河一, 徐仁周, 安敎善, 呂圭德, 金殷卿, 劉敬善, 李聖模, 李一元, 呂圭信, 金榮植, 金相鎬, 安益明, 尹相五 등 중견지도자들이 강원도 인제에 머물고 있던 동학의 책임자 海月 崔時亨을 차례로 방문하여 지도를 받았다.[78] 이들은 대부분 경기도와 충청도 지역에서 활동하던 인물들이었다. 특히 안교선과 서인주는 수원지역에 동학을 전파하는데 가장 큰 역할을 하였다.

안교선[79]은 호남 출신으로 해월 최시형이 1883년 여름 경주에서 『동경대전』을 간행할 때 윤상오와 함께 有司로 참여한 바 있다.[80] 그는 1884년 2월경 수원을 중심으로 경기지역에 동학을 포교하는데 핵심적 역할을 하였다. 이 시기에 安承寬과 金鼎鉉(金乃鉉)이 안교선에게 입도하였다.[81] 또한 김정현은 수원뿐만 아니라 수원지역의 생활공간인 진위 일대까지 포교를 하였다. 그리고 서인주는 수원 출신으로 1883년 3월 김연국, 손병희 등과 함께 해월 최시형을 방문한 이우 동학교단의 핵심 지도자로 떠올랐다. 서인주는 해월 최시형과 함께 동학을 창시한 수운 최제우에게 수학하였지만[82] 교단 초기 큰 두각을 나타내지는 못하였다. 일찍이 불교에 입도하여 30여 년간 불도를 닦은 후, 동학의 핵심교리인 布德

---

78) 오지영, 『동학사』, 영창서관, 1940, 60쪽.

79) 안교선은 호남인으로 1870년대 후반에 입교한 것으로 보인다. 1879년 최시형이 강원도 인제 방시학의 집에 修單所를 설치할 때 安敎常이 書有司, 安敎一이 監有司, 安敎伯이 冊子有司, 安敎綱이 輪通有司로 각각 참여한 바 있다. 안교선은 이들과 형제 또는 친인척으로 보인다.(강수, 앞의 책, 275~276쪽)

80) 『동경대전(계미판)』(『동학사상자료집』 1, 아세아문화사, 1987, 55쪽)

81) 「수원군종리원연혁」, 『천도교회월보』 191호, 1926. 1, 29면;이병헌, 「수원교회낙성식」, 『천도교회월보』 292호, 1936. 12, 36쪽.

82) 황현, 『오하기문』 수필(김종익 역), 역사비평사, 1994, 73쪽.

天下와 廣濟蒼生에 크게 공감을 받고 동학에 입도하였으며, 徐丙學과 함께 동학의 의식과 제도를 제정하는 데 적지 않은 역할을 하였다. 또한 서인주는 신체와 용모가 매우 작고 특이하여 당시 사람들로부터 '眞人' 또는 '異人'으로 불리기도 하였다.

이들은 수원을 중심으로 한 경기지역에 동학을 포교하는데 선도적인 역할을 하였다. 이들의 포교활동으로 1880년대 중반 徐丙學 · 張晩秀 · 李圭植 · 金永根 · 羅天綱 · 申奎植 등은 六任[83]으로 선정되었으며, 安承官은 京湖大接主로, 金來鉉은 京湖大接司로, 林炳昇 · 白蘭洙 · 羅天綱 · 申龍九 · 羅正完 · 李敏道 등은 각각 접주로 임명되었다. 그리고 이들의 활동으로 수원지역에는 수만 명에 달할 정도로 교세가 크게 확장되었다.[84] 이로 보아 1880년대 후반에 이르러 수원지역의 동학 교세는 비약적 발전을 보게 되었으며,[85] 大接主, 大接司, 接主, 六任 등 기본적인 교단조직을 갖추게 되었다.

이러한 교세를 바탕으로 수원지역의 동학교인들은 1892년과 1893년 수운 최제우의 억울한 죽음을 풀어주고 신앙의 자유를 얻기 위한 敎祖伸寃運動에도 적극 참여하고 있다. 특히 초기의 이 교조신원운동은 수원 출신의 서인주와 서병학의 주도로 전개되었다. 1892년 10월 20일경 동학교인들은 충청감사를 상대로 수운 최제우의 억울한 죽음을 씻어 달라는 탄원서를 제출했다. 당시의 상황을 다음과 같이 기록하고 있다.

> (1892년) 7월에 서인주 · 서병학 2인이 신사(필자주:해월 최시형)께
> 찾아와 방금 우리들의 급한 당부(當務)는 대신사(필자주:수운 최제우)

---

83) 해월 최시형은 1884년 교장(敎長) · 교수(敎授) · 도집(都執) · 집강(執綱) · 대정(大正) · 중정(中正)의 육임제(六任制)를 정하여 동학 교단을 정비했다.
84) 「수원군종리원연혁」, 29쪽.
85) 조성운, 앞의 책, 184~185쪽.

의 신원 일사(一事)에 재하니 원컨데, 선생(필자주:해월 최시형)은 각
지 도유에게 효유하여 소(疏)를 제(齊)하고 혼(魂)에 규(叫)하여서 대
신사 만고의 원(寃)을 설(雪)하소서 했다. 신사의 일이 순성(順成)치
못할 줄 아시고 허치 아니 하시니 2인이 온의(溫意)가 유하더라. 10월
에 서인주・서병학 2인이 신사의 언(言)을 불준(不遵)하고 도인을 공
주에 회집하여 서(書)를 관찰사 조병식에게 치(致)하다.[86]

서인주는 서병학과 함께 공주에서 동학 교조신원운동을 가장 적극
적으로 주장하였으며, 때문에 공주교조신원운동에는 서인주가 포교한
수원지역의 동학교인이 적지 않게 참여하였을 것으로 보인다. 또한 1893
년 초 광화문 앞에서도 신원운동을 전개한 바 있는데 역시 수원지역 동
학교인들이 참여하였다.

그러나 수원지역의 동학의 포교 현황은 1893년 3월 10일 충북 보은군
장내면에서 개최하였던 斥倭洋倡義運動을 통해서 어느 정도인지 유추해
볼 수 있다. 1892년과 1893년에 전개되었던 공주교조신원운동, 삼례교조
신원운동, 광화문교조신원운동에서 신앙의 자유를 획득하지 못한 동학
교단은 1893년 3월 10일 보은 장내리에 전국의 동학교인이 참여한 가운
데 그 동안 전개하여 왔던 교조신원에서 벗어나 척왜척양을 부르짖는 반
봉건적 성격으로 전환하였다. 이 척왜양창의운동에는 동학교인이 약 3만
여 명이 참가하였는데, 수원지역 동학교인의 참여현황을 구체적으로 살
펴보면 다음과 같다.

즉 3월 21일 보운관아의 보고에 의하면 척왜양창의운동에 참가한 동
학교인들은 '척왜양창의' 깃발 외에 자신의 출신 접소를 알리기 위해 작
은 깃발이 함께 나부꼈는데, 水原接을 알리는 '水義'을 비롯하여 廣州接의
'廣義', 竹山接의 '竹義', 振威接의 '振義', 龍仁接의 '龍義', 楊州接의 '陽義' 등

---

86) 『천도교교회사초고』 포덕 32년조, 천도교중앙총부, 1920.

이 경기지역에서 참가하였음을 알리고 있다.[87]

또한 3월 27일 보고에는 전날인 26일 수원·용인 등지의 동학교인 3백여 명이 보은 장내로 왔으며, 28일 보고에는 "수원접에서 6,7백여 명이 장내리 삼마장 장재평에 기를 세우고 진을 풀었다"[88]고, 30일 보고에는 "어제 들어온 접인들이 장재에서 광주 교인 수백 명과 함께 장내에 이입해 왔다"고 하였다.[89]

이밖에도 魚允中의 보고에도 수원지역 동학교인들의 참여 상황을 살펴볼 수 있는데, 보은 장내에 모였던 동학교들의 해산과정에서 2일에서 3일에 이르기까지 돌아간 무리는 경기도 수원접 800여 명이었다.[90] 또한 「수원군종리원연혁」에 의하면 "포덕 34년 계묘 2월에 해월신사 명의로 申龍九 李敏道 외 제씨의 주선으로 보은 장내에 수천인이 往參하다"라고 기록하고 있다.[91]

당시 보은 척왜양창의운동에 참여한 수원뿐만 아니라 용인·양주·여주·안산·송파·이천·안성·죽산·진위·광주 등 11개 지역에서 참여하였는데, 이들 지역의 동학교인은 대부분 수원지역의 관할이었다. 이러한 기반으로 볼 때 수원지역에서도 1894년 반봉건 반외세의 동학농민혁명으로 이어지는 여명기의 역할을 하였다고 할 수 있다.

이와 같은 수원지역 동학조직은 경기지역 동학농민혁명의 중심세력으로 활동하였다. 동학농민혁명 당시 수원지역의 중심인물은 안승관과 김래현이었다. 안승관과 김래현에 대해서는 알려진 바가 전혀 없는 점이 한계이다. 안승관은 1884년 2월경 동학에 입도하였는데, 연원주는 안교

87) 「취어」, 『동학란기록』(상), 국사편찬위원회, 1971, 110쪽.
88) 위의 책, 118쪽.
89) 위의 책, 119쪽.
90) 위의 책, 124쪽.
91) 「수원군종리원연혁」, 『천도교회월보』 191호, 1927. 2, 29쪽.

선으로 추정된다. 안교선은 앞서 살펴보았듯이 동학 초기 해월 최시형을 중심으로 한 동학교단을 후원하였고, 동학경전을 간행하는데 적지 않은 역할을 했다. 안교선은 수원지역에 동학을 포교한 핵심 인물 중의 하나였다.

안승관은 1880년대 중반 京湖大接主로 임명된 바 있는데, 여기서 '京湖'는 수원을 포함한 경기지역과 호서지역을 의미한다고 할 수 있다. 그런 점에서 수원지역의 동학조직은 수원뿐만 아니라 경기 일원과 충남지역까지 연계되었다고 할 수 있다. 안승관은 동학농민혁명 초기에는 참여하지 않았지만 9월 동학교단 총기포 이후 적극적으로 참여했다. 당시 일본 측 정보나 관의 기록에 의하면 안승관은 수원뿐만 아니라 경기지역의 '괴수'로 알려질 정도로 핵심인물이었다.

김래현[92] 역시 수원지역 동학의 중심인물로 안승관과 같은 시기인 1884년 2월경 동학에 입도하였다. 1880년대 중반 京湖大接司로 선임되었다. 김래현 역시 안승관과 마찬가지로 수원을 포함한 경기지역과 충남지역의 동학 조직을 관리하는 핵심인물이었다. 김래현 역시 알려진 바가 없지만 『피난록』에 의하면 "김래현(金來鉉)과 서병학(徐丙學)은 모두 명문거족으로 여기에 물이 들어 동학의 거괴(巨魁)가 되었으니 개탄스러움을 견딜 수 있겠는가"[93]라고 하였는 바, '명문거족' 출신임을 알 수 있다. 동학에는 '三不入'[94]이라고 하여, 명문거족은 동학에 입도하지 않는 것이 당시 사회분위기였지만 김래현은 동학에 입도할 정도로 시대의 모순을 극복한 인물이었다고 할 수 있다. 이러한 김래현은 동학을 포교하는데도 적극적이었다. 특히 그가 포교한 지역이 진위로 오늘날 평택에 해당된

---

92) 金來鉉은 金鼎鉉으로 기록된 곳도 있다.

93) 「피난록」; 『동학농민혁명국역총서』 4, 301쪽.

94) '三不入'은 班不入, 富不入, 士不入으로 이들 계층은 동학에 입도하지 않았다는 뜻이다.(이돈화, 「 天道敎의 功過論 李敦化」, 『개벽』 신간 제1호, 1934.11, 40쪽)

다. 동학농민혁명에 참가한 바 있는 민 공익 · 재명 형제, 한홍유 · 칠성 부자, 김명수 · 화덕 부자 등은 김래현의 포교 로 동학에 입도하였다. 이들은 동학농 민혁명에 참가하였다가 상황이 불리하 자 귀화하였지만 '김래현의 강압'에 의 하여 동학에 입도하였다고 하였다. 이 들은 비록 김래현에게 불리한 측면으로 자신을 보호하고 있지만 적어도 김래현 의 권유로 동학에 입도하였다.[95]

〈그림 13〉『메사마시신문』 1895년 2월 8일자에 실린 최재호와 안교선의 효수된 모습

민공익 등은 진위군에서 활동하였던 바, 김래현은 수원뿐만 아니라 진위를 무대로 활동하였음을 알 수 있다. 안승 관과 김래현은 일본군에 체포되어 수원부에 갇혔다가 남벌원[96]에서 함 께 교수형 당하였다.[97]

한편 수원지역에 동학을 포교하는데 핵심인물 중 하나였던 안교선도

95) 민공익은 "저의 형제는 본래 무식한 촌백성으로서 단지 농업으로 생활할 줄만 알고, 동학이 무슨 학인지 몰랐습니다. 그런데 지난 8월께 저의 형 재명(在明)이 불행히도 수원접주(水原接主) 김래현(金來鉉)이 창궐할 때에 잠깐 억지로 입도(入道)하였으나 아예 행패한 일은 없었습니다"라고 진술하였으며, 한홍유는 "저의 부자는 태어나면 서부터 우둔하여 농사만을 힘쓰면서 분수를 지키며 생활해 왔는데, 지난 8월께 저의 아들 칠성(七成)이 김래현의 협박을 받아 잠시 억지로 잘못 입도하였다", 김명수는 "저의 부자는 곧 농민입니다. 농사를 업으로 삼고 분수를 지키며 살아왔는데, 지난 8월께 김래현 접중(接中)의 백난수(白蘭洙)가 무리를 모아 패악을 자행할 즘에 저의 아들 인덕(仁德)이가 협박을 입고 입도하였다"라고 진술한 바 있다.
96) 남벌원은 금위영 남별영의 별칭(誤記일 가능성도 있다)이다. 남별영은 금위영 군병 을 조련하던 곳으로 수구문(시구문) 밖에 있었으며, 지금의 중구 필동에 있다. 이곳 은 조선시대부터 대대로 군사주둔지였으며, 한때 수도방위사령부가 이곳에 있었다. 현재 한옥마을 옆의 충정사가 있던 일대이다.
97)『갑오실기』 1894년 10월 1일조(음).

동학농민혁명에 참가하였는데, 관군에 체포되어 1895년 1월 19일 남벌원에서 교수형을 당하였다.[98] 효수된 안교선의 모습은 당시 일본『메사마시신문(めさまし新聞)』에 삽화로 게재된 바 있는데, 〈사진 1〉과 같다. 이 삽화에 의하면 '東學黨 巨魁 梟首の圖'라는 제목으로 위쪽은 최재호, 아래쪽은 안교선이라고 밝히고 있다.[99] 효수된 안교선은 20일부터 3일간 昭義門 밖 통행이 빈번한 광마장[100]에 내걸렸다.[101] 최재호 역시 수원지역에서 활동하였던 주요 인물이었다.[102]

---

98) 「大阪每日新聞」 1895년 2월 1일.

99) 기사의 내용은 다음과 같다.
"전부터 소문에 있었던 동학당 영수 최재호, 안교선 두 명은 지난 (1월) 19일 법무아문에서 범죄의 형에 처해져 20일부터 3일간 소의문 밖 통행이 가장 빈번한 광마장 중앙에 5척 정도의 나무 세 그루를 교차하여 그 위에 효수되었습니다. 수생이 이 일을 들어 안 것은 23일 오전으로써 즉 3일간의 기한이 이미 경과한 뒤였습니다. 전날 밤부터 큰 눈이 내려 만일 치우지 않았다면 그대로 버려져있을 것이라고 생각해서 사진기를 휴대하고 서둘러 현장으로 달려갔더니, 벌써 수급은 내려져 명석으로 싸서 새끼로 묶여 있었고, 돌을 던지는 풍습은 방만한 조선인들의 일로써 망보는 사람이 없이 눈 속에 그대로 버려져 있었습니다. 소생도 빈손으로 돌아가는 것이 유감천만한 일이었기 때문에 현장에 모여 있는 5,6명의 한인을 향해 어제처럼 나무를 교차해서 수급을 걸면 금전을 주겠다고 했지만 돈벌이를 하려고 분발하지 않은 채 모두가 전율할 따름이어서 도저히 어떻게 해볼 도리가 없었습니다. 그래서 다행이 망보는 사람이 없었으므로 소생 스스로 명석으로 싼 것을 풀고 세 개의 나무를 교차해서 최의 머리를 위쪽에, 안의 머리를 아래에 놓고 그림과 같이 촬영하였습니다. 현장에는 따로 효수의 뜻을 알리는 것도 없이 오직 수건 한 촌 정도의 종이조각에 못을 구부려 친 것 같은 필법으로 각자의 이름을 썼고 그 두발은 묶여 있었습니다. 참수할 당시에 저항을 했는지 아니면 고의인지 알 수 없습니다만 최의 목 주변에는 몇 군데 칼자국이 있었습니다. 어느 조선통에게 물었더니, 조선은 사형을 집행하는데 아직도 녹 투성이의 둔한 칼을 사용하고 있기 때문에 대개 10여 차례가 아니면 머리와 몸을 따로 나누지 못한다고 하여, 실로 듣자니 피부에 전율이 생겼습니다. 최와 안의 용모는 확실히 동학당 중의 영수다운 가치가 있는 것으로 보였습니다."(『메사마시신문』 1985년 2월 8일)

100) 광마장은 다른 기록에 의하면 '盤石坊'으로 되어 있다.(『時事申報』 1895년 2월 9일자) '반석방'은 현재의 염천교 근처이다.

101) 이에 대해서는 김문자, 「전봉준 사진과 무라카미 텐신(村上天眞)」, 『한국사연구』 150, 2011.9를 참조할 것.

102) 「동학농민혁명참여자 명단」, 동학농민혁명기념재단 홈페이지. 남벌원에서는 안교

이외에도 백란수, 이민도 등도 수원지역 동학농민혁명의 주요인물로
활동하였다. 백란수는 김래현의 휘하에서 기포하였다.[103] 이민도는 원래
한학을 공부한 유학자였지만 28세 되던 해 1879년 동학에 입도하였
다.[104] 동학에 입도한 이민도는 진위와 수원 등지를 중심으로 포교활동
을 하였고, 그 결과 1년 뒤인 1880년 접주로 임명되었으며, 1893년 척양
척왜를 기치를 내세운 보은집회에 신용구와 함께 수원지역 동학교인들
을 이끌고 참여한 바 있다.[105]

수원지역 동학농민혁명에 참여한 주요 인물들은 동학농민혁명 이후
적지 않은 변화를 가져왔지만, 주요 인물들은 수원지역 동학 조직을 복
원 및 발전시켜나가는 데도 중요한 역할을 담당하였다. 1905년 진보회운
동, 1907년 천도교 수원교구 설립, 1919년 3·1운동 등 수원지역 민족운
동의 한 축으로 성장하였다.

선, 최재호 외에 성재식도 함께 교수형을 당하였는데, 성재식도 수원지역에서 활동
한 것으로 추정된다.

103) 「선봉진정보첩」, 1894년 10월 20일.

104) 「환원일속」, 『천도교회월보』 127, 1921.3, 118쪽.

105) 이민도는 동학농민운동 이후 천도교 수원교구의 핵심인물로 활동하였다. 이에 대해
서는 성주현, 「오암 이병헌의 생애와 민족운동」, 『일제하 민족운동 시선의 확대』,
아라, 2014을 참조할 것. 이후 이민도는 수원교구를 설립하는데 참여하였으며, 진위
군 현덕면 종리사에 선임되는 한편 1912년 4월 15일부터 3년간 전개한 49일 특별기
도에 참가하였다. 이민도는 수원교구장으로 활동하던 1913년에는 북수리에 40여
칸의 교당을 마련하였다. 당시 마련한 교당은 정조가 수원에 상업을 진흥시키기 위
해 전국의 부호를 유치할 때 지은 유서 깊은 8부가 중의 하나였다. 이외에도 이민도
는 1919년 3·1운동이 전국적으로 전개될 때 3월 22일 진위군 현덕면에서 만세운동
을 준비하던 중 예비검속을 당하였다. 이민도는 봉훈, 교훈, 교구장 등으로 활동한
후 1921년 2월 14일 71세를 일기로 일생을 마쳤다.

4. 맺음말

이상으로 수원지역 동학농민혁명과 주도세력에 대하여 살펴보았다. 이를 정리하는 것으로 맺음말을 대신하고자 한다.

1894년 1월 10일 고부기포를 기점으로 동학농민혁명이 일어났지만 수원지역의 동학조직은 적극적으로 참여하지는 못하였다. 그러나 9월 18일 총기포 이후에는 경기지역에서 가장 활발하게 동학농민혁명에 참여하였다. 이는 호남지역과 멀리 떨어져 있다는 지리적 요인과 수원지역의 동학조직이 이른바 해월 최시형이 이끄는 동학교단의 직접적인 지도를 받고 있었기 때문이었다.

그렇지만 총기포 이후 동학농민혁명에 적극적으로 참여한 수원지역의 동학군은 크게 세 부분으로 나누어 활동하였다. 즉 첫째는 동학농민혁명 초기에는 충청도 내포지역에서 활동하였고, 둘째는 후기에는 충청도 황산과 공주 우금치, 보은 북실 등지의 전투에 참여하였으며, 셋째는 수원에서 호남지역과 호응하여 독자적으로 활동하였다. 따라서 수원지역 동학군은 다양한 지역에서 대항일 투쟁의 적극적으로 참여하였음을 알 수 있다.

한편 수원지역 동학농민혁명을 주도한 세력은 수원지역의 동학조직이라고 할 수 있다. 1880년대 초기 수원지역에 전래된 동학은 1880년대 중반 안승관이 경호대접주로 선임될 정도로 확고한 기반을 다졌다. 뿐만 아니라 동학의 육임제를 통해 조직을 체계화시키는 한편 교세를 확장했다. 이를 기반으로 1893년 동학의 공인운동이라 할 수 있는 교조신원운동, 척양척왜의 기치를 내건 보은 척왜양창의운동에 직접 참가함으로써 반봉건, 반외세의 의식을 고취시켰다. 이러한 의식은 동학농민혁명에 참여하는 결정적인 계기가 되었다.

뿐만 아니라 동학농민혁명을 이끌었던 주요 지도자들은 혁명 이후 동학 조직을 복원하는데 중요한 역할을 담당하였고, 일제강점기 수원지역 민족운동 세력을 형성하는 데 기여하였다.

제4부

동학농민혁명 이후 동향과 인식

14장 동학농민혁명 이후
고창지역 동학농민군의 동향

1. 머리말

1894년에 일어난 동학농민혁명은 한국 근대사에서 차지하는 비중은 매우 크다는 것은 주지의 사실이다. 그렇기 때문에 동학농민혁명과 관련하여 지금까지도 꾸준히 연구의 중심에 있다. 그러한 가운데 고창도 근대사에서 매우 중요한 위치를 차지하고 있다. 무장기포를 통해 동학농민혁명을 크게 확산시켰으며 이후 동학농민혁명의 중심지로서 자리매김을 하고 있다. 근래 들어 동학농민혁명과 고창의 관련성이 집중되어 연구되었을 뿐만 아니라 자료집 또한 발간되는 지역사에 있어서 매우 중요한 역할을 담당하고 있는 것 또한 주지의 사실이다.[1] 이러한 관심과 지원은

---

[1] 고창군은 동학농민혁명 1백주년을 기점으로 그 관련성에 대해 집중적인 연구를 지원하고 있다. 그 결과 1998년 『전라도 고창지역의 동학농민혁명』(신순철 · 이진영 · 원도연 편, 고창문화원)과 『전라도고창지역동학농민혁명 사료집』(이진영 편, 고창문화원)을 각각 발행하였다. 이외에도 고창지역 동학농민혁명사를 집대성하는 한편 해마다 학술대회를 개최하고 있다. 뿐만 아니라 동학농민혁명 유적지를 발굴하고 조사하고, 그 활용방안까지 등 꾸준히 관심을 보이고 있다.

동학농민혁명 과정에서 그만큼 고창지역의 역할이 컸기 때문이라고 할 수 있다.

뿐만 아니라 고창은 동학농민혁명뿐만 아니라 동학농민혁명 이후에도 여전히 반봉건 반외세 투쟁의 중심에 서있었다. 1898년과 1899년 두 차례에 걸쳐 고창의 흥덕에서 이른바 '민요'가 일어났다. 이 민요는 일반적으로 '흥덕농민봉기' 또는 '영학당사건'으로 많이 알려졌다. 영학당은 고부, 흥덕, 고창, 부안, 태인, 정읍, 거선 등 7개 지역을 비롯하여 호남 일부지역에 조직되어 농민들의 자발적 결사체로서 동학농민혁명의 성격을 그대로 계승하였다[2] 이에 따라 흥덕농민봉기[3] 및 영학당[4]에 관해서도 꾸준한 연구가 진행되었다.

한편 동학농민혁명 이후 동학군의 동향은 크게 두 가지로 나누어 볼 수 있다. 하나는 앞서 언급했듯이 동학여당 또한 영학당 등의 이름으로 동학농민혁명을 계승하여 반봉건, 반외세 투쟁을 지속하였고, 다른 하나는 동학농민혁명의 토대가 되었던 동학 조직을 재건하는 것이었다. 이 두 가지 동향을 잘 보여주는 곳이 고창이라 할 수 있다. 동학 조직의 재건은 해월 최시형을 중심으로 꾸준히 진행되었지만 지역에 따라서는 독자적인 활동을 하는 경우도 없지 않았다. 그러나 이들 또한 점차 동학 조직으로 합류하였다. 이에 본고에서는 고창지역을 중심으로 동학농민혁명 이후 고창지역에서 활동하였던 농민군의 동향과 활동을 시기적으

---

2) 신용하, 「한말 영학당 이화삼 등 공초 보고서」, 『한국학보』 35, 일지사, 1984, 255~ 260쪽 참고.

3) 윤길언, 「1898~1899년 흥덕・고창의 농민봉기」, 『전라문화논총』 7, 전북대학교 전라 문화연구소, 1994.

4) 영학당과 관련된 대표적인 연구로는 오세창, 「영학당 연구」, 『계촌민병하교수정년기 념 사학논총』, 간행위원회, 1988; 이영호, 「대한제국시기 영학당운동의 성격」, 『한국 민족운동사연구』 5, 한국민족운동사연구회, 1991; 이영호, 「'농민혁명' 이후 동학농민 의 민족운동」, 『동학농민혁명과 사회변동』, 동학농민혁명기념사업회, 1993 등이 있 다. 이영호의 논문은 『동학과 농민전쟁』(혜안, 2004)에 재수록하고 있다.

로 나누어 살펴보고자 한다.

2. 동학농민혁명과 흥덕농민봉기

1894년 12월 공주 우금치전투 이후 관군과 일본군의 연합군에게 패배
한 이후 동학군은 점차 수세에 몰리는 한편 1895년 들어서면서 서서히
막을 내렸다. 동학농민혁명에 참여하였던 동학군은 자신의 목숨을 구하
기 위해 타향으로 떠나거나 산속, 섬 등 낯선 곳에서 지낼 수밖에 없었
다. 그렇지 않을 경우 고향에 돌아왔지만 동학농민혁명에 참여한 것을
숨기거나 반동학의 입장을 밝혀야 했다. 그러한 가운데서도 일부에서는
여전히 반봉건 반외세의 의지로 사회변혁을 추구하였다.

이와 같은 상황에서 각 지역 동학농민혁명 이후 지역 사정에 따라 수
습책을 마련하였다. 여기서는 1898년과 1899년에 흥덕농민봉기가 전개
되었던 고창 흥덕의 경우를 살펴보고자 한자.

흥덕 역시 동학농민혁명에 참여하였던 동학군 중에는 가족들의 생사
를 모르는 경우가 태반이었고, 인근 지역 감옥에 갇히거나 나주 전투에
참여하였다가 관군에 피체되는 경우도 없지 않았다. 그렇지만 다시 돌아
와 살 수밖에 없는 동학군들은 '反東學' 또는 '初不入東學'을 강력하게 주
장하였다. 이와 같은 상황에서 官에서는 다시 지역에서 살 수 있도록 공
문성급을 해주기도 했지만, 동학에 대한 호감을 불식시키고 이완된 향촌
사회를 바로잡기 위해 동학 때문에 생인 폐습을 바로 잡고자 하였다. 그
러한 가운데서도 동학에 참여한 경중을 가려서 처벌하는 등 강온 양면
책5)을 통해 관 주도로 지역사회질서를 재편하고자 하였다. 한편 동학군

---

5) 강온양면책은 다음과 같다. "낱낱이 적발하여 잡아들이되 그 중에서 가장 행패를 부

을 탄압하였던 유생들은 동학의 뿌리를 뽑아야 한다는 강경한 입장도 있었지만 대체적으로 유화적이었다.[6] 그러나 관이나 유생 측이나 성리학적 신분제의 봉건질서를 유지하고자 하는 데는 일치하였다. 때문에 여전히 사회적 갈등은 존재할 수밖에 없었다. 이 사회적 갈등은 이미 동학농민전쟁에서 반봉건적 투쟁을 하였던 경험을 가진 동학군들에게는 여전히 사회개혁의 대상이었다. 동학농민혁명 이후 관과 유생 측의 봉건적 수습책은 흥덕에서 1898년과 1899년 두 차례 농민봉기를 가져왔다.

먼저 1898년 흥덕농민봉기에 대하여 살펴보자. 고창접주로 동학농민혁명에 참가하였던 洪桂寬[7]은 孫秉奎, 崔益瑞 등과 함께 1896년 8월 상주 고대촌에 머물고 있던 해월 최시형을 찾아가 設包할 것을 건의하였다. 이와 관련하여 『김낙철역사』는 다음과 같이 기록하였다.

> 병신(1896년) 10월에 김인규(金仁奎)가 향수금(享需金, 제사를 지낼 비용)을 가지고 와서 3~4일을 머물고 내려갔다. 그 때에 잠시 화항(火項) 이철우의 집에 가서 동경대전과 용담유사 몇 권을 베껴 쓰고, 며칠 뒤에는 다시 고대(高垈)에 가서 선생님을 뵈었다. 선생님 옆에서 머물렀는데, 하루는 손병규(孫炳奎)·홍계관(洪桂寬)·최익서(崔益瑞) 등 8명이 고대산 아래 물방앗간에 머무르며 9개의 대접(大接)으로 포(包)를 만든다고 하였다. 그래서 선생님께서 분부하시기를, "낙철이 바로 가서 권유하면, 구암을 곧 보낼 터이니 잘 타일러서 함께 내려가라"고 하셨기 때문에 분부를 받들어 내려갔다. 8명과 함께 상

렸던 자는 백성들을 모아 고의에 따라 당장 처단하고, 그 외의 협종자들은 취조하여 보고하며 흩어져 도망한 각 지역의 괴수들은 감칙에 의거하여 거행할 일이다."(「거의록, 115쪽)

6) 정재철, 「동학농민전쟁 이후 흥덕현의 지역사정과 수습책」, 『사총』 55, 역사학연구회, 2002, 155~157쪽.

7) 오지영, 『동학사』, 영창서관, 1938, 113쪽. 홍계관은 1894년 3월 기포 때부터 형 洪樂寬과 함께 동학농민혁명에 참가하였다.

주(尙州) 갈항리(葛項里) 김치순(金致順)의 집에 갔는데, 저물녘에 구암 어른께서 박희인(朴熙寅)의 집으로부터 오셔서 머무르셨다. 구암 어른께서 8명에게 말씀하시기를, "너희들이 두목이 되어 포(包)를 만든다고 하는데, 손화중의 시신은 운구(運柩)를 했는가?"라고 하니, 모두 말없이 대답을 하지 못하고 앉아있었다. 또한 크게 꾸짖어 말씀하시기를, "두목의 시신도 어느 곳에 있는지 모르고 두목이 되겠다고 하니 모두 무례한 얘기들이다. 바로 내려가서 손화중의 시신을 운구하여 매장한다면 천사(天師)가 감응한 덕(德)으로 접(接)안의 일은 자연스럽게 크게 드러날 것이다. 김아무개와 함께 내려가라"고 하시었다. 그래서 바로 함께 내려갔다.[8]

이에 의하면 홍계관 등은 호남일대에 동학농민혁명 당시와 같이 9개의 대접을 만들고자 하였다. 이에 해월 최시형은 홍계관 포의 대접주였던 손화중의 시신도 제대로 수습하지 못한 상황에서 접을 만든다는 것은 도리에 맞지 않는다고 판단하고 이를 거절하였다. 이에 접을 만들지 못한지 못한 홍계관 등은 영학당의 이름을 빌려 설포한 것으로 추정된다.[9]

영학당은 1898년 9월경 李化三이 결성한 것으로 보인다.[10] 이화삼은 본래 충정도 공주 출신으로 신분은 鄕班이었다. 서울로 이사하여 10여년 지내다가 1896년 3월부터 5개월간 김홍집 내각에서 학부 주사를 역임하였다. 주사를 그만둔 이화삼은 1896년 8월 고부군 충훈부 기로소 둔전

---

8) 『김낙철역사』 병신년조. 이에 비해 『천도교창건사』, 『천도교회사초고』에는 "이 때에 설포함이 宿火를 更吹함과 다름이 없으나 한갓 인심을 어지러이 할 뿐이라"하면서 허락하지 않았다.(이돈화, 『천도교창건사』, 천도교중앙종리원, 1933, 제2편 75쪽; 『천도교회사초고』, 포덕 38년조. 『천도교창건사』에는 홍계관이 '洪桂宅'으로 오기되어 있다.)

9) 『全羅南道高敵郡瓸祖亂黨口招同類姓名居住幷錄成册』, 1899.

10) 「英學罪人金泰西取招記」, 『사법품보』 갑, 1899년 1월 11일(음); 「興德郡亂民取招査案」, 1899; 「한말 영학당 이화삼등 공초 보고서」, 『한국학보』 35, 학지사, 1984, 247쪽; 이영호, 「대한제국기 영학당운동의 성격」, 『한국민족운동사연구』 5, 12~13쪽.

監官이 되었으나 세금 횡령으로[11] 고부군에서 4개월간 조사를 받고 훈방되었다. 실직으로 생계가 어려워진 이화삼은 흥덕군 북면에 있는 족인 이지백의 집에서 셋방을 얻어 3년간 지냈다.

1898년 10월 개인적인 일로 상경한 이화삼은 마침 독립협회에서 개최한 만민공동회에 참가하였다. 이때 이화삼은 만민공동회에 참가하여 새롭게 인식한 민회를 고부로 내려와 그대로 활용하고자 하였다. 그리고 그 대안으로 영학당을 조직한 것으로 추정된다.[12] 서울에 다시 올라간 이화삼은 11월 21일 인화문 앞에서 개최한 만민공동회에서는 연설까지 하였다. 이해 12월 12일 흥덕으로 내려온 이화삼은 4,5일 뒤 이웃마을 한 喪家에 조문을 갔다가 이곳에 모인 조문객 즉 농민들로부터 흥덕군수의 탐학에 대한 원성을 들었다.[13] 이때 원성으로 발론한 임용현 흥덕군수의 탐학은 다음과 같다.

> 稅錢之急督嚴杖事
> 雇馬쉼放賣事橐事
> 冒耕쉼放賣事橐事
> 校任訓任吏任數遞捧賂事
> 以稅錢各處貿米事[14]

즉 稅金의 독촉과 미납자의 엄장한 일, 雇馬쉼의 방매와 대금 착복한 일, 冒耕쉼의 방매와 대금 착복한 일, 교임·훈임·吏任을 뇌물을 받고

---

11) 『각사등록 근대편』, 「宮內府去來案文牒」 조회 제95호, 1896년 6월 27일자; 국사편찬위원회 한국사데이터베이스.
12) 영학회의 결성 시기를 1896년 8월경으로 추정하였다. 즉 이화삼이 서울에서 고부로 내려온 1896년 8월에 영학회를 조직하였다고 보았다.(신용하, 「(해제) 한말 영학당 이화삼등 공초 보고서」, 『한국학보』 35, 학지사, 1984, 256쪽)
13) 「興德郡亂民取招査案」.
14) 「興德郡亂民取招査案」.

임명한 일, 세금으로 미곡을 무역한 일 등 임용현의 비리는 탐관오리의 전형이었다.

흥덕군수의 탐학을 들은 이화삼은 "마땅히 백성들의 공의로써 그것을 바르게 고쳐야 한다"는 의견을 제시하였다. 그의 이러한 제안은 만민공동회에서 제기되었던 공의를 그대로 적용한 것이라 할 수 있다. 즉 공의에 따라 모순된 사회를 변혁시키려고 하였던 것이다.

이화삼은 얼마 후 외남당리에 거주하는 宋敏洙를 만나서 군수의 탐학을 징치하기 위한 방안을 협의하였다. 처음에는 합법적 방법인 等狀을 제소하는 것을 제안하였지만 결국 농민들을 모아 관아로 돌입하여 군수를 위협하여 폐해를 바로잡기로 하였다. 일단 송민수와 합의를 본 이화삼은 李進士, 崔周白, 安士有, 徐云益 등을 만나 송민수와 합의한 것에 대해 동의를 구하였고, 이들 역시 모두 동의함에 따라 농민봉기를 계획하였다. 그리고 거사 일을 12월 27일로 정하였다.

12월 27일 밤이 되자 이화삼과 송민수는 흥덕군 북면과 동면에서 각각 농민 3백여 명은 동원[15]하였다. 28일 새벽이 되자 농민들은 흰 두건을 하고 죽창 등으로 무장한 후 접주로 동학농민혁명에 참여한 바 있는 李二先이 선봉대 1백여 명을 이끌고 흥덕관아로 돌입하였다. 농민들은 동헌으로 난입하여 창호를 부수고 군수를 끌어내어 구타하는 한편 서리를 방안에 가두었다. 그리고 官印을 탈취하였다.

날이 밝자 이화삼은 만민공동회를 모방하여 民會를 개최하였다. 이화삼은 세 차례 연설을 하면서 "흥덕군수를 여기에 두고 재판을 하는 것이 옳은가, 흥덕군수를 아예 내쫓아버리고 농민들이 공사의 행정을 하는 것이 옳은가"를 선택하도록 하였다. 대부분의 농민들은 군수를 쫓아내고

---

15) 송민수는 부안 이감영가에서 뒷산에 몰래 장례를 지내므로 이를 저지해야 한다고 하면서 농민들을 동원하였다. 이에 비해 이화삼은 참여하지 않으면 가옥을 파괴하겠다고 협박을 하면서 동원하였다.

농민들이 공사를 하자고 결정하였다. 이에 이화삼은 흥덕군수를 흥덕 경계 밖으로 축출하였다. 그러나 이화삼은 행정을 담당할 의사가 없었으며, 군수를 쫓아낸 것을 후회하였다. 이에 농민들을 설득하여 군수를 다시 불러오기로 하였다. 농민들은 상황이 달라지자 동요하기 시작하였다. 12월 30일 이화삼은 결국 각 면당 10명씩만 남기고 농민들을 귀가시켰다. 이날 저녁 광주부에서 농민들을 진압하기 위해 순검대를 파견하였고, 이호삼과 함께 봉기하였던 각면의 훈임과 향리들이 여기에 동조하여 이화삼 등 주모자들은 체포되었고, 나머지 농민들은 해산 당하였다.[16]

이로써 1898년의 흥덕농민봉기는 마무리되었다. 1898년 흥덕농민봉기는 이화삼 등 주모자가 피체됨에 따라 막을 내렸지만 앞서 언급하였듯이 탐학을 일삼던 흥덕군수에 대한 처벌은 경미하고 이화삼 등에 대한 처벌만 있자 농민들의 불만은 여전하였다. 뿐만 아니라 1899년 봄 흥덕 일대의 균전문제는 농민들의 봉기를 촉발시켰다. 사실 균전문제는 조선 후기 농민항쟁의 주요 원인이었으며, 그 요점은 토지소유권의 귀속문제, 도조 및 결세 수취문제였다. 그럼에도 불구하고 균전문제는 여전히 해결되지 않았다.

여기에 더하여 농민봉기를 수습하는 과정에서 임용현 흥덕군수는 증거가 희박하다고 하여 별다른 조치를 취하지 않았지만 오히려 이화삼 등 농민봉기 주모자들만 재판을 받았다.[17] 이화삼 등은 고창감옥으로 옮겨졌고 박우종은 흥덕감옥에 수감되었다. 1899년 5월 들어 박우종은 석방되었고 농민봉기의 원인을 제공하였던 탐관오리 임용현은 하동군수로 발령이 나는 한편 이화삼은 종신형을 받았다.[18] 이러한 조치는 기존의 봉건질서를 유지하기 위한 방편이기도 하였다.

---

16) 「興德郡亂民取招査案」.
17) 『사법품보』 갑, 1899년 6월 10일 및 7월 25일.
18) 신용하, 「(해제) 한말 영학당 이화삼등 공초 보고서」, 259쪽.

이에 격분한 농민 2백여 명은 1899년 5월 4일 흥덕에서 '湖南共同大會設所'라는 깃발을 들고 재봉기하였다. 그러나 재봉기한 농민들은 고창관아의 순검과 정탐에 밀려 해산하였다.[19] 이들 농민들은 해산 당하였지만 고창감옥에 수감되어 있는 이화삼의 석방을 강력히 요구하였다. 이러한 요구에 호남지역에 활동하던 영학당도 적극 참여하였다.[20]

흥덕지역 농민들과 영학당은 이화삼을 구출하기 위해 5월 27일 밤 다시 봉기하였다. 이들은 고창감옥에 수감되어 있는 이화삼이 광주부로 이송한다는 정보를 입수하고 영학회장 이화삼을 구출하려고 하였던 것이다. 이날 영학당은 4백여 명은 총과 환도 등으로 무장하고 고창관아를 습격하고자 하였으나 경비가 강화되어 일단 고부관아를 습격하였다.[21] 고부관아에서 무기를 탈취한 후 영학당은 자신들의 목적을 알리는 榜文을 게시하였다. 그 내용은 다음과 같다.

> 무릇 우리들이 크게 힘쓰는 것은 모두 보국안민하는데 그 뜻이 있다. 지금 왜적과 서양세력이 한꺼번에 침략하여 우리나라는 예의를 버리고 염치를 손상함이 날로 심하고 달마다 다르고 해마다 같이 않다. 그런 까닭에 그 분함과 억울함을 이기지 모하여 창의하려고 한다. 관에서는 근본적으로 비난하겠지만 백성들의 비방이 우리들을 곤경에 몰아넣으니 어찌 한삼하다고 하지 않겠는가. 이 땅의 민중이 모두 힘을 합하여 왜양을 모두 물리친 이후에 한편으로는 국가를 보위하고 다른 한편으로는 백성을 안정시킬 것을 간절히 바라는 바이다. 속설에 이르기를 백성에게는 하늘이 둘이 없듯이 나라에는 두 왕이 있을 수 없는 것이라 하였으니, 아 우리 백성 대중이 和氣로 함께 하여 원컨대 한 하늘의 자손, 한 왕의 자손이 되었으면 천만다행이다.[22]

---

19) 『사범품보』을, 1899년 6월 11일.
20) 이에 대해서는 이영호, 「대한제국기 영학당운동의 성격」을 참조할 것.
21) 『주한일본공사관기록』 13, 국사편찬위원회,

이 방문은 동학농민혁명 당시 제기하였던 '보국안민'과 '척왜양'을 내세우고 있다. 고부 각처에 방문을 내걸고 농민들의 동참을 호소하였다.

재봉기한 영학당들은 5월 28일 흥덕관아를 습격하였다. 흥덕관아를 지키고 있던 이서들은 모두 고창으로 도망갔다. 영학당은 흥덕관아에서 총 40정을 탈취하여 무장을 강화하였다. 다음날 5월 29일에는 흥덕에서 남쪽으로 10여 떨어져있는 沙浦에서 점심을 먹고 이곳에서 역 5리 정도 떨어져 있는 덕흥리로 이동하여 주둔하였다. 5월 30일 고창관아를 습격하려던 영학당은 방향을 바꾸어 무장관아를 습격하였다.[23] 무장관아에서 무장을 강화한 영학당들은 곧바로 고창관아를 습격하였다.[24] 고창관아를 습격한 영학당은 '보국안민'이라고 쓴 깃발을 내세웠다.[25]

한편 영학당에게 흥덕관아가 습격당하였다는 급보를 들은 고창군수는 5월 28일 광주부에 응원을 요청하는 한편 관내의 군 1백여 명을 모아 영학당의 습격을 방비하였다. 또한 인근 관아에 구병을 요청하기도 하였으며 장성군의 포수 30명을 징병하였다. 그러나 포수 10여 명만 이에 응하였다. 고창군수는 다시 광주부에 응원군을 요청하자 5월 31일 병사 50명을 파견하였다.[26]

이날 삼경 영학당들은 고창관아를 습격하였고 고창관아의 철저히 방비함에 따라 양측은 치열한 전투를 전개할 수밖에 없었다. 그런데 때마침 폭우로 인해 화승총으로 무장한 영학당들은 제대로 싸우지도 못하고

22)「南憂의 眞末」,『황성신문』1988년 6월 22일자. 원문은 다음과 같다.
　　"夫吾儕之大務都在於輔國安民意也. 于今倭洋竝侵我國棄禮義損廉恥日甚 可謂月異而歲不同者也. 故不勝其憤鬱欲爲唱義 官則心非民則巷議歸吾儕於不然之地 是豈可不爲寒心者哉. 普士衆民一切同力竝滅 然後一以補國家一以安民切望而俗懂諺云. 民無二天 國無二王 嗟我衆民同和氣 願爲一天子孫之地千萬幸甚"
23)『주한일본공사관기록』14, 국사편찬위원회,
24)『사법품보』을, 1899년 6월 11일.
25)「비도모양」,『독립신문』1899년 6월 19일자.
26)「興德郡亂民取招査案」.

고부군 유산장, 송죽전으로 후퇴하였다. 이 과정에서 영학당 30여 명이 포살 당하였고 6명이 생포되었다. 한편 광주부에서 파견된 병사 50명은 6월 1일 고창에 도착하였다.[27] 이날 영학당 2백여 명은 광주부 관병과 교전하였으나 파하고 영광 방면으로 후퇴하였다.[28] 이어 6월 7일에도 고창에서 영학당은 관군이 교전하였지만, 영학당 6명이 포살되고 총 45정을 빼앗기고 고부와 정읍 방향으로 후퇴하였다.[29] 이로써 1899년의 흥덕농민봉기는 사실상 막을 내렸다.

이상으로 1898년과 1899년에 전개되었던 흥덕농민봉기를 살펴보았다. 이 두 차례의 농민봉기를 이끌었던 인물들은 '東學舊黨', '甲午東匪之漏網者', '甲午東學餘黨', '甲午漏網之匪類', '甲午漏匪'라고 하였듯이 동학농민혁명에 참여하였던 이들이었다. 또한 이들은 신문과정에서 "겉으로는 영학을 칭하지만 내실은 전일의 동학"[30]이라고 밝히고 있는 것으로 보아 동학농민군 출신이라고 할 수 있다. 실제적으로 1899년 흥덕농민봉기의 주모자는 정읍 출신의 崔益瑞, 태인 출신의 金文行, 고부 출신의 鄭益瑞였다.[31]

그리고 앞서 전개되었던 1898년 흥덕농민봉기의 이이선, 홍낙관, 홍계관 역시 동학농민혁명에 참여하였던 인물들이었다.

뿐만 아니라 고부관아를 점령하고 내붙인 영학당 방문에서도 동학농민혁명의 기치였던 '보국안민'과 '척왜양'을 그대로 표방하고 있다. 이러한 점에서 1898년과 1899년 흥덕농민봉기를 주도한 영학당은 동학의 새로운 조직이라고 할 수 있다. 그런 점에서 흥덕농민봉기는 동학농민혁명의 연장선으로 이해할 수 있다고 보인다.

---

27) 「南擾의 眞末」, 『황성신문』 1988년 6월 22일자.

28) 『주한일본공사관기록』 14, 국사편찬위원회,

29) 「전후이보」, 『황성신문』 1988년 6월 8일자.

30) 『사법품보』 갑, 1899년 7월 15일, 「匪類罪人供招記」.

31) 「南擾의 眞末(續)」, 『황성신문』 1988년 6월 23일자.

3. 동학농민혁명 이후 동학군의 동향

　앞서 살펴보았듯이 고창지역에서 동학농민혁명에 참여하였던 동학군들은 동학농민혁명이 막을 내린 지 4년 후인 1898년과 1899년 두 차례에 걸쳐 흥덕에서 농민봉기를 전개하였다. 이 두 차례의 농민봉기에는 고창지역의 동학군뿐만 아니라 인근 지역인 정읍, 고부, 부안 등지에서도 적극 참여하였다. 그러나

　동학농민혁명이 전개되는 과정에서 고창지역 출신들은 각 기록마다 차이는 있지만 이를 정리해보면 〈표 1〉과 같다.

〈표 1〉 동학농민혁명 당시 고창 출신 참여 인물[32]

문헌	무장	고창	흥덕
동학사	강경중 오지영 고영숙 송경찬 송문수 송진호 장두일 정백현 곽창욱	오시영 임형노 임천서 오하영 홍낙관 홍계관 이증산(이봉우) 강성지 손여옥	고영숙
선무선봉진등록	송문수 오응문	유공선	
양호우선봉일기	추윤문 김광오 김문의 박용삼 문만조 김영운 송진팔 윤상은 송군화 최문학 김자일 김영심 김응백 김재영 고순책 임천서 김순경 김영래 김일중 이부겸 송영석 문연규 강기수 최슐철 오양산 이남석	홍낙관 김치삼 남사규 성두팔 황정오 황찬국	서상옥 정무경 고태국 고성천 이청용 김도순 이희풍 이백오 장여중 이장술 김치오 신득용

---

32) 〈표 1〉은 이진영, 「고창지역 동학농민혁명의 문헌자료와 농민군 지도자」, 『전라도 고창지역의 동학농민혁명』, 고창문화원, 1988을 참조하여 작성하였다.

	선부길 김성청 강판성 김덕녀 이군서 김계룡 조경순 장두일		
선봉진 상순무사서	송문수		
동학관련 판결선고서	고순택	홍낙관	
해월신사	송문수 강경중 정백현 송경찬 송진호 장두일	오하영 오시영 임천서 임형노	고영숙
동학도종역사	송문수		
천도교교회사 초고	송문수 강경중 정백현 송경찬 송진호	오하영 오시영 임천서 임형노 홍계관	
첩정	홍낙관 홍맹철 홍응관 홍계관 홍한섭		
천도교창건사	송문수 강경중 정백현	오하영 오시영 임천서	
주한일본공사관 기록	이춘경 이동술 서재성		
중앙일보	김홍섭 김칠성		

〈표 1〉은 동학농민혁명 당시 현재의 고창군에서 활동하였던 주요 인물이었다.[33] 이들 중 일부는 동학농민혁명 당시 희생되었지만 일부는 생존하여 후일을 도모하였다. 이들을 희생자와 생존자로 구분하면 〈표 2〉와 같다.

---

33) 그런데 〈표 1〉에서 확인된 인물은 대부분 접주 이상의 직책을 가졌던 것으로 보인다. 그렇지만 동학농민혁명에 참여하였던 일반 동학군이 더 많았음을 유념해야 한다. 다만 이들은 이름도 남기지 못하였기 때문에 분석의 대상에서 제외하였다. 다만 『천도교회월보』를 통해서 확인된 경우는 포함시켜 살펴보고자 한다.

<표 2> 동학농민혁명에 참여하였던 참여자의 생사 구분34)

희생자	생존자
고순택 김병운 송문수 장두일 추윤문 김영심 송경창 김순경 임천서 김영래 강기수 최순칠 이군서 조경순 송군화 최문학 김자일 문연규 김성청 김덕녀 강판성 김응백 이남석 선부길 오양신 윤상은 송진팔 김재한 김일중 이부겸 송영석 황화성 문덕중 임천서 성두팔 황정오 황찬국 김수병 김양두 고영숙 고성천 고태국 김도순 서상옥 정무경 이청용 이희풍 서상은 강윤언 신준식 김태운 곽경순	곽창욱 강경중 박경석 송경찬 송진호 양상집 오응문 김광오 김문의 박용삼 문만조 배환정 최경칠 김유복 신정옥 김흥섭 정백현 강성지 오시영 오하영 유공선 이봉우 이춘경 이동술 서재성 임형노 홍낙관 홍계관 최중서 김치삼 남사규 이백오 장여중 이장술 김치오 신득용 김칠성

그런데 〈표 2〉에서 생존자 중 동학농민혁명 이후 생사가 불분명하기 때문에 활동 역시 불분명한 경우가 대부분이다. 이들 중 이후 활동이 확인되는 인물은 극소수에 불과하다. 이는 동학농민혁명에 참여하였지만 생존을 위해 '반동학'을 적극 내세워 동학과 단절하거나 아예 다른 지역으로 이주하거나 은신하여 생활하였기 때문이다. 특히 흥덕의 경우에는 동학농민혁명에 참여하였던 동학군들은 이후 '不入東學公文成給'이나 '反道公文成給'을 요구할 정도로 동학과 절연하였다.35) 더욱이 수성군의 동학에 대한 탄압 또한 극심하였다. 이처럼 생존의 문제가 경각에 달려있는 상황에서 많은 동학군의 선택은 동학을 버리는 것이었다. 그럼에도 불구하고 일부에서는 여전히 동학을 하는 경우도 없지 않았다. 여기서는 〈표 2〉의 생존자를 포함하여 확인 가능한 인물을 살펴보고자 한다.

먼저 반동학에 참여하였던 인물부터 살펴보자 반동학에 참여한 인물은 姜成之와 李鳳宇가 대표적이라 할 수 있다. 강성지는 "고창의 일개 토

---

34) 〈표 1〉 외의 인물은 이진영, 「고창지역 동학농민혁명의 문헌자료와 농민군 지도자」, 『전라도 고창지역의 동학농민혁명』를 참조하였음.

35) 『民狀治成册』 을미 1월 19일; 정재철, 「동학농민전쟁 이후 흥덕현의 지역사정과 수습책」, 152쪽.

호로서 갑오년 봄에 그의 생명을 구활하기 위해 동학에 입도하여 접주의 임과 직강의 직에 있으면서 동학의 세력을 많이 부리던 자이다. 내종 동학당이 패함을 보고 다시 수성장이 되어 동학당을 무수히 잡아 죽인 자"[36]라고 하였다. 강성지는 고창지여의 토호였지만 동학농민혁명이 일어나자 자신의 목숨을 구하기 위해 일단 동학에 투신하였지만 동학농민혁명이 실패로 끝나자 동학을 배반하고 수성장이 되어 동학군 탄압과 학살에 앞장섰던 것이다. 그는 1899년 흥덕농민봉기 당시에도 흥덕현감 정윤영과 함께 맹약을 만들어 수성 활동을 하였다. 강성지는 1905년까지 생존하였다.[37] 이봉우는 "원래 서울에 있던 자로 갑오년 봄에 고창읍으로 들어와 손화중의 부하가 되었던 자이다. 갑오년 겨울에 이르러 의군의 패함을 보고 관병에게 부화하여 그 두령 손화중을 잡아주고 증산군수를 얻은 자이다"[38]

鄭伯賢은 공음 출신으로 백산대회에서 동도대장 전봉준의 비서로 활동하였으며, 동학농민혁명 이후에는 무장 일대를 전전하며 몸을 숨기다가 1895년 서울로 도피하였다가 1897년 낙향하여 지내다가 1920년까지 생존하였다.[39] 그런데 그의 호가 '眞菴'이었던 것으로 보아 천도교에서 활동한 것으로 추정된다. 吳河泳은 무장 덕림리 출생으로 1881년 고창읍 고촌으로 이주하였다. 『동학사』를 저술한 吳知泳과 형제지간이다. 오하영은 백산대회 등 동학농민혁명에 참가하였으며 1906년 천도교익산교구 설립 이후 교구장,[40] 강도원[41] 등으로 활동한 바 있다. 오하영은 동학농

---

36) 오지영, 『동학사』, 167쪽.

37) 이진영, 「고창지역 동학농민혁명의 문헌자료와 농민군 지도자」, 59쪽.

38) 이진영, 「고창지역 동학농민혁명의 문헌자료와 농민군 지도0 764231Z 0자」, 61쪽.

39) 이진영, 「고창지역 동학농민혁명의 문헌자료와 농민군 지도자」, 57쪽.

40) 『천도교회월보』 33, 1913.4, 40쪽 및 정용근, 「익산대교구 창건기」, 『천도교회월보』 74, 1926.9, 언문부 24쪽.

41) 『천도교회월보』 39, 1913.10, 32쪽; 『천도교회월보』 51, 1914.10, 38쪽; 『천도교회월

민혁명 당시에는 고창에서 활동하였지만 동학농민혁명 이후에는 익산으로 이거하여 익산교구를 설립하는 한편 교역자로서 활동하였다.

金興燮은 무장 공음면 출신으로 의이 부친 金聲七 역시 동학농민혁명에 참여하였다. 김흥섭과 관련하여 「중앙일보」 취재한 내용을 보면 다음과 같다.

> 김흥섭의 부친 김성칠은 1893년 12월 전봉준 손화중 정백현과 함께 송문수의 집에서 기포에 관한 모의를 벌였다. 94년 2월에는 공음면 신촌리 자신의 집에서 저농준 외에 김개남 서인주 김덕명 임천서 강경중 고영숙 등이 더 참여한 가운데 기포를 t체화하여?쓰고, 3월 21일 기포에서부터 9월 재기포까지 출진했다. 김성칠의 아들 김흥섭은 기포한 직후부터 전주화약까지 전봉준의 진중 수행원 역할을 수행했다. 그는 농민혁명이 좌절된 이후에는 부안 변산으로 도피했고 이후 고향으로 돌아와 서당을 열어 생계를 이어갔다.[42]

김흥섭은 아버지와 함께 동학농민혁명에 참가하였다가 부안 변산에서 은신생활을 하다가 고향으로 돌아와 서당 교사로 생계를 이어갔다. 그리고 김흥섭의 손자 김공석의 증언에 의하면 "증조부와 조부께서 천도교를 하셨고 책이나 문서도 많았는데 다 없앴다"[43]라고 한 바 있다. 또 손자 김일모 역시 증언을 한 바 있는데 그 내용은 다음과 같다.

> 두 분 모두 천도교하셨는데, 임종시 내게 부탁 말씀이 '꼭 그 교를 잇거라'했다. 그럴려고 했는데 못했다. 당신 묘자리 축을 쓸 때 본인이 宗法師라 쓰셨다. 축문이 내게 있다. 무장면 율곡리 율곡의 윤 모

보」 62, 1915.9, 45쪽.

42) 「김흥섭의 회고」, 『중앙일보』 1965년 11월 5일자.

43) 이진영, 「고창지역 동학농민혁명의 문헌자료와 농민군 지도자」, 54쪽.

씨가 천도교 무장면 책임자였는데, 조부를 자줘 찾아왔었다. 동생 집
에 교지도 있었다. 조부님은 '시천주 조화정 영세불망 만사지'를 항상
외웠다.[44]

김일모의 증언에 따르면 두 분 즉 김칠성과 김흥섭은 천도교를 신앙
하였으며 자신에게도 천도교를 이어가라고 하였다. 그리고 항상 동학 즉
천도교의 주문인 '시천주 조화정 영세불망 만사지'를 하였다면 일생을 동
학과 천도교인으로서의 삶을 살았다고 할 수 있다. 그런데 "大禮師 라는
큰 글씨가 쓰여 있는 책이 한 권 있다"라고 한 것으로 보아 한때 시천교
에서도 활동한 것으로 추정된다.

菊寅暎은 흥덕 출신으로 1893년 무장기포 때부터 동학농민혁명에 참
여하였으며, 동학농민혁명 이후 부안 내변산 깊은 곳에서 은신 생활하였
다. 일제강점기에도 유랑생활을 하다가 해방 이후 귀향하여 1961년까지
생존하였다.[45] 金箕學은 고창 출신으로 무장기포부터 동학농민혁명에
참가하였다. 동학농민혁명 이후에는 나주 외가에서 은신생활을 하였으
며 1920년대는 보천교에서 활동하였다고 전한다.[46] 金正文은 무장 출신
으로 무장기포부터 참가하여 우금치전투에서 패전한 후에는 사돈가에
의탁하기도 하였다. 일제강점 이후 고향으로 돌아와 평범한 생활을 하였
다.[47] 朴興化는 흥덕 출신으로 무장기포 때 참가하여 황토현전투, 황룡
촌전투 등에 참가한 바 있다. 동학농민혁명 이후에는 부안 내변산으로
잠적 은산생활을 하다가 1904년에 병사하였다.[48] 徐源國은 고창 출신으
로 동학농민혁명 당시 전봉준위 친위부대로 활동하였으며, 동학농민혁

44) 이진영, 「고창지역 동학농민혁명의 문헌자료와 농민군 지도자」, 54쪽.
45) 『고창지역 동학농민혁명사』, 고창동학농민혁명기념사업회, 2001, 100쪽.
46) 『고창지역 동학농민혁명사』, 고창동학농민혁명기념사업회, 2001, 101쪽.
47) 『고창지역 동학농민혁명사』, 고창동학농민혁명기념사업회, 2001, 104쪽.
48) 『고창지역 동학농민혁명사』, 고창동학농민혁명기념사업회, 2001, 108쪽.

명 이후에는 외가인 정읍으로 한 때 생활하였다. 일제강점 이후 고향으로 돌아와 여생을 마쳤다.[49]

宋秉郁은 무장 출신으로 무장기포 이후 동학농민혁명에 투신하였고 패전 이후에는 서울로 올라가 동학 진흥책을 꾀하고자 진보회에 참여하였다. 그러나 진보회가 다시 탄압을 받자 만주로 건너가 유랑생활을 하다가 병을 얻은 후 귀향하여 1941년까지 생존하였다.[50] 嚴大永은 고창 출신으로 고창접주로 동학농민혁명에 참가하였으며, 이후 1904년 동학 교단에서 흑의단발한 문명개화운동인 진보회운동에 참가하였다.[51] 李成天은 고부 출신으로 동학농민혁명 때는 고창지역에서 활동하였으나 동학농민혁명 이후 자진 전향하였고 1909년 흥덕 사포에 있는 측량학교를 수료하였다.[52]

李栽憲은 고창 출신으로 무장기포 때 장인과 함께 참여하였으며 구사일생으로 귀향하여 부흥산 골짜기에 있는 영재재제에서 후학을 양성하다가 해방 직전 생을 마감하였다.[53] 鄭鍾赫은 흥덕 출신으로 고부기포 당시 사발통문에 서명한 바 있으며 동학농민혁명 이후에는 마을에서 사당 훈장으로 후진을 양성하다가 해방 이후 여생을 마쳤다.[54] 鄭在燦은 무장 출신으로 손화중을 도와 동학농민혁명에 참여하였으며, 훗날 역적으로 몰리게 되자 전국을 유랑하다가 1920년까지 생존하였다.[55] 崔景七은 무장 출신으로 송문수와 함께 동학농민혁명에 참가하였으며, 동학농민혁명 이후 수년간 호를 파고 생활을 하는 등 피신생활을 하였다.[56]

---

49) 『고창지역 동학농민혁명사』, 고창동학농민혁명기념사업회, 2001, 109~110쪽.
50) 『고창지역 동학농민혁명사』, 고창동학농민혁명기념사업회, 2001, 111쪽.
51) 『고창지역 동학농민혁명사』, 고창동학농민혁명기념사업회, 2001, 113쪽.
52) 『고창지역 동학농민혁명사』, 고창동학농민혁명기념사업회, 2001, 119~120쪽.
53) 『고창지역 동학농민혁명사』, 고창동학농민혁명기념사업회, 2001, 121쪽.
54) 『고창지역 동학농민혁명사』, 고창동학농민혁명기념사업회, 2001, 130~131쪽.
55) 『고창지역 동학농민혁명사』, 고창동학농민혁명기념사업회, 2001, 130쪽.

한편 『동학사』를 저술한 吳知泳은 익산 출신으로 알려져 있으나 무장 출신으로 오시영, 오하영과 함께 동학농민혁명에 참가하였다. 오지영은 무장에서 출생하였으나 1892년경 익산으로 이거하였다.[57] 이런 측면에서 고창지역 동학농민군이 동향과 약간 거리감이 없지 않지만 고창지역에서 활동한 오시영, 오하영과 관련성을 본다면 고창지역에 포함하여도 무방할 것으로 본다.

오지영은 동학농민혁명 이후 관의 지목으로 두문불출하였으나 1896년 장경화와 함께 동학교단과 연결이 되어 다시 '頭領'으로서 동학에 깊이 관여하였다. 1900년 손병희 문하에서 호남지역 연원을 복원할 때 함께 하였다.[58] 이때 잠시 동안 함경북도관찰부 주사를 역임하기도 하였다.[59] 이후 오지영은 익산으로 돌아와 천도교 교역자로서의 활동에 주력하였다. 1908년에는 천도교 익산교구장, 1909년에는 천도교중앙총부 이문관 서계원을 거쳐 1911년에는 전제관장으로 중요 요직을 맡았다. 이 시기 오지영은 천도교 외에도 호남학회에도 참가하기도 하였다. 이후 천도교에서 활동하던 그는 1920년대 중반 천도교와 별립하여 천도교연합회를 설립하는 한편 만주로 이주하기도 하였다. 해방 이후에는 다시 천도교연합회의 주요한 교역자로 활동하였다.[60]

이밖에 오지영이 1915년 천도교 무장교구를 순회하였을 때 '갑오 이전 교인' 즉 동학농민혁명 이전에 입교하여 동학농민혁명에 참가하였던 교인들을 설유하였는데, 확인된 교인이 金斗平, 金重權, 金昌甲, 金尙文, 曹秉夏, 裵相三 등이 있다.[61] 오지영은 동학농민혁명 때 희생된 송경찬의

---

56) 『고창지역 동학농민혁명사』, 고창동학농민혁명기념사업회, 2001, 132쪽.
57) 노영필, 『『동학사』와 집강소 연구』, 국학자료원, 2001, 18쪽.
58) 「익산종원연혁」, 『천도교회월보』 189, 1926.10, 32쪽.
59) 『구한국관보』 10권, 아세아문화사, 1973, 426쪽; 노영필, 『『동학사』와 집강소 연구』, 22쪽 재인용.
60) 노영필, 『『동학사』와 집강소 연구』, 23~32쪽.

집을 방문하기도 하였다. 또 『천도교회월보』 「환원」란에 의하면 洪明均은 홍덕 출신으로 1833년 동학에 입도하여 동학농민혁명에 참여하였으며, 고창교구 전교사로 활동하였다.[62]

이로 볼 때 동학농민혁명에 참가하였던 인물 중에서 천도교 무장교구과 고창교구 등에서 활동하는 경우가 적지 않았음을 알 수 있다.

이상으로 동학농민혁명 전개과정에서 고창지역에서 활동하였던 인물들의 동향을 살펴보았다. 이들을 활동에 따라 크게 세 가지로 구분할 수 있지 않을까 한다. 첫째는 동학과 절연한 경우이다. 동학농민혁명에서 살아남은 동학군은 앞에서도 언급하였지만 생존의 문제에서 동학과 절연하는 경우가 많았다. 그리고 이들은 대부분 고향에 정착하기보다는 타향으로 이주하거나 유랑을 하면서 생활하였다. 국인영을 비롯하여 박홍화, 서원국 등이 여기에 속한다고 할 수 있다. 또한 고향에 정착하여 후진을 양성하는 경우도 있었는데, 정종혁, 이재헌이 여기에 속한다고 할 수 있다.

둘째는 진보회 등 동학 및 천도교 교단과 연계를 가지고 활동한 경우이다. 이들은 숫자상으로는 많지 않지만 동학의 신념을 유지하면서 어느 정도 동학에 대한 탄압이 진정되자 교단과 관계를 맺었다. 1904년 동학 교단이 흑의단발의 문명개화운동 즉 진보회를 조직하고 목숨과 다름없는 머리카락을 잘랐다. 그리고 1906년 천도교중앙총부 설립 이후 각 지역에 지방조직인 교구가 조직되자 여기에 적극 동참하여 교역자로서 활동을 하였다. 여기에는 오하영, 김흥섭, 오지영 등이 대표적이라 할 수 있다.

셋째는 반동학으로 동학군 토벌에 참여한 경우이다. 이들은 지역 토호

---

61) 오지영, 「남주교황일반」, 『천도교회월보』 61, 1915.9, 39쪽.
62) 「환원일속」, 『천도교회월보』 158, 1923.11, 54쪽.

들이었지만 동학농민혁명이 일어나자 자신을 보호하기 위해 동학에 투신하였지만 동학농민혁명이 막을 내리자 오히려 동학군을 탄압하는데 앞장섰다. 이들은 누구보다도 동학 조직을 잘 날고 있었기 때문에 동학군을 토벌하는 적지 않은 공을 세웠고 때에 따라서는 관직을 받기도 하였다. 여기에는 강성지와 이봉우가 대표적이라 할 수 있다.

이외에도 동학농민혁명에 참가하였지만 동학 및 천도교보다는 보천교라는 새로운 종교에서 활동하는 사례도 없지 않았다. 이를 정리하면 〈표 3〉과 같다.

〈표 3〉 동학농민혁명 이후 동학농민군의 동향 분류

동학과 절연	동학 및 천도교 활동	반동학	기타
정백현 국인영 박종화 서원국 이재헌 정종혁 최칠성 김정문 정재찬	오하영 김흥섭 송병욱 엄대영 오지영 김두평 김중권 김창갑 김상문 조병하 배상삼 홍명균	강성지 이봉우 이성천	김기학

이처럼 고창지역의 경우 동학농민혁명 이후 동학군의 동향은 다양하게 나타나고 있음을 알 수 있다. 〈표 3〉에 의하면 동학농민혁명 이후 동학의 종교적 신념에 따라 이를 유지한 경우가 가장 많으며, 다음으로 동학과 관계를 모두 끊고 일생생활로 돌아간 경우가 뒤따르고 있다.

4. 맺음말

이상으로 동학농민혁명 이후 고창지역 동학농민군의 동향을 살펴보았다. 이를 정리하면서 맺음말을 대신하고자 한다.

동학농민혁명 이후 고창지역의 동학농민군 동향은 무엇보다도 1898년 과 1899년의 농민봉기라고 할 수 있다. 먼저 전개과정을 정리하면 다음 과 같다.

1898년 흥덕농민봉기는 흥덕군수의 탐학이 원인이었다. 농민봉기의 주도인물인 이화삼은 원래 공주 출신이었지만 서울에서 관직 생활을 거 친 후 고부로 내려왔다. 고부에서 충훈부 기로소 둔전을 감독하였지만 세금 횡령으로 실직, 흥덕으로 이주하여 곤궁한 생활을 하기도 하였다. 1898년 10월경 상경하여 만민공동회에 참석하고 내려와 영학당(영학회) 라는 비밀결사를 조직하였다. 다시 상경한 이화삼은 만민공동회에서 연 설까지 하였다.

흥덕군수의 비리를 들은 이화삼은 농민들을 동원하여 흥덕관아를 습 격하고 관인을 빼앗고 군수를 내쫓았다. 그러나 막상 군수를 내쫓았지만 공백된 행정을 담당할 생각은 없었다. 흥덕군수를 다시 불러들이기로 함 에 따라 농민들의 세력은 약화되었고 결국 관에 의해 이화삼 등 주동자 는 피체되었고 농민들은 해산하고 말았다.

1898년 농민봉기가 끝난 후 수습하는 과정에서 탐관 흥덕군수는 전혀 처벌을 받지 않았지만 이화삼 등은 감옥에 수감되었다. 여기에 균전문제 까지 겹쳐 농민들의 불만은 점차 심화되었다. 이화삼이 고창감옥에서 광 주감옥으로 이감한다는 소식을 들은 농민들은 이화삼을 구출하기 위해 재봉기하였다. 여기에 호남 일대까지 조직을 확대한 영학당도 동참하였 다. 동학농민혁명과 마찬가지로 고부 말목장터에서 기포한 영학당은 고 부관아를 습격하여 무장을 강화한 후 흥덕과 무장을 거쳐 고창관아를 습 격하였다. 그러나 사전에 충실히 방비한 고창관아는 영학당과 치열한 전 투를 전개하였지만 때마침 몰아친 폭우로 영학당은 패퇴하고 말았다. 더 욱이 광주부에서 파견된 관병까지 도착함에 따라 고창에서 패한 영학당 은 고부와 정읍으로 물러났다. 이로써 두 차례의 흥덕농민봉기는 막을 내렸다.

홍덕농민봉기의 주도인물과 세력은 1차 농민봉기와 2차 농민봉기 약간의 차이를 보이고 있다. 전체적으로 볼 때 영학당과 밀접한 관련이 있지만 1차 봉기는 홍덕 농민들이 주체였다. 이에 비해 2차 농민봉기는 호남 일대의 영학당이 주도하였다고 할 수 있다. 그리고 이들 주도세력은 '동학여당', '동학구당', 나아가 겉으로는 영학이지만 실제적으로는 동학이라고 하여 동학세력임을 밝히고 있다. 뿐만 아니라 영학당은 '보국안민', '척왜양'의 기치를 내세웠다. 이로 볼 때 홍덕농민봉기를 주도한 영학당은 동학의 새로운 조직이며, 홍덕농민봉기는 동학농민혁명의 연장이라고 할 수 있다.

한편 동학농민혁명 이후 고창지역 동학농민군의 동향은 다양한 유형으로 나타나고 있다. 첫째는 동학과의 절연이었다. 동학농민혁명에 참여하였던 고창지역 동학군은 관군과 일본군에 의해 적지 않은 희생자를 내었고, 생존자는 생존의 문제로 동학과 절연하는 사례가 적지 않았다. 이들은 대부분 부안 변산에서 은신생활을 하다가 고향으로 돌아온 후 동학과 절연하고 유랑생할로 보냈다. 그러나 일부에서는 고향에서 후학을 양성하는 사례도 없지 않았다. 둘째는 동학을 계속 신앙하였다. 이들은 잠시 은신생활을 하였지만 동학에 대한 탄압이 수그러들자 다시 동학교문과 연결되었고 1904년 진보회운동에 참여하였다. 1905년 천도교로 전환된 후에는 고창교구, 무장교구, 익산교구 등 지역교구에서 교역자로 활동하였다. 셋째는 반동학이었다. 이들은 지역의 토호였지만 동학농민혁명 때는 동학에 투탁하였다가 혁명이 끝난 후 반동학으로 돌아섰다. 나아가 이들은 동학군을 색출 탄압하는데 앞장서는가 하면 관직을 부여받기도 하였다. 그 외에도 보천교라는 새로운 종교에 의탁하는 경우도 없지 않았다.

15장 전북지역 동학과 천도교의 민족운동

1. 머리말

전북은 호남의 관문으로 동학과 매우 밀접한 관계를 가지고 있다. 동학을 창명한 수운 최제우는 1861년 6월 포교를 한 후 교세가 크게 확장되었다. 이에 조선 정부에서는 동학을 이단으로 탄압하였고, 수운 최제우는 경주를 떠나 호남지방으로 피신하여 남원에 이르렀다. 이는 영남지역에서 호남지역으로 동학이 포교되는 첫 시점이라 할 수 있다. 그 첫 포교지가 전북지역이었다. 이후 전북지역은 동학의 중심지로 부각되었으며, 동학농민혁명의 진원지로써 그 역할을 다하였다.

동학농민혁명 이후 동학은 한동안 쇠퇴하였지만 1904년 갑진개화운동을 계기로 교세를 다시 확장하는 한편 근대문명운동을 전개하였다. 뿐만 아니나 동학은 1905년 12월 1일 천도교로 근대적 종교의 틀을 마련하면서 전북지역에도 敎區 즉 지방조직을 구축하는 한편 3·1운동 등 민족운동의 중심에 섰다. 그럼에도 불구하고 전북지역의 동학과 천도교에 관한

연구는 사실상 전무할 정도였다.[1]

1894년 동학농민혁명 당시 전북지역은 고부기포를 비롯하여 무장기포, 백산대회 등 초기 동학농민혁명의 주무대였다. 특히 고부기포는 동학농민혁명의 첫 기포지로써 반봉건 반외세의 깃발을 높이 들었다. 이어 무장기포와 백산대회를 거치면서 동학군은 '혁명군'으로서 위상을 갖추는 한편 황토현 전투에서 관군을 격파하고 대승을 거둠으로써 동학농민혁명은 새로운 전기를 맞았다. 이후 승승장구한 동학농민혁명군은 장성, 영광 등 전남지역을 거쳐 전북지역의 수부라고 할 수 있는 전주성을 점령하였다. 정부와 전주화약을 맺은 동학농민혁명군은 전북지역에 집강소를 설치하고 민정을 단행하면서 패정을 개혁해 나갔다. 청일전쟁에서 승리한 일본군은 경복궁을 점령하는 등 조선침략을 노골화하자 호남지역 동학군은 전북 삼례에서 다시 기포하였다. 이후 동학농민혁명군은 논산에서 호서지역과 경기지역 동학군과 연합전선을 형성하고 공주를 점령하고자 하였지만 우금치전투에서 일본군과 관군의 연합군에 의해 패하고 말았다.

동학농민혁명 이후 고향을 등지고 피신과 은신 등으로 생활하던 동학교도들은 1890년대 후반 들어 동학에 대한 탄압이 수그러들자 고향으로 돌아와 비밀리에 동학조직을 재건하였다. 1904년 '흑의단발'이라는 문명개화운동을 전개한 동학은 1905년 12월 1일 천도교로 대고천하를 한 후 근대적 종교로 탈바꿈하였다. 특히 1905년 전개한 동학의 근대개화운동은 전북지역이 그 중심적 역할을 하였다.

1906년 2월 천도교중앙총부가 설치된 후 각 지역에는 지방조직으로서 교구를 설립하였는데, 전북지역도 전주교구를 비롯하여 각지에 지방교

---

1) 국사편찬위원회 한국사휘보에서 전북지역 동학과 천도교에 관한 연구는 1건도 검색이 되지 않고 있다. 이에 대해서는 좀 더 고찰해볼 필요가 있지 않을까 한다.

구가 설립되었다. 이들 천도교 지방조직은 3·1운동 당시 지방에서 만세운동을 주도하였고, 전북지역도 예외가 아니었다. 이에 본고에서는 전북지역의 동학과 동학농민혁명을 간략히 정리한 후 전북지역의 천도교와이를 토대로 전개한 3·1운동을 살펴보고자 한다. 다만 전북지역이 너무광범위한 영역이라 누락된 것은 추후 논문을 보완할 때 종합적으로 검토할 것을 밝혀드리고자 한다.

2. 전북지역의 동학 조직과 동학농민혁명

아시다시피 동학은 1860년 4월 5일 창명되었지만 포교는 1년 후인1861년 6월 이후였다. 경주를 중심으로 동학에 입도하는 자가 날로 늘어나고 "원근 사방에 풍문이 날로 퍼지니 도고일척에 마고 일장이라"할 정도로 교세가 확장되었다. 동학의 교세가 크게 확장되자 조선 정부는 성리학의 통치이념에 반한다고 하여 이단으로 취급하면서 동학을 탄압하기 시작하였다. 이에 수운 최제우는 "내 스스로 피함으로써 시운에 순응하리라"하고 남쪽으로 방향을 정한 후 낙동강 웅천, 의성, 성주를 거처전북지역의 남원에 이르렀다. 이로부터 전북지역뿐만 아니라 호남일대에 동학이 포교되기 시작하였다. 남원에서 과세를 한 수운 최제우는1862년 3월 경주로 돌아갔다.[2]

그런데 「천도교전주종리원」에 의하면 남원에 머물던 수운 최제우는전주에 들려 "物態風俗을 周覽하신 후 布德을 爲始하시다"[3]라고 하여 전주를 둘러 본 후 포교를 하였다고 밝히고 있다. 이는 수운 최제우가 남

---

2) 이돈화, 『천도교창건사』 제1편, 천도교중앙종리원, 1937, 28~32쪽.
3) 「천도교전주종리원」, 『천도교회월보』 168, 1924.9, 30쪽.

원에만 머물렀던 것이 아니라 당시 호남의 수부라고 할 수 있는 전주를 비롯하여 전북일대에 포교를 하였음을 알 수 있다. 당시 동학의 포교는 어느 정도 이루어졌는지 알 수 없지만 이는 훗날 전북지역이 동학농민혁명의 중심지로서 역할을 하는데 그 기반을 마련하였다.

이후 동학 교단적 차원에서 전북일대에 본격적인 포교가 된 것은 1884년경이었다. 이해 10월 동학의 최고책임자인 해월 최시형은 전북의 익산 사자암에서 49일기도를 한 바 있었다. 이로부터 전북 일대에 동학은 조직화되었던 것이다.[4] 이에 앞서 1883년 익산의 박치경이 동학에 입도[5]한 사실이 있었던 것으로 보아 1880년대 초에 이미 전북 일대에 동학이 널리 포교되었다고 할 수 있다. 1888년 1월에는 해월 최시형이 전주 서문 밖 박공일의 집에서 전북일대의 동학 두목들과 함께 기도식을 가진 바 있었다.[6] 이어 제자 10여 명과 함께 삼례 도인 이몽로의 집에서 유숙하였다.[7] 이처럼 전북지역의 동학 교세는 해월 최시형이 전주를 순회할 정도로 빠르게 성장하였다. 1891년 2월 해월 최시형이 공주 신평리에 머물 때는 김영조, 김낙철, 김낙봉, 김낙삼, 남계천, 손화중, 김덕명, 김개남 등 전북지역의 주요 동학지도자들이 후원하였다.[8] 그리고 이해 5월에는 태인군 김낙삼과 부안군 김낙철의 집에서 육임첩을 발행하였다.[9] 특히 이 시기 전북지역을 우도와 좌도로 나누어 편의장을 둘 정도로 동학 교세가 급성장하였다.[10]

---

4) 오지영, 『동학사』, 영창서관, 1938, 61쪽.
5) 「여산종리원연혁」, 『천도교회월보』 203, 1927.11, 31쪽.
6) 「천도교전주군종리원」, 30쪽.
7) 이돈화, 『천도교창건사』 제2편, 39쪽; 오지영 『동학사』, 66쪽.
8) 오지영, 『동학사』, 68~69쪽.
9) 이돈화, 『천도교창건사』 제2편, 43쪽.
10) 당시 호남일대는 우도편의장 윤상오, 좌도편의장 남계천이 각각 맡고 있었다. 윤상오는 양반가 출신이었고, 남계천은 천민 출신이었다. 때문에 좌도의 김낙삼이 남계천을 따르지 않자 해월 최시형은 남계천을 호남좌우를 통합하여 편의장으로 남계천

이처럼 전북 일대에서 동학의 교세가 급성장하자 조선정부의 지목과 탄압은 더욱 심해졌다. 이에 동학교인들은 동학의 신앙자유를 위한 교조신원운동을 삼례에서 전개하였다. 1892년 5월 공주에서 개최한 교조신원운동에 이어 이해 11월 전북 삼례에서도 교조신원운동을 전개하였다. 특히 삼례교조신원운동에서는 전북 일대의 많은 교인들이 조직적으로 참여하였다.[11] 이어 1983년 1월 광화문에서 교조신원운동을 전개할 때 전주에서는 서영도, 허내원, 이병춘, 최상진, 최대봉, 구창근, 유재봉, 박공일, 이몽로, 이상순, 장경화, 조석걸, 이창돈 등 수백 명이 참여하였다.[12] 익산에서도 박치경, 최난선 등이 교인을 인솔하여 삼례교조신원운동과 광화문교조신원운동에 참여하였으며, 이어 척왜양창의운동에도 참가하였다.[13]

이처럼 전북 일대의 동학교인들이 척왜양창의운동에 적극적으로 참여함에 따라 包조직을 할 때 전북지역에서는 남계천은 전주대접주, 김덕명은 금구대접주, 손화중은 정읍대접주, 김낙철은 부안대접주, 김개남은 태인대접주, 김낙삼은 시산대접주, 김석윤은 부풍대접주, 김방서는 봉성대접주, 장경화는 옥구대접주, 서영도는 완산대접주, 박치경은 고산대접주로 각각 임명받았다.[14] 이들 20명의 대접주 중 11명이 전북지역 출신으로, 당시 전북지역의 동학 교세가 어느 정도였는지 짐작할 수 있다.

보은 척왜양창의운동에 참여한 동학지도자들은 1894년 1월 고부에서 동학농민혁명이 전개되자 전북지역 동학교인들은 어느 지역보다 적극적으로 참여하였다. 1894년 1월 들어 동학에 대한 지목이 극심해지자 관내

을 임명하였다.
11) 「천도교전주종리원」, 30쪽.
12) 「천도교전주종리원」, 30쪽.
13) 「여산종리원연혁」, 31쪽.
14) 오지영, 『동학사』, 83~84쪽. 한편 『천도교창건사』에는 남계천이 호남대접주로 기록하고 있다.

接의 유지 자체가 어렵게 되었다. 이와 같은 상황에서 고부에서 전봉준이 기포하자 전주 관내 두령인 서영도, 유재봉, 최대봉, 임상순 등 수십명이 고부의 전봉준, 손화중, 김개남과 서로 연락을 하는 한편 함께 기포하였다.[15] 이어 3월 고부 백산에서 대회를 개최할 때도 참여하였다. 익산지역 동학지도자들도 백산대회에 참여하였다. 오지영의 『동학사』에 의하면 백산대회에 집결한 지역과 지도자는 〈표 1〉과 같다.

〈표 1〉 백산에 집결한 동학농민군의 지도급 인물[16]

지역	지도급 인물
대장소	전봉준 손화중 김개남 김덕명 최경선 오하영 오시영 임천서 강경중 송경찬 고영숙 김봉년 김사엽 김종득 유한필 손여옥 차치구
고창	홍낙관 홍계관 손여옥
무장	송문수 송진호 장두일 곽창욱
영광	최시철 오정운
고부	정일서 김도삼 홍경삼 정종혁 송대화 송주옥 정덕원 정윤집 전동팔 홍광표 주관일 주문상 윤상홍
정읍	임정혁
태인	김하영 김한술 김연구 김지풍 최영찬
금구	송태섭 조원집 이동근 유공만 유한술 최광찬 김응화 김윤옥 김인배 김가경
김제	황경삼 하영운 한경선 이치권 임예욱 한진열 허성의
옥구	허진
만경	진우범
무안	배규인 배규찬 송관호 박기운 정경택 박윤교 노영학 노윤하 박인화 송두옥 김행로 이민홍 임춘경 이동근 김응문
임실	최승우 최유하 임덕필 최우필 조석걸 이만화 김병옥 문길현 한영태 이용학 이병용 곽사회 허선 박경무 한군정
남원	김홍기 이기동 한진학 김태욱 김종학 이기면 이창수 김우칙 김연호 김시찬 박선주 정동훈 이교춘
순창	이용술 양회일 오동호 김치성 방진교 최기환 지동섭 오두선

---

15) 「천도교전주종리원」, 30쪽. 이는 매우 중요한 의미를 내포하고 있다. 그동안 고부기포는 전봉준이 중심이 되어 전개한 것으로 알려졌는데, 이 기록에 의하면 전봉준이 고부기포를 준비하는 과정에서 전주지역의 동학지도자들과 상호 호응이 있었다는 점이다. 이에 대해서는 좀 더 고찰해볼 필요가 있다고 보인다.

16) 오지영, 『동학사』, 113~114쪽.

진안	이사명 전화삼 김택선
장수	김숙여 김홍두 황학주
무주	이응백 윤치갈 성순
부안	신명언 백이구
장흥	이방언 이인환 강봉수
담양	남주송 김중화 이경섭 황정욱 윤용수 김희안
창평	백학 유형로
장성	김주환 기수선 기동도 박진동 강계중 강서중
능주	문장렬 조종순
광주	강대열 박성동 김우현
나주	오중문 김유
보성	문장형 이치의
영암	신성 신란 최영기
강진	김병태 남도균 윤시환 장의운 송병수 윤세현
흥양	유희도 구기서 송년호
해남	김도일 김춘두
곡성	조석하 조재영 강일수 김현기
구례	임춘봉
순천	박낙석
전주	최대봉 강문숙 강수한 송창렬 박기준 오두병

〈표 1〉에 의하면 대장소를 제외한 34개 지역 중 17지역이 전북지역이며, 162명의 지도자급 중 전북지역 출신이 99명에 이르고 있다. 이 역시 백산대회의 중심 세력은 호남 중에서도 전북지역임을 알 수 있다.

백산에 집결한 전북지역 동학군은 황토현 전투와 장성 황룡촌 전투에 참여 승전하였으며, 이후 전주성 점령에도 크게 기여하였다. 이후 각지역에서 집강소를 설치하고 폐정개혁을 단행하는 한편 일본군의 경복궁 점령 이후에는 삼례에서 재기포를 하고 논산을 거쳐 공주 우금치 전투까지 참여하였다. 이와 관련하여 전주지역과 익산지역의 동학군 활동을 구체적으로 살펴보면 다음과 같다.

3월에 관병으로 고부 백산, 장성 황룡에 접전하고 양차 전승 후 전주 함성에 직입하여 4월 28일에 관병 대장 홍재기와 개전하여 혹승 혹패에 양진 사상이 如山如海하고 일변 접전 일변 방화에 西門外가 일시공허한지라. 5월 3일에 관병 대장 홍재기와 관찰사 김문현이 請和어늘 乃卽相和 후에 因爲各郡에 入倡儀師하여 사무를 개설함에 본군 서영도 고덕문 강수환 송덕인 유달수 송창렬 박봉렬 이창돈 구창근 민영일 김기성 장영식 안승환 박영준 이봉안 김성초 민영진 등이 중견이 되어 대세를 爭할 새 10월에 京兵으로 又爲開戰함에 전봉준 김개남 손화중 諸領이 전주부에 대진타가 공주로 행진하여 與官兵으로 대전할 제 의암성사와 합진하여 논산 삼례에서 본영이 연차 대전하였었다.[17]

갑오에 고부에서 전봉준, 손화중, 김개남 諸領과 본군 최난선과 합세하여 관군과 대전하여 승하고 전주를 함락한 바, 時 관찰사 김문현과 대장 홍재기가 화친하기를 청함에 화친하다. 집강소를 각군에 배치하여 사무를 행할 새, 본군 대접주 박치경 씨 외 최난선, 고병엽, 박호년, 오응원, 이창운, 김창수, 최창권, 조학원 등이 미륵리에 집강소를 設하다. 時에 본군 부사 김원숙과 박영진, 김운초, 김경삼, 윤일병, 오덕순, 이연하, 박원식, 오준명 등이 마산집강소에서 사무를 집행하며 대세를 관하다가 11월에 京兵으로부터 공주 소개 논산 양처에서 교전하다가 본군 부사 겸 대접주 김원숙이가 전봉준과 충돌이 되어 전씨 手에 김씨가 慘殉이 되며 또 경병이 觸處殺風이 猛勤하여 혹 포살 혹 화공하던 지목은 형언키 난하였다[18]

전주성 점령 이후 정부와 동학군이 관민상화의 화약을 체결하자, 전주에서는 서영도 고덕문 강수환 송덕인 유달수 송창렬 박봉렬 이창돈 구창근 민영일 김기성 장영식 안승환 박영준 이봉안 김성초 민영진 등이 중심이 되어 집강소를 설치하는 한편 폐정을 개혁하였다. 10월 재기포하여 전봉준 등과 함께 공주에서 손병희가 이끄는 호서 및 경기지역 동학군과

---

17) 「천도교전주종리원」, 30쪽.
18) 「여산종리원연혁」, 31쪽.

합세하여 공주 우금치 전투에 참여하였다.

한편 익산지역은 전주화약을 맺은 이후 박치경, 최난선, 고병엽, 박호년, 오응원, 이창운, 김창수, 최창권, 조학원 등이 미륵리에 그리고 김원숙과 박영진, 김운초, 김경삼, 윤일병, 오덕순, 이연하, 박원식, 오준명 등은 마산리에 각각 집강소를 설치하고 폐정개혁을 단행하였다. 재기포 후에는 공주 우금치 전투에 참가하였으나 익산의 대접주 김원숙이 전봉준과 대립 끝에 참형을 당하였다.

즉 전주와 익산지역의 동학군은 자신의 관할 지역에 집강소를 설치하여 폐정개혁을 단행하였으며, 9월 총기포 이후에는 동학군의 주력부대와 함께 공주 우금치 전투에 참여하였다. 전주와 익산 이외의 전북지역에서도 동학농민혁명에 참여한 지역은 〈표 2〉와 같다.

〈표 2〉에 의하면, 동학농민혁명 당시 전북지역에서는 19개 지역에서 145명의 주요지도자들이 동학농민혁명에 참여하였다. 호남지역 중 전남지역은 15개 지역 68명에 비해 월등히 많았음을 알 수 있다. 이로 볼 때 동학농민혁명의 중심세력은 전북지역이었을 알 수 있다.

한편 동학농민혁명이 일본군의 개입으로 막을 내리자 정부와 일본군, 그리고 지역의 유생과 보부상으로 구성된 민보군은 동학 조직을 뿌리 뽑고자하였다. 때문에 각 지역마다 동학교인들의 희생이 적지 않았다. 전주지역의 경우 "다수의 교인들이 관병에게 무수 피살되어 餘敎人이 尊接無路 師門의 開路가 無期터니"[19]라고 하였으며, 익산지역은 "官軍 指目이 大熾하여 최난선, 박원식, 김운초, 오응원 諸領이 본군 주왕동에서 被捉하여 捉殺당하였고, 박영진, 김현구, 고병엽, 고총권, 이창운 諸領은 풍설맹한 중 ○山巖間에서 隱身圖生하였으며 勤勤保命 중"[20]이라고

---

19) 「천도교전주종리원」, 30쪽.
20) 「여산종리원연혁」, 31쪽.

〈표 2〉 동학농민혁명 당시 전북지역에서 기포한 지역[21]

지역	주요 지도자
정읍	정종혁 차치구 송대화 송주옥 정덕원 정윤집 전동팔 홍광표
태인	김개남 최영찬 김지풍 김한술
만경	진우범
금구	김덕명 김사엽 김봉득 유한필 김윤오 송양배 김응화 조원집 이동근 김방서 장경화 홍경삼
고창	오하영 임천서
김제	김봉연 이치권 조익재 황경삼 하영운 한경선
무장	송문수 강경중 정백현
임실	최승우 최유하 임덕필 조석희 박경무
남원	김홍기 김낙기 이기동 이기면 최진학 전태옥 강종실 김종학 김종황 이규순 장남선 조동섭 이규순 장남선 조동섭
순창	양해일 오동호 전치성 방진교 최기환 지동섭 오두선
진안	전사명 전화삼 김택선
무주	윤민
부안	신명언 김낙철 김낙봉 김석윤
익산	오경도 고제정 김문영 오지영 정용근 정영조 소석두 강영달 이조병
함열	고덕삼
장수	황학주 김학종 김숙녀 김홍두
여산	최난선 김갑동 박병돈 김현순 조희일 박치경 고병엽 박호년 오응원 이창운 김창수 최창권 조학원 김원숙 박영진 김운초 김경삼 윤일병 오덕순 이연하 박원식 오준명
고산	박준관 김현문 권인춘 김택영 김낙언 최영민 신현기 이은재 서인훈
진산	조경중 최사문 최공우
금산	박철능
전주	서영도 임상순 고문선 이봉춘 허내천 박봉렬 최대봉 송덕인 강문숙 강수한 이창돈 구창근 김춘옥 송창렬 고덕문 강수환 유달수 민영일 김기성 장영식 안승환 박영준 이봉안 김성초 민영진
임피	유원술 김상철 진관삼 홍경식
20개 지역	149명

하였듯이, 동학농민혁명 이후 동학교인들이 참살을 당하거나 고향을 등지고 깊은 산중에 은신생활을 하면서 목숨을 유지하였다. 이러한 상황은 전주와 익산뿐만 아니라 전북지역 어느 곳에서나 마찬가지였다.[22]

---

21) 〈표 2〉는 『천도교창건사』, 「천도교전주종리원」, 「여산종리원연혁」 등을 참고로 작성하였다.

그러나 정부의 탄압이 어느 정도 수그러들고 지역에서도 안정을 찾게 되자 동학의 조직들은 부활되었다. 전주지역은 1895년 후반 들어 이병춘이 해월 최시형을 만나면서 동학 교단과 연결되었고, 이어 김숙녀, 구창근, 민영진, 고문덕과 협의하여 포교를 재개함에 따라 교세가 점차 회복되었다.[23] 익산지역은 동학농민혁명 이후 동학교단과 두절되었지만 1896년 전주대접주 고덕문와 익산지역의 이창운, 박영진, 고병엽, 김현구, 고총권, 유인화, 김해생, 정대원, 최창권, 박공일 등이 재회하면서 동학 조직이 다시 부활되었다.[24] 그럼에도 불구하고 동학은 여전히 정부로부터 탄압의 대상이었다. 1896년과 1897년 들어 동학 조직이 점차 회복되자 관찰사가 각군에 훈령을 내려 교인들을 피체하는 한편 진위영 감옥에 수감되었다. 또한 1898년 해월 최시형의 순도 이후 더욱 탄압이 심해지자 동학 교단과의 연결조차 두절될 정도였다. 더욱이 1890년에도 보부상과 관군의 연합으로 동학조직은 사실상 와해될 정도에 이르렀다. 이러한 가운데서도 이해 말경부터 동학 조직은 회복되기 시작하였다.[25] 특히 1900년 의암 손병희가 전북 남원성 남쪽 수정리에서 설법식을 가짐으로써 전북지역의 동학 조직은 크게 확장되었다.[26]

동학농민혁명 이후 황폐화되었던 전북지역 동학은 전주와 익산에서의 동학 조직이 부활되었던 것처럼 지역마다 차이는 있지만 동학농민혁명

---

22) 고부지역의 경우 사발통문에 서명하였던 송대화는 동학농민혁명이 끝날 무렵 전봉준위 권유로 나주를 거쳐 전북 옥구 임피로 피신하였다가 이곳에서 머슴으로 10년간 생활하였다.(이이화, 『발굴 동학농민전쟁 인물열전』, 한겨레신문사, 1994, 62~64쪽). 임실의 경우 동학농민혁명에 참가하였다가 생존한 동학군은 회문산으로 피신, 6년 동안 은신생활을 하였다.(성주현, 『동학과 동학혁명의 재인식』, 국학자료원, 2010, 198쪽)
23) 「천도교전주종리원」, 30~31쪽.
24) 「여산종리원연혁」, 31쪽.
25) 「천도교전주종리원」, 31쪽.
26) 성주현, 『동학과 동학혁명의 재인식』, 190쪽.

이전보다는 못하였지만 안정적인 조직을 구축하였다.

3. 갑진개화운동과 천도교의 조직

　동학농민혁명 이후 한 동안 위축되었던 동학 조직이 회복되자 동학은 '흑의단발'의 근대문명개화운동을 전개하였다. 이를 갑진개화운동이라고 한다. 동학교단은 1904년 8월 말일까지 각 지역에 진보회를 조직하도록 통문을 발송하였다. 이에 전북지역 동학조직은 진보회를 조직하는 한편 흑의단발을 하면서 근대문명개화운동에 적극 참여하였다. 그럼 전북지역에서 전개되었던 갑진개화운동에 대해 구체적으로 살펴보자.

　전북지역의 진보회는 '處處가 東學'이라 할 정도로 각 지역에서 조직되었다. 우선 전주군에서 이병춘, 장남선, 구창근, 조석걸, 박화생, 나백일, 이영하, 민영일, 김해생, 이상우, 민영진, 이유상, 최성령, 송진수, 박선명, 김봉득, 김봉년, 정용근, 김중화, 최승우, 최시백, 김화일, 박봉의, 남주송, 강종보, 차경석, 이경섭, 김연구, 윤상홍, 송대화, 최유하, 이기동, 이용준, 김득천, 김영록, 김영원, 한채연, 문길현 등 40여 명의 전북지역 주요지도자들의 독려로 수만 명의 교인들이 흑의단발을 하고 강경에서 진보회를 개최하고 전주로 복귀하였다.[27] 그리고 이들은 각지 지역으로 돌아가 진보회를 조직하는 한편 '흑의단발'로 근대문명운동을 주도하였다.

　함열군은 10월 12일경 황등장터에 수천여 명이 모여 개회를 하고[28] 회장에 김봉득, 부회장에 차경석 안승환을 각각 추대하였으며,[29] 태인군에서도 10월 16일경 3백여 명이 모여 개회하였다고 보고를 하고 있다.[30]

---

27) 「천도교전주종리원」, 31쪽.
28) 『대한매일신보』 1904년 10월 13일; 10월 14일 및 『황성신문』 1904년 10월 14일자.
29) 「천도교전주종리원」, 31쪽.

특히 함열군 황등시장에 모였던 동학교도들은 강경 은진포로 이동하여 이곳에서도 개회를 하고 이 지역 동학교인과 함께 개회를 하였다.[31] 당시 이들의 집회에는 크게 쓴 '전북대접주'라는 태극장에 '용담연원 검악포덕' '포덕천하 광제창생 보국안민지대도'라고 적어 동학교인임을 밝히고 있다.[32]

익산군은 12월 14일경 역시 수천 명이 모여 개회하였는데 '민심이 대단 소요하여 환산지경'이라고 할 정도였다.[33] 즉 이병춘·장남선·구창근·이상우·이유상·이영하·박화생·김의태·강봉수·박낙양·김창수 등은 황등시장에서,[34] 박선명·김봉득·최승우·최유하·김련구·김화일·김희원·최시백·최순봉 등은 태인 용두시장에서, 정용근·김중화·남주송·강종실·이경섭·이용준·차경석·박봉의·김영록 등은 태인 군내에서 각각 수만 명을 이끌고 개회하였다. 개회 후에는 금구 원평으로 이동하였다. 그리고 김봉년·윤상홍·이안준·송대화·안승환·송종철·전장인·이환혁·백낙인 등은 회원 수만 명을 모아 단발한 후 강경포로 이동하였다.[35] 익산군의 진보회원은 군내에서만 개회하지 않고 인근 지역 회원들을 모아 개회를 지도하였다.

이밖에도 지역은 밝혀지고 있지는 않지만 각지의 진보회 조직에 대한 전북관찰사의 보고가 이어지고 있다.[36] 이러한 사례는 「천도교남원군종리원연혁」에서 찾을 수 있다. 당시 언론이나 관의 의해서 파악은 되지는 않았지만 운봉에도 진보회가 조직되었는데, 운봉진보회는 金性在를 중심

---

30) 『대한매일신보』 1904년 10월 18일자.
31) 『황성신문』 1904년 10월 20일자.
32) 『황성신문』 1904년 10월 20일자.
33) 『대한매일신보』 1904년 12월 15일자.
34) 「여산종리원연혁」, 31쪽.
35) 「익산종원연혁」, 33쪽.
36) 『대한매일신보』 1904년 12월 10일; 12월 12일자.

으로 단발 개회한 바 있다.[37)

이와 같이 근대문명운동을 전개한 동학 조직은 정부로부터 적지 않은 탄압을 받았고 많은 교인들이 희생되었다.[38) 특히 전주에서는 관찰사 이경직과 진위대장 백남신, 전주군수 권식상 등이 진보회 조직을 방해하였다.[39) 익산에서는 관군의 난행으로 탄압이 심하였다.[40)

참고로 일본공사관에서 수집한 정보에 의하면 전북지역의 진보회 조직 상황은 〈표 3〉과 같다.

〈표 3〉 전북지역 진보회 조직 상황[41)

지역	회장	부회장	평의원			회원수
			士人	農人	商人	
전주 삼례	유화인	김일수	1	3	1	1,300
김제군	이영하	조병하	1	3	1	940
임피군	이통운	최희덕		4	2	760
익산군	김해생	이규헌	1	3	1	850
여산군	장남선	민영일	1	4		8,500
함열군	이병춘	구창근	2	2		1,400
태인군(용두리)	박재덕	김봉득		4	1	2,600
태인군(안계)	황봉기	오준용	1	4	2	530
금구군	이일환	정대형	1	3	1	2,900
임실군	박준신	임래규	2	1	2	2,400
계			10	28	11	22,180

갑진개화운동 이후 동학교단은 1905년 12월 1일을 기해 그동안 '동학'이라고 불리던 교단의 명칭을 '천도교'로 전환하였다. 이를 천도교에서는 '대고천하'라고 한다. 이어 1906년 2월 서울에 천도교중앙총부를 설립하

---

37) 「宗理院史附東學史」, 남원군종리원, 1924.
38) 『대한매일신보』 1904년 11월 2일 및 11월 28일자.
39) 「천도교전주종리원」, 31쪽.
40) 「여산종리원연혁」, 31쪽.
41) 성주현 편저, 『갑진개화운동자료집』, 천도교중앙총부, 2005, 137~140쪽.

고 지방에 지방조직으로서 '교구'를 조직하였다. 1906년 3월 전국적으로 72개 대교구가 설립되었는데, 전북지역에는 제20대교구, 제30대교구, 제34대교구, 제38대교구 등 4개의 대교구가 설립되었다. 제20대교구장은 이병춘, 제30대교구는 정경수, 제34대교구장은 구창근, 제38대교구장은 이일환이 각각 선임되었다.[42] 당시 대교구는 연원을 중심으로 설립되었기 때문에 정확한 지역은 확인할 수 없지만 진보회 조직과 관련해 추적해보면 제20대교구는 함열군, 제30대교구는 전주군, 제34대교구는 함열군, 제38대교구는 금구군이었다.

1906년 3월에 설립된 대교구는 이해 12월에 23개 지역별로 새롭게 정비되었는데, 전북지역에는 남원대교구, 전주대교구, 익산대교구, 태인대교구 등 4개의 대교구로 재조정되었다. 그리고 대교구장에는 전주대교구장에 이병춘, 대리에 민식, 익산대교구장에 오지영, 대리 변치운, 태인대교구장에 임래규, 대리 김영식이 각각 선임되었다. 그리고 남원대교구장은 미정이었다.[43]

1906년 12월에 설립된 23개 대교구제는 1914년에 이르러 크게 변경되는데 전국적으로 36개의 대교구로 확대되었다. 그런데 전북지역은 오히려 4개의 대교구가 2개의 대교구로 축소되었다. 즉 전주, 남원, 익산, 태인 대교구에서 전주와 익산대교구만 남게 되었다. 전북지역 대교구의 관할과 소속교구 및 교구장은 〈표 4〉와 같다.

〈표 4〉에 의하면 전주대교구의 관할교구는 전주군교구, 진안군교구, 장수군교구, 남원군교구, 임실군교구, 순창군교구, 금구교구, 고산교구 등 8개 교구이며, 익산대교구는 익산군교구, 여산교구, 함열교구, 옥구군교구, 김제군교구, 만경교구, 고부교구, 태인교구 등 8개 교구와 충남의

---

42) 이동초 편저, 『천도교회 종령존안』, 모시는사람들, 205, 38~40쪽.
43) 이동초 편저, 『천도교회 종령존안』, 104쪽.

대교구	소속교구	교구장
전주대교구	전주군교구	김봉년
	진안군교구	형극민
	장수군교구	임두홍
	남원군교구	박진경
	임실군교구	김영원
	순창군교구	지동섭
	김제군 금구교구	김중화
	전주군 고산교구	김현구
익산대교구	익산군교구	장남선
	논산군 은진교구	
	논산군 연산교구	
	익산군 여산교구	정대원
	익산군 함열교구	민영순
	옥구군교구	최순봉
	김제군교구	공문학
	김제군 만경교구	전길호
	정읍군 고부교구	송대화
	정읍군 태인교구	김연구
	부여군 교구	
무소속	고창군 무장교구	김두평

연산교구, 은진교구, 부여군교구 등 11개 교구를 관장하였다. 무소속으로는 무장교구가 있는데, 전북지역에는 모두 17개의 천도교 지방 교구가 조직되었다. 당시 전북지역 교구를 정하면서 흥덕교구와 고창교구를 무장교구에, 부안교구는 고부교구에, 운봉교구는 남원교구에 각각 통폐합하였다.[44] 이로 볼 때 전북지역 천도교 조직은 1906년 21개에서 1914년에는 17개로 축소되었고, 교세가 위축되었음을 알 수 있다.

한편 1912년 중앙총부에서 교인 자제들을 위해 천도교의 신앙심과 신교육을 가르치기 위해 전국에 교리강습소를 설치하였는데, 전북지역에는 진안교구에 3개, 전주교구·임실교구에 각각 2개, 그리고 고부교구·

---

44) 이동초 편저, 『천도교회 종령존안』, 202~210쪽.

김제교구 · 남원교구 · 담양교구 · 만경교구 · 부안교구 · 순창교구 · 장수
교구 · 태인교구 관내에 각각 1개 등 모두 16개의 교리강습소가 설립되었
다. 전북지역 천도교 교리강습소 현황은 다음 〈표 5〉와 같다.[45]

〈표 5〉 전북지역 천도교 교리강습소 현황

교구명	강습소명	위치	비고
진안교구	제327	南面 新里	천도교회월보 23, 47쪽
	제328	三北面 大谷里	천도교회월보 23, 47쪽
	제539	教區室內	천도교회월보 29, 49쪽
전주교구	제500	上關面 新德里	천도교회월보 29, 48쪽
	제501	上關面 沙玉里	천도교회월보 29, 48쪽
임실교구	제347	教區室內	천도교회월보 24, 39쪽
	제346	上新德面 下加里	천도교회월보 24, 39쪽
고부교구	제487	教區室內	천도교회월보 29, 48쪽
김제교구	제339	教區室內	천도교회월보 24, 39쪽
남원교구	제199	德古坊 次后里	천도교회월보 16, 70쪽
담양교구	제467	教區室內	천도교회월보 28, 45쪽
만경교구	제513	東二面 名泉里	천도교회월보 29, 48쪽
부안교구	제204	教區室內	천도교회월보 19, 68쪽
순창교구	제156	教區室內	천도교회월보 15, 70쪽
장수교구	제419	水南面 安陽洞	천도교회월보 27, 47쪽
태인교구	제314	內面 四里	천도교회월보 23, 46쪽
고산교구	제676	教區室內	천도교회월보 42, 31쪽

전북지역 교구 중 전주군교구의 조직 당시부터 1910년대까지 주요 활
동에 대하여 간략히 살펴보면 다음과 같다.

전주군교구는 1906년 5월에 조직되었다. 중앙총부에서 퇴회신교 즉
일진회에서 탈회하고 천도교 신앙만 하라는 종령이 내려오자 일진회에
서 탈회하는 한편 전주군 槃斤洞에 전주군교구를 설립하였다. 이듬해
1907년 봄 김봉득 · 정용근 · 김봉년 등이 중심이 되어 서문 안 梧棟洞에
수십 간의 가옥을 매입하여 교구를 이전하였다. 1908년 4월 의암 손병희

---

45) 〈표〉 작성 – 월보참조하여.

가 남순할 때 전주 君子亭에서 설교를 할 때 많은 교인들이 참가하였다. 그리고 이해 1905년 10월 청년 교육을 위해 설립하였던 진보학교[46]를 창동학교로 개명하는 한편 중앙총부로부터 지원을 받았다. 또한 이해 교구를 북문 안 松斥洞으로 이전하였다.

중앙총부에서 지방교구의 교역자를 양성하기 위해 선발할 때 전주군 교구는 1909년에는 심명용을, 1912년에는 김재근을 각각 파견하여 교리강습을 마치도록 하였다. 또한 중앙총부가 지방교역자를 선발 우이동 봉황각에서 49일 연성기도회를 할 때 1912년 봄에는 이병춘·구창근, 가을에는 김봉년, 1913년에는 박선명·민영일·안승환 등을 선발 각각 참가하였으며, 1913년에는 관내 교역자 수십 명이 위봉산 태조암에서 49일 기도를 마치기도 하였다.[47] 특히 1912년부터 시행된 49일 연성기도회는 '이신환성'이라는 교설을 통해 민족운동을 위한 정신교육이었는데, 연성기도회에 참여하였던 인물들은 3·1운동이 일어났을 때 지역마다 그 중심에서 활동하였다.

4. 전북지역 3·1운동과 천도교의 역할

아시다시피 3·1운동은 천도교가 중심이 되어 전개하였으며, 3월 1일부터 5월 말까지 서울뿐만 아니라 전국에서 만세운동이 일어났다. 일제 측의 기록에 의하면 전국에서 1,214회의 만세시위가 있었으며, 전북지역은 39회였다. 이는 전북지역이 다른 지역보다 만세시위가 활발하지 못하였음을 보여주고 있다.[48] 전북지역에서 만세운동이 활발하게 전개되지

---

46) 진보학교는 김봉득, 김봉년, 정용근의 발기와 전주군 관내 교인의 후원으로 북문 안에 설립되었다.
47) 「천도교전주종리원」, 32쪽.

못하였던 것은 종교, 학생 등 조직적인 활동이 미흡하였던 것으로 보인다. 전북지역 천도교 역시 다른 지역에 비해 크게 활발하지 못하였기 때문에 전북지역의 만세운동 역시 여타 지역보다 그 규모나 수효에서도 비교할 수 없을 정도로 미약하였다.

전북지역 3·1운동 중 천도교와 직간접적으로 관련이 있는 지역은 전주교구, 익산교구, 임실교구, 남원교구, 순창교구, 정읍교구, 함열교구, 옥구교구, 김제교구, 부안교구 등 10개 교구이다. 이들 교구는 기독교는 지역 종교들과 연합하여 만세운동을 전개하였다. 본절에서는 전북지역에서 천도교과 관련된 3·1운동을 구체적으로 살펴보고자 한다.

전북지역의 3·1운동은 인종익[49]으로부터 시작되었다. 독립선언서를 인쇄하고 천도교에서 경영하는 보성사의 사무원이었던 인종익은 보성사 사장 이종일로부터 독립선언서 2천매를 받아 전북지역과 충청도 지역으로 배포하였다. 2월 28일 오전 7시 독립선언서 2천매를 인수한 인종익은 이날 오전 11시 남대문역을 출발 대전에서 하루를 묵은 다음 3월 1일 정오경 전주교구에 도착하였다. 당시 전주교구에 있던 금융원 김진옥에게 독립선언서 1,600~1,700매를 전달하고 이를 전주교구 관할 교구에게 나누어 전달하고, 일반인에게도 배포하라고 지시하였다.[50] 김진옥은 이를 당시 교구장 김봉년에게 보고한 후 교구회의를 통해 관내 교구에 독립선언서를 전달키로 하는 한편 전주 시내에 배포키로 하였다.

이에 전주교구는 김진옥과 배상근으로 하여금 임실교구를 비롯하여

48) 지역별로 전개한 만세시위는 서울과 경기가 288회, 황해 137회, 경남이 121회, 평북이 114회, 평남이 85회, 충남과 함남이 각각 75회, 강원이 74회, 경북이 62회, 충북이 56회, 전남과 함북이 각각 44회였다.

49) 인종익은 1894년 동학농민혁명 때 입교하여 박덕칠의 휘하에서 동학농민혁명에 참가하였다.

50) 『독립운동사 자료집』 5(3·1운동 재판기록), 1972, 22쪽; 「인종익 및 신문조서」, 『韓民族獨立運動史資料集 13(三一運動 III)』, 국사편찬위원회 한국사 데이터베이스(http://db.history.go.kr).

익산교구, 함열교구 등 관할 교구에 독립선언서를 전달토록 하고,[51] 시내에도 독립선언서를 배포할 계획을 세웠다. 즉 김태경[52]은 유원 등 4명의 교인에게, 민영진은 서호순[53]과 유선태[54]에게, 유원[55]은 다시 이달수 유명선 양영화에게 각각 독립선언서 4,5매를 전달하고 이를 시내에 배포토록 하였다.[56] 이외에도 민영진 조성덕 김성문 김영홍 등도 독립선언서를 시내에 배포하였다.[57] 그리고 기독교 측에도 연락하여 만세시위를 함께 준비하였다. 이에 따라 천도교와 기독교는 만세시위를 위해 각자 독립선언서를 등사하고 태극기를 제작하였다.

천도교에서 전주 시내에 배포한 독립선언서가 발견되자 일제는 관련 인물을 추적하는 한편 천도교와 기독교 등 종교단체를 감시하기 시작하였다. 또한 주요 인물을 예비 검속하여 만세시위를 사전에 막고자 하였다.

이와 같은 상황에서 전주에서는 전주의 첫 3·1운동은 3월 12일에 전개되었다. 이날 천도교인과 기독교인, 그리고 기독교에서 경영하는 학교 학생 1백여 명이 밤 11시까지 4,5차례에 걸쳐 만세시위를 지속하였다.[58] 이어 3월 13일에도 대규모의 만세시위가 전개되었다. 이날 오후 1시 천도교인, 기독교인, 신흥학교 학생들의 주도로 제2공립보통학교, 대화정, 우편국 등으로 행진하면서 만세시위를 전개하였다. 이날 시위로 10여 명이 예비검속 당하였는데, 천도교인으로는 배상근이 포함되었다.[59] 이어

---

51) 『독립운동사』 3(3·1운동사 하), 1971, 495쪽; 「인종익 신문조서」.
52) 김태경은 독립선언서 배포로 징역 1년을 언도받았다.
53) 서호순은 독립선언서 배포로 징역 8월을 언도받았다.
54) 유선태는 독립선언서 배포로 광주지법 전주지청에서는 징역 1년을 언도받았지만 대구복심법원에서는 공소 기각되었다.
55) 유원은 독립선언서 배포로 징역 1년을 언도받았다.
56) 『독립운동사 자료집』 5(3·1운동 재판기록), 1479~1481쪽.
57) 「인종익 신문조서」.
58) 『매일신보』 1919년 3월 16일자. 그런데 이병헌, 『3·1운동비사』, 시사시보사, 1959, 901쪽에는 4월 22일로 기록하고 있다.

다음날인 14일에도 완산정 김제가도에서 본정까지 만세시위를 이어 갔
는데, 천도교인도 참가하였다. 이외에도 3월 23일에도 만세시위가 전개
되었지만 천도교인이 참여하였는지는 확인이 되지 않고 있다.

익산군의 만세시위[60]는 3월 10일, 18일, 28일, 30일, 4월 4일과 5일, 8일
등 7차례 전개되었다. 이중 천도교와 관련된 만세시위는 3월 10일, 4월
4일과 5일 등 세 차례였다. 익산의 3·1운동 역시 천도교의 독립선언서
전달을 통해 준비되었다. 전주교구에 독립선언서를 전달한 인종익은 이
원규의 안내로 이중열 익산교구장[61]의 집에서 하루를 묵으면서 독립선
언서를 전달하는[62] 한편 3·1운동에 대해 설명하였다.[63]

독립선언서를 전달받은 이중열은 3월 2일 교구에서 만세운동 계획을
논의하였다. 이날 회의에 참석한 교인은 교구장 이중열을 비롯하여 이유
상, 정대원, 이형우, 유봉우, 김병호, 민영호, 민영순, 홍영섭, 고총권, 송
일성 등이었다. 때마침 찾아온 옥구의 천도교인 노춘만, 신혁성, 최공훈,
김종수와 전주의 천도교인 최재봉, 서석윤, 이원규 등도 함께 참석하였
다. 이날 회의에서 박영진 전 교구장은 "의암 손병희 등 민족대표 33인이
조선의 독립을 선언하였는데, 이는 우리 천도교인이 기다리고 있었던 일
이다. 우리 모두 한울님께 심고하고 일어나자"고 제의하였고, 모두 이에
찬동하였다. 기독교 측과의 연락은 박영진 전 교주장이 맡기로 하였다.
그리고 익산군내 연락책을 〈표 6〉와 같이 선정하였다.[64]

59) 『독립운동사』 3(3·1운동사 하), 495~497쪽
60) 익산의 3·1운동에 대해서는 주명준의 「익산의 3·1운동」의 도움을 많이 참고하였
    음을 밝혀두며, 이 지면을 감사의 인사를 드린다.
61) 이중열은 1918년 7월경에 익산교구장으로 선임되었다.(『천도교회월보』 96, 1918.8,
    49쪽)
62) 「인종익 신문조서(제3회)」.
63) 인종익은 익산교구장의 집에서 하루를 묵고 다음날 3월 2일 오전 8시 진주로 돌아온
    후 청주로 갔다.
64) 『독립운동사』 3(3·1운동사 하), 517~518쪽.

연락책임자	직책	연락 책임지역
이중열	교구장	황등면, 함열면
이유상	전 전제원	여산면, 용안면
정대원	전 여산교구장	황화면, 팔봉면
유봉우	전제원	오산면, 춘포면
민영진	전 강도원	함라면, 웅포면
홍영섭	전교사	성당면, 낭산면
고층권		망성면, 금마면
신현성		왕궁면, 삼기면

또한 이날 모임에서 만세시위는 수운 최제우의 순도일인 3월 10일에 관내 교인이 참석한 가운데 전개하기로 하였다. 뿐만 아니라 당시 익산 군에는 익산교구 외에도 여산교구, 함열교구가 있었는데, 이날 같이 만세시위를 전개하기로 하였다. 만세시위 방법으로는 산상 횃불시위를 하기로 하는 한편 이를 통해 만세시위를 확산시키기로 하였다.[65]

그런데 이와 같은 계획에 따라 만세시위를 준비하던 중 이중열, 최재붕, 이원규가 독립선언서를 배포하였다는 혐의로 검거되는[66] 한편 박영진과 정대원도 3월 2일 자신이 사는 마을과 여산면에 독립선언서를 배포한 혐의로,[67] 그리고 고층권도 여산면 아산리에서 독립선언서를 배포한 혐의[68]로 각각 피검되었다. 이외에도 서성윤,[69] 이유상,[70] 송일성,[71] 홍

---

65) 이병헌, 『3·1운동비사』, 909쪽.
66) 『매일신보』 1919년 4월 16일자. 이들은 독립선언서를 배포한 일로 이중열과 최재붕은 징역 8개월, 이원규는 징역 6개월을 언도받았다.
67) 「박영진 등 판결문」, 대구복심법원, 1919년 5월 13일.
68) 「고층권 신문조서」, 광주지방법원 전주지청, 1919년 7월 4일.
69) 「서성윤 포상자 공적조서」, 공훈전자사료관(http://e-gonghun.mpva.go.kr). 서성윤은 이 일로 징역 4개월을 언도받았다.
70) 「이유상 포상자 공적조서」, 공훈전자사료관. 이유상은 독립선언서를 배포한 일로 징역 6개월을 언도받았다.
71) 「송일성 포상자 공적조서」, 송일성은 독립선언서를 배포한 일로 징역 4개월을 언도받았다.

영섭,72) 유봉우,73) 이형우74) 등이 검거되었다. 이로 인해 익산의 3·1운동은 천도교에서 당초 계획하였던 대로 조직적으로 일어나지 못하고 산발적으로 전개되었다. 그럼에도 불구하고 3월 10일 9시 각처의 산상에서 횃불시위를 전개하였다.75) 그리고 천도교 창명기념일인 4월 5일을 기해 만세시위를 전개하였다.76) 이에 앞서 함열에서는 4월 4일 강경 일대에서 만세시위를 하자 이에 호응하여 천도교인들은 기독교인과 합세하여 만세시위를 전개하였다.77)

옥구군에서는 4월 5일 만세시위를 전개하였다. 3월 2일 익산교구에서 개최한 만세시위 계획 모임에 참가한 바 있는 노춘만은 이유상으로부터 독립선언서를 받아 옥구교구로 돌아왔다. 독립선언서를 받은 옥구교구는 이날 저녁 비밀리에 회의를 갖고 독립선언서를 배포하고 4월 5일 만세시위를 갖기로 하였다. 이에 노만춘, 최공훈, 신관순, 김종수 등은 이날 독립선언서를 배포하고 만세시위를 주도하다가 피검되었다.78) 이로 인해 노만춘은 징역 8개월79), 최공훈은 징역 4개월80), 신관순은 징역 4개월81)을 각각 언도받았다.

---

72) 「홍영섭 포상자 공적조사」. 홍영섭은 독립선언서를 배포한 일로 징역 4개월을 언도받았다.
73) 「유봉우 포상자 공적조사」. 유봉우는 독립선언서를 배포한 일로 징역 4개월을 언도받았다.
74) 「이형우 판결문」, 대구복심법원, 1919년 5월 10일.
75) 이병헌, 『3·1운동비사』, 909쪽.
76) 『독립운동사』 3(3·1운동사 하), 523쪽.
77) 이병헌, 『3·1운동비사』, 909쪽.
78) 「노춘만 판결문」,
79) 「노만춘 포상자 공적조서」, 노만춘은 3·1운동 이후 상해임시정부 요원으로 활동하다가 1921년 3월(음) 일정에 피체되어 징역 1년 6개월을 언도받았다.
80) 「최공훈 포상자 공적조서」, 최공훈은 상해임시정부 요원으로 활동하는 한편 3년 7개월간 군자금모금운동을 하였다.
81) 「신관순 포상자 공적조서」.

김제군은 천도교인이 독립선언서를 배포하였지만 직접 만세시위까지는 전개하지 못하였다. 3월 2일 전주교구에서 독립선언서가 도착하자 교구장 공문학은 김봉빈과 안백균을 통해 독립선언서를 배포하였다. 판결문에 의하면 안백균은 공문학으로부터 독립선언서 3부를 받아 1부는 김봉빈에게, 1부는 김제군 월촌면 수월리에 배포하고, 나머지 1부는 부양면사무소에 투입하였다. 그리고 김봉균은 안백균으로부터 받은 독립선언서를 3월 3일 순창군 쌍치면 용전리에 사는 조영필에게 송부하였다. 이로 인해 안백균은 징역 10개월, 김봉균은 징역 8개월을 언도받았다.[82]

　　부안군 역시 천도교인들은 독립선언서만 배포하고 만세시위는 제대로 전개하지 못하였다. 부안군 천도교인들은 3월 초 정읍의 천도교와 긴밀한 연락을 주고받으며 만세시위를 준비하는 한편 기독교측 및 학생들과 함께 연합시위를 전개하기로 하였다 이에 따라 3월 26일 천도교와 기독교는 서로 연락을 취하면서 3월 30일 장날을 이용하여 만세시위를 하기로 하였다. 천도교인은 관내 지역을 순회하면서 만세시위에 참여할 것을 권유하였다. 또한 백산면과 상서면 일대의 교인과 주민을 동원하기로 하였다. 사전에 정보를 수입한 일본 경찰은 경계를 강화하였으나 이날 오후 8시경 부안읍 뒷산에 올라 봉화를 올리는 한편 만세시위를 시작하였다.[83]

　　남원교구의 3·1운동은 중앙총부와 긴밀하게 연락을 하면서 준비를 하였다. 1919년 2월 교구장 유태홍,[84] 柳錫(柳宗錫), 최병현 등은 서울에서 손병희를 중심으로 민족지도자들이 독립선언을 계획한다는 소식을 전해 들었다. 이 소식을 접한 유태홍은 유석, 최병현과 함께 자신들이 남원과 인근 지역의 책임자가 되기로 결의하였다. 이와 더불어 유태홍은

---

82) 「김봉균 외 판결문」.
83) 『독립운동사』 3(3·1운동사 하), 532쪽.
84) 유태홍에 대해서는 성주현, 「향암 유태홍의 생애와 민족운동」, 『일제하 민족운동 시선의 확대』, 도서출판 아라,2014 참조.

순창, 장수, 무주, 진안, 광주, 전주 등지의 천도교인들에게 최병현을 비밀리에 파견하여 서울의 동향을 전달하고 서로 협조하여 만세운동을 전개할 것을 준비토록 하였다.[85]

유태홍을 중심으로 만세운동을 준비하던 남원에는 1919년 3월 2일 서울로부터 독립선언서가 도착하였다. 1차적으로 이날 새벽에 임실군 오수면에 거주하는 남원교구 전교사 이기동에게 전달되었고, 이어 덕과면 사율리의 이기원에게 전달되었다. 이기원은 독립선언서 40매를 받아 아침 9시경 교구를 찾아가 교구장 유태홍에게 전달하였다. 유태홍은 곧 바로 유석, 최병현, 김성재 등 교구의 주요인물을 불러 만세운동에 대한 취지와 현재의 상황을 설명한 다음 이날 밤 야음을 이용하여 군내 각지에 독립선언서를 배포케 하였다. 이외에도 독립선언서는 황석현-김덕인, 황동주에게 전달되어 남원시내의 법원, 헌병대, 군청 등의 게시판을 비롯하여 사람들이 자주 왕래하는 곳에 독립선언서가 부착되었다.[86] 이어서 유태홍은 이튿날 새벽 평소 연락처로 삼고 있던 남원읍 금리 이 모 씨의 집에서 몇몇 천도교인들과 남원지역의 만세운동을 모의하던 중 남원 헌병대에 피체되었다. 독립선언서 부착사건으로 인해 유태홍은 '보안법'에 적용되어 징역 1년을 언도받았다. 아들 유석과 함께 활동하였던 김성재는 징역 3개월을 각각 언도받았다.[87]

이처럼 만세운동을 모의하던 유태홍과 천도교인이 검거됨에 따라 남원지역의 3·1운동은 20여 일 후인 3월 23일에 이르러서야 전개되었다. 다행히 일경의 검거를 모면한 최병현은 3월 23일 남원향교에서 남원교구 주최로 독립선언식을 개최하였다. 이날 선언식에는 천도교인을 비롯

---

85) 윤영근, 「근대사의 파도를 온몸으로 살아낸 지도자-남원 항일운동의 선각자 유태홍」, 30~31쪽.
86) 『독립운동사』 3(3·1운동사 하), 537~538쪽; 윤영근·최원식, 『남원항일운동사』, 남원시·한국문인협회 남원지부, 1999, 211~212쪽.
87) 「유태홍 외 2인 판결문」.

하여 유생 등 3백여 명이 참가하였다. 그러나 미리 정보를 알고 달려온 헌병대의 무자비한 진압으로 해산되었다.[88]

정읍교구 천도교인의 3·1운동은 서울에서 만세운동이 소식이 전해지자 기독교 측과 함께 준비하였다. 정읍군 읍내 유지 이익겸, 박환규는 일찍부터 천도교와 기독교 인사들과 교류를 해오던 중 3월 23일 장날을 기해 만세시위를 전개하기로 하고 읍내 시기리 김회근의 집에서 천도교, 기독교 측 인사와 함께 만세시위를 계획하고 태극기과 독립선언서를 인쇄하였다. 천도교 측에서는 관내 교인들의 집을 순회하면서 독립정신을 고취하고 만세시위에 참여할 것을 권고하였다. 그러나 이러한 만세시위 계획이 일경에 탐지되어 3월 22일 밤 헌병대의 급습을 받음에 따라 실행에 옮기지 못하였다.[89]

순창교구 천도교인의 3·1운동은 3월 20일에 전개되었다. 순창군에서는 3월 10일과 17일 만세시위가 있었다. 이로 인해 일경의 경계가 극심하였으나 20일에 이르러 평온을 되찾았다. 이를 기회로 천도교인들은 이날 밤 군민 2백여 명과 함께 읍내 뒷산으로 올라가 준비한 태극기를 꼽고 횃불을 들어 만세시위를 하였다. 이날 만세시위로 노병화 등 천도교인 10여 명이 검거되었다.[90] 또한 순창교구 서기와 금융원으로 활동한 바[91] 있는 우치홍은 3·1운동 당시 보성고등보통학교 재학 중이었는데, 3월 1일 탑골공원 만세시위에 참가한 후 천도교중앙총부에서 독립선언서 2백 매와 『독립신문』 150매를 받아 고향으로 돌아와 만세시위를 준비하던 중 헌병에 검거되어 옥고를 치르었다.[92]

---

88) 『독립운동사』 3(3·1운동사 하), 537~543쪽; 윤영근·최원식, 『남원항일운동사』, 남원시·한국문인협회 남원지부, 1999, 242~260쪽.

89) 이병헌, 『3·1운동비사』, 906쪽; 『독립운동사』 3(3·1운동사 하), 511쪽.

90) 『독립운동사』 3(3·1운동사 하), 513쪽.

91) 『천도교회월보』 52, 1914.11, 39쪽 및 40쪽.

92) 『독립운동사』 3(3·1운동사 하), 514~515쪽; 한상호, 「동암 우동원의 갑오년(1894)

임실교구의 3·1운동은 전주교구로부터 독립선언서가 전달된 3월 2일부터 시작되었다. 독립선언서가 전달되자 교구장 한영태를 비롯하여 강계대, 박판덕, 한준석, 최양옥, 우성오, 황성진, 김영원, 박성근 등이 모여 만세시위를 모의 하였다. 이어 참석자들은 이날로 독립선언서를 관내에 배포키로 하는 한편 그 책임 지역을 〈표 7〉과 같이 정하였다.

〈표 7〉 임실교구의 독립선언서 배포 책임자와 지역

배포지역	배포 책임자
임실	강계대, 문길현
신평	박성언, 염유환
운암	최종기, 최종택, 김교승
강진	안경렬, 송광호
덕치	안경렬, 김귀년, 이모
오천	우성오, 김인택
신덕	정상열, 임재화
하운암	김한익, 김한암, 김한경
둔남, 지사, 삼계	조우삼, 한준석, 박정원

또한 박판덕은 독립선언서 2매를 둔남면 대명리 외 1곳에,[93] 강계대는 독립선언서 9매를 임실 장터와 학교 앞, 경찰서 앞, 면사무소 앞 등에,[94] 김영원은 독립선언서 20매를 운암면 입석리, 선거리, 학산리에,[95] 박성근은 독립선언서를 청웅면사무소 앞에,[96] 우성오는 독립선언서 18매를 임실면과 오천면에[97] 각각 배포하거나 부착하였다. 이로 인해 박판덕과 박성근은 징역 10월, 강계대 김영원 우성오는 각각 징역 1년을 언도받았다.

행적」, 전북대 석사학위논문, 2006, 3쪽 각주 3).
93) 「박판덕 판결문」, 광주지방법원 전주지청, 1919년 4월 16일.
94) 「강계대 판결문」, 광주지방법원 전주지청, 1919년 4월 4일.
95) 「김영원 판결문」, 광주지방법원 전주지청, 1919년 4월 7일.
96) 「박성근 판결문」, 광주지방법원 전주지청, 1919년 4월 9일.
97) 「우성오 판결문」, 광주지방법원 전주지청, 1919년 4월 7일.

이와 같이 각지에 독립선언서를 부착 배포를 계기로 3월 11일 청웅면, 3월 12일 읍내, 3월 15일은 둔남면, 3월 23일은 오수시장, 3월 28일 성수면 등 각지에서 대규모의 만세시위가 전개되었다. 특히 3월 23일 오수시장의 만세운동은 천도교와 기독교, 그리고 학생들의 연합으로 전개되었으며, 이날 만세시위에서 천도교인 박영창과 임한경이 피체되었다.[98]

전북지역 천도교의 3·1운동은 전주교구를 비롯하여 익산교구, 임실교구, 순창교구, 정읍교구, 김제교구, 옥구교구, 부안교구, 남원교구, 함열교구 등 10개 교구에서 참가하였다. 그리고 기독교와 학생 등과 연합을 하여 만세시위를 전개하였다. 그러나 일부에서는 만세시위를 계획하였지만 일경이나 헌병대의 사전 검속으로 뜻을 이루지 못한 곳도 없지 않았다.

5. 맺음말

이상으로 전북지역의 동학과 갑진개화운동, 그리고 1906년 이후 천도교의 조직과 이를 통해 전개한 3·1운동에 대하여 살펴보았다. 이를 정리하면서 맺음말에 대신하고자 한다.

첫째, 전북지역의 동학 조직은 동학농민혁명의 진원지로서 뿐만 아니라 동학농민혁명의 중심무대였다는 점이다. 전북지역은 1862년 수운 최제우가 남원과 전주에 머물면서 동학이 처음으로 포교되었다. 그렇지만 본격적인 동학의 포교는 180년대 중반이었다. 이후 동학은 전북지역 전체로 교세가 확장되었다. 이를 기반으로 1894년 1월 10일 고부에서 첫 동학농민혁명을 알리는 기포를 전개하였고, 이후 전북지역 동학 조직은 동학농민혁명에 적극 참여하여 황토현전투를 비롯하여 장성 황룡촌전투,

---

98) 이병헌, 『3·1운동비사』, 905쪽.

그리고 전주성을 점령하는데 적지 않은 역할을 담당하였다. 이후 집강소를 설치하는 한편 폐정개혁을 단행하였다. 또한 총기포 후에는 공주 우금치전투에 참여하는 등 동학농민혁명의 최후까지 활동하였다. 이로 볼 때 전북지역의 동학은 동학농민혁명의 핵심 조직이라고 평가할 수 있다.

둘째, 전북지역 동학은 근대문명운동을 적극적으로 전개하였다는 점이다. 1904년 동학 교단이 흑의단발을 통해 근대문명운동을 전개하자 전북지역의 동학 조직은 관내 각 지역에 진보회를 조직하고 흑의단발을 하면서 적극적으로 참여하였다.

셋째, 전북지역 동학은 1905년 12월 1일 근대적 종교의 틀인 천도교로 전환할 때 적극적으로 참여하였다는 점이다. 이를 통해 전북지역에는 전주와 익산의 대교구와 그 산하에 20여 개의 지역 교구가 조직되었다.

넷째, 천도교 조직은 1919년 3·1운동에 적극적으로 참여하였다는 점이다. 천도교는 3·1운동을 일제강점 직후부터 준비하였다. 각 지역의 주요 교역자들을 초치하여 '49 기도' 등 정신교육을 강화하였다. 이는 곧 지역에서 3·1운동을 확산하는데 크게 기여하였다. 전북지역도 주요 교역자들이 중앙에서 시행하였던 49일 기도에 참여하는 한편 지역에서도 기도회를 개최하였다. 이를 기반으로 전북지역에서는 전주교구를 비롯하여 10여 개 교구에서 3·1운동을 준비하고 교인들을 동원 만세시위를 전개하였다. 그렇지만 조직적인 만세시위를 전개하는 데는 미흡하였다. 독립선언서를 배포한 후 예비검속을 당함에 따라 타 지역보다 활발한 만세시위를 전개하는데 한계를 보여주었다. 그럼에도 불구하고 적지 않은 지역에서 3·1운동을 주도하는 데 중심에 있었음을 확인할 수 있다.

이로 볼 때 전북지역 동학, 천도교는 근대사회의 변혁을 이끌었던 동학농민혁명의 진원지로써, 그리고 중심무대로써 그 역할을 다하였을 뿐만 아니라 3·1운동에서 적지 않은 역할을 하였다고 평가할 수 있지 않을까 한다.

다만 전북지역이라는 넓은 지역을 다루다보니 '수박 겉핥기'라는 생각
이 너무 크게 느껴졌다. 때문에 각 지역마다 세세하고 구체적으로 분석
하지 못하였다는 한계를 지워버릴 수가 없었다. 또한 각 지역에서 활동
한 인물들에 대한 분석도 함께 곁들어져야 하는데, 부족한 시간과 적지
않은 원고량, 본인의 능력 부족으로 인해 완성된 원고를 마련하지 못하
였음을 송구스럽게 생각하고 추후 각 지역별, 인물별로 연구를 통해 보
완해날 것을 약속드린다.

16장 1920년대 아산지역 민족운동과 천도교

1. 머리말

3·1운동은 1920년대 국내의 민족운동은 커다란 변화를 가져왔다. 첫째는 3·1운동에 민중이 광범위하게 참여하면서 민중이 민족운동의 전면에 나서기 시작하였다는 점이고, 둘째는 러시아혁명 이후 사회주의가 새롭게 대두되면서 민족운동에 영향을 주었다. 3·1운동 이후 민족운동의 새로운 대안으로 사회주의를 수용하면서 민족운동은 민족주의운동과 사회주의운동으로 분화되었다. 민족주의운동과 사회주의운동은 일본제국주의를 물리치고 한민족을 독립국가를 건설하려는 데는 공통의 목적을 가지고 있었지만 민족운동의 전략과 대중적 지지 기반에는 차이가 있었다. 때문에 이들 양 운동 세력은 경쟁적이기도 하였지만 때로는 연합전선을 형성하기도 하였다. 이러한 상황에서 민중이 자발적으로 조직을 결성하여 생존권을 확보하고 민족해방을 추구하는 청년운동, 농민운동, 노동운동, 학생운동, 여성운동, 형평운동, 신간회운동 등 다양한 대중운동을 전개하였다.

아산지역도 3·1운동이 격렬하게 전개되었다[1]는 점에서 1920년대 민족운동은 보다 다양한 모습으로 나타나고 있다. 한 선행 연구에 의하면 1920년대 아산지역 민족운동에 대해 1920년대 전반기까지로 한정하고 있지만 "별다른 활동이 없었다"[2]고 한 바 있다. 그리고 그 이유에 대해서는 "일찍부터 온양에는 일본인들이 진출하여 상당한 기반을 가지고 있었기 때문"이라고 밝히고 있다. 이처럼 1920년대 전반기에는 사회운동이 미약하였지만, 1923년 아주구락부와 아산청년회, 형평사 지사가 조직되거나 설립되면서 아산지역에서의 대중운동은 본격적으로 전개되었다.

한편 천도교는 일제강점기 3·1운동을 주도하면서 1920년대 전개되었던 문화운동을 비롯하여, 청년운동, 여성운동, 농민운동 등 대중운동을 주도하였다.[3] 그렇지만 천도교는 1920년대 중반 신구 양파로 분화된 이후 합동과 재분화를 두어 차례 거듭하다가 1941년 다시 합동하면서 해방을 맞았다. 일제강점기 아산지역 천도교는 분화 이후 구파에 속하였던 관계로 구파의 영향을 받았다. 구파는 청년단체로 천도교청년동맹을 조직하여 전국적 조직망을 구축하였고, 1927년 결성된 신간회에 적극적으로 참여하였다. 이 과정에서 지역에서 대중운동에 참여하는 사례가 적지 않았다. 아산지역의 천도교는 여타 충남 지역과 달리 천도교 조직인 아산군교구가 1926경에 설립되었지만 대중운동에 참여하는 청년단체를 조직하지 못하였다. 이러한 관계로 아산지역 민족운동에 적극적으로 참여하지 못한 한계를 지니고 있다. 본고에서는 1920년대 아산지역 민족운동과 천도교와의 상호 관계성을 추적해보고자 한다. 이를 위해서 먼저

---

1) 아산지역 3·1운동에 대해서는 순천향대학교 아산학연구소 편, 『아산의 독립운동사』, 광복회·충남 아산·예산연합지회, 2014, 64~99쪽을 참조할 것.
2) 순천향대학교 아산학연구소 편, 『아산의 독립운동사』, 112쪽.
3) 일제강점기 천도의 민족운동과 대중운동에 대해서는 김정인, 『천도교 근대 민족운동 연구』, 한울, 2009; 조규태, 『천도교 민족운동 연구』, 선인, 2006; 성주현, 「천도교청년당(1923-1939) 연구」, 한양대학교 대학원 박사학위논문, 2010을 참조할 것.

1920년대 아산지역 민족운동을 청년운동과 형평운동, 그리고 민립대학 설립운동 등을 중심으로 살펴보고자 한다. 이어 1920년대 아산지역 천도교를 살펴본 후 1920년대 아산지역 민족운동과 천도교의 관련성을 맺음말로 대신하고자 한다. 그리고 이를 위해 일제강점기 발행되었던 신문과 문서를 주로 활용하고자 한다.

2. 1920년대 아산지역 민족운동의 흐름

1920년대 민족운동은 지역별로 차이는 있지만, 대부분 청년단체의 조직을 통한 청년운동, 민립대학 설립운동, 형평운동, 교육운동 등을 중심으로 전개되었다. 아산지역 민족운동의 양상도 이와 같은 틀에서 크게 벗어나지 않는다. 그렇다고 격렬하거나 보다 다양하게 전개된 것도 아니다. 사실 한국사 관련 데이터를 가장 많이 제공하고 있는 국사편찬위원회 홈페이지에 의하면 1920년대 아산지역 민족운동 관련 자료는 매우 제한적이다. 이러한 관계로 선행연구에 의하면 1920년대 아산지역 민족운동에 대해 다음과 같이 밝힌 바 있다.

1920년대 아산지방의 독립운동은 그다지 활발하게 전개되지 못한 것 같다. 1919년 말부터 1921년 사이 전국에 걸쳐 청년회 설립의 붐이 불기 시작하면서 약 5백에서 6백여 개의 청년회가 설립되었다. 3·1운동의 영향으로 각 부분의 사회단체들이 우후죽순처럼 발생하였는데, 사회적으로 민감한 청년들은 제1차 세계대전 이후 세계적으로 몰아친 세계개조사상에 고무되었다. 3·1운동 이후인 1919년 말부터 1920년 초에 걸쳐 청년회, 청년구락부, 청년수양회 등의 명칭을 가진 청년단체가 군, 면, 리에 급격히 출현하였다. 그렇지만 아산지방에서는 신문자료 상 청년단체가 특별하게 발견되지 않는 것으로 보아

1920년대 전반기까지 별다른 활동이 없었던 것 같다.[4]

    인용문에서 밝히고 있듯이 아산지역은 서산, 당진, 천안, 진위 등 인근 지역과 달리 당시 사회운동의 중심으로 성장하고 있는 청년단체가 조직적으로 마련되지 못하였다. 그렇다고 3·1운동 직후, 1920년대 초에 아산지역에 청년단체가 전혀 없었던 것은 아니다. 당시의 상황에 대해 한 언론에서 다음과 같이 언급한 바 있다.

    牙山郡에서는 自來로 靑年會이니 修養團이니 하는 靑年團體가 組織됨이 有하였으나 當局의 忌諱와 外他 事情에 의해 해산되었다.[5]

    3·1운동 이후 이른바 문화통치를 계기로 각지에서 청년단체들이 조직되었듯이, 아산지역에서도 청년회 또는 수양단이라는 청년단체들이 조직되기 시작하였다. 그렇지만 이들 청년단체들은 '당국의 기위' 즉 식민지배정책에 부합하지 않는 등 여러 가지 사정에 의해 해산되거나 유명무실하였다. 이 같이 침체된 상황을 유감스럽게 여긴 지역 청년유지들이 중심이 되어 1923년에 이르러 청년단체를 다시 조직하기 시작하였다. 이때 조직된 대표적인 청년단체가 아주구락부, 아산청년회, 보광청년회, 우리청년회 등이 어다.

    아주구락부는 아산군 영인면 아산리 청년유지들에 의해 1923년 2월 6일 오후 6시 조직되었다. 창립 당시 회장에 이상훈(李相薰), 부회장 겸 서무에 신현승(申鉉承), 간사에 유익원(柳翼元)을 선출하였다.[6] 아주구락

---

4) 김도형, 「1920년대 아산의 독립운동」, 『아산의 독립운동사』, 순천향대학교 아산학연구소, 111~112쪽.
5) 「아주구락부 조직」, 『조선일보』 1923년 2월 11일자.
6) 「아주구락부 조직」, 『조선일보』 1923년 2월 11일자.

부 조직을 주도한 이들의 경력을 살펴보면 다음과 같다.

부회장 신현승은 백낙경(白樂慶), 김병규(金炳奎) 등과 함께 1925년 4월 조선사회운동자동맹발기준비위원회에 참여한 바 있다.[7] 유익원은 1930년 7월에 설립한 아산국자(牙山麴子)(株)의 지배인으로 참여한다.[8] 회장으로 선임된 이상훈에 대해서는 그의 내력이나 활동이 확인되지 않지만, 신현승과 유원익으로 볼 때, 이들은 지역에서 일정한 영향력을 미치는 유지급이었음을 알 수 있다.

아주구락부의 활동에 대해 구체적으로 확인하기는 어렵지만, 아주구락부는 "아산군내 사업계의 선구자"[9]라는 평가를 받은 바 있다. 그렇지만 회장 이상훈과 부회장 신현승이 곧이어 조직된 아산청년회에서 총무와 지육부장으로 활동하고 있다는 점에서 아주구락부가 아산청년회로 재조직된 것이 아닌가 한다.

아산청년회 조직은 분명하지는 않지만, 조직 이후 임시로 임원을 선임하였다가 1923년 5월 13일 임시총회를 개최하면서 정식으로 임원을 선출하였다. 당시 선출된 임원은 다음과 같다.

회　　장 강두영,
부 회 장 박동면,
총　　무 이상훈,
부 총 무 이수영,
지육부장 신현승,

7) 「朝鮮社會運動者同盟發起準備委員會ノ動靜ニ關スル件」, 京鍾警高秘 제4625호, 1925년 4월 23일(국사편찬위원회 국내항일운동자료, http://db.history.go.kr/item/level.do?setId=1&itemId=had&synonym=off&chinessChar=on&position=0&levelId=had_132_0490)
8) 「조선은행회사조합요람」(1935년판); 국사편찬위원회 한국근현대사조합자료(http://db.history.go.kr/item/level.do?itemId=hs)
9) 「아산사업계의 선구」, 『조선일보』 1923년 5월 21일자.

덕육부장 박용권,

체육부장 이인영,

사교부장 이재훈,

연예부장 신정균,

실업부장 신홍기,

서　　기 이장보 · 박영관 · 이강제 · 김종찬,

간　　사 김노봉 · 이기영 · 추백○ · 김광연,

평 의 원 성두식 · 이교영 · 김하홍 · 이근겸 · 이연복 · 김현식 ·
　　　　임태원 · 이정하 · 이경선 · 윤하영[10]

　당시 선임된 아산청년회 임원들의 주요 경력을 살펴보면 아래 〈표 1〉
과 같다.

〈표 1〉 아산청년회 주요 임원의 활동 내역

이름	직책	주요경력	비고
강두영	회장	조선일보 아산지국 고문(1923.5)	조선 1923.5.24
		동아일보 아산지국 고문(1928.6)	동아 1928.6.13
		충남제사(주) 이사(1927)	국편 홈피
		충남권업(주) 대표이사(1935)	국편 홈피
		충청남북도기자대회 발기인(1925.8)	시대 1925.8.28
박동면	부회장	임시토지조사국 기사(1926~1927)	국편 홈피
		영인면장(1929~1939)	국편 홈피
이상훈	총무	아주구락부 회장(1923.2)	조선 1923.2.11
이수영	부총무	동아일보 온천지국 기자(1929.4)	동아 1929.4.7
신현승	지육부장	아주구락부 부회장 겸 총무(1923.2)	조선 1923.2.11
		조선일보 아산지국 기자(1925.8)	매일 1925.8.30
		조선사회운동자동맹 발기인(1925.4.17)	국편 홈피
이인영	체육부장	동아일보 아산지국 총무 겸 기자(1928.6)	동아 1928.6.13
		동아일보 아산지국장(1928.7)	동아 1928.7.20
		동아일보 온천지국장(1929.4)	동아 1929.4.7
		아산주조(주) 이사(1937)	국편 홈피

---

10) 「아산청년회 신활기」, 『조선일보』 1923년 5월 19일자.

		조선일보 아산지국 지국장 겸 기자(1924.1)	조선 1924.1.7
이재훈	사교부장	충청남북도기자대회 발기인 및 위원(1925.8)	시대 1925.8.28
		호서기자단 위원(1925.11)	시대 1925.11.19
		시대일보 아산지국 총무(1925.12)	시대 1925.12.11
		호서기자단 조사부 집행위원(1927.6)	중외 1927.6.12
신정균	연예부장	동아일보 아산지국 기자(1928.6)	동아 1928.6.13
		동아일보 영인분국장(1929.10)	동아 1929.10.9
윤하영	평의원	동아일보 아산지국 회계(1928.6/1932.12)	동아 1928.6.13. 1932.12.1

〈표 1〉에 의하면 아산청년회의 임원진들은 주로 아산지역 언론에 종
사하는 인물들이 주류를 이루고 있다. 회장 강두영을 비롯하여 부총무
이수영, 체육부장 이인영, 사교부장 이재훈, 연예부장 신정균, 평의원 윤
하영 등은 조선일보·동아일보·시대일보 아산지국 또는 온천지국에서
지국장, 기자, 회계 등으로 활동하거나 이후 활동하였다. 이밖에도 식민
지배 기관인 임시토지조사국 직원 및 면장(박동면), 경제적 여력을 가지
고 있는 유지(강두영, 이인영) 등도 참여하였다. 이로 볼 때 아산청년회
는 지역 유지 내지 언론인이 중심이 되어 조직하였다고 할 수 있다.

아산청년회는 앞서 살펴보았듯이 1923년 5월에 임원을 선출하였지만,
곧이어 1923년 6월 2일 임시총회를 개최하고 이희만을 고문으로 추대하였
다.[11] 그리고 이날 임시총회에서 특별하였던 점은 보광청년회의 이만영은
경험담과 권면담을, 홍일선은 '我等은 何로서 將來 社會를 支配하겠느냐'라
는 경력담을 강연하였다는 것이다. 이는 아산청년회와 보광청년회가 비교
적 교류가 활발하게 이루지고 있었음을 알 수 있는 사례가 아닌가 한다.

아산청년회는 이해 8월 20일에도 임시총회를 개최하고 "학생들을 모
집하여 교육을 증진하며 직조공장을 설치하여 실업을 진행"할 것을 결의
하기도 하였다. 그리고 이를 실행할 교육부장에 김인제, 실업부장에 한

---

11) 「아산청년회 임시총회」, 『조선일보』 1923년 6월 8일자.

규동[12])을 선임하였다. 이외에도 평의원으로 김영배[13]), 신○로, 김제현[14]), 이경해[15]), 안병로, 임좌순 등을 선출하였다.[16] 새로 선임된 임원들 역시 지역 유지급에 해당하는 인물들이었다.

그렇지만 아산청년회의 활동은 그리 활발하지는 않았다. 1920년대 중반을 넘기면서 조직이 유명무실하게 되자 아산청년회는 1927년 9월 18일 혁신총회를 개최하고 회장제를 집행위원 체제로 변경하는 등 제반사항을 혁신적으로 결의하였다. 그리고 집행위원장에 이수영을 추대하고 신정균과 강경주를 집행위원, 신현승과 박홍래를 상무위원으로 선출하면서 조직을 강화하였다.[17] 그럼에도 불구하고 이후 아산청년회의 활동이 사실상 거의 없는 것으로 보아 여전히 침체국면으로 보인다.

보광청년회는 1923년 5월 13일 아산군 염치면 백암리에서 조직되었다.[18] 창립총회는 백암리예배당에 개최되었으며, 회장에 이규식, 총무에 이종복, 서무부장에 이만영, 교육부장에 이종옥, 실업부장에 임공철, 경리부장에 민홍식, 구락부장에 우용희, 경리에 이종인·김상철, 서기에 홍일선·이민성과 평의원 21명을 선임하였다.[19] 회장 이규식은 동아일보

---

12) 한규동은 조선일보 아산지국 기자『매일신보』 1925년 8월 30일, 공세리실업청년회 회장(『조선일보』 1923년 8월 16일), 공세리진흥회 부회장(『조선일보』 1924년 4월 26일) 등으로 활동한 바 있다.

13) 공세리실업청년회 이사로 활동한 바 있다.(『조선일보』 1923년 8월 16일)

14) 김재현은 조선일보 아산지국 기자로 활동한 바 있다.(『매일신보』 1925년 8월 30일)

15) 이경해는 1931년 6월 극빈자의 호세를 대납한 바 있는 지역 유지였다.(『동아일보』 1931년 6월 27일)

16) 「아산청년회 임시총회」, 『조선일보』 1923년 8월 25일자.

17) 「아산청년회 혁신총회」, 『조선일보』 1927년 9월 22일자.

18) 「보광청년회 조직」, 『조선일보』 1923년 5월 10일자. 보광청년회의 발기인은 다음과 같다. 李在德, 李敏晟, 李種復, 南應祐, 南祐源, 李種玉, 張德煥, 李奎軾, 洪一善, 李晚永, 李演模, 閔洪植, 尹奉鉉, 金相哲, 姜泰日, 南顯祐, 柳璟, 李種瑄, 蔡奎燮, 李斗永, 朴勝后, 鄭圭常, 李種仁.

19) 「보광청년회 창립총회」, 『조선일보』 1923년 5월 21일자.

412 동학과 동학농민혁명

아산지국 기자[20]와 훗날 아산금융조합 대표[21] 등으로 활동하고 한 바 있고, 1928년 온양수리조합 반대투쟁 당시 지주 대표로 활동하기도 한다.[22] 보광청년회 역시 지주 및 언론인 등 지역 유지들이 중심이 되어 조직된 것으로 볼 수 있다.

아산지역에서 비교적 활동이 활발한 청년단체는 우리청년회였다. 우리청년회는 1927년 11월 9일 발기총회를 개최[23]한 후 11월 11일에 온천리에서 조직되었다.[24] 창립 당시 회원은 141명으로 규모가 비교적 큰 청년단체였다.[25] 창립총회 상황은 다음과 같다.

> 기보와 여히 11월 11일 오후 1시 반부터 現 영춘관 跡에 회원 41여 명이 회합하여 의장 원성희 씨가 창립 개회사를 선언한 후 임시의장으로 이달형씨와 임시서기로 김형복 씨가 피선되어 발기총회 회의록 낭독 및 회칙 통과, 위원 선정, ○○예산편성 등 기타 여러 가지를 원만히 토의한 후 동 11시 반에 회원 중 감상담이 있고 무사히 폐회하였더라.[26]

창립총회는 회원 141명 중 40여 명이 참가하였으며, 임원에 해당하는 위원으로 유익원, 고남규, 이수영, 원성희, 이달건, 이정국, 김복룡 등 7명을 선정하였다. 이들 중 유익원은 앞서 살펴본 바 있는 아주구락부의 간사를 맡은 바 있으며, 1930년대 아산곡자(주)의 지배인으로 활동하였다. 고남규는 1928년 11월 동아일보 아산지국 기자와 1940년 마루니온양

---

20) 「사고」, 『동아일보』 1928년 6월 13일자.
21) 「아산금조 정기총회」, 『조선중앙일보』 1935년 4월 13일자.
22) 「수조 반대의 4대 사항 결의」, 『중외일보』 1928년 5월 18일자.
23) 「온양온천 우리청년회 발기총회」, 『조선일보』 1927년 11월 13일자.
24) 『동아일보』에는 1927년 11월 22일 창립되었다고 하였다.
25) 『동아일보』 1929년 1월 3일자.
26) 「온천우리청년 창립총회」, 『조선일보』 1927년 11월 15일자.

합동운송의 대표로, 그리고 이수영은 아산청년회 부총무와 동아일보 온천지국 기자로 활동하였다. 우리청년회를 조직한 인물들 역시 언론기관 또는 경제기관에서 활동하는 것으로 보아 이들 역시 지역에서는 유지급에 해당된다고 할 수 있다.

우리청년회는 1928년 1월 9일 개최한 집행위원회에 의하면 회비 수집에 관한 건, 회무 준행방법에 관한 건, 회원 모집에 관한 건, 척사대회에 관한 건 등을 토의하였다. 이어 척사대회 준비위원으로 이수영, 이달형, 고남규, 이경선, 이승국, 성낙모, 원성희 등을 선정하였다.[27] 그리고 이해 2월 5일에는 경성기독교사제회 소속의 손쾌례를 초청하여 금주강연회를 개최하기도 하였다.[28]

이외에도 1920년대 아산지역에는 청년실업회와 선장청년회의 활동이 보이고 있다. 청년실업회는 1923년 8월 12일 아산군 인주면 공세리에서 실업장려, 야학회 설립, 지식함양 등을 목적으로 조직되었다.[29] 창립 1주년에는 기념식 외에 농산물 추수예산에 대해 논의하기도 하였다.[30] 선장청년회는 1928년 4월 21일 발기인총회를 개최하고 4월 29일 청년회를 창립하기로 하였다.[31] 그리고 학생단체로 아산유학생친목회가 조직되었다. 이 친목회는 일본 도쿄에 유학 중이던 유석봉(柳錫鳳)이 1922년 10월 귀국하여 문화발전과 계급타파에 노력하던 중 재경성유학생을 위하여 1923년 3월에 친목회를 조직하였다.[32]

---

27) 「온천 우리청년 집행위원회」, 『중외일보』 1928년 1월 15일자.
28) 「온천 우리청년 금주강연 성황」, 『중외일보』 1928년 2월 9일자.
29) 「청년실업회 조직」, 『조선일보』 1923년 8월 16일자. 실업청년회의 주요 임원은 회장 한규동, 부회장 김영배, 이사 김제현, 서기 오거영, 김○배, 평의원 조병하 이선주 김석현 조용환 김유항 오현묵 신○우 정흥인 정흥경 신정균, 신현승 홍종유 김○익 홍사익 등으로 구성되었다.
30) 「청년회 주년 기념」, 『조선일보』 1924년 9월 6일자.
31) 「선장청년발기」, 『중외일보』 1928년 4월 28일자. 선장청년회 발기인은 황인섭, 이태우, 장재익, 박정규 외 9인이었다.

아주구락부와 아산청년회가 조직되던 시기 전국적으로 민립대학 설립
운동이 거세게 일어났다. 1921년 4월 조선청년연합회가 민립대학 설립
을 제기[33]한 이후 『동아일보』에서 이를 관심있게 다루면서 민립대학운
동이 전국적으로 전개되었다. 중앙에서는 민립대학기성준비회가 조직되
었으며, 해주 등 지방에서도 민립대학설립운동에 적극적으로 참여하였
다. 아산에서도 1923년 4월 22일 아주구락부가 중심이 되어 아산군 내
각면 유지 30여 명이 온천리 석정여관에 모여 조선민립대학기성회 아산
지부를 결성하였다. 지부 회장에 유기영, 부회장에 윤대영과 이완영을
선임하고 그밖의 임원진과 각면 실행위원을 정하였는데 다음과 같다.[34]

◆ 임원진
회장 : 유기영
부회장 : 윤대영 이완영
감사위원 : 윤자현 권인기 심인택 임두호 이규식 남봉희
회금보관위원 : 서정완 이완영 유익홍
집행위원 : 박래홍 박○면 이상훈 강두영 이원식 김긍식 홍사필
　　　　　한규동 임○호 홍순영 이만종 이종규 민홍식 이민행
　　　　　이민호 김인식 윤현복 이범도 심○진 이병규 윤치○
　　　　　윤치문 김행룡 이규석 이덕래 이범우 하학수 윤정구
　　　　　이용대 이용관 남민주 구장회 이용기 정규영 장윤식
　　　　　이규원 김영회 김순갑 남성원 이화석 김종근 안병선
　　　　　이만영 김영일 성낙홍 최병교 한학석 이성우 서정욱
　　　　　김재교 채용석 박정규 이기진 김희만 김덕순 박용섭
　　　　　이동훈 홍○경[35]

---

32) 「아산청년계의 모범」, 『조선일보』 1923년 3월 14일자. 유석봉의 이후 활동에 대해서는
　　확인이 되지 않고 있다.
33) 『고등경찰관계연표』
34) 「아산군지방부 민립대학기성회」, 『조선일보』 1923년 4월 28일자.

◆ 각면 실행위원

영인면 : 윤자영 유기홍

인주면 : 강두영 김긍식 한규동

염치면 : 임헌호 임두호 이종옥

둔포면 : 이병규 윤치명

온양면 : 이완영 이범우 이규식

송악면 : 이용대 구장회 이용기

배방면 : 장윤식 심인택 김영회

탕정면 : 이규석 안병석 이만영

도고면 : 윤대영 성낙홍 최병교

선장면 : 이성우 서정욱 채용석[36]

　　민립대학기성회 조직에 참여한 인물은 60여 명으로, 이들은 지역의 자산가, 언론인, 면장, 군참사 등 유지들이었다.[37] 특히 윤자현, 김긍식, 유기영, 임두호, 임헌호, 윤치명 등은 일제식민지배 기관인 군과 면에서 실무를 담당하는 이들이었다. 이들의 민립대학운동에 참여한 것은 지역민의 지지와 신망을 획득하고, 민족의식을 고취하는 교육운동보다는 순수

35) 「민대 지방부 아산에서도 조직」, 『동아일보』 1923년 4월 28일; 「아산군지방부 민립대학기성회」, 『조선일보』 1923년 4월 28일자

36) 「민대기성 실행」, 『동아일보』 1923년 4월 29일자.

37) 민립대학기성회 아산지부에 참여한 중심 인물들의 주요 경력은 다음과 같다.
　　유기영(회장): 군참사・동아일보 아산지국 고문・조선일보 아산지국 기자, 윤자현(감사위원):영인면장, 권인채(감사위원):도고면장・선장면장・동아일보 아산지국 고문, 임두호(감사위원):염치면장, 이규식(감사위원): 아산금융조합 대표・동화양조장・동아일보 아산지국 고문, 남봉희(감사위원):음봉면장・충남권업(주) 이사・성환권농(주) 감사・조선중앙일보 영인지국장, 서정완(보관위원):선장면장, 유기홍(보관위원): 자수성가, 김긍식: 지주・인주면장, 강두영: 지주・동아일보 아산지국 고문・충남제사(주) 이사 및 대표・충남권업(주) 대표, 한규동: 지주, 임헌호: 염치면장, 임두호: 염치면장, 이민행: 포승면장, 김정식: 음봉면장, 윤치명: 둔포면장, 이규석: 탕저공립보통학교기성회원・평화토기공장 이사, 성낙홍: 동아일보 아산지국 고문, 이성우: 온양수리조합 대표, 서정욱: 동아일보 선장분국장

한 교육운동으로 전환시키고자 하는 의도가 컸다고 할 수 있다. 민립대학운동이 총독부의 방해로 뜻을 이루지는 못하였다는 점에서도 이를 확인할 수 있다고 보여 진다. 민립대학기성회 아산지부의 조직 이후 활동이 자료상 확인이 되지 않는다는 점에서 활발한 활동은 전개하지 못한 것으로 추정된다.

한편 아산지역에서 비교적 활발하게 전개된 것은 형평운동이었다. 형평운동은 1923년 4월 25일 진주에서 강상호, 장지필 등이 당시 백정들의 차별철폐를 위해 조선형평사를 조직하면서 시작되었다.[38] 이후 정읍와 대구에서 분사와 지사가 조직[39]된 후 여타 지방에서도 지부들이 결성되었다. 형평운동은 당시 신문을 통해 자주 보도되었는데, 1920년대 『동아일보』, 『조선일보』, 『중외일보』 등 신문 지상에 보도된 아산지역 형평운동 관련 기사를 정리하면 〈표 2〉와 같다.

〈표 2〉 1920년대 아산지역 형평운동 관련 기사

주요활동	활 동 내 용	비고
임시총회 (1926.6.19)	회원의 품행유지에 관한 건, 호상친목에 관한 건, 사원의 소감, 반측분자에 관한 건, 교육에 관한 건, 분사유지에 관한 건, 본부 건축비용에 관한 건, 분사건축에 관한 건 등	조선 1926.6.22
임시총회 (1928.2.18.)	건피장 수리의 건, 총본부 유지의 건, 본사유지의 건, 본사 재무보선의 건, 재만동포의 건, 일절천시 차별철폐의 건, 당진군 합덕면사건 대책의 건, 사원 교양의 건 등	동아 1928.2.22 조선 1928.2.24
시민과의 분쟁	둔포보통학교에서 형평사원 학생과 일반인 아들과의 싸움이 둔포형평사 형평사원과 일부 시민과 분쟁으로 확대, 우돈 비매동맹, 형평사총본부에서는 적극적으로 투쟁키로	중외 1928.3.1
온천부인회	온천리 아산지부에서 형평부인회 창립, 상부상조와	중외 1928.4.1

---

38) 「진주에 형평사 발기」, 『조선일보』 1923년 4월 30일자. 4월 24일 발회에서 형평사를 조직하기로 하고 다음날인 4월 25일 형평사를 조직하였다.
39) 이나영, 「형평사운동의 역사적 평가」, 동의대학교 대학원 석사학위논문, 2005, 16쪽.

창립 (1928.3.26)	호상친목, 덕성함양, 가정부업 장려, 여자교원, 부정 회원, 일부일처주의 건 등 결의	
정기총회 (1928.4.1.)	아산형평사, 임원 개선:집행위원장 편인귀, 총무 이 천응, 재무 이순억, 서기 김일성, 평의원 김수경 원 득순 송봉룡 편사남, 교섭위원 편인귀 이지영/본사 유지에 관한 건, 본지사 유지에 관한 건, 사원교육 의 건, 사원품행에 관한 건, 여성동맹 대표인을 전 선대회에 파견할 것, 대표 비용지출에 관한 건 등 논의	중외 1928.4.9
아산형평 청년회 창립 (1928.4.5)	아산형평사에서 이천응, 이순억의 활동으로 40여 명이 참석하여 아산형평청년회 창립총회 개최/회장 이천응, 부회장 이명복, 서기 송봉룡, 재무 원득순, 총무 조용구, 조사위원 김수경, 외교부 이명순 이천 응, 교양부 길성룡 이천응, 체육부 조용구/상부상조, 회원품행, 청년회 유지, 전선대회 참가의 건 등 토 의	중외 1928.4.13
창립6주년 기념 (1928.3.26.)	아산형평사 창립 6주년 기념식 남녀 사원 70여 명 이 참석한 가운데 성대히 개최	중외 1928.4.30
회관낙성 (1928.6.17.)	아산형평사 회관 낙성식, 지부장 편인귀 식사, 본부 박평산과 중외일보 천안지국장 축사, 환등회 등	동아 1928.6.21 중외 1928.6.22
형평산업사 조직 (1929.2.11.)	형평사산업주식회사 조직, 장지필 등 중선지방 사 원 58명 참석/정관 통과, 주주모집, 임시사무소(천 안), 창립비 1만5천원/지방순회위원: 조귀용 길상주 이벽규, 이관영, 이규서, 천기덕	동아 1929.2.14 중외 1929.2.14
온양지사 설립 (1929.3.12.)	원득순의 집에서 온천형평사지부 창립총회 개최, 회원 20여 명 참석/총본부 유지에 관한 건, 본지부 유지에 관한 건, 사무소에 관한 건, 전조선대회에 관한 건, 정진 잡지에 관한 건, 임원 선거의 건 등/ 지부장 조용구, 서무부장 이천응	동아 1929.3.17 1929.3.18
형평사원 살인사건 (1929.5.2.)	선장시장에서 형평사원 김봉성이 박의보를 살해, 사소한 언쟁에서 박의보가 김봉성을 백정이라고 모 욕한 것에 대한 보복 살인	중외 1929.5.9
정기대회 금지 (1929.5.4)	아산지부 제7회 정기대회와 7주년기념식 거행을 준 비하던 중 선장시장에서 형평사원과 일반인 사이에 살인사건으로 대회 금지	조선 1929.5.11 중외 1929.5.11
정기총회 (1929.6.3.)	온양형평사 제7회 정기총회 개최, 30여 명 참석/지 부장 편기남, 서무부장 길성남, 경리부장 송봉용, 교양부장 신덕진, 정○청년부장 편사남	중외 1929.6.25
온천, 온양 양 지부	조선형평사 온천지부와 형평사 온양지부가 제8회 연합정기대회 개최/편기남 개회선언, 박평산 개회	중외 1930.5.16

연합총회 (1930.5.13.)	사/ 임시집행부 구성, 이장 박평산, 서기장 심상욱, 서기 김일성, 사찰 김사호 길광국, 김광/신임위원 위원장 이순억, 서기장 송봉용, 서기 원득헌, 총무 재무부장 이복록, 사회정위부장 조용구, 교양출판부 장 편기남, 생활보호부장 편인귀, 동 부원 김일성 청년부인부장 이기상, 동 부원 이천응/본지부명 개 정에 관한 건, 본지부 유지에 관한 건, 총본부 월손 금 미납의 건, 교양문제에 관한 건, 도연합회 참가 의 건, 불량사원 처치의 건, 屠夫문제의 건, 생활문 제에 관한 건/오후에 기념식 거행	

〈표 2〉에 의하면 아산지역 형평사 조직은 아산지사, 둔포지사, 온양지사, 온천지사 등 4개였다.[40] 아산지사는 창립된 지 한 달만인 1923년 5월 20일에 창립되었다.[41] 창립 당시 사원은 50명이었으나 1929년경 250명으로 늘어난 것으로 보아 조직이 크게 확장되었다고 할 수 있다. 둔포지사는 사원 13명으로 1927년 11월 28일 설립되었다.[42] 온양지사는 아산지사에 속하였던 온양 거주 사원들이 '지역상 관계'로 활동하기 불편하자 1929년 3월 12일 온천리 원득순의 집에서 사원 및 내빈 30여 명이 참석한 가운데 창립총회를 갖고 결성하였다.[43] 창립총회에서 지사장에 조용구, 서무부장에 이천경을 각각 선출하였다. 온천지사는 언제 결성되었

---

40) 이에 대해서는 좀 더 살펴보아야 할 필요가 있다. 1928년 조선형평사 제6회 전선대회에 아산지역에서는 아산지사에서 이지영 · 이명복 · 조신덕 · 이순억 · 원득순, 둔포지사에서는 이과안 · 이창봉이 대의원으로 참석하였다. 그리고 1929년 제7회 전선대회는 아산지역에서는 온천지사에서 조용구 · 김일성 · 이천응, 둔포지사에서 이수철, 온양지사에서 송봉용 · 편이용 · 편기남 등이 대의원으로 출석하였다. 아산지사의 경우 중앙에서 개최하는 회의에 대의원으로 참석한 예가 확인되지 않고 있다. 그런 점에서 아산지사가 온양지사로 개명한 것이 아닌가 한다.
41) 『동아일보』 1929년 1월 3일자. 그렇지만 동아일보에 기록된 각종 단체의 설립일은 오류가 많이 발견된다. 아산지역의 경우 우리청년회의 창립일에 대해 동아일보는 1927년 11월 22일이라고 하였지만 실제 창립된 날은 10일이나 앞선 1923년 11월 11일이었다.
42) 『동아일보』 1929년 1월 3일자.
43) 「온양형평지부 창립」, 『동아일보』 1929년 3월 18일자.

는지 알 수 없지만 1930년 5월 13일 온양지사와 연합정기총회를 개최한 것으로 보아 조직이 있었던 것으로 확인된다. 뿐만 아니라 1930년대는 온천지사의 활동[44]만 보이고 있어 이를 뒷받침하고 있다.

4개 지사가 활동하였던 아산지역 형평사 조직은 1930년 5월 13일 온양지사와 온천지사가 연합정기총회를 개최하고 온천지사로 통합하고 조직을 크게 개편하였다. 이날 연합정기총회에서는 위원장에 이순억, 서기장에 송봉용, 서기에 원득순, 총무재부장에 이복록, 사회정위부장에 조용구, 교양출판부장에 편기남, 생활보호부장 편인귀, 동 부원에 김일성, 청년부인부장에 이기상, 동 부원에 이천응을 각각 선임하였다. 이어 창립기념식을 '미증유의 대성황'을 개최하였다.[45]

아산지역 형평운동은 정기총회 내지 임시총회를 통해서 확인할 수 있는데, 주로 조직유지가 관건이었다. 조직 유지는 지사뿐만 아니라 본부의 유지도 의안으로 다룰 정도로 중요한 과제였다. 이는 형평운동에 대한 일반사회의 인식과 이에 따른 분쟁 때문이었다. 형평사원과 일반인의 분쟁은 전국적으로 일어났는데, 아산지역도 두 차례 발생하였다. 1928년 2월 11일 보통학교에서 일반인 아들이 형평사원 아들을 백정이라고 천시한 것이 발단이 되었다. 이 사건은 중앙에서 조사원이 파견할 정도였다. 이 사건으로 일반인들은 '우돈육비불매운동'을 벌여 형평사원들의 생존권을 위협하였다. 이에 대해 중앙에서도 강력하게 대응하고자 하였지만 구체적으로 대책은 없었던 것으로 보인다.[46] 1929년 5월 2일 선장시장에서 형평사원 김봉석이 같은 마을에 사는 박의보를 살해하는 사건이 발생하였는데, 이 역시 형평사원을 모욕한 것에서 비롯되었다.[47] 이 사

---

44) 「형지 정총 소집」, 『조선중앙일보』 1933년 4월 12일자; 『동아일보』 1933년 4월 16일자; 『동아일보』 1933년 4월 19일자.
45) 「형평사 양지부 연합정기총회」, 『중외일보』 1930년 5월 16일자.
46) 「둔포의 분쟁과 형평본부 대책」, 『중외일보』 1928년 3월 1일자.

건으로 아산지사는 창립 7주년 기념식과 정기대회가 금지되었다.[48] 이러한 사건은 형평사 조직 유지에 위협적이었기 때문에 '사원품행'과 '교양교육'에 대해서도 관심을 가지고 의안으로 다루었다.

아산지역 형평운동에서 특징적인 것이 산하단체로 형평부인회와 형평산업주식회사를 조직하였다는 점이다. 형평부인회는 온천지사에서 1928년 3월 26일 조직되었으며,[49] 형평산업주직회사는 1929년 2월 11일 중선지방 형평사원 58명이 모여 조직하였다. 형평산업주직회사는 창립자금으로 1만5천원으로 정하고, 이를 모금하기 위해 지방순회위원으로 조귀용 길상주 이벽규, 이관영, 이규서, 천기덕 등을 선정하였다.[50]

충남지역에는 32개 형평사 지사가 조직되었으며 이중 26개 지사가 활발하게 활동하였다고 보고한 바 있었는데, 아산지역에서는 반형평운동에 적극적으로 대응하였다는 점을 높이 평가한 바 있다.[51] 그리고 무엇보다도 아산지역에는 4개 지사가 조직되었다는 점에서 활발한 형평활동이 전개되었다고 할 수 있다.[52]

이상으로 1920년대 아산지역 민족운동에 대해 살펴보았다. 앞서 언급하였듯이 아산지역의 1920년대 민족운동은 미약한 편이었지만, 그 가운데서도 형평운동이 비교적 활발하게 전개하였음을 알 수 있다.

---

47) 「侮辱당한 것을 분개하여 살인」, 『중외일보』 1929년 5월 9일자.
48) 「형평아산지부 정기대회 금지」, 『동아일보』 1929년 5월 11일; 「형평아산지부 정기대회 금지」, 『중외일보』 1929년 5월 11일자.
49) 「온천부인회 창립」, 『중외일보』 1928년 4월 1일자.
50) 「형평산업사 조직」, 『동아일보』 1929년 2월 14일자; 「형평사 산업주식회사 온천에서 조직」, 『중외일보』 1929년 2월 14일자. 이후 형평산업주직회사
51) 「[南]鮮衡平社本部 集會取締 狀況報告(通報)」, 『思想에 關한 情報(副本)』, 京鍾警高秘 제5271호, 1931년 4월 27일자.
52) 그러나 1930년대에는 형평사 해소 문제 등으로 아산지역 형평운동은 크게 보이지 않고 있다.

3. 1920년대 아산지역 천도교

동학농민혁명 이후 동학 조직은 해월 최시형의 순도, 손병희의 망명 등으로 한때 어려움에 처해졌지만, 1904년 갑진개화운동을 거치면서 건재함을 드러냈다. 1905년 12월 망명하였던 손병희의 귀국과 1906년 2월 천도교중앙총부의 설치 등으로 근대적 종교의 틀을 갖추기 시작하였다. 중앙총부 설치 이후 각 지역에서는 지방조직으로 교구53)가 설립되었다. 천도교는 1914년 대교구제가 시행되면서 전국적 조직이 갖추어졌다. 당시 충남지역에는 1개 대교구, 8개 교구, 3개 전교실이 있었다. 충남지역 천도교 조직은 한 개의 대교구가 관할하지 않고 3개 대교구에 분할되어 있었다. 이를 정리해보면 〈표 3〉와 같다.

〈표 3〉 1910년대 충남지역 천도교 조직과 관할54)

대교구	관할교구	비고
서산군대교구	서산군교구, 홍성군교구, 서산군 태안교구, 당진군교구	교구 4
청주군대교구	연기군교구, 대전전교실, 공주군 신상면전교실, 공주군 동부면전교실	교구 1 전교실 3
익산군대교구	논산군 은진교구, 부여군교구, 논산군 연산교구	교구 3

〈표 3〉에 의하면 1910년대 중반까지 아산지역에는 천도교 조직이 없었다. 이는 아산지역에 천도교가 뿌리내리지 못하였음을 알려주고 있다. 그렇다고 아산지역에 천도교인 전혀 없었느냐 하는 점인데, 그렇지는 않았다. 1910년대 천도교 지방조직이 갖추어져 갈 때 아산지역 천도교인들

---

53) 천도교의 지방조직은 1906년 2월 천도교중앙총부가 설립에 이어 지방 조직은 '교구'라는 명칭을 사용하였다. 그러나 1920년대 중반 신파와 구파로 분화되면서 천도교중앙총부가 천도교중앙종리원으로 바뀌자 지방 조직도 '종리원'으로 변경되었다. 이후 1941년 합동되면서 다시 '교구'를 사용하면서 현재까지 사용하고 있다. 본고에서는 지방조직을 통상 '교구'로 표기하기로 한다.

54) 「종령 공선」, 『천도교회월보』 48, 1915.7, 36~39쪽.

은 인근지역이라고 할 수 있는 홍성군교구에서 종교활등을 하였다. 그리고 지리적으로 인접한 예산군에 1917년 교구가 조직되면서 예산군교구에서 활동하였다. 이처럼 1910년대 아산지역에 천도교 조직이 갖추어지지 못한 것은 동학농민혁명 당시에도 활발한 지역이 아니었을 뿐만 아니라 이후에도 동학지도자들을 배출해내지 못하였기 때문으로 풀이된다.

1930년대 충남 일대를 순회한 김병제는 아산지역 천도교 현황을 보고 다음과 같이 소감을 밝힌 바 있다.

> 아산교회는 지금 형편으로는 너무나 미약한 감이 있다. 그러나 포덕 바람이 부는 곳에 풀이 자연 움직인다는 말과 같이 금후 충남 일대를 뒤흔들어 뽑고자 하는 충남 포덕대의 바람이 불게 되면 아산인들 어찌 그 전대로만 있을 수 있으랴. 반드시 멀지 않은 장래에 괄목상대할 날이 있을 것을 믿는다.[55]

김병제가 아산지역을 순회할 당시는 천도교가 신파와 구파로 분화되었다가 합동되는 시점이었다. 아산지역 천도교는 '형편없는 미약한 감'이라고 하였듯이, 충남 일대에서 가장 교세가 약한 곳 중의 하나였다. 1930년 12월 신구 양파가 합동한 이후 충남에서는 천도교 교세를 확장하기 위해 '충남연합포덕대'를 다음과 같이 조직하였다.

원장 마기상
대원 제1대 : 이종만 최홍산
    제2대 : 박병철 김동진
    제3대 : 정환석 이충범
    제4대 : 박영규 박성호

---

55) 김병제, 「충남 순회의 소견 소감」, 『천도교회월보』 246, 1931.6, 39쪽.

제5대 : 신정균 마기상

제6대 : 안병용 김갑수 김종화

제7대 : 진동훈 김오산

제8대 : 김월선 최종화

제9대 : 강성의 이태우

제10대 : 이만종 한학수[56]

'충남연합포덕대'에는 제7대 진동훈 외에 아산지역에서 활동하는 인물이 없기 때문에 얼마나 효과가 있었는지는 확인이 되지 않고 있다. 김병제는 충남연합포덕대의 바람이 불면 아산에도 교세가 크게 일어날 것이라고 하였지만 희망사항으로 느껴진 것이 당시 아산지역 천도교의 현실이었다.

충남지역 천도교는 대교구가 있었던 서산, 당진, 홍성, 예산지역이 비교적 천도교 교세가 컸다. 그렇지만 천도교의 불모지라고 할 수 있는 아산지역에 천도교 지방조직이 설치되는 것은 1920년대 중반이었다. 이에 앞서 아산지역에 교역자가 활동하는 첫 기록은 1923년 초였다. 당시 신창면 읍내리에 거주하는 천도교인 강창주가 처음으로 아산군 직접전교사로 임명되었다.[57] 이후 강창주의 노력으로 1926년 1월경에 아산군교구가 설립되었다.[58] 설립 당시 임원은 다음과 같다.

　　　위원 : 강창주, 이규호[59]

---

56) 『천도교회월보』 246, 1931.6, 39쪽.

57) 「중앙총부 휘보」, 『천도교회월보』 150, 1923.3, 79쪽.

58) 아산군교구의 설립에 대해서 『천도교회월보』에서는 확인되지 않는다. 다만 『천도교회월보』 182호에 아산군교구 임원이 임명된 기록이 있는 것으로 보아, 이보다 앞서 아산군교구가 설립된 것으로 보인다. 『천도교회월보』 182호 바로 전에 발행된 『천도교회월보』 181호가 결호인 까닭에 확인이 안 되고 있다.

59) 『천도교회월보』 182, 1926.2, 29쪽.

강창주는 앞서 언급한 바와 같이 아산지역 직접전교사로 활동하였으며, 이규호는 동학농민혁명에 참가하였던 이신교[60]의 처남으로 1884년 동학에 입도한 것으로 알려지고 있다.[61] 강창주와 이규호는 이후 아산군 교구의 핵심 교역자로 활동을 한다. 강창주는 현기원과 전제원,[62] 이규호는 포덕과 위원[63]과 교장[64] 등을 역임하였다. 이외에 아산군교구에서 활동한 인물로는 최찬각, 이규하, 조윤 등이 확인되고 있다. 최찬각은 심계원, 이규하는 금융원, 조윤은 공선원[65]을 각각 맡아서 활동하였다.

아산군교구 설립 및 이후 임원진을 정리하면 다음 〈표 4〉와 같다.

〈표 4〉 아산군교구 설립 및 이후 임원진

이름	직책	출전
강창주	직접전교사	월보 150, 79쪽
	위원	월보 182, 29쪽
	현기원	월보 269, 43쪽
	전제원	월보 269, 43쪽
이규호	위원	월보 182, 29쪽
	포덕과 위원	월보 230, 43쪽
	교장	월보 269, 43쪽
최찬각	심계원	월보 269, 43쪽
이규하	금융원	월보 269, 43쪽
조윤	공선원	월보 269, 43쪽

아산지역 천도교인들은 1926년 아산군교구가 설립되기 이전에는 예산

---

60) 이신교(1840~1894)는 1894년 동학농민혁명 당시 신창지역에서 정영태와 함께 기포하여 활동하였다. 1894년 10월 내포 일대 동학농민군과 함께 홍주성 전투에 참가하였다가 목숨을 잃은 것으로 추정하고 있다.
61) 순천향대학교 아산학연구소 편, 『아산의 독립운동사』, 195쪽.
62) 『천도교회월보』 269, 1934.5, 43쪽.
63) 『천도교회월보』 230, 1930.2, 43쪽.
64) 『천도교회월보』 269, 1934.5, 43쪽.
65) 『천도교회월보』 269, 1934.5, 43쪽.

군교구와 홍성군교구에서 활동하였다. 대표적인 인물이 최찬각, 곽완, 조윤, 진동훈, 정동철, 정규희, 이규호, 정태영 등이었다.[66] 이들은 예산 군교구와 홍성군교구에 활동한 것은 아산지역에 천도교 조직을 갖추지 못하였기 때문이었다. 우선 지리적으로 가까운 예산군교구에는 최찬각, 곽완, 조윤, 진동훈, 진동철, 정규희 등이, 홍성군교구에는 이규호와 정태 영 등이 해당된다. 이들이 예산군교구와 홍성군교구에서의 역할은 다음 과 같이 정리할 수 있다.

〈표 5〉 예산군교구와 홍성군교구에서 교역자로 활동한 아산지역 천도교인

교구	이름	직책	비고
예산군교구	최찬각	공선원	월보 80, 37쪽
	곽완	전제원	월보 96, 50쪽
	조윤	전교사	월보 96, 50쪽
	진동훈	포덕원	월보 148, 80쪽
		주임종리사	월보 155, 71쪽
		교장	월보 270, 34쪽
	정동철	면종리사	월보 163, 45쪽
	정규희	지도집	월보 249, 46쪽
		종리사	월보 249, 46쪽
		교장	월보 276, 27쪽
홍성군교구	이규호	금융원	월보 54, 37쪽
		교구장	월보 79, 40쪽
	정태영	전제원	월보 80, 38쪽

〈표 5〉의 의하면 이규호처럼 교구의 최고책임자인 교구장으로 활동한 경우도 있지만 대부분 중간교역자로서 활동하였음을 알 수 있다. 이들 중에는 아산군교구가 설립된 이후에는 아산지역에서 활동하지만, 정규

---

66) 이들 외에도 아산지역 천도교인들은 예산과 홍성의 천도교에서 종교활동을 하였다. 다만 교역자로 활동한 경우 기록이 남아 있지만, 그렇지 않은 경우 확인하기 어렵다. 그렇지만 아산지역 천도교인의 증언에 의하면 다수의 교인들이 예산과 홍성 천도교 로 시일을 보러 다녔다고 한다.

희의 경우처럼 홍성군교구에서 계속 활동하는 경우도 없지 않았다.

한편 천도교단에서 작성된 교보와 연원록 등 각종 문서와 대신사탄신
백주년기념사업회 등 관련 조직 등에서 확인된 아산지역 천도교인을 정
리하면 다음 〈표 6〉과 같다.

〈표 6〉 아산지역 천도교인 현황67)

번호	교인명	교단 내 활동	비고
1	강창주(姜昌周)	청년회예산지회 회장(1921.1~1922.2), 직접전교사(1923.2), 대신사백년기념회원(1924), 아산군종리원 위원(1926.1), 해월신사백년기념회위원(1927), 아산교회 현기원 및 전제원(1934), 75회 지일기념 참가(1938)	신창면 읍내리
2	강성의(姜誠義)	대신사백년기념회원(1924)	신창면 읍내리
3	곽세진(郭世鎭)	대신사백년기념회원(1924)	탕정면 가소리
4	곽완(郭玩)	예산교구 전제원(1913), 예산교구 전제원(1918.7), 해월신사백년기념위원(1927)	신창면
5	김상학(金相學)	대신사백년기념회원(1924)	도고면 흑암리
6	박재성(朴載成)	대신사백년기념회원(1924)	도고면 흑암리
7	방성운(方成雲)	대신사백년기념회원(1924)	신창면 불거리
8	백남현(白南鉉)	대신사백년기념회원(1924), 천도교교인대회 위원(1925)	송악면 마곡리
9	백순봉(白順奉)	대신사백년기념회원(1924), 해월신사백년기념위원(1927)	송악면 마곡리
10	이규호(李圭鎬)	홍성교구장(1913~1914.2), 금융원(1914.11~1915.12), 홍성교구장(1917.3), 아산종리원 포덕과 대표위원(1922), 대신사백년기념회원(1924), 아산종리원 위원(1926.1), 정기대회 아산군 대의원(1926.4.4.), 해월신사백년기념위원(1927),	온양면 용화리

---

67) 〈표 6〉의 천도교인은 충남역사문화연구원 정을경 연구원이 제공해주었다. 이를 정
리해서 재가공한 것임을 밝혀둔다. 지면을 통해 감사의 인사를 드린다.

		아산종리원 포덕과 대표위원(1930.1), 제6회 정기총회 대의원(1930), 아산교회 교장(1934), 관지포 봉훈(1934), 75회 지일기념 참가(1938)	
11	이규하(李圭夏)	대신사백년기념회원(1924), 해월신사백년기념위원(1927), 아산교회 금융원(1934)	온양면 용화리
12	이보성(李寶成)		
13	이봉운(李鳳云)	대신사백년기념회원(1924), 해월신사백년기념회 위원(1927)	선장면 오가리
14	이종선(李鍾宣)		
15	이종옥(李鍾玉)	대신사백년기념회원(1924), 아산교구장(1940.4) 아산군교구장(1942.4)	온양면 용화리
16	임선봉(任善鳳)	대신사백년기념회원(1924)	온양면 용화리
17	정규철(丁奎喆)	대신사백년기념회원(1924), 아산교구 교화부장(1957.3)	선장면 오가리
18	정규희(丁奎熙)	대신사백년기념회원(1924), 예산청년동맹 상무위원(1927.10.28.), 예산종리원 종리사 및 지도집(1931.8), 예산교회 교장(1935), 신훈(1941.4), 예산교구장(1943), 예산교구장(1947/1954), 교화부장(1955.12), 포덕백년기념 준비위원(1957.1), 교훈(1971.4)	선장면 선창리
19	정남규(鄭南圭)	청우당 당진당부 집행위원(1931.3.8.), 예산교회 강도회원(1935.5.27.), 아산교구 순회교사(1955.12), 관지포 선도사(1996.12.24)	온양읍
20	정명균(丁明均)	대신사백년기념회원(1924)	선장면 둔포리
21	정우진(丁宇鎭)	대신사백년기념회원(1924)	선장면 둔포리
22	정태영(丁泰榮)	예산교구 전제원(1915), 홍성교구 전제원(1917.1~1918.5), 예산교구 공선원(1919)	신창면
23	조덕례(趙德禮)	대신사백년기념회원(1924)	온양면 용화리
24	조덕순(趙德順)	대신사백년기념회원(1924)	온양면 용화리
25	조복순(趙卜順)	대신사백년기념회원(1924)	온양면 용화리
26	조윤(趙玧)	대신사백년기념회원(1924), 해월신사백년기념위원(1927), 아산교회 공선원(1934)	온양면 용화리
27	조하승(趙夏承)	예산종리원 종리사(1923.5.1.),	도고면 신유리

		대신사백년기념회원(1924), 예산교회 전교사(1933), 예산교회 강도회원(1935.5.27)	
28	진동훈(陳東勳)	예산교구 포덕원(1922), 예산종리원 주임종리사(1923.5.1.), 대신사백년기념회원(1924), 해월신사백년기념회 위원(1927), 충남연합포덕대 제7대원(1931.3), 예산교회 교장(1934), 관지포 봉훈(1934)	선장면 관평리
29	최동욱(崔東旭)	대신사백년기념회원(1924)	도고면 향산리
30	최찬각(崔燦珏)	예산교구 공선원(1911), 예산교구 전제원(1913~1921), 대신사백년기념회원(1924) 해월신사백년기념회 위원(1927), 아산교회 심계원(1934)	탕정면 구령리
31	최창희(崔昌熹)	대신사백년기념회원(1924)	운산면 거성리
32	홍민화(洪敏嬅)	대신사백년기념회원(1924)	온양면 용화리

〈표 6〉에 의하면, 아산지역 천도교인은 32명이었다. 천도교 지방조직인 교구는 일반적으로 50호 이상일 때 인준되었다. 앞서 언급하였듯이 1920년대 아산지역 천도교는 그야말로 '미약'하였다. 1926년에 이르러서야 아산군교구 설립되었지만 크게 변화를 주지는 못하였다. 그런 점에서 아산지역 천도교는 교구로서 위상을 갖추지 못하였음을 알 수 있다.

4. 맺음말 : 민족운동과 천도교의 연계성에 대해

이상으로 1920년대 아산지역에서의 민족운동과 천도교에 대하여 살펴보았다. 본고는 머리말에서 언급한 바와 같이 1920년대 아산지역 민족운동과 천도교의 상호관련성에 대하여 살펴보고자 하였다. 결론적으로 보면 1920년대 아산지역 민족운동과 천도교의 연관성은 확인할 수 없었다.

1920년대 아산지역 민족운동은 앞서 살펴본 바와 같이 활발한 편은 아니었다. 그나마 청년단체의 조직과 이를 통한 청년운동, 그리고 형평운동이 대표적이라 할 수 있다. 3·1운동 이후 일제의 식민정책이 무단통치에서 문화통치로 전환되었고, 불완전하지만 집회와 결사가 가능해졌다. 이를 계기로 각 지역에서는 우후죽순처럼 청년단체들이 조직되었다. 아산지역에서도 3·1운동 직후 청년회나 수양단 등 청년단체가 결성되었지만, 실제는 유명무실하였다. 이후 1923년에 이르러서 아주구락부, 아산청년회, 실업청년회 등 청년단체들이 조직되었다. 이들 단체를 조직하는데 참여한 인물은 지역의 언론인 내지 경제인 등 유지들이었다. 그렇지만 이들 청년단체의 대중운동은 그렇게 활발하지는 못하였다. 특히 이들 청년단체를 주도적으로 결성한 인물들은 1920년대 초 전개된 민립대학설립운동에 적극 참여하였다. 그렇지만 민립대학설립운동에는 군이나 면에서 근무하고 있는 직원들도 대거 참여하고 있다. 이는 민립대학설립운동이 민족운동으로서의 한계를 가질 수 있지만, 지역에서는 의미있는 민족운동이라고 할 수 있다.

1920년대 아산지역에서 가장 활발하게 전개된 민족운동은 형평운동이었다. 형평운동은 당시 차별받던 백정들의 인권옹호운동이었지만 식민지배체제에 대해 적극적으로 대응하였다. 아산지역에는 4개의 형평사 조직이 결성되었으며, 조직 유지와 생존권 확보를 위해 노력하였다.

한편 1920년대 아산지역 천도교는 충남의 여타 지역보다 상대적으로 미약하였다. 당진과 서산, 홍성 등지에서는 1910년대 천도교 조직인 교구가 설립되었지만, 아산지역은 이보다 한참 후인 1926년에 이르러서야 교구가 설립되었다. 또한 천도교는 1920년대 중앙과 지방에서 청년단체를 조직하여 문화운동을 비롯하여 다양한 민족운동에 참여한 바 있다. 그렇지만 아산지역은 천도교 청년단체를 조직하지 못하였다. 이는 그만큼 천도교가 뿌리내리지 못하였음을 알려준다. 설립된 이후 사회활동은 자료상 한계가 있겠지만 확인하기가 사실상 불가능하였다. 이는 여러 가지 이유가 있겠지만 아산지역에서 천도교가 사회적 기반을 갖추지 못하였기 때문이다.[68] 특히 1927년 구파 천도교의 전위단체인 천도교청년동맹은 당시 최대의 민족운동단체인 신간회 결성에 적극적으로 참여하였을 뿐만 아니라 지회 조직에도 참여하기도 결정한 바 있다. 그럼에도 불구하고 아산지역은 사회운동 세력과 천도교 세력의 미약으로 신간회를 조직하지 못하였다. 그렇지만 아산지역 천도교는 1930년대 구파의 최대 민족운동이라고 할 수 잇는 '멸왜기도운동'에는 적극적으로 참여한다.[69]

그렇다면 1920년대 아산지역 민족운동과 천도교는 어떤 관계성을 가지고 있었을까. 막연하지만 앞서 살펴본 바와 같이 상관관계가 드러나지 않고 있다. 청년단체를 비롯하여 민립대학설립운동, 형평운동에 참여한 천도교인을 찾는다는 것은 이른바 '연목구어'에 가까웠다. 『아산의 독립운동사』에 의하면 천도교인 정규희가 6·10만세운동에 참여하였다고 밝히고 있지만, 자료상 확인이 되지 않고 있다.[70] 결론적으로 아산지역 천도교 내지 천도교인은 1920년대 아산지역 민족운동에서는 충남의 여타 지역처럼 그 역할을 충실히 수행하지 못하였다고 평가할 수 있다.[71] 이는 아산지역 천도교 조직이 이를 수행할 만큼 역량을 가지 못하였기 때문이었다. 다만 본고를 준비하는 과정에서 자료의 한계가 있음을 다시 한 번 밝혀두면서, 추후 새로운 자료가 확보하는대로 추가로 연구할 것을 과제로 남겨두고자 한다.

---

68) 이에 대해서는 첫째, 완고한 전통세력의 영향, 둘째 청일전쟁으로 동학의 활동무대의 제한, 셋째 동학 및 천도교의 적극적 포교활동의 미흡 등으로 풀이된다.

69) 이에 대해서는 이어 발표하는 천경석의 「아산의 천도교 멸왜기도운동」을 참조할 것.

70) 이와 관련하여 『아산의 독립운동사』에는 "1926년에 순종황제의 장례식을 기해 일어난 6·10만세운동에 가담하였다가 온양에서 체포되어 다시 혹독한 고문을 당하고 풀려났다"라고 기술하고 있다.(『아산의 독립운동사』, 203쪽)

71) 아산지역을 포함하고 있는 내포지역에서는 서산, 당진, 예산, 홍성, 태안 등지에서 천도교의 활동이 비교적 활발하였다. 이들 지역에서는 신간회 참여 등 민족운동에 적극적으로 참여한 바 있다.

17장 사운 이종학과 동학농민혁명 자료

1. 머리말

동학농민혁명 1년을 맞는 1994년은 동학농민혁명을 기념하는 열기로 전국이 후끈거렸다. 피자는 이 시기를 전후해서 사운 이종학 선생을 뵐 기회가 있었다. 당시 필자는 천도교중앙총부 신인간사 편집장으로 활동하고 있었다. 신인간사는 수운회관[1] 2층, 이종학 선생이 운영하는 사운연구소는 3층에 있었다. 이때 자주 오르락내리락 하면서 인사를 드릴 기회가 많았다. 늘 그때의 모습이 떠오르곤 한다.

이종학 선생은 충무공 연구가, 근현대사 연구가, 서지학자, 사료수집가 등 다양한 직함을 가지고 있다. 뿐만 아니라 일본의 침탈사와 독도영유권, 화정 관련 자료 수입에 70평생을 공들여 왔다. 그럼에도 불구하고 이종학 선생은 이들 자료 외에도 동학 내지 동학농민혁명과 관련된 자료를 수집하였다. 이들 자료는 동학농민혁명 1백주년 기념인 1994년 3월 '동학혁명 100주년 특별전시회'를 개최한 바 있으며, 이를 동학혁명기념

---

1) 수운회관은 천도교중앙총부에서 1972년 건립한 건물로 1921년 천도교중앙총부 건물이 있던 곳에 건립했다. '수운'은 천도교를 창명한 최제우의 호이다.

관에 기증하였다. 또한 이들 자료를 포함하여 그동안 연구자들이 수집하였던 관련 자료를 모아 1996년 10월『동학농민전쟁사료총서』 30권을 발간하는데도 크게 기여하였다.

이종학 선생은 동학농민혁명을 1894년 한 해의 역사적 산물로만 본 것이 아니라 '근대사의 큰 획을 긋는 분수령', '동아시아 판도를 바꾸어 놓은 도화선'이었으며, 나아가 동학농민혁명의 정신은 3·1운동과 광복으로 이어졌으며 근대민주국가의 터전을 마련한 전환점이라고 평가한 바 있다. 이는 이종학 선생은 동학농민혁명을 한국근대사에서 가장 역사적인 사건으로 인식하고 있음을 알 수 있다. 때문에 이종학 선생은 동학농민혁명 관련 자료를 수집하는 데 적지 않은 공을 들였던 것이다. 특히 이종학 선생은 일본에서 발행된 신문 중 동학농민혁명 관련 기사를 수집하였는데, 연구자에게는 가뭄의 단비였다. 그동안 국내의 연구자들은 대부분 국내의 자료를 통해 연구하는 경향이 적지 않았다. 그런데 이종학 선생이 수집한 자료는 당시 일본의 동학농민혁명에 대한 동향을 파악하는데 무엇보다도 중요한 자료였다. 이로 인해 동학농민혁명 연구의 지평은 크게 확대되었다.

이에 필자는 그동안 잘 알려지지 않았던 이종학 선생이 동학농민혁명과 관련하여 수집한 자료와 동학농민혁명 자료집을 간행한 것을 중심으로 새롭게 조명해 보고자 한다. 이를 위해 동학농민혁명에 대한 이종학 선생의 인식을 일차적으로 살펴보고자 한다. 이어 이종학 선생이 수집한 자료를 토대로 개최한 전시회의 내용과 성격을 살펴보고자 한다. 끝으로 동학농민혁명 연구의 지평을 크게 넓힌『동학농민전쟁사료총서』의 간행의 의의를 분석해보고자 한다. 그리고 이를 통해 이종학 선생에 대한 새롭게 조명되기를 기대해 본다.

2. 동학농민혁명에 대한 인식

이종학이 동학농민혁명에 대해 관심을 갖기 시작한 것이 언제인지는 분명하지는 않다. 그렇지만 이종학은 동학농민혁명에 대해 다음과 같이 밝힌 바 있다.

> 동학혁명은 우리 근대사에 큰 획을 긋는 분수령이었고, 동아시아의 판도를 바꾸어 놓은 도화선이었으며, 그 보국안민의 숭고한 정신은 3.1정신으로 확산되어 광복을 맞이하였으며 근대 민주국가의 터전을 이루는 전환점이었다.

즉 동학농민혁명은 첫째 근대사의 큰 획을 긋는 분수령, 둘째 동아시아 판도를 바꾸어 놓은 도화선, 셋째 동학농민혁명의 보국안민 정신은 3.1정신으로 확산, 넷째 근대민주국가의 터전을 이르는 전환점이었다고 보았다.

첫째, 근대사의 큰 획을 긋는 분수령은 동학농민혁명이 한국근대사에 있어서 적지 않은 영향력을 미쳤다는 것이다. 한국근대사에 있어서 역사적 사건은 매우 많다. 한국근대사의 기점을 논하는 경우 실학과 동학이 그 논점의 중심에 있다. 한국사에서 근대를 논하는 시기인 19세기는 커다란 변동기였다. 이 시기 한국사회는 안으로는 봉건적 사회체제의 한계에 다다랐고, 밖으로는 서세동점으로 서구 자본주의 열강의 문호개방 압력에 대응하지 않으면 안 되었다.

19세기 초 봉건적 신분질서는 점차 해체되어가고 있었으며, 상공업에 대한 새로운 인식으로 산업구조가 재편되어 가면서 농민층은 점차 양극화가 심화되었다. 뿐만 아니라 봉건적 신분질서를 유지하였던 성리학의 통치이데올로기는 서학의 전래로 한계에 직면하였고, 새로운 사상을 갈구하게 되었다.

뿐만 아니라 서구열강은 동아시아로 그 세력을 확대하면서 조선에도 문호개방을 요구하는 한편 경제적 침략을 가속화하였다. 그 결과 조선은 1876년 일본과 강화도조약을 체결하면서 세계무대로 나아갈 수 있었지만 서구열강에 의해 경제적 예속만 강화되었다.

이와 같은 전환의 시기에 사회적 과제를 해결하기 위해 위정척사사상, 개화사상, 동학사상 등 다양하게 분화되었다. 이중 봉건적 사회체제의 변혁과 외세에 대한 대응은 동학사상이 중심에 있었고 마침내 1894년 반봉건 반외세의 동학농민혁명으로 표출되었다. 이러한 동학농민혁명을 한국근대사에 한 획을 긋는 분수령으로 인식한 것이라 할 수 있다.

둘째, 동학농민혁명을 동아시아의 판도를 바꾸어 놓은 도화선은 동학농민혁명을 단순히 국내적 사건으로 본 것이 아니라 한중일 삼국 즉 동아시아의 차원에서 보다 폭넓게 인식한 것이라 할 수 있다. 동학농민혁명은 반봉건의 기치로 기포하였지만 정부의 청국에 대한 차병과 이에 따른 일본의 출병은 결국 청일전쟁이라는 동아시아를 전쟁이라는 소용돌이로 몰아넣었으며, 그동안 중국 중심의 세계관을 깨뜨리는 결과를 가져왔다.

셋째, 동학농민혁명의 보국안민 정신은 동학농민혁명 당시로서 끝난 것이 아니라 3·1운동으로 계승되었다는 것을 분명하게 인식하였던 것이다. 보국안민은 동학의 핵심사상으로 우리나라에 있어서 근대적 민족주의 의식의 선구적 자각이었다. 특히 동학의 보국안민은 봉건적 질서가 해체되는 시기에 그동안 소외받았던 민중으로 하여금 외세의 침략에 대응하는 민족주의로 발전하였고, 일제강점 이후에는 3·1운동으로 승화되었다. 더욱이 동학농민혁명을 전개한 동학 조직은 1905년 천도교로 전환되었으며, 천도교는 3·1운동을 전개하는 중심세력으로 성장하였다. 때문에 동학의 보국안민은 동학농민혁명으로, 그리고 3·1운동을 발현된 점을 높이 평가한 것으로 풀이할 수 있다.

마지막으로 근대민주국가의 터전을 이르는 전환점이라는 것은 동학농민혁명이 궁극적으로 추구한 것이 근대민주국가였음을 올바르게 인식한 것이라 할 수 있다. 동학은 시천주, 사인여천이라는 인간존중 의식, 그리고 평등을 적극 내세우고 있는 사상적 맥락에서 동학 조직은 일방적인 결정이 아니라 민주적 의사에 따라 결정을 내렸다. 이러한 점은 동학농민혁명 과정에서 그대로 반영되었다. 동학농민혁명을 통해 경험한 동학농민군은 이후 전근대적 왕정보다는 근대적 공화제를 선호하였고, 3·1 운동 이후 각지에서 조직된 임시정부는 민주공화제를 선호하였고 통합임시정부라고 할 수 있는 상해의 대한민국임시정부 역시 민주공화정으로 출범하였다.

이종학은 동학농민혁명에 관하여 글을 남긴 것이 거의 없기 때문에 더 이상 동학농민혁명에 대한 인식을 분석한다는 것은 사실상 불가능하다. 뿐만 아니라 위에서 살펴본 글 역시 이종학의 글이라고 명확하게 판단하기에는 적지 않은 어려움이 따르고 있다. 그렇지만 적어도 대필을 하였다고 하더라도 이종학이 평소 생각하고 있던 것이 최대한으로 반영되었다고 평가할 수 있지 않을까 한다.

3. 동학농민혁명 1백주년과 특별전시회

동학농민혁명 1백주년은 사회적으로 적지 않은 반향을 일으켰다. 1894년 1월 고부에서 첫 기포하여 3월 무장기포와 백산대회, 5월 황토현 전투 이후 장성 황룡촌 전투, 전주성 입성, 집강소 설치, 청산과 삼례 기포, 세성산 전투와 우금치 전투로 막을 내린 동학농민혁명은 1백년이 지난 1994년, 학계와 언론사, 종교단체 등 다양한 분야에서 전국적으로 기념사업과 행사가 줄을 이었다.[2]

동학농민혁명1백주년을 2년 앞둔 1992년 전주에서는 동학농민혁명1백주년을 기념하기 위한 각종 행사를 위한 동학농민혁명1백주년기념사업회를 조직하기도 하였다.[3] 그리고 동학을 이은 천도교에서도 동학혁명1백주년기념사업회를 조직하고 학술발표 등을 개최하기도 하였다.[4] 뿐만 아니라 이해 발간된 『세계사 100장면』에서는 동학농민혁명을 '세계 100대 사건'으로 선정하였다.[5]

그렇다면 동학농민혁명 1백주년은 어떻게 인식되었을까. 1백년이 지난 시점에서 동학농민혁명은 미완의 혁명이었다.

불과 1백년도 채 안된 민중이 살아있는 역사, '동학농민혁명'의 역사도 예외는 아니다. 비록 좌절의 혁명으로 끝이 났지만 반봉건 반외세의 정신을 높이 치켜들었던 이 역사야말로 조선 봉건사회를 마무리 짓는 계기를 이룬 역사발전이 동력(動力)이었다. 동학농민혁명은 물리적으로 실패한 역사요, 좌절의 역사가 될 수 있을지 몰라도 저 봉건 왕조의 폭압을 제거해 민중을 구하고 외세의 침략을 배격하자던 농민들의 불 같은 염원과 그 혁명정신은 오늘 이 땅에 꿋꿋하게 살아있다. 혁명의 땅에 발붙이고 살아온 우리 앞에 이 역사는 어떻게 서 있으며, 우리는 이 뒤틀린 역사를 어떻게 세울 것인가.[6]

---

2) 인터넷 네이버 뉴스라이브러리(http://newslibrary.naver.com)에서 '동학농민혁명'으로 검색할 경우 356건이 확인된다. 이에 비해 1992년에는 46건, 1993년에는 160건, 1995년에는 63건이 검색된다. 그런데 이들 기사 중에는 동학농민혁명1백주년과 관련된 내용이 적지 않다.

3) 『동아일보』 1992년 5월 17일자. 이 기사에 의하면 동학농민혁명 기념사업은 1989년 한국역사연구회에서 5개년 연구 계획을 수립한 이후 역사문제연구소, 천도교, 전남 장흥군, 전북 정읍시 등에서도 활발하게 추진되고 있다고 하였다.

4) 『경향신문』 1992년 11월 14일자.

5) 『한겨레신문』 1992년 4월 24일자. 이 책에 의하면 대한민국에서는 한글창제와 동학농민혁명 등 2개 사건이 선정되었다.

6) 김은정·문경민·김원용, 『동학농민혁명 100년 ― 혁명의 들불, 그 황톳길의 역사 찾지』, 나남출판, 1995, 17~18쪽.

동학농민혁명은 비록 '실패한 역사요 좌절의 역사'이었지만 봉건사회를 마무리하는 역사발전의 동력이었다. 그렇지만 '뒤틀린 역사를 어떻게 세울 것인가'가 1백주년을 마는 이 시점에서 극복해야 할 과제임을 인식하였다.

또한 동학농민혁명은 "현실 역사 전개에 지대한 영향을 미쳤을 뿐만 아니라, 사회의 변화를 이끌어 갈 주체가 바로 우리 자신, 민중이라고 믿는 사람에게 신념과 교훈을 주는 소중한 역적 자산"이라고 평가하면서 1백년 전의 농민군이 그러했듯이 오늘 우리 현실 속에서 새로운 역사시대를 모색하고 전망하는 이들과 공유하기를 기대하였다.[7]

동학농민혁명 1백주년을 맞아 이종학은 "흘러간 우리 조상들의 시대적인 갈등을 풀기 위하여 그 애환과 열망, 그리고 울부짖음이 무엇이었는가 하는 그날의 참된 의미를 새롭게 되새기며 그 운동에 대한 올바른 역사적인 평가를 시도하여야 할 시점"이라고 밝히고 있다. 즉 1백년이 지난 현 시점에서 동학농민혁명의 올바른 평가가 이루어져야 한다는 의미라 할 수 있다.

이러한 과제와 인식 속에 동학농민혁명 1백주년을 기해 간행되었던 주요 학술서적은 『농민전쟁 100년의 인식과 쟁점』,[8] 『한국근대사에 있어서의 동학과 동학농민운동』,[9] 『갑오동학농민혁명의 쟁점』,[10] 『동학농

7) 역사학연구소, 『농민전쟁 100연의 인식과 쟁점』, 거름, 1994.
8) 위의 책, 이 책의 주요 논문은 다음과 같다. 「농민전쟁 100년, 인식의 흐름」(김선경), 「농민전쟁에서 동학은 어떤 일을 하였는가」(송찬섭), 「남북접으로 농민전쟁을 설명하는 것은 문제 있다」(이상찬), 「누가 농민전쟁의 주체가 되어 싸웠는가」(박준성), 「과대평가된 전주화약」(김양식), 「집강소는 농민군의 통치기구였는가」(김양식), 「폐정개혁안이란 용어를 그대로 쓸 것인가」(송찬섭), 「갑오개혁은 농민전쟁과 어떤 관련이 있는가」(이수룡), 「2차 농민전쟁은 언제, 어떻게 일어났는가」(김용민), 「전봉준과 대원군 사이에 무슨 일이 있었는가」(김태웅)
9) 이강오 외, 『한국근대사에 있어서의 동하과 동학농농민운동』, 한국정신문화연구원, 1994, 이 책의 주요 논문은 다음과 같다. 「조선후기 사회사상과 동학농민운동」(이강오), 「동학과 서학에 관한 문제 고찰」(구양근), 「동학운동에서의 현대성」(박영은), 「동학

민혁명의 지역적 전개와 사회변동』,11) 『동학농민혁명과 농민군 지도부의 성격』,12) 『갑오농민전쟁 100돌 기념논문집』,13) 그리고 『1894년 농민전쟁연구』(1~5)14) 등이 있다. 이들 학술서적은 동학농민혁명 1백주년을 기념하는 각종 학술발표를 거친 후 발행하였다.15)

농민전쟁의 지역성 연구」(박맹수), 「동학농민운동의 제2차 봉기」(신용하), 「동학농민전쟁의 원인과 성격」(장영민), 「동학란 · 동학혁명 · 갑오농민전쟁」(박성수), 「19세기의 동학운동과 통문」(박영학), 「동학농민운동과 근대성의 문제」(권희영)

10) 이달순 외, 『갑오동학농민혁명의 쟁점』, 집문당, 1994. 이 책의 주요 논문은 다음과 같다. 「1890년대의 국내정치상황」(이달순), 「1890년대의 사상사적 흐름」(이택철), 「1890년대의 국제적 환경」(김경창), 「갑오동학혁명의 발생사적 배경」(신국주), 「동학농민혁명과 청일 양국의 외교」(박일근), 「북한학계의 동학농민혁명 평가」(조민), 「전봉준의 생애에 관한 몇 가지 쟁점」(신복룡), 「김개남의 재평가」(김호성), 「동학과 일본 우익 : 천우협과의 제휴에 관한 고찰」(한상일), 「한국 민주주의사에 있어서의 위상」(김운태), 「갑오농민봉기의 혁명성 연구」(박종성), 「갑오농민봉기의 보수적 성격」(유영익)

11) 동학농민혁명기념사업회, 『동학농민혁명의 지역적 전개와 사회변동』, 새길, 1995. 이 책의 주요 논문은 다음과 같다. 「동학농민전쟁과 지방사 연구」(박명규), 「1894년 농민전쟁기 호남지방 농민군의 동향」(박찬승), 「충청도지역의 동학농민전쟁의 전개 과정」(신용우), 「1894년의 경상도지역의 동학농민전쟁」(이윤갑), 「1894년 강원도 농민군의 활동과 반농민군의 대응」(박준승), 「황해도지방의 농민전쟁의 전개와 성격」(송찬섭)

12) 동학농민혁명기념사업회, 『동학농민혁명과 농민군 지도부의 성격』, 서경문화사, 1997. 이 책의 주요 논문은 다음과 같다. 「지도부는 이렇게 형성되고 통합하였다」(이이화), 「1894년 농민봉기와 농민군 지도부의 성격」(박찬승), 「충청도지역의 동학농민전쟁과 농민군 지도부의 성격」(배항섭), 「경상도지역의 1894년 상황과 농민군 지도부의 성격」(신영우), 「최시형과 서장옥, 남북접 문제와 관련하여」(장영민), 「전봉준 · 김개남의 정치적 지향과 전략」(이진영), 「김덕명 · 손화중 · 최경선의 행적」(표영삼)

13) 원종규, 『갑오농민전쟁 100돌 기념논문집』, 집문당, 1995. 이 책은 북한학계의 연구 동향으로 주요 논문은 다음과 같다. 「갑오농민전쟁 발생의 사회경제적 요인과 역사적 필연성」(원종규), 「최제우와 동학」(리종현), 「동학의 철학적 기초와 정치적 이념」(량만석), 「동학운동과 삼례, 보은집회투쟁」(리택권), 「전봉준과 갑오농민전쟁」(김길선), 「전주화의와 집강소의 개혁활동」(박득준), 「갑오농민군의 거족적 항쟁 호소와 정부의 대응」(김은주), 「갑오농민군의 반일투쟁」(김경수), 「일본군국주의는 갑오농민전쟁의 교살자」(강석희), 「갑오농민전쟁의 성격과 특징」(허종호), 「갑오농민전쟁의 역사적 경험과 교훈」(박영해), 「일제의 천도교 분열와해책동과 그 후과」(최태진).

14) 한국역사연구회, 『1894년 농민전쟁연구』 1-5, 역사비평사, 1991, 1992, 1993, 1995, 1996. 이 책에는 모두 47편의 논문이 게재되었다.

동학농민혁명 1백주년에는 기념 학술발표나 학술서적 간행 외에도 다양한 프로그램이 마련되었는데, 그중 하나가 특별전시회였다. 특별전시회는 동학 또는 동학농민혁명 관련 자료를 전시하는 것이었는데, 대표적인 것이 '동학혁명 100주년 기념 특별 전시회'와 '동학혁명자료ㆍ사진전', 그리고 '동학농민전쟁 민속전'이었다. 이중 '동학혁명 100주년 기념 특별전시회'(이하 특별전시회)와 '동학혁명자료ㆍ사진전'(이하 자료전)이 이종학과 관련이 있는 전시회였다.

　　특별전시회는 '이종학 소장 문헌자료전'이라는 부제로 동학농민혁명 1백주년을 맞는 1994년 3월 12일부터 25일까지 천도교중앙총부에서 첫 전시[16]된 이후 전주 동학혁명기념관과 천안 독립기념관 모두 세 차례 전시되었다. 이 특별전시회는 이종학이 수집한 동학농민혁명 관련 자료들이 처음으로 공개되었다. 특별전시회 도록에 의하면, 이종학은 동학농민혁명 관련 자료 수집에 대해 다음과 같이 밝히고 있다.

　　　　퇴색되어 가는 역사의 현장을 답사하고 또 멸실되는 사료를 남김없이 찾아내어 한 자리에 모아 동학의 참모습을 회상하고 새로운 자료를 통해서나마 보다 가까이 접근하여 회상하고 새로운 자료를 토대로 몰랐던 공백을 메우며 오도된 역사를 바로 잡는 것은 우리 국민 모두에게 맡겨진 당면 과제라고 생각합니다.[17]

　　이종학은 특별전시회가 동학의 참모습을 회상하는 동시에 새로운 자료를 통해 공백의 역사와 오도된 역사를 바로 잡는 것이라고 의미를 부여하

---

15) 동학농민혁명 1백주년을 기념하는 학술대회는 1992년부터 시작되었으며, 학술서적은 1백주년을 맞는 1994년 이후에도 꾸준히 간행되었다.

16) 이 전시회는 천도교중앙총부가 주최했으며, 한국방송공사ㆍ문화체육부ㆍ동학혁명 100주년기념사업회가 후원하였다.

17) 이종학, 「특별전을 준비하면서」, 『동학혁명 100년 특별전시회』(도록), 1994.

였다. 특별 전시회에 대해 당시 『경향신문』은 다음과 같이 보도한 바 있다.

천도교중앙총부는 재야서지학자 李鍾學씨(67)가 소장중인 동학군의 조직별 직책을 표시한 임명장, 신원을 나타내는 신분증, 관군의 軍籍簿, 日淸전투 화보집 등 희귀자료를 포함한 미 공개자료 3백여점을 오는 12일부터 25일까지 천도교 수운회관에서 전시한다.

8일 이씨가 전시에 앞서 공개한 군적부는 당시 조정에서 진압군으로 전투에 파견한 세자의 친위부대 親軍經理廳 소속 군인들의 신원과 계급을 나타내는 것으로 구한말 군정연구에 귀중한 자료가 될 것으로 보인다.

함께 공개한 일청전투 화보집은 당시 일본 신문의 통신원 久保田米가 서울에서 인천항으로 출발하는 관군의 출군을 그린 그림으로 서울시편찬위원회가 간행한 『서울6백년사』에서 청군으로 기술된 그림 설명은 오기인 것으로 확인됐다. (하략)[18]

이 기사에 의하면, 특별전시회의 전시물은 3백여 점에 달하였으며, 대부분 처음으로 공개되는 희귀한 사료였다. 또한 이종학이 새로 공개한 사료를 통해 잘못 알려진 사진 설명 등을 바로잡는데도 적지 않게 기여했음을 알 수 있다.

특별전시회는 동학혁명의 현장, 동학 인물, 전봉준 장군의 생애, 발굴문헌, 일반문헌, 청일전쟁, 일본 간행물을 통해본 동학·청일전쟁, 협찬자료 등 매우 다양하고 많은 수량을 전시하였다. 수량의 경우 도록으로 정확하게 분석할 수는 없지만 대략 135종이 훨씬 넘는다. 이들 전시자료 중 첩지의 경우 30여 개가 넘는다. 전체적으로 볼 때 300개 이상의 사진과 자료가 전시되었다고 할 수 있다. 전시의 내용을 구체적으로 살펴보면 다음과 같다.

---

18) 「농민전쟁 희귀자료 첫 공개」, 『경향신문』 1994년 3월 10일자.

먼저 '동학혁명의 현장' 코너는 동학농민혁명의 현장을 촬영한 사진으로 동학농민혁명을 촉발시킨 만석보의 유지비를 비롯하여 전봉준 고가, 말목장터 감나무 등 고부와 정읍 일대, 동학농민혁명 최대의 전투현장인 우금치의 위령탑, 사발통문 등이 전시되었다.

'동학 인물' 코너는 동학 및 동학농민혁명의 주요인물인 수운 최제우를 비롯하여 해월 최시형, 전봉준과 함께 우금치 전투에 참여한 의암 손병희, 홍주성 전투에 참여하였던 춘암 박인호 외에 동학농민혁명의 3대 인물이라고 평가할 수 있는 전봉준, 손화중의 존영과 사진을 전시하였다.

'전봉준 장군의 생애' 코너는 『대판매일신보(大阪每日新聞)』의 전봉준을 묘사한 삽화를 비롯하여 체포되어 가는 전봉준의 사진, 효수된 동학군, 그리고 전봉준의 체포에서 사형까지의 전말을 전봉준 공초, 동학군을 진압한 일본 후비보병 19대대 미나미 고지로(南次郎)와 전봉준의 대화를 게재한 『동경조일신문(東京朝日新聞)』의 기사, 고종실록에 실린 전봉준의 신문과정, 전봉준의 사형 관련 문건, 전봉준의 처형 장소인 남벌현(南伐峴)[19]을 확인할 수 있는 경성도성도, 전봉준 사형의 일본 신문기사 등을 전체 또는 필요한 부분만 전시하였다. 특히 이 코너에서는 그동안 알려지지 않았던 전봉준의 사형 장소를 확인할 수 있었다는 점에서 큰 의의를 찾을 수 있다. 그러나 전봉준의 사형 장소는 조선왕조실록에 의하면 남벌현, 일본의 『시사시보(時事時報)』에 의하면 소의문 밖 반석방(盤石坊)으로 각각 기록하였다. 남벌현은 1882년에 제작된 성도성도에 처음 나타나는데 현재의 한남동 근처이며, 반석방은 현재의 염천교 근처이다. 이에 대해서는 좀더 명확하게 조사하여 확인할 필요가 있다고 본다.

'발굴문헌' 코너는 이종학이 동학농민혁명과 관련하여 수집한 자료를 처음으로 공개한 것이 적지 않았다. 대표적인 것이 동학농민혁명 당시

---

19) 남벌현은 남벌원(南伐院)의 오기로 보인다. 남벌원은 동학농민혁명지도자 최재호, 안교선, 성재식 등을 처형한 장소였다.

동학군을 진압한 친군경리청의 군적부이다. 친군경리청은 1891년 민영준이 세자를 호위하기 위해 창설한 부대로 6개 소대 720명을 조직되었다. 이 친군경리청 부대는 동학농민혁명 당시 공주 효포전투에 참가하였다. 친군경리청 군적부는 그동안 지휘자 안경수, 병방 이희빈 정도만 알려졌는데, 경리청의 직제편성, 인원 등을 파악할 수 있는 귀중한 자료로 평가되었다.

함께 공개된 '어사 장계'는 동학농민혁명 전해인 1893년 3월 보은에서 개최되었던 척왜양창의운동을 효유하기 위해 파견된 양호도어사 어윤중의 장계로, 척왜양창의운동의 성격과 동학농민혁명과의 관계성을 밝혀주는 의미있는 자료였다. '일몽기' 역시 처음으로 공개 전시되는 자료인데, 이 자료는 저자 이모가 1899년 감옥생활 중 동학군을 토벌한 홍운섭으로부터 들은 동학군의 비참한 상황을 기록한 사찬기이다. 이와 같은 자료는 금성정의록, 육유집 등이 있지만 일몽기는 동학군들의 수형생활의 한 단면을 볼 수 있는 매우 독특한 자료로 평가받았다.

이밖에도 이 코너에서는 동학교단이 발행한 경통과 동학교인이 해월 최시형으로부터 받은 첩지, 일본인이 기록한 동학농민혁명의 상황 문서, 동학농민혁명 당시 유생들의 반응을 확인해 볼 수 있는 충남 청양군 북하면 유회소 유생들의 등소와 동학군에 대응하여야 한다는 내용을 담고 있는 남전향약 등이 있다. 그리고 동학의 구비자료라고 할 수 있는 궁을가, 동요, 검가 등과 동학농민혁명 현장에서 불려진 '새야 새야 파랑새야'의 유행요를 소개한 잡지 등도 함께 전시되었다.

'일반문헌' 코너는 새로운 자료보다는 그동안 알려졌지만 이종학이 수집한 자료를 전시하였다. 주요 전시물은 박은식이 저술한 『한국통사』(대동편집국, 1915), 『조선개화사』(박문관, 1901), 의암 손병희가 1904년에 법부대신에게 자주건 수호를 위해 호소한 「법부대신 각하에 상서」, 오지영의 『동학사』(영창서관, 1940), 백세명의 『동학사상과 천도교』(동학사,

1965), 장도빈의 『갑오동학난과 전봉준』(덕흥서림, 1926), 김상기의 『동학과 동학난』(대성출판사, 1947), 『별건곤』 통권 14호(개벽사, 1927.7), 『별건곤』(조선자랑호, 1928.5), 딱지본 소설인 김동서의 『갑오 동학란』(덕흥서림, 1935), 현병주의 『일청전쟁기 부 중일관계』(대성서림, 1931), 연극대본인 이무영 원작 최명로 각색의 『동학난』(연대 미상), 일본인 복부철(服部徹)이 저술한 『소설 동학당』(임시병위, 1894), 김옥균이 망명시 국내에 보낸 편지, 조기간이 편저한 『천도교청년당소사』(천도교청년당본부, 1935), 김기전의 『조선지위인』(개벽사, 1922), 천도교사료총서 제1집인 「전봉준공초」, 이돈화가 편저한 『천도교창건록』(천도교중앙종리원, 1934), 이규정이 편저한 동학학술지 『동학』(제1집, 동학사, 1965) 등이다.

'청일전쟁' 코너는 청일전쟁과 관련된 신문기사와 일본의 기록화, 사진 등이 전시되었다. 시시신보 호외(1894.9.14. 및 9.25, 7.28), 이륙신보 부록(1894.10.17) 및 호외(1894.8.2.) 등은 일본이 선전포고 없이 청국을 공격한 것과 일본군의 승리 내용의 기사였다. 그리고 청일전쟁의 사진집 『일청전쟁 실황 사진』과 『일청전쟁사진도』. 청일전쟁과 당시 조선의 풍속을 그린 화보집 『일청전쟁회권』, 일본 해군의 『27,8년 해전사』(춘양당, 1905), 청일전쟁 종군기사의 보고서 『정청기담·종군견문록』, 그리고 청일전쟁의 활약상을 그린 『황해대해전』·『일천군기』, 용산헌병대에서 편술한 『성환역지전투사』 등이 전시되었다. 이들 전시물은 대부분 일본에서 발행되거나 간행된 것으로 이종학이 한일 관계 자료를 수집하는 과정에서 함께 수집한 것이다. 평소 잘 알려지지 않았던 청일전쟁의 자료를 전시하는 데 의의를 두었다.

'간행물로 본 청일전쟁' 코너는 일본에서 간행된 사진집인 『전국사진화보』, 화보집인 『일청전쟁회권』과 일본 신문 『이륙신보』와 『동경조일신보』, 『공보』, 『산음신보』 등에 게재되었던 동학농민혁명 관련기사를 전시하였다. 이 코너에서는 동학군의 지휘관과 동학군의 모습, 동학군의 인장 등을 처음으로 공개하였다. 또한 전봉준과의 대담 기사는 전봉준이 동학농민혁명을 주도한 이유 등을 밝히고 잇다. 이밖에도 이들 기사들은 동학농민혁명에 참여한 종군기자들이 작성한 것으로 동학군의 활동을 파악하는데 중요한 사료적 가치가 있다.

마지막 코너인 '협찬자료'는 고려대학교 중앙도서관, 천도교중앙총부, 서울대학교 규장각, 정부 총무처 기록보존소가 소장한 자료를 전시하였다. 동학군을 토벌한 선봉진의 보고서, 공주지역의 동학군 토벌 상황을 기록한『금영내찰』, 관군의 전황보고와 무장포고문, 동경대전과 용담유사, 면천지역의 동학농민혁명을 파악할 수 있는『갑오동학란 피난록』, 동학농민혁명에 참여하였던 동학교인의 기록인『조석헌역사』와『문장준역사』, 해월 최시형이 고부기포 당시 주모자의 1인이었던 송대화에 내린 첩지, 동학 초기의 기록인『최선생문집도원기서』, 동학농민혁명에 참여한 동학군의 재판기록인『형사재판원본』등이 전시되었다. 이들 전시자료 중『형사재판원본』은 동학농민혁명 1백주년을 맞아 처음으로 공개된 자료로서 동학농민혁명을 이해하는데 중요한 사료적 가치가 있었다.

이상의 특별전시회 내용을 정리하면 〈표 1〉과 같다.

〈표 1〉 특별전시회 전시 목록

전시 코너	전시물 내용	비고
동학혁명의 현장	전봉준 고택/만석보유지비/무릉 감나무/전봉준 장군상/황토현전적 정화기념비/갑오동학혁명 기념탑/황토현 기념관 안의 기록화/동학혁명군 백산운집/동학혁명군위령탑/우금치전투/사발통문	사진자료
동학 인물	최제우/최시형/손병희/박인호/전봉준/손화중	사진자료
전봉준 장군의 생애	대판매일신문의 전봉준 묘사/누구일까?/압송되는 전봉준 장군/전봉준 공초/동학당 대거괴와 그 고공/고종실록/거괴의 사형/고종실록 전봉준 처형 윤지 기록/조선경성도/구 의금부 모습/사형집행을 보도한 경성특보/전봉준의 담력 기사/동학단 공판과 전봉준 사형 기사/거괴의 수실견 기사/안교선 등 처형과 김개남의 수급을 보도한 기사/죽계일기	사진 및 신문자료 등

발굴문헌	친군경리청 군적부/어사장계/미도인표/전령/충훈부에서 무안현감에게 보낸 관문/장인이 사위에게 보낸 서한/한일교섭사/일몽기/경통/동학파의 동태보고/전라도 민란봉기/민란봉기로 친군 출발/청양북하유회소 제생등소/남정록/남전향약/동학 첩지(12)/동경대전(1922/1907)/용담유사(1909)/궁을가/수일선사회문가비전/동요/검가/조선(잡지)/조선유행요(우편보지신문)/조선의 노래/신평전교실 현판/의조인 명단	자료/단행본/현판/잡지/신문 및 신문기사
일반문헌	한국통사/조선개화사/법부대신각하에 상서/동학사/동학사상과 천도교/갑오동학란과 전봉준(장도빈)/동학과 동학란(김상기)/별건곤(14호/조선자랑호)/갑오동학란부전봉준실기/청일전쟁기/시나리오 동학난/소설 동학단/김옥균이 일본 망명시 국내에 보낸 편지/천도교청년당소사/조선지위인/전봉준공초/천도교회사초고부천도교총서/동학/천도교창건록	단행본/잡지/서찰
청일전쟁	시사신보/이륙신보/청일전쟁 기록화/성환역지도/만리창의 일본군(사진)/일청전쟁 실황사진/영문판 청일전쟁 실기 풍속화보/동경조일신문/일청전투화보/일청전쟁회권/2,78년해전사/황해대해전/일청군기일청전쟁사진도/성환역지전투사	신문기사/단행본
간행물을 통해 본 동학·청일전쟁	전국사진화보/아산종군기자단/동학당 지휘관 모습/마시검명록/동학당원 인장/동학군의 모습/동학당의 격문/동학당 경문/동학당 조직/폭도의 전법/동학당의 기원/동학당의 병기/군용사진술/청군영 폭파/동학당 괴수 김봉균 담화/증조선국동학당서	신문기사/단행본
협찬자료	선봉진서목/별군관겸경리청 부령관 서목/양호순무선봉겸 자우이영 정영관 서목/금영내찰/양호순무선봉장이공묘비명/전봉준공초/각읍집강처 전봉준통문/첩정/초토사입시/관군의 전황보고와 무장동학포고문/용담유사/갑오동학난피난록/동학도들의 기록/조석헌역사/문장준역사/첩지/동경대전/최선생문집도원기서/형사재판원본/권설재판소 민형사 재판선고서/민사판결원본(1895~1897)	고려대학교중앙도서관/서울대규장각/천도교중앙총부/총무처기록보존소

특별전시회는 이종학이 동학농민혁명과 관련하여 수집한 자료 4백여 점이 전시되었다. 이들 전시 자료는 처음 공개되는 것도 적지 않았으며,

새로운 역사적 사실도 밝히는데 도움이 되기도 하였다. 특히 그동안 잘 못 알려진 전봉준의 순국일자를 바로 잡은 것이 그 중의 하나이다. 그리 고 특별전시회를 마친 이종학은 전시된 자료를 천도교중앙총부에서 건 립한 동학혁명기념관에 기증하였다.

이와 함께 이종학은 특별전시회를 개최한 이후 관련 자료 일부와 표 영삼 선생이 소유한 사진자료 일부를 묶어 전주 동학혁명기념관에서 '동 학혁명자료 · 사진전'을 개최하기도 하였다.

4. 『동학농민전쟁사료총서』 발간과 의미

『동학농민전쟁사료총서』(이하 사료총서)는 동학농민혁명 1백주년 2년 후인 1986년 10월 15일 간행되었다. 먼저 간행경위를 살펴보면 다음과 같다.

> 이 사료총서는 1994년 동학농민전쟁백주년이 되는 해에 완간키로 계획하였다. 그리하여 실무는 역사문제연구소의 동학농민전쟁백주년 기념사업추진위원회에서 맡아 편찬위원을 구성하고 간사는 왕종현 연구원을 선임하였다.
>
> 이에 따라 편집위원과 각 기념단체와 자체에서 사료를 열성적으로 수집하였다. 그 범위는 기존 출간분도 포함시켰고 당시 일본에서 간 행된 신문 잡지에서도 발췌하였다. 다만 순수한 동학 관계 내용과 중 국 측의 청일전쟁 관련 분은 형편에 다라 부록으로 편집하자는데 합 의를 보았다.
>
> 이런 원칙과 진행 아래 여강출판사에서 편집비의 지원과 함께 출간 을 맡기로 하였다. 여강출판사에서 몇 년에 걸쳐 많은 지원으로 1차 분 6책이 나온 이후 2차분도 거의 완간단계에 이르렀다. 그러나 출판 사 측에서 불의의 경영난으로 2차분 출간을 중단할 처지에 놓였다.

이리하여 계획의 차질이 왔고 많은 연구자들의 기대에 부응하지 못하는 결과를 낳았다. 이렇게 해서 새로운 지원자와 출판사를 물색하였다.

마침 원로 서지학자로 학계에 많은 공로를 끼친 이종학 선생께서 이런 어려운 처지를 듣고 선뜻 지원과 출판을 맡아주겠다고 나섰다. 특히 이종학 선생은 동학농민전쟁 관련 사료도 많이 발굴 소개하여 연구자에게 큰 도움을 주었다.

이에 의하면 사료총서는 동학농민혁명 1백주년에 완간하기로 하였지만 출판을 지원하였던 여강출판사의 경영난으로 1차분 6책만 간행되었다. 이후 출판을 위해 지원을 물색하던 중 이러한 소식을 전해들은 서지학자 이종학이 물심양면으로 지원한 끝에 1996년 10월 28일에 완간되었다.

원래 사료총서의 간행은 역사문제연구소에 1989년 동학농민전쟁백주년기념사업추진위원회(이하 기념사업회)를 발족시키면서 시작되었다. 기념사업회는 5개년 계획으로 학술사업과 대중사업을 벌여왔다. 그러던 중 사료수집사업을 주요 사업의 하나로 정하고 1993년 3월 편찬위원을 위촉하고 간행작업을 서둘렀다. 이에 따라 편찬위원 개인이 수집한 자료를 포함하여 광범위하게 사료를 수집하였다. 그리고 사료총서 간행의 원칙을 다음과 같이 정하였다.

이 사료집은 몇 가지 원칙에 합의를 보고 편집되었다. 원전은 그대로 영인하되 원전이 유실된 것은 다시 활자를 활용하였다. 다만 초서를 그대로 두었기 때문에 때로 이용자의 불편이 다를 것이다. 다음 순수한 동학 관련 사료는 부록으로 담아 간행하기로 하였다. 동학과 농민전쟁의 관련 정도를 떠나 직접 사건 사료에 초점을 맞추고자 한 것이다.

다음 당시 일본의 신문보도 또는 개인 기록을 재편집하여 수록하였고, 중국의 사료9주로 청일전쟁 관련)도 재편집하였다. 물론 이들 사료는 번역하지 않고 원문을 실었다.

이에 의하면, 사료총서 간행의 원칙은 첫째 원전을 그대로 영인하였다. 이는 1959년 국사편찬위원회에서 『동학난기록』을 간행한 바 있었는데, 이 사료집은 원문이 아니라 활자본으로 간행되어 오자와 탈자가 적지 않았다. 때문에 이번에 새로 간행하는 사료총서는 원전을 그대로 영인하기로 합의를 하였던 것이다. 다만 유실된 것에 한해서만 활자본으로 하였다. 원전을 대로 한 것은 오탈자를 방지한다는 측면에서는 긍정적이었지만 한편으로는 연구자들에게는 그만큼 적지 않은 어려움이 따를 수밖에 없었다. 둘째는 순수한 동학 관련 사료는 부록으로 처리하기로 하였다. 이는 동학은 동학농민혁명과 밀접한 관련은 있지만 동학농민혁명과 직접 관련이 있는 사료집으로서 충실하고자 하였기 때문이었다. 셋째는 일본 신문기사와 개인 기록, 그리고 중국측 사료는 재편집하여 수록하기로 하였다. 신문과 개인 문집은 사료 전체적으로 볼 때 방대하기 때문에 동학농민전쟁과 직접 관련이 있는 부분만 발췌하여 수록하기로 한 것이다. 중국의 자료는 동학농민혁명과는 직접 관련은 없지만 한국, 중국, 일본의 동향을 파악하는 데는 매우 중요한 가치가 있기 때문에 필요한 부분만 발췌하여 수록하였던 것이다.

이와 같은 경위와 간행 원칙에 따라 사료총서는 총 30권으로 동학농민혁명 2년 지난 후인 1996년 10월에 빛을 보게 되었다. 이종학은 「총서 간행에 붙여」를 통해 간행 의의를 다음과 같이 밝혔다.

> 동학혁명은 우리 근대사에 획을 긋는 분수령이었고 보국안민의 숭고한 정신은 3.1독립운동으로 전승되어 근대민주국가의 터전을 이루는 초석이 되었다.
> 그러나 우리의 역사는 일제에 의해 의도적으로 왜곡되기도 하였지만 사료가 망실되거나 훼손되어 그 진정한 역사를 제대로 정립하지

못한 것이 사실이다. 특히 19세기부터 일어난 반외세 반봉건운동에 관한 사료는 그 보존 자체도 매우 어려웠다. 우리의 근대사와 아시아의 국제관계를 바꾸어 놓은 일련의 동학운동도 겨우 백 년 전의 일이지만 사료가 煙滅되어 체계적인 자료집조차 없는 실정이다.

　평소 이러한 점을 안타깝게 여겨오다가 이 방면의 사료 수집에 관심을 갖게 되었고 수집을 위해 국내외로 동분서주하였다. 그러나 막상 동학 관련 자료를 손에 넣기란 좀처럼 쉬운 일이 아님을 깨달았으며 개인의 역량으로는 매우 힘겨운 일임을 절감했다.

　이러한 가운데서나마 수집된 400여 점의 각종 자료는 1994년 동학혁명 백주년을 기념하여 천도교 수운회관, 전주, 독립기념관에서 차례로 특별전시를 가진 바 한편으로는 이 자료들을 토대로 학술세미나 등을 개최하여 전봉준 장군의 순국일자를 바로 잡기도 하였다.

　또한 수집 자료는 영구히 보존되어 연구 자료로 활용되어져야 한다는 생각에서 천도교중앙총부에 기증하여 전주에 동학혁명기념관을 건립케 했고 모든 자료를 상설 전시케 되었다.

　이번의 이 『동학농민전쟁사료총서』 간행도 위와 같은 맥락에서 이루어진 것이다.

이 글에 의하면, 이종학은 4백여 점에 달하는 동학 관련 자료를 적지 않게 수집하였으며, 이를 통해 특별전시. 학술세미나 등을 개최한 있으며, 특히 잘못 알려진 전봉준의 순국일자를 바로 잡기도 하였다. 그렇지만 이종학은 동학 관련 사료 수집의 어려움을 직접 체험하였던 관계로 수집된 사료들이 영구히 보존되고 연구 자료로 활용할 수 있도록 사료총서를 간행하였다고 할 수 있다. 즉 '사료의 영구 보존과 연구의 활용'이 이종학이 사료총서를 직접 후원하여 간행하는 데 그 의미를 두었다고 할 수 있다. 이는 이종학이 전봉준의 순국일자를 사료를 통해 직접 확인하였기 때문에 그 중요성을 잘 알고 있었던 것이다. 사료총서에 실린 사료는 〈표 2〉와 같다.

〈표 2〉 『동학농민전쟁사료총서』의 사료 목록

권	사료목록	저자	비고
1	오하기문	황현	
	동학사 초고본	오지영	
2	취어		
	시문기	이주석	
	약사	이용규	
	세세연록	최봉길	
	영상일기	김재홍	
	경난록	이범석	
	통유동학도문	이승희	
	나암수록	박주대	공산초비기 포함
3	김약제일기	김약제	
	남유수록	이복영	
	백석서독	이규목	
4	금번집략	이헌영	
	고성부총쇄록	오홍묵	
	면양행견일기	김윤식	
	대한계년사	정교	
	금영래찰		
5	석남역사	박문규	
	임하유고	김방선	
	갑오실기		
	동학문서		뮈텔문서
	수록		
	효유문		김성규 수집 공문
	갑오약력	정석모	
6	양호초토등록		홍계훈
	양호전기		홍계훈
	동비토록		
	갑오실기		
	동도문변	최영년	
7	금성정의록	이병수	
	거의록		
	취의록		
	김낙철역사	김낙철	용암성도사역사략초
	김낙봉이력	김낙봉	
	일사	박기현	
	김상철 이력행장	김상철	
	박봉양경력서	박봉양	
	봉남일기	변만기	

	순천부포착동도성명성책		
	광양현포착동도성명성책		
	광양섬계역포착동도성명성책		
	전라도각읍소포착동도수효급소착즙물병록성책		
	전라도각읍소획동도수효급장두성명병록성책		
	염기		
	토비창의격문 갑오평비책	황현	매천집
	강제유고	박기현	
	난파유고	정석진	
	연파집	김병휘	
	경시적도문	김한섭	
	사복제집	송진봉	
8	복제집	유계문	
	나주평적비 장흥부사박공제단비		송사집
	이학승순의비		면암집
	박후의적		육유제유고
	이척묘지명		정인보문집
	시사	박문호	일산집
	영괴당사집	박헌양	
	영괴집		
	박기술문서	박기술	
	도인경과내력		도인경과내력, 통문 등
	한달문 옥중서신	한달문	
	나주명록		
	피난록		대교김씨
	홍양기사	홍건	
9	갑오동란록	이유태	성암집
	갑오기사	최덕기	
	의산유고	문석봉	
	복암문집	이설	
	문장준역사	문장준	동학 측
	창산후인 조석헌역사	조석헌	동학 측
	금산의병순의비		
10	홍성금석문		초토사이공비 등
	모충사 전망장졸씨명록		
	호연초토영각읍절의행인성명성책		
	시경록		
	선유방문병동도상서소지등서		
11	갑오척사록	반재원	

	소모일기	정의묵	
	소모사실		
	경상도소모영전곡입하실수성책		
	토비대략	김석중	
	동우일기	도한기	
	기문록		
	척동비문	장승택	
	여의홍졸제후	이치우	유하집
	백곡지	한약우	
	사정일기	김영식	청일전쟁
	갑오일기	이면재	
	정운경가 동학고문서		정운경/척동사실
	동비토록		
	임영토비소록	이회원	
12	갑오해영비우전말	정현석	
	동학당정토약기		鈴木/中山
	황해도동학당정토약기	鈴木	
	전주부전전라도각읍상납중비류소탈전목미태구별성책		
	전라도각읍매사읍작통규모관사조약별록성책		
	교남수록		
13	선무선봉진등록		이규태
14	순무선봉진등록		이규태
15	양호우선봉일기		이두황
	순무사각진전령		신정희
	선봉진전령각진		이규태
	선봉진서목		이규태
	선봉진일기	이규태	
	선봉진각읍료발관계급감결		이규태
16	선봉진정보집		
	선봉진산순무각서		
	순무사정보집		이규태
	일본사관함록		
	이규태왕복서병묘지명		
	곡성군수보장		
	계초존안		
	장계		
17	남정록	백낙완	
	동학당정토인록		
	갑오공훈록		
	각진장졸성책		

18	전봉준공초		
	중범공초		
	이병휘공초		
	이준용공초		
	동학 관련 판결선언문		
	노정일기	김형진	
19	일본외무성자료		
20	일본외무성자료		
21	일본외무성자료		
22	일본 신문자료		이륙신문/시사신보 등
23	일본 신문자료		대판조일신문
24	일본 기타 자료		천우협, 현양사 등
25	일본 기타 자료		조선폭동실기 등
26	동경대전		
	용담유사		
27	최선생문집도원기서		
	최선생주문집		수운문집
	대선생사적		
	본교역사	오상준	
	갑오동학란	권병덕	
28	천도교서	이돈화	
29	시천교종역사	박형채	
	동학도종역사	강필도	
30	동학혁명100주년기념특별전시회 도록		천도교
	동학혁명자료사진전 도록		천도교
	동학농민전쟁민속전		짚풀생활사박물관
	청일전쟁 사진도		이종학

〈표 1〉의 사료총서를 크게 구분하면 첫째는 동학농민혁명 전체상황을 파악할 수 있는 사료(1권~6권), 둘째는 동학농민혁명의 지역 사료(7권~12권), 셋째는 동학농민혁명의 관변 측 사료(13권~18권), 넷째는 동학농민혁명의 일본 측 사료(19권~25권), 다섯째는 동학 과련 사료(26권~29권), 여섯째는 동학농민혁명 전시자료(30권) 등으로 나눌 수 있다.[20]

20) 「'동학전쟁' 자료집 간행」, 『한겨레』 1996년 11월 5일자; 「동학혁명 자료 총망라」,

그리고 이들 사료총서에 영인되거나 소개된 자료는 대부분이 처음으로 공개된 것들이었다. 「時聞記」는 충청도 양반이었던 李舟石이 1862년부터 1896년부터의 일을 일기식으로 써내려간 문서로 국내에서 처음으로 공개되는 사료이다. 특히 충청도 지역의 동학농민혁명 상황을 일정별로 상세하게 기록하고 있다. 특히 동학농민혁명의 강경파인 서병학의 변절과 밀정행위를 폭로하고 있다. 「隨錄」은 중앙정부와 전라도 관찰사 사이에 오고간 공문서를 무주관아에서 모아 놓은 것으로 동학농민군의 동정, 집강소의 운영, 관군의 대책 등을 자세하게 기록한 사료이다.

특히 「동학 관련 판결 선언문」은 당시 정부가 동학지도층에 대해서는 사형을 언도하는 등 엄격하게 판결하였지만 단순히 참가한 일반 농민층 동학교인들에 대해서는 대부분 무죄 방면 등 회유책을 활용하기도 하였다는 새로운 사실을 밝혀주기도 하였다.[21]

이처럼 사료총서는 동학농민혁명 1백주년을 기리기 위해 발간을 준비하였지만 불의의 상황에 따라 2년 후인 1996년 10월에 이르러서야 간행되었다. 여기에는 이종학의 후원이 지대하였다. 이종학의 후원으로 간행된 사료총서는 동학농민혁명 연구의 새로운 지평을 열었다. 그동안 잘못된 오류를 바로 잡았고, 이후 동학농민혁명 연구를 심화시키는데 적지 않은 영향을 미쳤다고 평가할 수 있다.

5. 맺음말

이상으로 이종학의 동학농민혁명에 대한 인식, 전시회, 그리고 사료총

『경향신문』 1996년 10월 23일자.
21) 「동학 2백48인 판결문 햇빛」, 『한겨레』 1994년 2월 16일자.

서 간행과 관련하여 살펴보았다. 앞서 살펴보았듯이 이종학은 일본의 침탈사와 독도영유권, 화정 관련 자료 수입에 70평생을 공들여 왔다. 그럼에도 불구하고 이종학은 이들 자료 외에도 동학 내지 동학농민혁명과 관련된 자료를 수집하였다. 이들 자료는 동학농민혁명 1백주년 기념인 1994년 3월 '동학혁명 100주년 특별전시회'를 개최한 바 있으며, 이를 동학혁명기념관에 기증하였다. 또한 이들 자료를 포함하여 그동안 연구자들이 수집하였던 관련 자료를 모아 1996년 10월 『동학농민전쟁사료총서』 30권을 발간하는데 기여하였다. 이와 관련하여 살펴본 것을 정리하는 것을 맺음말을 대신하고자 한다.

첫째, 이종학의 동학농민혁명에 대한 인식은 근대사의 큰 획을 긋는 분수령, 동아시아 판도를 바꾸어 놓은 도화선, 동학농민혁명의 보국안민 정신은 3.1정신으로 확산, 근대민주국가의 터전을 이르는 전환점이었다고 보았다.

둘째, 이종학은 동학농민혁명 관련 사료를 직접 수집하였을 뿐만 아니라 전시를 하는 데도 적극 지원하였다. 이종학은 한일 관련 자료를 수집하면서 올바른 역사를 정립하기 위해 동학관련 사료를 수집하는데 정성과 노력을 아끼지 않았다. 그러나 막상 동학 관련 자료를 손에 넣기란 좀처럼 쉬운 일이 아님을 깨달았으며 개인의 역량으로는 매우 힘겨운 일임을 절감했다. 그렇기 때문에 이종학은 수집한 자료를 개인적으로 소장하기 보다는 공개를 원칙으로 하였다. 나아가 이종학은 자료 공개를 통해 이를 사회화하였다. 그 방법 중의 하나가 전시였다. 때문에 이종학은 동학농민혁명 1백주년을 맞아 천도교중앙총부와 협의하여 특별전시회를 개최하였다. 그리고 이종학이 동학농민혁명 사료를 전시를 한 것은 동학의 참모습을 회상하는 동시에 새로운 자료를 통해 공백의 역사와 오도된 역사를 바로 잡는 것이라고 의미를 부여하였다.

셋째, 이종학은 동학농민혁명 자료의 수집뿐만 아니라 『동학농민전쟁

사료총서』를 간행하는 데도 적극 후원하였다. 사료총서는 역사문제연구소의 역작으로 시작되었고, 초기에는 여강출판사가 이를 담당하기로 하였다. 그 결과 1994년 1차분 6책이 간행되었다. 그렇지만 출판을 맡았던 여강출판사가 경영난으로 어려움에 처하게 되자 사료총서의 발간은 미완의 작품으로 끝날 뻔하였다. 평소 동학농민혁명 사료를 수집한 바 있는 이종학은 이 소식을 접하고 사료총서의 간행을 책임지기로 하였다. 이후 수운회관에 사운연구소를 설치하고 적극 후원한 결과 1996년 10월 30권의 사료총서를 완간하였다. 이 사료총서는 동학농민혁명의 오류를 바로 잡기도 하였으며, 동학농민혁명 연구에서 크게 기여하였다.

18장 동학교서에 나타난
동학농민혁명기 일본군의 인식

1. 머리말

　조선 후기 성리학의 통치이데올로기를 극복하고 새로운 변혁을 시도
한 동학은 35년이 지난 1894년 동학혁명을 전개함으로써 조선사회 변화
의 큰 물줄기로서 역할을 하였다. 양반과 상민, 그리고 천민의 철저한 신
분을 부정하였을 뿐만 아니라 적서와 남녀의 차별을 해소하고자 한 동학
은 조선정부의 극심한 탄압을 받았다. 그 과정에서 1894년 사회변혁을
주도하였지만 그 과정에 조선정부 뿐만 아니라 일분군으로부터 적지 않
은 탄압을 받고 피해를 받은 것 또한 역사적 사실이기도 하다.

　동학혁명 초기 동학군과 관군의 전투에서는 동학군의 전과가 훨씬 컷
다. 동학군과 관군이 고부 황토현에서 전개된 첫 전투에서는 동학군이
대승하였다. 이 기세를 몰아 호남 일대를 장악하였으며 마침내 전주를
점령함으로써 조선정부와 화약을 맺고 호남 일대에 집강소를 설치하고
첫 민정을 실시하였다. 하지만 이러한 일연의 과정에서 조선정부에서는
동학군을 진압하기 위해 청나라에 원군을 요청하였고, 이를 계기로 일본

군도 조선에 출병하였다.

　동학군과 정부의 화약 이후 조선정부는 청일 양국에게 철병을 요구하였지만 조선을 지배하고자 한 일본을 이를 거절하였다. 그 결과 조선은 청국과 일본의 전쟁터로 변하였고 일본이 승리함에 따라 조선은 점차 일본의 영향력 아래 놓이게 되었다. 더욱이 일본군의 경복궁 점령은 동학군이 다시 기포하는 데 결정적인 영향을 미쳤다.[1] 당시 동학군은 일본군의 점령을 조선 침략의 전초로 인식하였던 것이다. 때문에 동학군은 전국적으로 다시 재무장하고 본격적으로 관관을 지휘하는 일본군과 전투를 전개하기에 이르렀다. 하지만 그 결과 동학군은 참담하게 학살을 당하였고,[2] 이후에도 일제강점기 내내 지속적으로 감시와 억압, 나아가 회유의 대상이 되었다.

　본고에서는 동학교단[3]에서 서술한 역사서를 중심으로 일본군에 인식을 중심으로 살펴보고자 한다. 이를 위해 활용하고자 하는 자료는 이돈

---

1) 일본군의 경복궁 점령에 대해서는 中塚明 지음, 박맹수 옮김, 『1894년 경복궁을 점령하라』, 푸른역사, 2002를 참조할 것.

2) 일본군의 동학군 학살에 대해서는 井上勝生, 「일본군에 의한 최초의 동아시아 민중학살-동학농민전쟁」, 『동학농민혁명과 동아시아적 책임』, 동학농민혁명기념사업회, 2002; 배항섭, 「동학농민전쟁 당시 일본군 개입과 그 영향」, 『군사』 53, 군사편찬위원회, 2004; 박찬승, 「동학농민전쟁기 일본군·조선군의 동학도 학살」, 『역사와 현실』 54, 한국역사연구회, 2004; 강효숙, 「제2차 동학농민전쟁 시기 일본군의 농민군 진압」, 『한국민족운동사연구』 52, 한국민족운동사학회, 2007; 강효숙, 「제2차 동학농민전쟁과 일본군-일본군의 생포농민군 처리를 중심으로-」, 『전북사학』 30, 전북사학회, 2007; 신영우, 「1894년 일본군의 동학농민군 학살」, 『제노사이드와 한국근대』, 충남대학교 충청문화연구소, 2009; 井上勝生, 유바다 옮김, 「동학농민군 섬멸작전과 일본정부」, 『일본, 한일병합을 말하다』, 열린책들, 2011을 참조할 것.

3) 여기서 동학교단이라는 의미는 편의상 일컫는 말이다. 동학교단은 현재로서는 사실상 불합리한 용어이다. 왜냐하면 동학은 훗날 천도교를 비롯하여 시천교, 상제교, 상주동학교 등 다양한 종교로서 발전 분화되었다. 때문에 동학교단이라는 말은 본 발표문의 논지를 전개하기 위해 편의상 사용하였음을 밝혀둔다. 다만 본 발표문에서는 동학을 종통으로 계승한 천도교를 포함하여 동학교단으로 그 의미를 한정하였음도 아울러 밝혀둔다.

화의 『天道敎創建史』[4], 吳智永의 『東學史』[5], 그리고 천도교단에서 발행한 『天道敎百年略史』[6]와 『天道敎略史』[7]를 활용하고자 한다. 다만 『천도교창건사』와 『동학사』는 일제강점기에 간행되었던 자료인 관계로 일본군에 대한 인식이 한계가 적지 않았음을 먼저 밝혀두고자 한다.

2. 일본군의 개입에 대한 인식

1894년 3월 황토현 전투에서 동학군이 승리하자 조선정부에는 청국에 군사적 도움을 요청하고자 하는 흐름이 이미 존재하였고, 동학군이 全州城을 점령함에 따라 청국의 파병 요청은 본격화되었다. 즉 전주성 함락으로 위기감을 느낀 고종은 4월 30일 청국에 파병을 요청하였다. 이에 앞서 일본은 조선정부가 청국에 원군파병을 요청할 것으로 관측됨으로 일본도 출병할 준비를 할 필요가 있다고 인식하였다.[8] 조선정부의 파병 요청에 따라 청군은 동학군은 진압하다는 명분으로 조선에 출병하였으며, 일본은 거류민을 보호하고 천진조약에 따라 군대를 서울로 들어왔다. 이로써 청군과 일본군은 결국 조선에서 무력적 충돌 즉 청일전쟁이 일어나고 말았다.

그렇다면 일본군이 조선에 진출한 것에 대한 어떻게 기록하였는지 살펴보자.

> 가) 이때-各道 列邑 道衆이 聞風蜂起하여 各其 郡守를 斬首하고 來
> 附함에 朝廷에서 도저히 官軍의 힘으로 抵當치 못함을 알고 駐京淸國

4) 이돈화, 『천도교창건사』, 천도교중앙종리원, 1933.
5) 오지영, 『동학사』, 영창서관, 1938.
6) 천도교중앙총부, 『천도교백년약사』(상), 미래문화사, 1980.
7) 천도교중앙총부, 『천도교약사』, 천도교중앙총부출판부, 2006.
8) 田保橋潔, 『近代日支鮮關係の硏究』, 原書房, 1979, 73~76쪽.

總里事 袁世凱와 상의한 후에 駐津直隸總督 李鴻章에게 電請하여 救援兵을 請하니 이에 淸將 葉志超와 葉士成이 1,500여 명의 軍卒을 거느리고 6월 6일에 牙山浦에 도착하였다. 청국은 이와 같이 조선에 출병하는 동시에 그 旨를 同月 7일附 公文으로 日本에 知照한 바 일본에서는 天津條約(천진조약은 乙酉年에 日淸 양국이 天津에서 모여 조약한 것을 이름이니, 條約 當者는 伊藤博文과 李鴻章 兩人이오 條約의 내용은 一, 조인일로부터 4개월 이내에 日淸 양국은 하가지로 조선에서 철병할 것 二, 조선국왕에게 권하여 병사를 교련하여 스스로 치안을 유지케 하고 日淸 양국은 누구나 敎師를 보내지 못할 것 三, 장래 조선에 변란 중대의 사건이 있어 日淸 양국이 혹은 파병하게 될 시는 먼저 조지하고 일이 끝나면 곧 철병할 것)에 預先 知照하는 약속에 위반한 것을 責잡는 同時에 居留民 保護의 이름 아래서 또한 출병하여 마침 귀국하였던 大鳥 公使는 水兵 4백을 거느리고 10일에 京城에 歸任하고 후 13일에는 일본군 3천인이 또한 경성에 입하였는데 이에 韓日淸 三國兵과 동학군이 접전이 되게 되는 동시에 불원하여 일청 양국이 선전포고가 되면서 동양풍운이 一飜하게 되었었다.[9]

나) 淸國兵은 大將 葉志超, 葉士成의 領率하에 6천의 육군과 5艦의 해군이 忠淸道 牙山灣에 來駐하였다. 이것을 본 일본에서는 往年 日淸間에 天津條約(萬若 조선에 출병할 事가 有할 時는 兩國이 相互照會하여 諒解를 得한 후에 출병하기로 함)이라는 것을 증거로 하여 爾淸國이 출병하는 시는 我日本도 또한 출병하겠다 하여 日本公使 大鳥圭介는 兵艦 7隻을 거느리고 仁川 해안으로 상륙하고 또 육군 1,400여 명과 대포 2門을 앞세우고 바로 牙山으로 달려들어 (중략) 先是 日本公使 大鳥圭介가 兵을 거느리고 京城에 들어와서 駐在할 時에 王宮에 陛見하고 奏曰 이제 朝鮮 南方百姓들이 蠢動跳梁하여 정부에서 西으로 청국에 구원병을 請한 사실이 있음으로 我日本 政府에서는 이 말을 듣고 써하되 이는 사태가 가장 중대한 지라 우리 국왕 폐하께서 臣을

9) 『천도교창건사』, 제2편 60~61쪽.

命하여 군사를 거느리고 조선에 나가 우리의 商民을 보호하고 또는 귀국에서 만일 우리에게 청구하는 事가 있으면 一臂之力이라도 도와 드릴까 하고 왔노라 하며, 또 富强自治策으로써 말이 많았었다.[10]

가)에 의하면 일본군의 출병은 '天津條約'에 따른 것과 '일본 거류민 보호'를 위한 것이었으며, 나)에 의하면 '일청 간의 천진조약'을 명분으로 하고 '일본 상인을 보호'하기 위해 출병하였다고 하였다. 이 두 기록으로 볼 때 '천진조약' 및 '거류민 보호' 때문에 일본군이 조선에 출병하게 된 것으로 인식하였다. 여기에 『동학사』는 조선에서 '청구하는 事'라는 단서가 있기는 하지만 '조선의 부강자치책'을 마련하기 위한 것이었음을 덧붙이고 있다. 이러한 인식으로 볼 때 두 기록은 조선의 입장보다는 가능한 한 일본 측의 입장을 옹호하는 듯한 느낌이 없지 않다. 이와 같은 인식은 '일제강점기'라는 시대적 상황도 적지 않은 영향을 미쳤다고 본다.

이에 비해 해방 이후에 간행된 글에서는 일본군의 출병을 보다 비판적으로 기술하고 있다. 『천도교백년약사』에 의하면, "일본 외무대신의 훈령으로 제물포조약에 의해 군사를 파견한다"고 하여, 톈진조약보다는 濟物浦條約에 무게를 다 두고 있다. 그리고 제물포조약의 내용으로 "서울에 있는 공사관이 소실되고 재류일본인이 학살을 당한 후 한일 양측은 제물포에서 공사관과 거류민을 보호키 위해 군사를 파견할 수 있다"는 주해로 부연설명하고 있다.[11] 그리고 전주화약 이후 일본군의 파병을 중지해 줄 것을 요청하였지만 大鳥 일본공사가 군사를 거느리고 출병하였다고 하는 한편 나아가 이러한 상황을 '일본의 침략'이라고 인식하였다.[12] 특히 "일본군은 우리 국민의 뜻과는 상관없이 대군을 진주시켜 무

---

10) 『동학사』, 제2장 121~122쪽.
11) 『천도교백년약사』 상, 232~233쪽.
12) 『천도교백년약사』 상, 240~244쪽 참조.

력으로 국권을 유린하며 정권을 농단하는 등 야만적인 침략행위를 자행"[13]하였다고 하여 일본군의 경복궁 점령을 강력하게 비난하였다. 때문에 일본군을 침략군으로 서술하고 있다.

이에 비해 『천도교약사』에서는 "청국에 대해 동학군 토벌을 위한 원병을 요청하게 되었다. (중략) 천진조약에 따라 일본에 이 사실을 통보하였다. 이렇게 되자 일본은 조선정부가 요청하지 아니하였음에도 불구하고 임의대로 6천여 명의 군대를 인천에 상륙시켜 무방비 상태인 서울로 진입케 함으로써"[14] 라고 하여, 일방적으로 일본군이 출병한 것으로 기술하고 있다. 그러면서도 일분군 출병의 원인이었던 천진조약에 대해서는 부연 설명을 하고 있지 않을 뿐만 아니라 앞서 언급하였던 또 하나의 원인이었던 '거류민 보호'에 대해서도 전혀 기술하지 않았다. 이러한 인식은 일제강점기 간행된 『천도교창건사』나 『동학사』보다 오히려 느슨한 것이라 할 수 있다.

3. 일본군의 동학군 진압과 인식

일본군의 개입과 경복궁 점령으로 재기포한 2차 동학혁명은 관군과 일본군으로 구성된 조일연합군과 동학군의 직접적인 전투가 본격적으로 전개되었다. 동학군 진압에 참여한 일본군은 이미 밝혀진 바와 같이 후비보병 제19대대의 3개 중대를 중심으로 후비보병 제18대대의 1개 중대, 후비보병 제6연대 제6중대의 1개 중대, 후비보병 제6연대의 제4중대와 제7중대 의 일부 병력, 그리고 부산수비대의 1개 중대, 해군 筑波艦과 操江艦이었다.[15] 동학군 진압의 주력부대인 후비보병은 만 20세에 상비병으로 3

---

13) 『천도교백년약사』 상, 242쪽.
14) 『천도교약사』, 86쪽.
15) 이에 대해서는 『駐韓日本公使館記錄』 1권 과 6권, 국사편찬위원회를 참조할 것.

년간 군복무를 하고 예비역으로 4년을 보낸 후 다시 5년의 복무를 한 군 경험이 많고 노련한 병사들로 구성되었다. 특히 동학군 진압의 주력부대라고 할 수 있는 후비보병 제19대대는 일본 애원지역 출신들이었다.[16]

후비보병 제19대대는 11월 12일(음 10월 15일) 용산을 출발하였다. 출발에 앞서 전달된 훈령에 의하면, 첫째는 동학군의 근거지를 찾아내어 이를 초절할 것, 둘째 동학군을 격파하고 그 화근을 초멸함으로써 동학군이 재흥하는 후환을 남기지 말 것, 셋째 조선군의 진퇴에 대해서는 일본군의 지휘 명령을 받을 것, 넷째 보병 1중대는 서로(수원-천안-공주-전주), 보병 1중대는 중로(용인-죽산-청주-성주), 보병 1중대는 동로(가흥-충주-문경-낙동-대구)로 행진할 것, 다섯째 동학군을 동북쪽에서 서남쪽으로 내몰도록 하며 가능하면 러시아 국경으로 향하지 않게 할 것 등을 지시하였다.[17] 이후 동학군은 조일연합군에 의해 철저하게 진압당하였다.

그렇다면 일본군의 동학군 진압에 대한 내용을 살펴보자. 먼저 『천도교창건사』의 내용은 다음과 같다. 동학군이 일본군과의 첫 교전은 괴산이었다.

> 이에 槐山에 當到하니 槐山郡守 忠州郡 駐箚日兵을 請하여 迎戰함에 砲丸이 如雨라. 道衆이 死를 誓하고 交戰하여 彼此 殺傷이 相當하더니, 마침 日暮한지라. 多數 敎徒 一齊히 吶喊 前進하여 日軍을 襲殺하였다.[18]

---

16) 이에 대해서는 日本コリア協會・愛媛 編著, 『植民地朝鮮と愛媛の人びと』中 尾上守, 「海南新聞にみる東學農民戰爭-後備步兵第十九大隊の出征」를 참조할 것.

17) 『駐韓日本公使館記錄』 1, 국사편찬위원회, 1986, 153~156쪽.

18) 『천도교창건사』, 제2편 67쪽. 『주한일본공사관기록』에는 다음과 같다.
"지난 3일 原田 少尉가 2개 분대를 인솔하고 忠州에서 槐山地方까지 偵察하던 중 敵軍 약 2만 명을 만나 激戰을 벌이다가 겨우 다음날 4일 오전 6싱 忠州로 돌아왔다."(『주한일본공사관기록』 1, 153쪽)

동학군과 일본군은 괴산에서 첫 교전이 있었는데, 이 괴산전투에서는 동학군이 비록 승리하였지만 많은 희생을 해야만 했다. 당시 동학군은 2만여 명에 달하였으며, 일본군은 2개 분대였다. 이 전투에서 일본군의 피해는 原田 소위 등 부상 4명, 병사 1명 즉사에 불과하였지만 동학군은 2백여 명의 사상자를 내었다.[19]

이외에 일본군과의 전투는 공주 우금치전투를 비롯하여 태인전투, 용산전투, 광양과 섬진강전투 등에 관해 간략하게 기록하고 있다. 즉

(전략) 때에 마침 官軍의 援兵인 日軍이 大擧 合流한지라. 東軍이 公州 孝浦에서 血戰 七日에 戰勢 不利함을 보고 退却하여 泰仁에서 日軍과 交戰하고[20]

東軍이 龍山에 이름에 뒤로 日軍의 追擊이 심하고 앞으로는 官軍이 迎擊包圍하여 進退維谷이 된지라.[21]

退却 中의 道人 數萬은 光陽 蟾津江岸에 屯하였다가 官軍과 日軍의 被襲한 바 되어 江水에 빠져 盡滅하고[22]

이라고 하여 동학군과 일본군과의 교전을 한두 줄로 언급만 하였다. 하지만 이들 전투는 동학혁명에 적지 않은 영향을 주었다. 우금치전투는 동학혁명 기간 가장 규모가 큰 전투였으며[23] 동학군 역시 가장 많은 희생자를 내었다. 그러나 『주한일본공사관기록』에는 동학군 전사자가 37명에 불과하다고 보고하였다.

이에 비해 『동학사』에서는 일본군의 동향에 대해 더 간략하게 언급하

<hr>

19) 『주한일본공사관기록』 1, 153쪽 및 220~221쪽.
20) 『천도교창건사』, 제2편 66쪽.
21) 『천도교창건사』, 제2편 67쪽.
22) 『천도교창건사』, 제2편 69쪽.
23) 이에 대해서는 『주한일본공사관기록』 1, 209쪽 및 246~248쪽과 『公山剿匪記』를 참조할 것.

고 있다. 즉 공주 우금치전투에서 "관군과 일병은 세를 합하여 동학군의 앞을 막아들어 온다"[24]라고 하여 일본군의 진압과정에 대해 축소하였다. 이후 동학군의 퇴로과정에서 적지 않은 일분군과의 교전이 있었지만 일본군의 동학군 진압에 대해서는 더 이상 언급을 하지 않고 있다. 다만 일부 지역 교정에서 일본군의 활동을 간단하게 언급하고 있다. 즉 "수원부를 점령하고 남군이 오기를 기다리고 있었던바 관병과 일병을 만나 여러 날을 두고 싸우다가 (동학군이) 마침내 패하였고, (중략) 황해 一道의 동학군 수만을 일으켜 장차 남군과 세를 합하여 경성을 치고자 해주감영을 점령하고 있었던 바, 또한 관병과 일병을 만나 수십일 동안을 두고 서로 싸워 양방의 많은 사상을 내었고, 마침내 동학군은 官日兵에게 패한 바 되었다"[25]라고 하여, 수원전투와 해주전투에 대해서만 언급하였다.

그런데 이러한 각지의 교전에서 "관병과 일병도 많이 죽고"[26]라고 하여 일본군도 적지 않은 피해자임을 밝히고 있다. 그렇지만 동학혁명이 끝나가는 1894년 12월 이후부터는 "조선의 남쪽은 관병과 일본군의 천지"[27]가 되었다고 할 정도로 일본군의 영향이 적지 않았음을 지적하고 있다. 또한 일본군을 포함한 관군, 수성군, 민보군 등의 동학군을 참살은 이루 말 할 수 없는 광경이었으며, 그 결과 3, 40만 명의 동학군이 피살되었다고 적고 있다.[28] 『천도교창건사』도 20만 이상의 동학군이 죽임을 당하는 대참변이었다고 하였다.[29]

그럼 해방 후에는 어떻게 기록하였을까. 먼저 『천도교백년약사』를 살펴보자. 우선 동학군이 재기포한 배경은 "犯闕한 日軍들이 國王을 逼迫하고

---

24) 『동학사』, 제2장 146쪽.
25) 『동학사』, 제2장 152쪽.
26) 『동학사』, 제2장 151쪽.
27) 『동학사』, 제2장 154쪽.
28) 『동학사』, 제2장 154쪽.
29) 『천도교창건사』, 제2편 69쪽.

國權을 蹂躪"과 日軍이 각지에서 동학군을 마구 慘殺하자 이에 대응하기 위한 것이었으며, 반봉건에서 반침략으로 전환되었음을 밝히고 있다.[30] 동학군이 재기포하자 일본군은 관군과 연합하여 동학군 진압할 것을 제안하고 관군을 지휘하여 작전계획에 따라 동학군을 초멸코자 하였다. 동학군과 일본군은 안동을 비롯하여 괴산, 세성산, 홍성, 이인, 공주, 해주, 원평과 태인, 은율, 서흥, 홍천, 하동 등지에서 치열하게 교전을 하였으며, 수백 명의 동학군이 살해되었다고 기술하고 있다. 특히 전봉준의 피체와 재판과정에 일본군의 영향력이 적지 않았음도 아울러 밝히고 있다.

이런 점에서 본다면『천도교백년약사』는 앞서 살펴본『천도교창건사』와『동학사』보다는 구체적으로 폭넓게 일본군의 동향을 다루고 있다. 특히 동학혁명이 끝날 무렵에는 "일본군의 수색이 극심해지자 전국적으로 田土가 황폐해지고 도시와 농촌이 모두 日軍의 왕래를 꺼리어 수확을 포기하고 村民들이 도망하여 마을이 모두 비었다"[31]할 정도로 일본군의 폐해성을 지적하였다.

이러한 인식은『천도교약사』에서도 여전히 보이고 있다. 즉 세성산전투에서 "동학군이 일본군과 관군에 의해 전멸당하였다"거나 공주 우금치 전투에서는 "일본군 연합군이 최신무기로 무장한 채 길목을 지키고 있었다", 우금치전투 이후 "일본군과 정부 연합군은 계속 동학군을 추격 공격하였다"하고 하여, 동학군을 섬멸하고자 하는 것을 밝히고 있다. 뿐만 아니라 태인전투와 종곡전투에서도 관군과 일본군에게 패전하였음도 아울러 서술하고 있다. 이와 같은 일본군의 동학혁명 개입에 대해 "아시아에서 저지른 일본군의 최초 대량학살"이라고 평가하고 있다. 그럼에도 불구하고 해방 이후 간행된 교서에서는 동학군과 일본군과의 전투과정 뿐만 아니라 그 실상에 대해서는 여전히 미흡하다고 판단된다.

---

30)『천도교백년약사』, 244쪽 및 249~250쪽.
31)『천도교백년약사』, 280쪽.

4. 맺음말

이상으로 동학교서에 나타난 동학혁명기의 일본군의 동향과 인식에 대하여 살펴보았다. 이를 정리하는 차원에서 맺음말을 대신하고자 한다.

첫째, 동학혁명기 일본군 개입은 '천진조약'과 '거류민 보호'로 파악하였다는 점이다. 일제강점기에 간행된 『천도교창건사』와 『동학사』는 천진조약과 거류민 보호를 그 배경으로 인식하였으며, 여기에 『동학사』는 조선의 내정개혁이 없지 않았음을 밝히고 있다. 이에 비해 해방 후 간행된 천도교서에서는 천진조약 외에 제물포조약이 중요하게 영향을 주었다고 보았다. 이러한 일본군의 개입에 대해 일제강점기에는 특별한 평가 없지만, 해방 후에는 '경복궁 점령'으로 이어지는 일제의 침략성에 대해 비판적인 인식을 드러내고 있다.

둘째, 일본군의 동학군 진압에 대해서는 일제강점기에는 다소 일본군의 활동에 대해 축소거나 크게 지적하고 있지 않지만 해방 후에는 보다 적극적으로 '일본군의 학살'에 초점을 맞추고 있다. 하지만 일제강점기에 간행된 『천도교창건사』와 『동학사』는 학살 부분에 대해서는 소극적으로 표현하고 있다. 이러한 점은 식민지라는 상황에서 일제의 학살을 제대로 표출하기에는 적지 않은 부담이 있었을 것으로 추정된다. 3·1운동을 주도하였던 천도교단은 이후 일제의 통제와 간섭이 어느 종교단체나 사회단체보다도 늘 상존하였기 때문에 조심스러울 수밖에 없었다.

이로 볼 때 일본군에 대한 인식은 초기 동학교서에서는 가급적이면 필요 이상으로 학살 등에 대해 표현하지 않고 있지만 후기에서는 보다 적극적으로 수용하고 있다. 이러한 현상은 동학혁명에 관한 새로운 자료의 발굴과 연구의 확대라고 할 수 있다. 또한 일제에 대한 책임을 보다 강조하였기 때문이라고 할 수 있다.

찾아보기

게재정보

*이 책의 내용은 다음의 논문을 수정, 보완하여 작성한 것이다.

제1부 초기 동학의 조직화

1장 「동학의 발상지 구미용담과 수운 최제우의 경주인식」, 『역사와교육』 제12집, 역사와교육학회, 2011.04.30.

2장 「초기 동학 교단과 영해지역 동학」, 『동학학보』 18권 1호, 동학학회, 2014.04.30.

3장 「강원도의 동학 조직과 동경대전」, 『역사와교육』 제20집, 역사교과서연구소, 2015.04.30.

4장 「지리산권의 서부지역 동학 포교와 조직화 과정」, 『지리산권 동학농민혁명』, 도서출판 선인, 2014.08.30.

제2부 동학농민혁명의 재인식

5장 「보은 · 금구집회의 전개와 동학농민혁명」, 『중원문화연구』 제21집, 충북대학교 중원문화연구소, 2013.12.27.

6장 「사발통문의 재검토와 '고부기포'」, 『한국민족운동사연구』 제77집, 한국민족운동사학회, 2013.12.30.

7장 「동학농민혁명의 격문 분석」, 『동학농민혁명의 기억과 역사적 의의』, 전북사학회 · 정읍시, 2012.

8장 「동학농민혁명 초기 전개과정과 논쟁점」, 동학농민혁명 120주년 기념학술대회 발표문, 전북사학회 주관, 정읍시 · 부안군 주최, 2014.11.28.

9장 「아산지역의 동학과 동학농민혁명」, 『역사와교육』 제24집, 동국대학교 역사교과서연구소, 2017.05.31.

제3부 동학농민혁명과 지도자들

10장 「서장옥과 금산지역 동학군의 활동」, 『한성사학』 제26집, 한성사학회, 2011.02.28.

11장 「용암 김낙철과 부안지역 동학」, 제117주년 동학농민혁명 백산봉기대회 강연발표문, 동학농민혁명백산봉기기념사업회 · 부안문화원, 2011.

12장 「백범 김구와 동학농민혁명」, 『백범과 민족운동연구』 제11집, 백범학술원, 2015.12.30.

13장 「수원지역 동학농민혁명과 중심인물」, 『수원역사문화연구』, 통권 4호, 수원박물관, 2014.12.31.

제4부 동학농민혁명 이후 동향과 인식

14장 「동학농민혁명 이후 고창지역 동학농민군의 동향」, 『숭실사학』 제30집, 숭실사학회, 2013.06.30.

15장 「전북지역 동학과 천도교의 민족운동」, 『역사와교육』 제19집, 역사교과서연구소, 2014.10.30.

16장 「1920년대 아산지역 민족운동과 천도교」, 『한국기독교문화연구』 제11집, 한국기독교문화연구원, 2019.06.30.

17장 「사운 이종학과 동학농민혁명 자료」, 『수원역사문화연구』 통권 2호, 수원박물관, 2012.12.30.

18장 「동학교서에 나타난 동학농민혁명기 일본군 인식」, 『신인간』 통권 743호, 신인간사, 2012.07.27.

저자소개

성주현

한양대학교 대학원 사학과를 졸업, 문학박사 학위를 받았다. 한국근대사를 전공했으며, 동학 · 천도교와 민족운동사, 그리고 관동대지진에 대해 연구하고 있다. 현재 숭실대학교 한국기독교문화연구원 HK연구교수, 동학농민혁명기념재단 동학농민혁명참여자명예회복심의위원회 실무위원 등을 맡고 있다. 천도교중앙총부 자료실장, 독립기념관 한국독립운동사연구소 연구원, 부천대학교 겸임교수, 청암대학교 재일코리안연구소 연구실장 등을 지냈다. 주요 저술로는 다음이 있다.

『식민지 조선과 매일신보－1910년대』(공저, 신서원, 2002)

『동학과 동학혁명의 재인식』(국학자료원, 2010)

『시선의 탄생－식민지 조선의 근대관광』(공저, 선인, 2011)

『식민지시기 종교와 민족운동』(선인, 2013)

『일제하 민족운동 시선의 확대』(아라, 2014)

『고종시대 정치리더십 연구』(공저, 한국학중앙연구원출판부, 2017)

『3 · 1운동의 역사적 의의와 지역적 전개』(공저, 경인문화사, 2019)

『근대 신청년과 신문화운동』(도서출판 모시는사람들, 2019)